字 说 清 廉

宋 凯 主编

江苏人民出版社

图书在版编目(CIP)数据

字说清廉 / 宋凯主编. — 南京 ： 江苏人民出版社，2024.6

ISBN 978-7-214-29254-4

Ⅰ. D630.9

中国国家版本馆 CIP 数据核字第 20249682HZ 号

书　　名	字说清廉
主　　编	宋　凯
责任编辑	张　凉
出版发行	江苏人民出版社
出版社地址	南京湖南路 1 号 A 楼　　邮编　210009
印　　刷	南京鸿润印刷有限公司
排版设计	南京东汉文化传播有限公司
开　　本	787mm×1092mm　1/16
印　　张	23.5
字　　数	500 千字
版　　次	2024 年 6 月第 1 版
印　　次	2024 年 6 月第 1 次印刷
标准书号	ISBN 978-7-214-29254-4
定　　价	68.00 元

主　　编　宋　凯

编写人员　李珍伟　寻　娜　刘　亮

雷舒雅　马德丰

序

宋　凯

文字是文明的象征，也是文化的载体。相传黄帝时期，中华文祖仓颉始创文字。西周太史籀效法仓颉改进文字，所作文字十五篇，称为《史籀篇》，而由他整理的字体被称为“籀文”，也就是大篆。秦相李斯与同僚，在大篆的基础上删繁就简，留下小篆。到了汉朝，隶书逐渐成为书写的主流，却产生乱讲汉字的现象。为了让世人明白先贤造字的深意，东汉许慎搜集整理小篆，结合古文、籀文考查解释文字，著成中国文字学奠基之作《说文解字》。许慎在《说文解字·叙》中说：“文字者，经义之本，王政之始，前人所以垂后，后人所以识古。”其中“经义之本”是指文字是思想文化的载录者；“王政之始”是指文字的产生，始于生产力发展、社会文明、社会分工、众生习俗、情感思维、历史发展的需要；“前人所以垂后，后人所以识古”明确指出汉字是古今传承、四方通达的工具，可把前人积累的知识、智慧、文明遗产传给后人，可让后人去认识、承接、通晓古人所经历的历史和丰富多彩的非物质文化遗产。所以，学习汉字，就等于与古人对话，承接华夏文明精华，让中华文明古国智慧为世人共享。

2022 年 10 月 26 日至 28 日，习近平总书记在陕西省延安市、河南省安阳市考察，这是党的二十大胜利召开后习近平总书记的首次考察。在视察安阳殷墟博物馆时习近平总书记指出：“中国的汉文字非常了不起，中华民族的形成和发展离不开汉文字的维系。”习近平总书记致甲骨文发现和研究 120 周年的贺信中说：“殷墟甲骨文的重大发现在中华文明乃至人类文明发展史上具有划时代的意义。甲骨文是迄今为止中国发现的年代最早的成熟文字系统，是汉字的源头和中华优秀传统文化的根脉，值得倍加珍视、更好传承发展。”

2021 年，全国古籍整理出版规划领导小组印发《2021—2035 年国家古籍工作规划》，更明确把“加强汉字阐释，揭示汉字蕴含的中华文化内涵”列为“促进古籍资源普及推广”的重要工作内容，要求语言工作者“科学解读汉字文化，解释汉字发展规律，为中华文明传承发展和古籍保护传承夯实文化根基”。

廉政文化在中华文明史上源远流长。《周礼·天官》就曾经提出，对官员的考核有六廉，即廉善、廉能、廉敬、廉政、廉法、廉辨，意思是说一个官员必须具备善良、能干、敬业、公正、守法、明辨是非等基本品格，六个方面均冠以“廉”字。欧阳修的《廉耻论》称，公正清廉乃“士君子之大节”，也就是说清廉是官员必备的政治品德。《官箴》系统而明确地提出的“吏不畏吾严而畏吾廉，民不服吾能而服吾公；公则吏不敢慢；廉则民不敢欺。公生明，廉生威”，成为对“公廉”最为后世称道的经典阐释，对中华廉洁文化的丰富和发展产生了重要影响。

“其身正，不令而行；其身不正，虽令不从。”（《论语·子路篇》）廉洁凝聚人，刚正威慑人，无私感动人，律己化育人。中国共产党党员必须坚定理想信念，严格遵守党的纪律和各项党规党纪，严以修身，严以用权，严以律己，将党章党规内化于心、外化于行，始终保持共产党员的先进本色。党的十八大以来，以习近平同志为核心的党中央采取一系列重大战略举措，坚持和加强党的全面领导，坚持问题导向，持之以恒正风肃纪、重拳推进反腐，推动全面从严治党不断取得新成效。党的十八大以来，各级组织认真贯彻中央、省、市有关精神和工作部署，协助中央抓好党风廉政建设和反腐败工作，紧紧围绕各地经济社会发展大局，一体推进不敢腐、不能腐、不想腐，政治监督更加有效，服务大局更加有力，深化改革更加有序，执纪问责更加精准，队伍建设更加过硬，为高质量发展提供坚强保障。

党的二十大后，党风廉政宣传工作作为开展党风廉政建设和反腐败斗争，纵深推进全面从严治党的这项重要性、基础性工作，成为新时代纪检监察工作高质量发展的重要推动力。全国上下要牢牢把准定位，充分认识党风廉政宣传工作新形势、新要求，鲜明体现政治属性，深度融入中心大局，不断彰显为民底色，有力塑造惩腐形象，进一步提高人民群众对党风廉政建设和反腐败工作的知晓度、满意度。要科学把握党风廉政宣传工作新任务、新使命，强化政治建设，把牢正确方向，紧跟步伐、端正航向，找准党风廉政建设工作切入点、着力点，跟进做好宣传阐释工作。要全面提升党风廉政宣传工作新能力、新境界，善于通过学习不断提高政治站位、增强履职能力、强化责任担当，着力打造一支高素质专业化宣教队伍。要在守正创新上出实招下功夫，注重机制创新、表达创新、平台创新，用更权威的声音、更深刻的分析、更精彩的故事、更灵活的传播，牢牢占据传播制高点，做到“道正而声远”。

“字说清廉”就是在这一背景下创建的党风廉政教育品牌。连云港市新海实验中学和新海初级中学在创建汉字文化校园的过程中，有机地将汉字文化和廉政文化结合到一起，先在学校公众号推广“字说清廉”栏目，选取了党规党纪相关的汉字，分“说文解字”“字形演变”“汉字本义”“廉政史话”“时代精神”等环节，逐层解读，希望能够帮助干部师生和广大读者了解这些汉字的起源与含义，展示中国历史中的廉政文化，加深对《中国共产党廉洁自律准则》《中国共产党纪律处分条例》《中国共产党问责条例》《关于新形势下党内政治生活的若干准则》以及《中国共产党党内监督条例》等党规党纪的认识和理解，进一步增强廉洁自律意识，激励党员干部和全体师生不忘初心，砥砺前行。

经过五年的持续学习研究，笔者特选定132个和廉政文化有关的汉字，和团队成员一起编写了此部拙作。刘勰在《文心雕龙》中说：“夫人之立言，因字而生句，积句而成章，积章而成篇。篇之彪炳，章无疵也；章之明靡，句无玷也；句之清英，字不妄也。振本而末从，知一而万毕矣。”编者在编辑过程中，遵循汉语言文字独特的生成规律，将每个字的内容分为“字形演变”“说文解字”“字源解说”“成语和名人名言”“廉政故事”五个部分。

本书的特点之一就是让我们能全面了解一个汉字的演变史，在汉字的演变中领会汉字的发展特点和感受汉字之形美。在“字源解说”部分通过阐释字形，让读者可以真实一窥汉字的字源，了解汉字字形和字义是不可分割的整体，汉字里的文化在字形阐释中得以彰显。“成语和名人名言”能够让读者初步感受“立言生成规律”，让读者在更凝练的表述中感受每一个汉字强大的造词造句能力，更好地认知本义、引申义、比喻义、语境义等。“廉政故事”精选了从古至今历代名官贤臣、志义之士、学界泰斗等故事。这些故事通俗易懂，紧扣每一个汉字，让汉字和故事里的主人公结合起来，既丰富了汉字的内涵，也增添了人性的光辉。

连云港市委教育工委分管党建的林田海同志非常重视本书的编写，多次协调有关部门对本书的体例、素材进行研讨，在书稿初成时，亲自审稿，令人钦佩与感动。编写人员既时刻感受到压力，又感受到巨大的动力。读者在阅读“说文解字”和“字源解说”部分会发现存在诸多矛盾的情况，那是因为随着甲骨文的发现，证明了并未见过甲骨文的许慎在《说文解字》中的一些字义解释是不完全正确的，笔者认为，这也是“字源解说”的一个重要意义。“字源解说”中很多汉字的诠释在学界也存有一些争议，专家各执己见，我们只能选择其中较为认同的观点。加上本书编者只是一线普通教师，经验欠缺，学养不厚，不可避免会存在诸多问题，希望读者能够提出宝贵意见和建议。我们在编写中参照了很多汉字方面、党风廉政方面的书籍，在此不再一一列举，如有不当之处，还请海涵！

2023年芒种于字在居

目　录
CONTENTS

G

H

J

R

S

T

W

X

Y

Z

安

一、字形演变

甲骨文　金文　篆书　隶书　楷书　行书　草书

二、说文解字

《说文解字》:“安,静也。从女在宀下。”

解释:安,娴静。字形采用“宀、女”会意,表示女在屋下。

三、字源解说

安,繁体甲骨文是由(宀,新房)和(女,流泪的新娘)组成,表示新房中有新娘,别亲远嫁的新娘,忧伤落泪。古代出嫁的女子在婚礼上哭泣,既是不舍父母乡亲、担忧未知命运的个人真情,也是传统婚嫁礼俗的要求。简体甲骨文,字形的上面是个房屋,下面是个“女”字,表示女子住在房子里。我们的祖先经常受到野兽或恶劣气候的威胁,后来人们发明了房子,人在远古的时候是穴居野处,修造房屋,才平稳安定下来。所以“安”的本义就是“安居”“安宁”。

造字本义:动词,男子建房娶亲成家,内心踏实过日子。古人称娶亲成家、专心度日为“安”;称生活富足、内心愉快安定为“宁”,“安”是“宁”的基础,“宁”是“安”的高级境界。《书·皋陶谟》:“在知人,在安民。”《齐语》:“其心安焉,不见异物而迁焉。”

四、成语及名言警句

(一) 常用成语

安之若素　安身立命　安土重迁　安居乐业　安步当车　安分守己

坐立不安　安贫乐道　安于现状　乐天安命　随遇而安　国泰民安

(二) 名言警句

1. 臣闻求木之长者,必固其根本;欲流之远者,必浚其泉源;思国之安者,必积其德义。

——魏徵《谏太宗十思疏》

2. 安详是处事第一法，谦退是保身第一法，涵容是处人第一法，洒脱是养心第一法。

——陈继儒《小窗幽记》

3. 安分守己是为官当政的基础。基础牢靠，登高行远；基础不牢，地动山摇。安分守己不仅是性格沉稳，更有境界高尚；不仅是作风扎实，更有意志坚定。

——《中国纪检监察报》2016 年 6 月 13 日

五、廉政故事

大将许光达：几番让衔，英名天下扬

许光达的老首长贺龙这样评价他："光达同志有大革命的经验，有内战的经验，有抗日战争的经验，有解放战争的经验，还有苏联红军的经验，我觉得应授予大将。"1955 年 9 月，许光达得知党中央、中央军委决定授予他大将军衔的消息时，对家人说："几十年的风风雨雨，多年和我并肩作战的战友以及更多叫不出姓名的战友都牺牲了！我的这顶'乌纱帽'就是建立在他们流血牺牲基础之上的，我这个幸存者今天已经得到很高的荣誉了，真是'一将功成万骨枯'啊！"

他曾经几次找长期领导过他的贺龙等老首长"走后门"，提出降衔申请，但均未获得同意。无奈之下，他给毛泽东同志和中央军委各位副主席写了一份"降衔申请书"：

军委毛主席、各位副主席：

授我以大将衔的消息，我已获悉。这些天，此事小槌似的不停地敲击心鼓，我感谢主席和军委领导对我的高度器重。高兴之余，惶惶难安。我扪心自问：论德、才、资、功，我佩戴四星，心安神静吗？此次，按新民主主义革命时期的功绩授衔。回顾自身历史，1925 年参加革命，战绩平平。1932 年—1937 年，在苏联疗伤学习，对中国革命毫无建树。而这一时期是中国革命最艰难困苦的时期：国民党军数次血腥的大"围剿"，三个方面军被迫作战略性转移。战友们在敌人层层包围下，艰苦奋战，吃树皮草根，献出鲜血生命。我坐在窗明几净的房间吃牛奶、面包。自苏联返回后，有几年是在后方。在中国人民解放军的行列里，在中国革命的事业中，我究竟为党为人民做了些什么？

我对中国革命的贡献，实事求是地说，是微不足道的。不要说与大将们比，心中有愧，与一些年资较深的上将比，也自愧不如……

为了心安，为了公正，我曾向贺副主席面请降衔。现在我诚恳、慎重地向主席、各位副主席申请：授我上将衔，另授功勋卓著者以大将。

许光达

1955 年 9 月 10 日

在中央军委召开的一次会议上，毛泽东同志高扬许光达的这份"降衔申请书"说："这是一面明镜，是共产党人自身的明镜！"毛泽东同志越说越激动，他说道："五百年前，大将徐达，二度平

西，智勇冠中州；五百年后，大将许光达，几番让衔，英名天下扬！”

徐达是何许人也？他是真正的明朝第一名将、杰出的军事家。他用兵如神，为人公正。在辅佐朱元璋战群雄、打天下、夺江山的斗争中，他立下了头功。毛泽东同志拿许光达与徐达相比，古有徐达，今有许光达，既肯定了他的赫赫战功，又表彰了他的高风亮节。

党中央、中央军委没有同意许光达的降衔申请，仍然授予他大将军衔。他鉴于党的决定，接受了这个衔级。后来，他又经过再三申请，总算是给自己降低了一级薪金待遇。10 位开国大将，有 9 位定为 4 级薪金待遇，只有许光达定为 5 级。这样，他才勉强感觉心理平衡了一些。

魏徵忠言直谏，在历史上传为佳话，被誉为“帝王的镜子”。毛泽东同志称赞许光达是我们共产党人自身的明镜。我们坚信，许光达让衔的故事和毛泽东同志对他的高度评价，也必将为当代和后世的人们永远铭记。

拜

一、字形演变

金文　　篆书　　隶书　　楷书　　行书　　草书

二、说文解字

《说文解字》:“𢷎,手至地也。从手,从𠦪。拜,扬雄说,拜从两手下。”

解释:拜,两手及地。字形采用“手、𠦪”会义。拜,扬雄说,“拜”的字形采用两手下垂的形象会义。

三、字源解说

拜,金文,由(麦,谷物)和(手,持握)组成,表示手持庄稼谷物,虔诚祭告天地神灵,祈祷好收成。有的金文,由(手,作揖)和(页,磕头)组成,表示作揖、磕头。

造字本义:动词,作揖,磕头,表示最高崇敬。拜,一腿跪,手置膝上,另一膝与另一手掌着地;拱,双手抱拳高过头顶;两种礼节都表示对方的崇高,同时都明确表示双手没有武器。“拜”是一种礼节,如“拜师”“拜把兄弟”“拜堂”等,通过某种仪式任命官职,也叫“拜”。如《史记·淮阴侯列传》上说:“至拜大将,乃韩信也,一军皆惊。”

四、成语及名言警句

(一)常用成语

甘拜下风　顶礼膜拜　八拜之交　登台拜将　顿首再拜

拜赐之师　拜倒辕门　拜将封侯　长揖不拜　求三拜四

(二)名言警句

1. 拜迎长官心欲碎,鞭挞黎庶令人悲。

——高适《封丘作》

2. 辩证法不崇拜任何东西,按其本质来说,它是批判的和革命的。

——马克思

3. 我崇拜勇气、坚忍和信心,因为它们一直助我应付我在尘世生活中所遇到的困境。

——但丁

五、廉政故事

廉洁自律的楷模谷文昌

习近平总书记指出:“一个人能否廉洁自律,最大的诱惑是自己,最难战胜的敌人也是自己。一个人战胜不了自己,制度设计得再缜密,也会‘法令滋彰、盗贼多有’。”谷文昌,这位用一生的实践书写“廉洁自律”的共产党人,以崇高的理想信念,牢记“全心全意为人民服务”的宗旨,战胜了诱惑,也战胜了自己。他收获了老百姓最深沉的怀念,“先祭谷公、后拜祖宗”成为东山人几十年来不变的习俗。

谷文昌担任区委书记时,家中母亲已经六十多岁。当时中共河南省林县县委组织干部随军南下,一些干部认为,在家工作,既熟悉情况,又能照顾家中老小,不愿南下。谷文昌不仅自己带头报名,还积极动员其他人报名。谷文昌克服语言不通、气候湿热等诸多困难,来到福建东山,选择了艰苦,一干就是十四年。

“他时常穿着一件打着补丁的灰布中山装……”这是儿子记忆中的老父亲。

“他花白头发,见人总是带笑,没半点架子……”这是宁化群众记忆中的“谷满仓”。

“他每次下乡都带着锄头,走到哪里就劳动到哪里……”这是工作人员记忆中的“谷书记”。

这就是谷文昌,一个无论走到哪里都严以律己、不改公仆本色的干部。他没留下多少清晰的影像,但言谈举止清晰留存在干部群众的记忆里。

有一次,谷文昌来到东山县礁头村。到了吃午饭的时候,大队干部端来一碗白米饭,放在了谷文昌的面前。环顾四周桌子上摆着的一盆盆地瓜和一碗碗几乎清澈见底的“稀粥”,谷文昌把白米饭一勺一勺地分到了干部群众的碗里。随后,谷文昌严肃地说:“我们都是党的干部,也是群众的干部,我们就得和群众吃一样的饭,受一样的苦,干一样的活,群众才会信任我们。”这一席话,让干部们都惭愧地低下了头。

严管就是厚爱。谷文昌身边的干部,始终记得老书记的这份深情。如今,每年清明节后的第一个星期天,曾经和谷文昌一起工作过的20多个同志,总会相约来到谷文昌陵园,看望老领导,几十年来从未间断。这些老人说:“跟着谷书记,可能不会升官发财,但是一定不会走错路。”

当官为子女留下什么?谷文昌给出了答案。“公私分明、简朴本分、为民奉献”,他虽已去世,但留下的家风仍为干部群众所传颂。

谷文昌的爱人史英萍是南下干部,中华人民共和国成立后就是东山县民政科科长,转薪时定为行政18级,以后有几次提薪的机会,全让谷文昌给压下了。就这样,史英萍一直干到谷文昌逝世后,中华人民共和国成立后定的工资级别才随着全体自然增级而增了一级。

谷文昌的长子谷豫闽和二女儿,有一次趁谷文昌不在家,骑他的自行车出去玩,不料,被谷文昌撞上。他大发雷霆,狠狠训了一顿:“这是公家配给我工作用的车,你们没权骑!”

谷文昌的大女儿谷哲慧高中毕业当临时工。1964 年，谷文昌调到福州任林业厅副厅长，有关部门提出可以将谷哲慧转为正式工，随父亲一起去省城。不料，谷文昌坚决不同意，他说："组织上调的是我，不是我女儿。"直到 1979 年，谷哲慧才转正。

谷文昌的小儿子谷豫东高中毕业，按照政策规定，可以享受留城的待遇，但谷文昌动员他带头下乡，还不许到东山，而坚持要把儿子送到最偏远的知青点下乡。

每年清明节，谷文昌亲属来东山扫墓，都是悄悄地来，悄悄地走，从来没有让地方上提供方便。

"路，只有自己走，才会越走越宽广。"这是谷文昌留给子女的一句话。经历过人生的沟沟坎坎就会发现谷文昌的这句话意味深长。几十年过去了，谷家后人始终将它记在心头。他们说："父亲用一言一行教会我们做人的准则，踏实做人、干净干事，不追逐名利、不享受特权，父亲留下的家风，使我们永远受益。"

保

一、字形演变

甲骨文　金文　篆书　隶书　楷书　行书　草书

二、说文解字

《说文解字》："保，养也。从人，从𤓽省。"

解释：保，养护幼儿。字形采用"人"和省略了"爪"的"𤓽"会义。

三、字源解说

保，甲骨文是由(反抱，双手从背后搂着)和(子，幼儿)组成，甲骨文和金文"保"字都是一个大人手抱着襁褓里的婴儿的形状。本义是"养育""抚养"，引申为"保护""保佑"等义。古书又通"褓""堡"。

四、成语及名言警句

(一) 常用成语

明哲保身　朝不保夕　保盈持泰　保家卫国

晚节不保　保境息民　丢卒保车　自身难保

(二) 名言警句

1. 持而盈之，不如其已。揣而锐之，不可长保。

——老子

2. 保天下者，匹夫之贱，与有责焉耳矣。

——顾炎武

3. 保民而王，莫之能御也。

——孟子

4. 有些人的虚荣心，比为了保全生命所必需的分量更多，对于这种人，虚荣心所起的作用何等恶劣！这些人竭力使别人不愉快，想借此引起别人的钦佩。他们设法要出人头地，结果反而更不如人。

——孟德斯鸠

5. 保持先进性和纯洁性，是我们党能够始终保持强大的创造力、凝聚力、战斗力的重要保障。先进性和纯洁性不是与生俱来的，需要党员干部带头立德修身，不断提高自身党性修养和思想境界，保证自身思想不变质、行为不失范，才能确保党始终成为时代先锋、民族脊梁、全国人民的主心骨。

——《中国纪检监察报》2022年9月13日

五、廉政故事

抗美援朝老兵刘志才:“保家卫国是义不容辞的使命”

“保家卫国是义不容辞的使命!”2020 年 10 月 23 日上午,接过安乡县退役军人事务局副局长张胜祥颁发的中国人民志愿军抗美援朝出国作战 70 周年纪念章,刘志才激动得泪流满面。

刘志才已经 90 岁高龄了,依旧身材魁梧,思维清晰,快言快语。回忆峥嵘岁月,他重复最多的话就是“我是一名老兵,是一名共产党员,国家哪里需要我,我就到哪里去”。

父亲早逝,刘志才 8 岁时就成了孤儿,吃百家饭长大。1950 年 1 月,刚满 19 周岁的刘志才毅然报名参军。在部队,他是一名通信兵,性格开朗、机灵,受到大家喜欢。

当年,刘志才加入中国人民志愿军,首批入朝作战。当时朝鲜已冰天雪地,刘志才在一次战役中因长时间潜伏在雪地中,双腿严重冻伤。至今每到冬季,他的双腿仍会反复溃烂、蜕皮。

刘志才说,在朝鲜,他是侦察兵。抗美援朝期间,侦察兵在一线极其不容易。部队开到一个战略要地,需要快速获取当地的情报信息。侦察兵除了要掌握朝鲜语外,还要尽快学会当地的方言。刘志才在语言方面有天赋,朝鲜语学得快,至今仍能流利地说几句。

在朝鲜战场,不论是做侦察兵,还是做通信兵,都是 3 人小组作业,2 人掩护,1 人保护情报。刘志才记得,有两次直面生死的经历让他刻骨铭心。

1952 年 2 月,在保卫朝鲜西海岸的战役中,刘志才和 2 位战友驾驶缴获的吉普车往部队送回情报时,遭遇敌军空袭。炸弹像下冰雹似的砸向大地,爆炸后形成几米深的大坑。一边是山崖,一边是峭壁,无处躲避,一个炸弹突然在吉普车旁边爆炸,将人车掀落悬崖。因被甩出车厢,刘志才的衣服挂在了山崖的树枝上,后来获救,而 2 名战友壮烈牺牲。这一次,刘志才荣立三等功。

另外一次战役中,刘志才在送回情报途中也遭遇敌军轰炸,整个人被泥土掩埋。等战友把他挖出来时,他已奄奄一息。他再次荣立三等功,被批准火线入党。

入党后,刘志才更加全力以赴投入战斗。除了做好本职工作,作为部队的活跃分子,他还多次参与宣讲黄继光、邱少云的先进事迹,宣传“一不怕苦、二不怕死”的革命精神。

1953 年 7 月,《朝鲜停战协定》签订,刘志才所在部队仍留在朝鲜。战后的朝鲜物资匮乏,战士因食物不足、营养不良,普遍患了夜盲症。当时条件艰苦,但刘志才没有丝毫退缩。1953 年底,刘志才靠着 7 斤炒面坚持了 2 个月。

1956 年,刘志才回国,在大连某部队服役至 1964 年,退役后回到家乡务农,担任过村干部。

“保家卫国,是义不容辞的使命。”回忆峥嵘岁月,刘志才感慨万千。众人为他佩戴好纪念章后,他眼神坚毅,行了一个标准的军礼。众人鼓掌,请他唱《中国人民志愿军战歌》,他当即应允:“雄赳赳,气昂昂,跨过鸭绿江……”

本

一、字形演变

金文　篆书　隶书　楷书　行书　草书

二、说文解字

《说文解字》："本，木下曰本。从木，一在其下。"

解释：本，树的下部叫"本"。字形采用"木"作偏旁，指事符号"一"表示位置在树的下部。

三、字源解说

本，金文是指事字，字形在树的根部加三点指事符号，表示树在地下的营养器官。籀文在树的下方加倒三角，表示扎入地下的根系。篆文将根部的三点简写成一横。

造字本义：名词，树的根部。"木"是象形字，甲骨文像一株树，上部是枝下部是根。"末"是指事字，金文在树梢部位加一点指事符号，表示尾端。

木（树）的下部（根）叫"本"，这就是"本"字的本义。从"根本"之义又引申为"基础"的东西也叫"本"，如《汉书・赵充国传》："臣闻兵以计为本。"《管子・八观》"观左右本朝之臣"中的"本"由"基础"义引申为"自己这一边"，所以"本朝"就是"自己所处的这一朝"。

四、成语及名言警句

（一）常用成语

一本正经　本末倒置　变本加厉　舍本逐末　一本万利　穷本极源

本性难移　正本清源　根本同末　照本宣科　源源本本　本小利微

（二）名言警句

1. 治天下者，以人为本。　——《贞观政要・择官》

2. 仁义者，治之本也。　——《淮南子・泰族训》

3. 务本节用财无极。　——《荀子・成相篇》

4. 治国有常，而利民为本。——《淮南子·汜论训》

五、廉政故事

孟子："民为邦本"

孟子名轲，字子舆，战国时期儒家学派的重要代表，构建了以"仁政"为核心，以性善论为基础和特色的完整学说。其中，对后世影响最为深远的当属他的民本思想，即"民为邦本"。君与民之间的关系，强调了君要以民为本。《孟子·尽心下》曰："民为贵，社稷次之，君为轻。"孟子的民本思想是与国家利益、国家命运紧密联系在一起，他呼吁关心、关注民众的利益和疾苦。因为民众的利益是国家的根本，有民才有国。

得民心者得天下

要得到民众的拥护和尊崇，首先就得得民心，而得民心，就要重视民众的利益和做民众喜欢的事，而不能侵害民众利益和做民众不喜欢的事，不能无视民众的利益诉求和民众的喜怒哀乐，更不能胡作非为和肆意妄为。否则，就会失去民心。而失去民心，就会被民众抛弃，从而失去天下。在孟子看来，夏朝、商朝之所以灭亡，最根本的原因就是失去民心，也就是失去了民众的拥护，从而失去天下。即"桀纣之失天下也，失其民也。失其民者，失其心也"。(《孟子·离娄上》)所以得民心者才能得天下，失民心者失天下。相反，"得天下有道：得其民，斯得天下矣。得其民有道：得其心，斯得民矣。得其心有道：所欲与之聚之，所恶勿施尔也。(《孟子·离娄上》)"要想得到天下，就要得到民心和民众的拥护。孟子从历史发展进程和重大转折事件中发现得失规律，从一个王朝灭亡、另一个王朝兴起的历史更替格局中寻找兴衰原因，并总结经验教训。

乐民之所乐，忧民之所忧

孟子认为，一个政权得以存在和延续的关键在于是否能够设身处地解决民众所关心的切身问题。"乐民之乐者，民亦乐其乐；忧民之忧者，民亦忧其忧。乐以天下，忧以天下，然而不王者，未之有也。"(《孟子·梁惠王下》)孟子和梁惠王之间曾经有这样一段对话，梁惠王说："河内出现了灾荒，我就把河内的百姓迁到河东；河东出现了灾荒，我就把河东的百姓迁到河内，但是我国的民众为什么不见多？别国的民众为什么不见少？"对于梁惠王的提问，孟子回答："王好战，请以战喻。"孟子所生活的时代，战乱纷争，诸侯国各自为政，统治者如果肆意妄为，本国的民众就会跑到别的国家，这样自己国家的人口会越来越少，从而对国家的生存构成严重威胁。孟子还用五十步笑百步的故事告诉梁惠王，他没有做得很好，没有设身处地想民之所想，没有真正了解民众想要什么、不想要什么。

孟子提出与民同乐思想。他问梁惠王："独乐乐，与人乐乐，孰乐？"(《孟子·梁惠王下》)意思是一个人独自听音乐和与大家一起听音乐，哪个会更快乐？梁惠王回答，当然是和大家一起听音乐更快乐。在此基础上，孟子进一步指出，同样是听音乐，能不能做到与民同乐很重要。如果不能与民同乐，不去关心民众疾苦，而是独自享受快乐，必然会遭到民众的背离。民众生活在穷困潦倒之中，受饥寒交迫之苦，却置之不理，独自享受娱乐歌舞，这必然会引起民众的极大反感，因为没有想民众之所想、忧民之所忧、急民之所急。同一件事，如果不能与民同乐，则无法得到民众的认可和拥护，如果能够与民同乐，则会为民众所接受和爱戴。

民为贵

孟子提出的“得民心者得天下、乐民之所乐、忧民之所忧”等思想，是从技术层面，也就是具体操作方式上讲的。他认为，历史上的贤明君主之所以能够取得天下，是因为懂得取得人心的道理。他认为，民众的利益和诉求高于一切，是最为重要的。得乎丘民，则可以为天子；而得乎天子，最多只可为诸侯。

概而言之，孟子的民本思想切实关注民众的利益诉求，因为有民才有国，得民心者得天下。对比一下，就能显出孟子民本思想的划时代性和重要价值。

表

一、字形演变

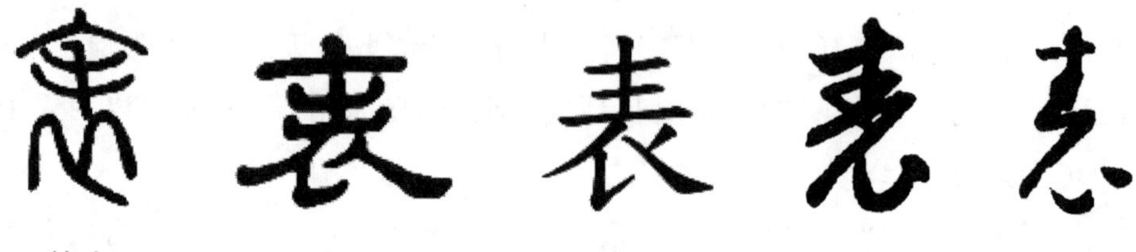

篆书　　隶书　　楷书　　行书　　草书

二、说文解字

《说文解字》:“表,上衣也。从衣,从毛。古者衣裘,以毛为表。”

解释:表,上衣。字形采用“衣、毛”会义。古昔时代人们穿裘衣,制裘时将毛皮带毛的一面当作外面。

三、字源解说

表,甲骨文是象形字,字形像兽毛朝外的皮衣,像衣服外部披着兽毛。篆文写成会义结构:是由(衣,服装)和(毛,动物的毛发)组成,强调“表”的“毛皮”材质。

造字本义为名词,用动物毛皮制成的外衣。“表”字可以引申为“外层、表面”的意思,例如:“子贡乘大马,中绀而表素。”(《庄子·让王》)穿在外层的衣服关系到一个人的仪容,故又可引申出“外表、仪容”的意思,例如:“吾观孔仲尼有圣人之表。”(《孔丛子·嘉言》)又可引申为“表率、榜样”的意思,例如:“仁者,天下之表也。”(《礼记·表记》)“表”还可由外层、表面的意思引申为“显扬、显示”的意思,利用语言文字将人的优秀之处宣扬出去,让更多的人知道,例如:“世胙大师,以表东海。”(《左传·襄公十四年》)又可引申为“给皇帝上的奏章”也叫作表,例如:“今当远离,临表涕零,不知所言。”(诸葛亮《出师表》)另外,现代社会还有两种“表”:一种是测量仪器,如温度表、水表、电表、气表等;另一种是计时仪器,如手表、怀表、电子表、秒表等。

四、成语及名言警句

(一)常用成语

出人意表　万世师表　由表及里　表面文章　表里如一　一表人才
虚有其表　凤表龙姿　互为表里　为人师表　山河表里　表里受敌

(二)名言警句

1. 允恭克让,光被四表,格于上下。 ——《尚书·虞书·尧典》

2. 国有贤相良将，民之师表也。——《史记·七十列传·太史公自序》

3. 无人信高洁，谁为表予心？——骆宾王《在狱咏蝉》

4. 只有老老实实，表里如一，才符合“道”，也才能长久。汉代韩婴更言：“与人以实，虽疏必密；与人以虚，虽戚必疏。”如果对人诚实，哪怕原来关系疏远也会亲密起来。反之，如果对人虚伪，即使原来关系亲近也会渐渐疏远。——《中国纪检监察报》2022 年 8 月 26 日

五、廉政故事

蘧伯玉：不欺暗室，表里如一

蘧伯玉，春秋时期卫国大臣，约生于公元前 585 年，卒于公元前 484 年，是位年逾百岁的寿星。他自幼聪明过人、饱读经书，他为人宽厚慈惠、端肃正直，一生行为高洁、能言善辩、外宽内直、生性忠恕、虔诚坦荡，是有名的有道德修养的人。

公元前 534 年，卫灵公登上王位，开始了其在卫国长达 43 年的统治。有一天晚上，灵公和夫人夜坐赏月，忽然听到有辚辚车声从西向东而来，快走到宫门前时，没有了声音。不大一会儿，辚辚车声又在东边响起来，渐渐远去。

正在兴头上的灵公笑着问夫人：“知道外面是谁的车经过吗？”夫人毫不犹豫地说：“一定是蘧伯玉的车。”“你怎么知道是蘧伯玉的车？”夫人答：“凡是忠臣孝子，其行为都是光明磊落的，不会表面一套，背后一套，不像有些人在你面前毕恭毕敬，但在你背后丧失礼节，胡作非为。蘧伯玉是咱卫国有名的贤大夫，谁人不知，哪个不晓，既仁义又有知识，一贯遵礼守规，尊重上司，他绝不会因为夜间别人看不见就废礼，所以我断定是他。”

原来，为了表示对国君的尊敬，周礼规定，无论大小官员，车辆经过宫门时，要放慢速度，车上官员下车，手扶车辕步行一段，待车行过宫门后再上车，正常行进。但这一礼制到春秋时大多数官员已不再严格遵守。

灵公马上派人去查看。去的人很快回来，悄悄地对灵公说：刚才过去的确实是蘧伯玉的车。本来非常高兴的灵公，此时却故意板起脸对夫人说：“这次你猜错了，刚才过去的车不是蘧伯玉的车。”

夫人一听此言，马上站起来，端起酒壶给灵公满满斟上一杯酒，然后立即跪下，说道：“恭喜主公，贺喜主公！”

这次轮到灵公丈二和尚摸不着脑袋了，急忙问道：“夫人何以如此？”

夫人答道：“过去妾以为在你的大臣中只有蘧伯玉有这样高尚的品德，想不到还有第二个这样好的大臣，有这么多的贤臣辅佐你，何愁国不兴盛，难道妾不该给你敬杯酒吗？”

灵公感慨万千，不由得叹道：“刚才过去的车确是蘧车。”自此，“宫门蘧车”成为人们遵礼守节的代名词，“礼下公门”成为千古成语。当时卫国虽几经战乱、内讧，在几个大国的夹缝中生

存，但由于蘧伯玉等大臣的努力，仍能稳立中原，民众安居乐业，以致孔子周游列国进入卫国时，竟然发出“庶已乎”的惊叹。

蘧伯玉“不欺暗室”，赢得国君的承认和尊重。虽然他遵守的那些礼制和背后的忠君观念已经成为历史的陈迹，可是他在无人监督的情况下还严格按照规矩办事的精神，至今仍然具有教育借鉴意义。

这个故事告诉我们表里是否一致可以作为识别人道德品质的方法。一个人的理想信念和道德品质往往从最隐蔽、最细微的地方真实地暴露出来。

古人有云：“听其言量其心志，观其行测其实力，析其作辨其才华，闻其誉察其品格。”每一名党员干部，尤其是领导干部，都必须说老实话、办老实事、做老实人。为官从政、表里如一是基本的政治操守。

秉

一、字形演变

甲骨文　金文　篆书　隶书　楷书　行书　草书

二、说文解字

《说文解字》:“秉,禾束也。从又持禾。”

解释:秉,一把禾。字形采用“又”作偏旁,像一手持禾。

三、字源解说

秉,甲骨文是由(禾,庄稼,植株)和(又,持握)组成,表示手握庄稼。金文将“禾”和“又”交叉连写混合结构。

造字本义为动词,一手执刀,一手持株,收割庄稼。手握一株为“秉”,手握两株为“兼”。一只手握着一把禾。本义是“一把庄稼”,如《诗经》“彼有遗秉”(意思是“那边有收获后留下的一把把庄稼”)。又有“拿着”义,如《诗经》:“右手秉翟。”引申为主持、掌握、执掌、操持。如:“及秉朝政,阴规诛之。”(《后汉书·何进传》)和成语“秉钧持轴”,即执政掌权。甲骨文世俗化之后进入语言层面,衍生为今天常用字“秉公无私”的“秉”,指做事主持公道不掺杂私念。

四、成语及名言警句

(一) 常用成语

风中秉烛　一秉虔诚　秉文经武　当风秉烛　秉要执本　秉公无私　秉钧持轴

秉笔直书　秉烛待旦　秉烛夜游　秉旄仗钺　秉公任直　江山易改,秉性难移

(二) 名言警句

1. 我是秉笔直书,悬之国门,不能增损一字。 ——曾朴《孽海花》

2. 闭门自慎,终不失过分。秉德无私,参天地兮。 ——屈原《九章》

3. 修身遵曾子三省,从政秉周官六廉。 ——于谦

五、廉政故事

秉笔直书：齐国史官的家风故事

齐国自齐桓公之后，接连出了好几个昏君，他们对内治国无方，对外乱动刀兵，国势大不如前。在国君昏庸的情况下，权臣就冒出来了。本来齐国就存在几个势力强大的家族，在国君英明如齐桓公时，他们还不敢有二心，而当国君一个不如一个时，他们就开始为了权力互相杀害，发展到后来，竟然开始废立起国君来。

他们之中最为专横的一个，当数来自崔氏一族的崔杼。此人在上一代齐国国君病重之时，将其子姜光从外地迎回，并利用自己的势力，发动叛乱，杀掉太子，立其为王，史称齐后庄公。按理说这个齐后庄公是崔杼立起来的，他们之间的关系应该亲密无间。事实上，齐后庄公对于崔杼也是十分信赖，对于此人利用这种关系扩大势力的举动，他不但没有意见，还很支持，可见其昏庸程度。问题是齐后庄公对崔杼亲密无间，崔杼却未必对齐后庄公也亲密无间。一旦这个权臣觉得齐后庄公不老实，不听他的话，乃至冒犯了他的利益，他可不会手下留情。

齐后庄公还果真不老实，拈花惹草，竟然看上了崔杼的妻子东郭姜。此女本是崔杼一名家臣的妻子，在这名家臣死后，崔杼贪恋其美色，不顾礼法与规矩，将其强娶过来。没料到齐后庄公也贪恋上了东郭姜的美色，经常跑到崔杼家去骚扰，发展到后来就有了通奸之事。

崔杼恼怒异常，动了杀心，称病不上朝。齐后庄公以探病为由，又去崔家。东郭姜在崔杼安排之下，将齐后庄公引入庭院后关上房门，齐后庄公没看到东郭姜从房间里出来，却看到一群人拿着刀剑靠了上来，他才知道大事不妙。

在苦苦哀求几次之后，齐后庄公知道难逃一死，便纵身翻墙，但由于平时沉迷酒色，缺乏锻炼，他翻墙的功夫很差，还没等他翻过去，就被箭矢射中大腿，掉了下来，然后被乱刀砍死。

弑君之后，崔杼便叫来史官，让其按照自己的意思将此事记录在史册中，不管写什么，反正不能写崔杼杀了国君，要尽可能地掩盖真相。

根据史料记载，这个史官的准确官职叫作“大史”，属于当时史官之中级别最高的一类，选拔的方式是世代相袭，父死子继，兄终弟及，可称之为史官世家。既然是史官世家，那就必然有一种史官的气质代代相传，这种气质最重要的特性就是视真实高于一切。

这位齐国大史毫不理会崔杼的“作假”指示，毅然写下了“夏五月，崔杼谋杀国君”。崔杼大怒，立即将其杀死，然后找来这位大史的弟弟，让其按照史官规矩继承职位，同时威胁他说：“你兄长因为不听话，已经被我杀了，你应该知道怎么做吧？”

这位弟弟冷冷地看了看一脸凶暴之相的崔杼，不慌不忙，提笔写道：“夏五月，崔杼谋杀国君。”

崔杼再次大怒，又将这个弟弟杀死。

他又将大史的三弟找来，指着两具血淋淋的尸体，威胁道："你的两位兄长都因为不听话而丧命，你最好按照我的意思，改变记载，否则也是死路一条。"

三弟的回答是："秉笔直书是史官的天职，如果要我违背天职，弄虚作假，那么还不如让我去死。"说罢，他还是继续写道："夏五月，崔杼谋杀国君。"

这种捍卫历史真实性的大无畏精神，这种史官家族坚强不屈的家风，让崔杼畏惧了，让这位敢弑君的权臣不敢再动他手中的凶器。面对毫无惧色的史官，他毫无办法，只有接受了这个记载。

此时又有一位齐国的史官，名为南史氏，闻讯前来。他大约是一位级别较低的史官。但他也有"秉笔直书"的史官家风相传，在听闻"大史"兄弟纷纷遇害之后，便挺身而出，抱着自己的史册前来，准备用自己的生命进行"接力"。幸而听闻大史之三弟没有遇害，还成功地留下了真实记载，才作罢回去。

诚

一、字形演变

篆书　隶书　楷书　行书　草书

二、说文解字

《说文解字》:“诚,信也。从言,成声。”

解释:诚,说实话。字形采用“言”作偏旁,采用“成”作声旁。

三、字源解说

诚,金文是由(成,实现、达到)和(“言”的简写,承诺)组成,表示实现承诺。篆文将金文字形中的“言”写成,将金文字形中的“成”写成。

造字本义:动词,实现诺言,践行承诺。古籍常“诚信”并称,“诚”表示实现诺言,说到做到,侧重表达个人自律修养;“信”表示言而由衷,真诚可靠,侧重表达社交中的诺言责任。意味着对待人们要诚实讲信用,不搞鬼鬼祟祟的把戏和阴谋诡计。《礼记·中庸》就说:“诚者天之道也,诚之者人之道也。”认为“诚”是天的根本属性,努力求诚以达到合乎诚的境界则是为人之道。又说“诚者,物之终始,不诚无物”。认为一切事物的存在皆依赖于“诚”。孟子也说“是故诚者天之道也,思诚者人之道也”(《离娄》上);又说“反身而诚,乐莫大焉”(《尽心》上),认为反省自己以达到诚的境界,就是最大的快乐。荀子虽“不求知天”,但也把“诚”看作进行道德修养的方法和境界。

四、成语及名言警句

(一) 常用成语

心悦诚服　推诚相见　精诚所至　开诚布公　精诚团结　竭诚相待　至诚高节
推诚置腹　久惯老诚　主敬存诚　赤诚相待　抱诚守真　修辞立诚　露胆披诚

(二) 名言警句

1. 诚者,自成也;而道,自道也。　——《礼记·中庸》

2. 君子进德修业。忠信，所以进德也。修辞立其诚，所以居业也。

——《周易·文言传·乾文言》

3. 真者，精诚之至也。不精不诚，不能动人。——《庄子·渔父》

4. 巧诈不如拙诚。——《韩非子·说林上》

5. 故圣人养心，莫善于诚，至诚而能动化矣。——《淮南子·泰族训》

6. 党除了工人阶级和最广大人民群众的利益，没有自己特殊的利益。党在任何时候都把群众利益放在第一位，同群众同甘共苦，保持最密切的联系，坚持权为民所用、情为民所系、利为民所谋，不允许任何党员脱离群众，凌驾于群众之上。——《中国共产党章程》

五、廉政故事

晏殊：诚信可赢天下，真实方得始终

晏殊出生于北宋初年，晏家原本也是颇为富贵的书香门第，但是由于连年战乱，家道早已败落。

晏殊聪明好学，年仅14岁便被推举参加殿试，若是一举高中，他不但能够以少年之姿登临朝堂，还会成为整个家族振兴的希望。但是意想不到的一幕发生了，在考场上，正当众位学子奋笔疾书的时候，晏殊却突然站起身来，对皇帝说道："臣曾经做过这篇赋，不敢隐瞒，请陛下换道题考我吧。"原来，这道考题是晏殊之前的习作，曾受过名师的指点，已经不能算作自己的才华了。众人一阵惊愕和疑惑，鱼跃龙门，难道这个少年不知道这个机会对于一个平民子弟来说是多么难能可贵吗？但是，能上殿考试，且有如此坚毅的发声，显然他不是一个"傻小子"。于是，在惊讶之后，大家心中更多了几分赞赏和感动。宋真宗更是当场命题，在晏殊出色地完成答卷之后，不仅封他为秘书省正字（刊校典籍的官职），还派他去秘阁（宫廷藏书之处）读书，当作未来的宰相培养。

乾兴元年（1022），年仅12岁的宋仁宗继位。因为皇帝年幼，太后主政，很多朝臣都跑去巴结太后，当时身为谏议大夫的晏殊不但无动于衷，而且屡屡有"直言犯上"之举。后来仁宗皇帝亲政，晏殊因正直的品格，备受信任，直至官居太宰，位极人臣。

一个人即使面对再大的困难，不欺骗别人，更不要欺骗自己，这才是你安身立命的根本。

晏殊为人刚简威猛，待人以诚，虽处富贵，但生活相当简朴，并且乐于奖掖人才，当世名士，如范仲淹、孔道辅、欧阳修等，皆出其门；又能识富弼于寒素之中，将自己的女儿嫁给他。晏殊执政时，范仲淹、韩琦、富弼皆受重用，台阁也多一时之贤，做了许多有利于国计民生的大事，为史学家艳称的"庆历新政"，实际上是由晏殊总领其事的。

皇上每次向晏殊询问事情，都是用方寸小字把所问的内容写在小纸片上给他。晏殊把自己的建议写好后，连同那个小纸片都装在一起呈给皇上，皇上对他的谨慎严密很欣赏。

这样的身份和地位若是放到一般人身上，恐怕早就是“一人得道，鸡犬升天”了。可晏殊一生至诚务实，即便后来贵不可言，对家人的要求也是实事求是，从不弄虚作假。他的8个儿子完全凭借自己的本事谋生，没有一个仕途显贵。

史书上对晏几道的记载除了“文章翰墨，自立规模”八个字，还留下了“忠厚耿直，谨守父风”的评语。

晏殊在历史上被冠以“太平宰相”“富贵闲人”的雅号，在物质上他没有给后人留下多少富贵，但是在精神上他为后世子孙留下了取之不尽用之不竭的财富。不与秦桧同流合污的晏敦复，誓死守边的忠臣晏桂山，以身殉国的抗倭英雄晏锐……从北宋到大明，煌煌数百年的时光，晏氏一族名家辈出，无一不是至诚至信之辈。

穷死不要撒谎，难死不要骗人。干干净净做人，堂堂正正做事。

林清玄说过：“人的贫穷不是来自生活的困顿，而是来自在贫穷生活中失去人的尊严；人的富有也不是来自财富的积累，而是来自在富裕的生活里不失去人的真诚。”

晏殊用自己的一生向世人证明了一个最朴实无华的道理：诚信可赢天下，真实方得始终。

明代思想家薛瑄曾经说过：“唯诚可以破天下之伪，唯实可以破天下之虚。”

用谎言构建的高楼，终会有一天成为你的墓地；只有与这个世界坦诚相见，才能真正走出个体生命的光明大道。

承

一、字形演变

甲骨文　金文　篆书　隶书　楷书　行书　草书

二、说文解字

《说文解字》:“承,奉也。受也。从手,从卩,从収。”

解释:承,敬奉礼物授予,也表示恭敬地领受。字形采用“手、卩、収”会义。

三、字源解说

甲骨文由(子,婴儿)和(一个人双手揽抱)组成,表示接生。篆文将金文字形写成,同时再加“手”。

造字本义为动词,接生,双手捧着新生儿。隶书变形较大,将篆文字形中的写成,将篆文字形中的写成,至此,“承”的“子”形、“手”形消失。

“承”字的本义是“捧”,如《左传・襄公二十五年》:“承饮而进献。”也就是捧着酒一类的东西而进献的意思。从“捧”又引申为接受、承受等,如《左传・僖公十五年》:“敢不承命?”大意是:“哪里敢不接受命令呢?”从“接受”又可以引申为“继承”或“接续”的意思,如《后汉书・班彪列传》:“汉承秦制。”也就是说汉朝继承了秦朝的制度。

在古代史籍中,我们经常见到“承乏”一词,一般都是在任的官吏的自谦之词。也就是说自己所任职位一时还没有适当的人选,暂由自己来补缺充数,含有自己不称职的意味。“承尘”一词在古代也常用,是特指天花板,因为天花板能“捧住”屋顶上的尘土,使之不得下落。《后汉书・雷义传》中说的“投金承尘上”,也就是把钱藏在天花板之上的意思。

四、成语及名言警句

(一)常用成语

承上启下　起承转合　慎终承始　一脉相承　先意承颜　敢不承命　奉天承运

承平盛世　百般奉承　承颜候色　口耳相承　承欢膝下　开国承家　仰承鼻息

（二）名言警句

1. 吾本寒家，世以清白相承。吾性不喜华靡，自为乳儿，长者加以金银华美之服，辄羞赧弃去之。

——司马光《训俭示康》

2. 今虽耄老，未有所成，犹幸预君子之列，而承天子之宠光，缀公卿之后，日侍坐备顾问，四海亦谬称其氏名，况才之过于余者乎？

——宋濂《送东阳马生序》

3. 承认贫困并不是可耻的。相反，不为改变贫困而努力才是确实可耻的。 ——修昔底德

4. 纪检监察机关因党而生、为党而战、兴党而强，忠诚基因融入血脉、赓续传承。要始终保持清醒和坚定，深刻领悟"两个确立"的决定性意义，增强"四个意识"、坚定"四个自信"、做到"两个维护"，忠实履行党章赋予的职责。要练就"金刚不坏之身"，在重大政治考验面前保持定力，在急难险重任务面前勇挑重担，以实际行动体现对党忠诚、听党指挥、为党尽责。

——《中国纪检监察报》2022 年 11 月 24 日

五、廉政故事

王国光：廉政承诺第一人

王国光于嘉靖二十三年（1544）春闱中进士，时年 33 岁，正是风华正茂、意气风发的时候。恩重如山的继母曹氏于这年因病去世，他在家丁忧守制 27 个月服满后，踏上苏州府吴江县任知县的仕途。

王国光谨记着嘉靖皇帝在其出任吴江知县行前的召勉谈话："吴江人繁物阜，人繁难理，物阜易动，唯勤唯廉，庶其克之。"到任后的第一天，他在衙门前竖起一块石碑，上面刻着"山西王国光，初任到吴江，若受一文钱，客死不还乡。"以表明他一心一意治好吴江的决心，也表明了他唯勤唯廉为国效劳的志向。立于言，鉴于行。王国光到任吴江之后，雷厉风行，采取了一系列果敢措施。按常例，衙门里用的灯油、柴草等以及对外的馈赠一律都由县库支出，他则全部自掏腰包。百姓该出什么徭役，出多少，他都制定详细规定。按百姓各自的出产征赋税，并且亲自征集岁课，使下级无法从中捞到好处。当地很讲究排场，只要有机会就浪费无度，致使有的人家弄得揭不开锅。他现身说法，禁止浪费和馈赠，改变了社会风气。

他到吴江时，正逢发大水，右佥都御使巡抚欧阳必进让各地踏勘灾情。吴江全境大部分成熟的庄稼都没入水底，只有少数高田没有被淹掉，百姓把穗头割去后，剩下一片白秆。听说上面来人查验灾情，村民纷纷把白秆按入水中。他远远看见后，派人对忙碌的人说："朝廷国库来源很多，根本不在乎这区区几亩收成，不要瞎忙。"后来，真的按全灾上报。他采用大禹导水的办法，疏浚河渠。洪水一去，社会太平，他就全神贯注地处理滞狱，惩处奸猾，前后裁减漕运损耗五万石，使狡黠者心惊胆战，贫困者满心实惠。他善于审理复杂案件，邻县有棘手案子都请他去帮忙，往往他一插手便很快审清，让人赞叹不已。

在王国光一系列良好措施的实施下，没过多久，吴江现"古循良之风"，初现物阜民丰之态，到处一派安居乐业的景象。

王国光离任吴江时，吴江众乡宦、名士100余人联名刻石，立《王侯去思碑》，以表对其挽留之情。吴江的百姓也对这位造福一方的清官、好官留恋不舍，说："遇到这样的好官，也真是我们百姓的福气。"

据史料记载，他在外任职时，每天晚上在家处理公务，点着朝廷供应的蜡烛，夜深时分，处理完公务，开始读书时，必会吹灭朝廷供应的蜡烛，转而点用自家蜡烛。家里人觉得奇怪，他说："人此一生，所作所为不为做给别人看，是为对自己有所要求，有个交代。君子修身，贵在慎独！"

王国光是一位从基层做起的实干家，从政40余年，正己率属、忠国恤民、除弊改新、清廉有为，尤其是他的理财经验和为政方略，有力地推动了张居正的改革，使政治腐败、叛乱四起、经济萧条、暮气沉沉的大明王朝呈现出一派欣欣向荣的景象，开创了"万历中兴"的局面。

作为廉政承诺第一人的王国光，他的廉政承诺至今振聋发聩："山西王国光，初任到吴江。若受一文钱，客死不还乡。"

程

一、字形演变

篆书　　隶书　　楷书　　行书　　草书

二、说文解字

《说文解字》："程，品也。十发为程，十程为分，十分为寸。从禾，呈声。"

解释：程，程品，长度等级。十根毛发并列的宽度为一程，十程合并为一分，十分合并为一寸。字形采用"禾"作偏旁，采用"呈"作声旁。

三、字源解说

呈，既是声旁也是形旁，表示上报。程，篆文是由（禾，庄稼）和（呈，上报）组成，表示呈报庄稼谷物。

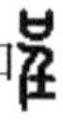

"呈"的造字本义为动词，称量收成的谷物并向上呈报。隶化后楷书将篆文字形中的"禾"写成，将篆文字形中的"呈"写成。

程，形声兼会意字。甲骨文和金文字形尚未发现，篆文左右结构，左禾右呈。本义从种子到禾苗再到果实（种子）的生命周期。

农作物的一个生命周期，具有固定不变的时长。引申为度量标准，准则。《荀子·致仕篇》："程者，物之准也。"（度量衡，是测量物品的标准。）引申为度量，与称、秤同义。清代魏源《皇朝经世文编叙》："无星之秤不可以程物。"（没有秤星的秤，是度量不出物体轻重的。）引申为估量，评估。如《左传·宣公十一年》："称畚筑，程土物。"（准备相当的盛土和夯土的工具，估量用多少土石方。）

四、成语及名言警句

（一）常用成语

前程万里　日夜兼程　各奔前程　程门立雪　云程万里　计日程功

悬石程书　程朱理学　锦绣前程　鹏程万里　云程发轫

（二）名言警句

1. 兵起而程敌，政不若者勿与战；食不若者勿与久；敌众勿为客；敌尽不如，击之勿疑。

——《商君书·战法》

2. 不到长城非好汉，屈指行程二万。 ——毛泽东《清平乐·六盘山》

3. 马有千里之程，无骑不能自往；人有冲天之志，非运不能自通。 ——吕蒙正《破窑赋》

4. 善处事者，但就是非可否，审定章程，而不必利于己。 ——《围炉夜话·第九则》

五、廉政故事

“程门立雪”的家风故事

程颐来自官宦世家，先辈多在朝中担任重要职务，且为官清廉，素有好评，家风颇正。

在如此纯良的环境之下成长起来的程颐，对仕途倒没有太大兴趣，与其兄程颢一样，他的兴趣在于学问。为了培养他们兄弟，程家特意请来当时的著名学者周敦颐进行教育。

程颐20岁出头时，就以一篇文章引起了朝廷高官的赏识，受恩师教导启发，在程颐的学术思想中，“诚”是一个十分重要的概念。在引起朝廷高官赏识的那篇文章中，他就谈到了“君子之学，必先明诸心，知所养，然后力行以求至，所谓自明而诚也，故学必尽其心。尽其心，则知其性，反而诚之，圣人也。”大意是要通过学习成为君子，就必须有真诚的态度，一个内心真诚公正的人，也就离圣人的境界不远了。

按照北宋的规矩，程颐属于官宦子弟，享有优先做官的特权，但他将此机会让给了其他族人。自己则甘于清苦，长期在民间授徒讲学，数十年如一日。这种对待学问的真诚，让他成为天下学子心目中的贤师，俊杰才子纷纷从四方慕名来投。其中便有“程门立雪”中的杨时与游酢。杨时自幼便有神童之名，八岁便能作诗。但他从无骄傲得意之气，在学问上一直追求精进。曾在程颐兄长程颢门下学习，后来到多地为官。为了精进学问，又毅然在四十余岁时放弃高官厚禄，投到程颐门下继续深造。游酢也是一位少年神童，也曾在程颢门下学习，也是为了精进学问，与杨时一同投到程颐门下继续深造。二者的主要差别只在于游酢稍微年轻几岁而已。这二人去拜师那天，恰好是大雪纷飞。到了程颐讲学的学馆，发现老师正在静坐休息。出于对学问的虔诚，对师长的恭敬，这两位大龄学生，过去的朝廷官员，没有叫醒老师，而是静立在老师面前，任大雪在他们身上堆积，等待老师醒来。待到程颐睁开双眼时，发现面前两人一身积雪，神情之中却丝毫没有不耐烦或者倦怠之色。他们有“至诚”的精神。程颐大为感动，将二人收入门下，倾力教导，并最终使其成为门下高徒。

师风即家风。得到程氏兄弟教导的杨时与游酢二人，不只是在学问上有“至诚”精神，在他们为官之时，更是如此。

如杨时，从程颐门下出师之后，他曾到浙江为官，遇上奸臣蔡京的爪牙在当地胡作非为，他没有学其他官员“睁一只眼闭一只眼”地自欺欺人，而是根据真实情况，向朝廷举报。对于蔡京等人搞出来的“花石纲”，他更是深恶痛绝，直言这是朝廷的“恶政”。在调入中央之后，他又根据自己在民间的所见所闻，连连上书，要求减轻百姓负担，打击贪官污吏。在金国大举入侵之时，他又是坚定的抗战派。杨时做官，无愧于程氏兄弟的教导，更无愧于“至诚”二字。

晚年时的程颐得到司马光等人推荐，去给皇帝当老师。当时的皇帝是宋哲宗，才 10 岁出头。程颐这一次欣然同意，收了一个级别最高的学生。但人在朝中是非多，没过多久，便有人认为程颐表面上是在讲学，实际上另有所图。加上当时因为对王安石变法的争论，朝廷官员互相攻击，程颐也被卷了进去，只能被迫离职。之后，程颐便不再步入朝堂，专心讲学，但依然风波不断。他甚至被打成“奸党”，以罪臣身份死去，悲凉收场。程颐死后，皇帝还下令，焚毁其所有著作。

但程颐的学术思想并未就此断绝，如他的师风家风一样，他那些有“至诚”精神的门人子弟继续传承，后来发展成对中华历史影响巨大的理学，其中代表人物之一就是鼎鼎大名的朱熹。

纯

一、字形演变

金文　篆书　隶书　楷书　行书　草书

二、说文解字

《说文解字》:“纯,丝也。从糸,屯声。”《论语》曰:“今也纯,俭。”

解释:纯,蚕丝。字形采用“糸”作偏旁,采用“屯”作声旁。《论语》上说:“如今以蚕丝为料,很节俭。”

三、字源解说

“纯”字早期的金文写法与甲骨文相同;后加“糸”旁,写作“”。篆文承续金文字形。隶书将篆文的“糸”写成。

造字本义为未染色的、自然状态的蚕丝。

“纯”字不仅是“从糸,屯声”的形声字,也是用纯丝和新绿表示色纯的会意字。战国文字“纯”或从束、屯声,或从市、屯声。“屯”甲骨文像豆类植物发芽时艰难屈曲地拱出地面形,金文叶瓣变成小点,篆文小点变成一横,并向下弯曲,隶变后楷书写作屯。“纯”本义是蚕丝。《仪礼·士昏礼》:“女次纯衣纁袡。”郑玄注:“纯衣,丝衣。”引申为大。中山王方壶:“是有纯德遗训,以施及子孙。”(确实有大德及遗留下来的训教来传给子孙。)

四、成语及名言警句

(一)常用成语

炉火纯青　纯正无邪　纯一不杂　穆穆纯纯

(二)名言警句

1. 居利思义,在约思纯。 ——《左传·昭公二十八年》

2. 内而专静纯一,外而整齐严肃。 ——曾国藩

3. 一个人能力有大小,但只要有这点精神,就是一个高尚的人,一个纯粹的人,一个有道德的人,一个脱离了低级趣味的人,一个有益于人民的人。 ——毛泽东《纪念白求恩》

4. 热爱祖国，这是一种最纯洁、最敏锐、最高尚、最强烈、最温柔、最无情、最温存、最严酷的感情。一个真正热爱祖国的人，在各方面都是一个真正的人。——苏霍姆林斯基《给儿子的信》

五、廉政故事

樊锦诗：心归敦煌，质朴人生

樊锦诗，女，汉族，1938 年 7 月出生，浙江杭州人，中共党员。1963 年北京大学毕业后到敦煌文物研究所（敦煌研究院前身）工作，长期从事石窟保护与管理、石窟考古方面的研究。现任敦煌研究院名誉院长、研究馆员，兼任中央文史研究馆馆员。中国共产党第十三次全国代表大会代表，第八届至第十二届全国政协委员。2020 年 5 月，被评为“感动中国 2019 年度人物”。

2014 年退休时，樊锦诗把公积金账户里存的 45 万元一次性捐掉了，“反正我也不买房了，要是不用，捂着这个钱干啥？不是废纸吗？要用在该用的地方”。

“该用的地方”，当然不是留给儿孙。樊锦诗说，儿子们现在有房有车，差不多就行了。

这些年来，大大小小的荣誉奖项，樊锦诗没少拿，但每次领完奖，她就把奖杯、奖章和奖金悉数交给院里。“要不是敦煌，人家知道我是谁?”她说。此外，她每年还会从自己的工资里拿出一万元，捐给敦煌石窟保护研究基金会，已经坚持了 20 多年。

2019 年 8 月，樊锦诗荣获第四届“吕志和奖——世界文明奖”正能量奖，奖金 2000 万港元。这可不是一笔小数目。她特意跟儿子们商量：“这个奖金，你妈不拿，你们也不该拿。”

儿子们也都没意见，说这个钱他们不要。父母的钱，他们从不过问，也不觊觎。“他们挣的钱，想怎么花是他们的事儿。他们如果觉得捐出来比留给我们更有意义，我跟弟弟没任何意见。”樊锦诗的儿子彭予民说，父母从小就叮嘱他们，不要太看重物质。

在他记忆里，直到初中毕业，身上穿的衣服都是带补丁的，鞋子是解放鞋，因为结实、耐磨。裤子父母总是特意给他买大号的，先把裤脚卷起来，等长个了，就放下一截，“所以我的裤子穿到最后总是层次分明，上面已经洗得发白，下面是浅蓝，再往下是深蓝”。

有一次，樊锦诗给儿子们买了最新款牛仔服，两人可高兴了，直夸妈妈这件衣服买得好。她就趁机发挥：“这个衣服你们喜欢啊，可以。但有一条，作为学生不能比赛谁的衣服好，要看谁的学习好。”偶尔听到他们在谈论钱的问题，就忍不住打断：“你俩没的可说了吗，光说钱？钱怎么了？少说点钱！”

虽然樊锦诗小时候家境优渥，但她从小就不喜打扮，母亲在钱上对她要求也很严格：“我们去看电影，一毛钱一张票，除此之外，一分钱都不多给。”1968 年樊锦诗的父亲去世后，家里困难，母亲和两个弟弟都没工作，樊锦诗就把大部分工资都寄回上海家里，慢慢养成了节衣缩食的习惯。

一件物品，只要还能用，樊锦诗就会一直用，不管10年、20年，还是50年。结婚时置办的一件外套，她穿了40多年，里子全磨坏了仍不舍得扔；刚工作时单位发的床板，她坚持一直用，即使丈夫调来敦煌后，也不换成双人的，而是直接在边上拼了一块；酸奶喝完了，她还要倒点凉开水涮涮喝掉，空瓶子留着继续当储物罐用。

名利对樊锦诗来说，只是过眼烟云。"生不带来，死不带走。"她又一次直击要害，"毕竟人不是为物质、为金钱而活的。来日方'短'，还是多做点实事吧！"

受父母影响，彭予民和彭晓民对金钱看得也比较淡，做事情先考虑的是如何尽力做好。在生活中，他们也慢慢养成了艰苦朴素的习惯。彭予民的妻子刚嫁过来时，看到婆婆家吃饭要求必须光盘，一粒米都不能剩，着实感到惊讶。如今，她不仅早已习惯成自然，而且也这样要求着下一代。

这，也许就是家风的力量。不是前人栽树，后人乘凉，而是身行一例，胜似千言。

担

一、字形演变

金文 篆书 隶书 楷书 行书 草书

二、说文解字

《说文解字》:“儋，何也。从人，詹声。”

解释:儋，何戟扛枪。字形采用“人”作偏旁，采用“詹”作声旁。

三、字源解说

“担”是“儋”的异体字。詹，既是声旁也是形旁，是“瞻”的本字，表示站在穴居之上放哨预警。儋，金文由(人，哨兵)和(詹，值勤预警)组成，表示值勤的哨兵。

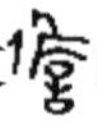

造字本义是动词，卫兵肩扛武器，值勤预警。原本写作“儋”，是“担荷”的意思，指的是用肩膀担起东西，后来则扩大到无论是用肩还是用手，无论用背还是用头都说是担。因此一开始它是从“人”的，后来把单人旁变成了提手旁，便成了“擔”，后来又将声旁换为“旦”，就成了我们现在所见到的“担”字。

四、成语及名言警句

（一）常用成语

担雪填河　担惊受怕　担雪塞井　牵羊担酒　家无担石

析圭担爵　负笈担簦　揭篋担囊　百步无轻担　替古人担忧

（二）名言警句

1. 如果我们选择了最能为人类福利而劳动的职业，那么，重担就不能把我们压倒，因为这是为大家而献身；那时我们所感到的就不是可怜的、有限的、自私的乐趣，我们的幸福将属于千百万人，我们的事业将默默地，但是永恒发挥作用地存在下去，而面对我们的骨灰，高尚的人们将洒下热泪。

——马克思

2. 斗争的生活使你干练，苦闷的煎熬使你醇化；这是时代要造成青年为能担负历史使命的两件法宝。

——茅盾

3. 自由的第一个意义就是担负自己的责任。

——阿来

4. 一个人越敢于担当大任，他的意气就越风发。

——班斯腾·班生《致答词》

五、廉政故事

李大钊：铁肩担道义，为庶民求解放

李大钊，中国共产党主要创始人之一。38年的人生中，李大钊在中国革命史上书写了不朽的篇章，也在后人特别是家乡人心中树起了一座精神丰碑。

坐落在乐亭县城的李大钊纪念馆，参观者络绎不绝。整个建筑由黑、白、灰三种色系组成，古朴庄重典雅。8根功绩柱，象征着李大钊的丰功伟绩；8块浮雕，展示李大钊主要革命实践活动足迹；38级台阶，寓意李大钊走过的38年风雨历程。

1889年，李大钊出生于乐亭县大黑坨村。1907年，18岁的李大钊为寻求救国救民真理考入天津北洋法政专门学校，参与出版《言治月刊》。辛亥革命后，面对国家尚未真正独立富强的现状，李大钊忧国之所忧，哀民之所哀，写下《隐忧篇》和《大哀篇》，下定决心为挽救中华而努力奋斗。

1914年9月，李大钊进入日本早稻田大学学习。在学校，他接受了马克思主义思想和社会主义理论，为他回国宣传马克思主义，走上革命道路起了奠基作用。第二年，他得知日本向中国提出“二十一条”，便积极参加留日学生的抗议斗争，他起草的通电《警告全国父老书》传遍全国。

1916年，李大钊回国后，担任北京大学图书馆主任一职。任职期间，李大钊和陈独秀、鲁迅等一起高举反帝反封建大旗，掀起了一场轰轰烈烈的新文化运动大潮。“铁肩担道义，妙手著文章”是李大钊一生的写照。

李大钊率先在中国系统地宣传马克思主义。1917年俄国十月革命胜利后，李大钊用敏锐的眼光看到了民族求得解放的希望，连续发表《法俄革命之比较观》《庶民的胜利》《布尔什维主义的胜利》等文章，并断言“试看将来的环球，必是赤旗的世界”。

李大钊紧跟历史发展和时代进步的潮流不断探索，提出建立中国共产党的主张。李大钊是中国共产党的主要创始人之一，他为党的建立在思想上、组织上和实践上做出了重大贡献。李大钊在《团体的训练与革新的事业》一文中指出：“我们现在还要急急组织一个团体，这个团体不是政客组织的政党，也不是中产阶级的民主党，乃是平民的劳动家的政党，即是社会主义团体。”

1922年中共二大后，李大钊受党组织委派，三赴上海，两到广州，与孙中山商谈国共合作，为建立国民革命统一战线，实现第一次国共合作做出了重大贡献。1925年5月，中共中央北方

执行委员会成立，李大钊任北方区委书记。李大钊是中国北方革命运动的伟大领袖，他在北方地区宣传马克思主义，领导工农城市运动，建立党的组织。1926 年 4 月，奉系军阀张作霖入关后，大肆镇压国共两党的革命人士，北京处在严重的白色恐怖中。李大钊领导北方区委继续和各地党组织保持联系，持续斗争近 1 年之久。1927 年 4 月 6 日，李大钊和其他 80 名革命志士被张作霖逮捕。4 月 28 日，李大钊高呼“共产党万岁”，牺牲在绞刑架上，英勇就义。

李大钊曾经在北京大学任教，当时收入并不低。但是他生活俭朴，把大部分收入用于党的事业，或用来帮助同志、救济贫苦青年，以至于当年北京大学发薪水时，不得不预先扣下一部分直接交于他的夫人，以免家中断炊。

李大钊一生简朴清廉，他同时代的人这样描述他：“黄卷青灯，茹苦食淡，冬一絮衣，夏一布衫，为庶民求解放，一生辛苦艰难。”

丹

一、字形演变

甲骨文　金文　篆书　隶书　楷书　行书　草书

二、说文解字

《说文解字》:“丹,巴越之赤石也。像采丹井,一像丹形。凡丹之属皆从丹。”

解释:丹,巴蜀吴越地带的赤色矿石。字形像采丹的井口,其中的一点表示赤色矿石。所有与丹相关的字,都采用“丹”作偏旁。

三、字源解说

丹,甲骨文是指事字,字形在矿井中间加一指事符号,表示矿井中的矿物。金文、篆文承续甲骨文字形。

造字本义为名词,矿井中采掘的朱砂。隶书为区别于“舟”变形成“丹”。一般表意为“红色”,有词组“丹砂”即为“朱砂”。《文选·左思〈吴都赋〉》:“赪丹明玑。”李善注:“丹,丹砂也。”是古代用作染色的重要矿物颜料。

从“丹”字的构成来看,古人很早就认识了丹砂,并把它采回来盛在容器中备用。

古时常用朱砂作绘画颜料,也可入药。因为朱砂是红色的,故引申为朱红色。后来又因为道家炼药多用朱砂,所以引申出道家炼制出的药物的意思,如“丹药”。

四、成语及名言警句

(一) 常用成语

丹漆随梦　白发丹心　飞阁流丹　一片丹心　妙手丹青　浮翠流丹

灵丹妙药　丹凤朝阳　丹书铁券　视丹如绿　言炳丹青　璇霄丹台

(二) 名言警句

1. 人生自古谁无死？留取丹心照汗青。　——文天祥《过零丁洋》

2. 丹青不知老将至,富贵于我如浮云。　——杜甫《丹青引赠曹将军霸》

3. 双鬓多年作雪，寸心至死如丹。

——陆游《感事六言》

4. 一寸丹心图报国，两行清泪为思亲。

——于谦《立春日感怀》

五、廉政故事

凛凛丹心汤显祖

汤显祖(1550—1616)，江西临川人，字义仍，号海若、若士、清远道人，明代著名戏曲家。事实上，在璀璨的戏曲光环之下，汤显祖也是一位青史留名的好官，铮铮傲骨，凛凛丹心，贯穿了他的整个为官生涯。

21 岁那年，汤显祖中了举人，但此后的科举之路，他却遭受了沉重的打击。因先后两次拒绝首辅张居正的招揽，汤显祖两次参加科举均落榜。直到 1583 年，张居正死后第二年，34 岁的他才以极低的名次考中进士。

汤显祖非常正直，不懂得阿谀奉承。当时，汤显祖路过河北东光县，看到驿站的墙壁上题着不少纪念御史刘台的诗。刘台曾经上疏弹劾张居正被抓捕下狱，流放广西，半路在东光县的驿站抱病身亡。张居正死后，人们路过东光，纷纷在驿站墙壁上题诗表示哀悼。汤显祖便写诗讽刺这些表示哀悼的人："刘台生前被放逐的时候，你们别说为他送行了，有几个人敢写送行诗?"

对当朝皇帝，汤显祖也丝毫不露怯。在他南京任职期间，有一次，皇帝认为言官有欺瞒之罪，下令停俸一年。汤显祖即刻上书，称言官并不全是不顾君臣大义之辈，只是朝中权臣窃用帝王之威，培植党羽，忠直之人不获重用，这才是导致言官不敢直言上谏的根本原因。皇上既然追究言官蒙蔽之罪，为何不追究把持朝政的辅臣之罪呢。

万历十九年(1591)，在南京礼部祠祭司主事任上的汤显祖，目睹太湖遭灾，沿岸赤地千里，"白骨蔽江下"。朝廷发了数十万银两赈灾，派来特使杨文举安抚灾民。杨文举却借机侵吞灾款，收受贿赂，出卖官职。当朝宰相申时行居然对其加官晋爵，而将一些忠于职守、勇于揭发的御史贬谪。

汤显祖奋笔疾书，一气挥就了《论辅臣科臣疏》，严词弹劾首辅申时行和科臣杨文举、胡汝宁，揭露他们窃盗威柄、贪赃枉法、克掠饥民的罪行，并直指申时行等人的误国行径，要求彻查杨文举等一干贪官。疏文还对万历登基 20 年的政治进行了抨击。最终，汤显祖被贬到雷州半岛南端的徐闻县做了个编外典史。

徐闻县地处雷州半岛最南端，自然条件与社会环境非常恶劣。汤显祖在给朋友的信中也说到"徐闻'其地人轻生，不知礼义''总不好纸笔，男儿生事穷'"。他深知要扭转这一陋俗的根本举措在于加强教化。走马上任的第三天，他就实地察看教育设施。县学破败不堪，学生无所诵读，重建书院成了当务之急。

经费不足，汤显祖就和知县熊敏把俸银捐献出来；没有地方，汤显祖就亲自选址。几个月后，书院建成，取名"贵生书院"。他在此写下了著名的《贵生书院说》，详尽地说明自己办学的初衷、理念与追求。文中写道:“知生则知自贵,又知天下之生皆当贵重也。”所以,他强调的是个人价值。

汤显祖在徐闻任职一年后遇赦,内迁浙江遂昌知县。一任5年,政绩斐然。在遂昌,他努力减轻百姓的徭役,并对朝廷搜刮民脂民膏的矿税进行抵制,他还“去钳剧(杀戮),罢桁杨(加在脚上或颈上以拘系囚犯的刑具),减科条,省期会”,建射堂,修书院。可见,汤显祖是中国古代难得的“人性”官员。

然而,汤显祖的善政成了政敌攻击他的把柄。万历二十六年(1598),他听说朝廷将派税使来遂昌扰民,不堪忍受,便不待别人攻击,给吏部递了辞呈。他也不等批准,就扬长而去,回到家乡。

回乡后的汤显祖生活清贫,有时只能喝粥度日,却指着满床的书自嘲:“有此不贫矣!”他还将寓所唤作玉茗堂,以玉茗比德,以玉茗养性。1616年,汤显祖在临川逝世。

道

一、字形演变

甲骨文　金文　篆书　隶书　楷书　行书　草书

二、说文解字

《说文解字》:“道,所行道也。从辵,从首。一达谓之道。”

解释:道,人们所走的路。字形采用“辵、首”会意。直达的大路叫作“道”。

三、字源解说

“道”是“導”(导)的本字。道,甲骨文是由(行,四通的大路)和(人,行者)组成,表示一个人行走在路上。有的金文用“又”(抓)代替“止”(行走),表示牵拉引路。有的金文用由“爪”(抓)“又”(抓)“曰”(说明)构成的代替,强调“牵引、说明、向导”的含义。

造字本义为动词,向导、带路,给不知方向的人引路。当“道”的“向导”本义消失后,篆文再加“寸”另造“導”代替。在道家思想中,“道”代表自然律,是道家世界观的核心。

四、成语及名言警句

(一)常用成语

头头是道　志同道合　羊肠小道　背道而驰　津津乐道

说长道短　道听途说　离经叛道　左道旁门　分道扬镳

(二)名言警句

1. 朝闻道,夕死可矣。 ——《论语·里仁篇》

2. 人法地,地法天,天法道,道法自然。 ——《老子·道经·第二十五章》

3. 大学之道,在明明德,在亲民,在止于至善。 ——《大学·第一章》

4. 坚守一条正道,然后沿着它不偏不倚地走下去,这便是正的义涵。

——《中国纪检监察报》2022年12月16日

五、廉政故事

丁宝桢的为官之道

在中国近代史上，贵州先贤丁宝桢与曾国藩、李鸿章、左宗棠、张之洞、沈葆桢等人同为“中兴名臣”。时人对丁宝桢的高风亮节推崇备至，赞其操守“清绝一世”。在有关著作中，丁宝桢被描绘为严刚有威凛然可畏的人。

清同治二年(1863)，时任山东按察使的丁宝桢，以气摄万夫之势力挫不可一世的科尔沁亲王僧格林沁，当众指责其征剿捻军时贼民不分、用兵缴械、滥杀无辜的做法，无疑会“驱民做贼”。丁宝桢铁骨铮铮的威仪、义正词严的态度令倨傲凶横的僧格林沁不禁悚然心惊，只好收回成命。

对于儿子在蒲州做官这件事，丁宝桢认为即令在穷乡苦地，仍大有可为。丁宝桢期望独生子吃苦耐劳，为民谋利。他说：“年轻人做官，须求吃苦耐劳，时时以百姓为心。”丁宝桢告诫儿子要严加管束家人和下属。他说道：“家人、书役皆民之蠹，当严加管束，毋使扰民，尤为重要……现在民间正当征收秋粮之际，尔可札行所属各州县，务须查照。向来定章，征收不得浮收多取，亦不准任听书差需索……体恤商情，总以严察家人、关吏、书差为第一要义，要严管若辈。”对于那些扰民坑民敲诈勒索之人，丁宝桢更是视之若仇。他训示儿子丁体常：“严禁捐勒需索搕诈卖放等弊。逐一大张告示，实贴关税门前，俾众共知。并谕各商人，如有此蔽，准其随时喊禀，立即严究……重则重办，轻则当堂笞责……没有搕索得赃者，立即究返，当堂发还商人，不迁延时刻。如此，则举国皆知法令森严，不得轻犯。而商人得以喊禀，遂即得理更可直言无隐；而管关之书吏、家人等，亦自能知所畏惧矣。”希望儿子对待“地方公事，务须力矢清勤，不可废弛”。

丁宝桢告诫儿子丁体常：“做官尤重表率。”“持心须公正，操守须廉洁，做事要勤速，问案要细心。”“亟宜刻刻恤民，事事恤民，以种德行。”他认为“一惑于利，则日久浸淫，将有流于贪婪而不知者矣”。因此特别嘱咐儿子：“尔欲做官，须先从此立脚，万不可效今时丧心昧良者流，只顾目前之热闹，不思子孙之败坏，是所至嘱!”

对于当时官场流行的不正之风，如过节祝寿礼金及每季下级向上司孝敬钱财等陋规，丁宝桢均认为是腐败现象，必须予以抵制。

谈到做官的修养，丁宝桢认为：一个称职的好官，必须“明习当时之务，又好读书，稽古以充之，见闻日益广，持守日益定，才识日益闳，其所谓明体达用者也”。他认为要防腐拒腐，首先得远离腐蚀，洁身自好，“须少交接少游宴。除上衙门外，仍以终日闭户读书写字作文赋诗为好”。他训诫体常，要“夙寤晨兴，忧劳百姓”；要“受辱不惊，受宠若惊”；要“居安思危”，勿“在乐忘忧”；要把宦海的浮沉和个人的得失看得淡漠，但对自己的人格和清操要看重。他有如是说：“我之做官，志在君民，他无所问。官可被参而罢黜，断不可依阿以从俗，而自坏身心，贻羞后世也!”

正是丁宝桢的高风亮节的人格魅力和爱憎分明的为官之道，才使他的幕府聚集着一批中国近代史上的精英分子，如外交家、散文家、改良主义思想家薛福成，外交家、散文家黎庶昌，善于处理周边事务的长庚，长于治黄的水利专家丁彦成，深通军械制造的曾昭吉，长于中外事务的外交家张荫桓，以及科学家徐建寅等。而在丁宝桢的谆谆教导下，丁体常一生清廉自守、忧国忧民，成为晚清政坛上颇有清名的大吏。体常曾言："吾父之高勋伟略，诚不敢望希万一，而其高风亮节，虽未之逮，窃有其志。"

丁宝桢生处江河日下、国势颓微的清朝末年，面对"天下贪官，甚于强盗；衙门污吏，无异虎狼"的黑暗现实，作为一个封疆大臣，能出淤泥而不染，"以天下为忧，而未以位为乐"，一生清正廉洁，其为官之道凝聚着儒家"保民""养民""教民"的光辉思想，这不仅是其思想可贵之处，而且具有深刻的现实意义及教育意义。

得

一、字形演变

甲骨文　金文　篆书　隶书　楷书　行书　草书

二、说文解字

《说文解字》:“得,行有所得也。从彳,㝵声。”

解释:得,远行而有所收获。字形采用“彳”作偏旁,采用“㝵”作声旁。

三、字源解说

“㝵”是“得”的本字。㝵,甲骨文是由(手,捡拾)和(贝,最原始货币)组成,表示捡拾贝壳,是会意字。

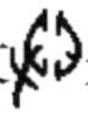

“得”造字本义为捡到贝壳,喜获财富。从物质的层面来讲,人们所能得到的东西,无外乎钱财和货物,即“财物”。而货币,也就是金钱,即为“财物”的代表。所以得到金钱,就是有所得。先民在造“得”字时,就是以这个思路入手的。在商代金文中,“得”字右下方是一只手(“又”)的象形,左上方是个贝壳的象形,即“贝”字——贝壳在古时曾用作货币,所以就是金钱的代表。手持金钱,即为“得到”“获得”。商代甲骨文中的“得”字,是在商金文字形的基础上增加了“彳”,即“行”字的一半,为一个路口的象形,代表道路;汉字中由“彳”作意符的字多与行动有关,这一字形大概表示外出劳动或工作有所得,从而将“得到”之义表达得更为具体。

四、成语及名言警句

(一)常用成语

各得其所　得心应手　妙手偶得　得意忘形　心安理得　一举两得　悠然自得
得寸进尺　贪得无厌　志得意满　春风得意　万不得已　得天独厚　唾手可得

(二)名言警句

1. 愿得此身长报国,何须生入玉门关。——戴叔伦《塞上曲二首·其二》

2. 古之人,得志,泽加于民;不得志,修身见于世。穷则独善其身,达则兼济天下。

——《孟子·尽心章句上·第九节》

3. 安得广厦千万间，大庇天下寒士俱欢颜，风雨不动安如山。

——杜甫《茅屋为秋风所破歌》

4. 在新时代坚持发展成果由人民共享，既要以马克思主义历史使命为最高目标，又要结合具体国情实现新时代的阶段性目标，同时还要把人民拥护不拥护、赞成不赞成、高兴不高兴、答应不答应作为衡量一切工作得失的根本标准，把争取“人心”争取“绝大多数”支持和拥护的群众路线的“传家宝”坚持好。

——《中国纪检监察报》2022 年 11 月 22 日

五、廉政故事

朱熹“问渠那得清如许”

1183 年，大儒朱熹带领一众弟子来到武夷山，荷锄挑担、垒石砌瓦，建起了武夷精舍。他在这里讲学授课、著书立说。伴着微风徐徐、书声琅琅，朱子理学播下思想的种子，流传近千年。

“问渠那得清如许，为有源头活水来”，朱熹笔下的这一名句，道出了中华文明生生不息的密码；“等闲识得东风面，万紫千红总是春”，则道出了中国人基于深厚底蕴的文化自信。

年少时，朱熹就流露出正心之志。他 19 岁得中进士之后，回徽州婺源故里扫墓并拜会宗族长辈。一天，他行至故乡东门桥头，见一水池石罅间淙淙涌出凉洌甘醇的泉水，顿生思悟，为官当像这泓泉水，“颠簸不失志，贫贱亦清廉”。这句话也是他一生恪守的信条，从《朱子家训》里要求“勿以善小而不为，勿以恶小而为之”，到“临财欲其勿苟，见利欲其勿争”，再到岳麓书院、武夷精舍中高悬的大字“忠孝廉节”，都可见朱熹为人处世的准则。

朱熹曾多次担任过地方官，辗转多处，但每到一处，都在极力践行着自己的民本主张，重农桑，兴水利，正经界，轻赋敛，惩贪官，治豪强。

在浙东为官时，他出行视察“按行境内，单车屏徒从，所至人不及知，郡县官吏惮其风采”。其轻车简从的目的，就是“访民隐”。

主政闽北时，朱熹与民众打成一片。他在诗作《谢客》中这样写道：“野人载酒来，农谈日西夕。此意良已勤，感叹情何极。”几位老农将自己酿制的酒在夕阳将落时从崎岖的山道中送与他品尝，他为此深感过意不去，一再叮咛他们“归去莫频来，林深山路黑”。

乾道四年(1168)，闽北建阳、崇安、浦城一带闹灾荒，饥民骚动，盗贼蜂聚，当时正在五夫里屏山祠奉亲的朱熹受邀与乡耆刘如愚一起，劝乡里豪民降价赈卖藏粟，请求发放常平仓存粮六百石，“民得遂无饥乱以死”。劝赈、放粮只是权宜之举，朱熹思来想去，为长远计，须建社仓。朱熹提出的社仓做法是，丰收之时老百姓把多余的粮食存在这里收利息，青黄不接之时来这里借贷。如果发生小的饥荒，利息可以减半；如果发生大饥，免除利息。这一制度设计使社仓不依赖于捐赠，而是具备了“造血功能”。乾道七年(1171)八月，在朱熹一再主张下建成五夫社仓，14 年后，不仅归还了贷本 600 石，余粮更达到 3100 石之多，堪称典范。

淳熙八年(1181)，朝廷采纳朱熹建议，要求各地因地制宜，仿行其法，他还为各地社仓撰写相关文章，介绍经验，反思不足。相传五夫社仓竣工之日，朱熹在仓壁题诗一首：“度量无私本至公，寸心贪得意何穷。若教老子庄周见，剖斗除衡付一空。”以劝诫社仓管理人员切勿生一丝贪心。

1182年，朱熹到台州巡视灾情，接到反映知府唐仲友为官不正的举报后，便立即进行调查，结果查明其确有多项违法行为。唐仲友是宰相王淮的亲家，朱熹提举浙东常平茶盐公事之职又是王淮推荐的。面对大义与私情，朱熹选择了前者，六次上奏弹劾唐仲友，甚至直接批评王淮“忧国之念不如爱身之切”，将个人生死与得失毁誉置之度外，其公正为官之心可见一斑。

晚年的朱熹生活清贫，“其斋舍无以避风雨”。他办了很多书院，却没有为自己置办任何产业，留给家人的仅仅是短短几百字的《朱子家训》。

800多年风雨侵蚀，朱子社仓始终屹立在武夷的青山绿水间，屹立在千千万万百姓心中。

德

一、字形演变

甲骨文　金文　篆书　隶书　楷书　行书　草书

二、说文解字

《说文解字》:"德,升也。从彳,㥁声。"

解释:德,境界因善行而升华。字形采用"彳"作偏旁,采用"㥁"作声旁。

三、字源解说

甲骨文"德"字的形义旁"彳(,行)",与"道"字中的"辶(,辵)",字形相似,义理互通,表示道路,抽象为存在、运行、行动、执行诸义层。"直()"是德的核心字根,也是德的初文本字,表示行动和执行的内容、对象和标准。

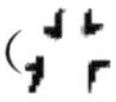

造字本义为看清道路的方向,没有困惑迷误,大道坦然直行。

"德"与"得"是同源字,音同义近。"得"的金文字形,写作"(得)"。"德"更多指的是心理活动、内心修养。金文"(德)"字形中就有"(心)",有"(直)",强调"心性"之感悟,说的是精神的富足、人性的丰满。

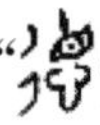

在道家思想中,"德"代表顺应自然律的法则,是道家方法论的核心。

四、成语及名言警句

(一) 常用成语

厚德载物　德高望重　施仁布德　以德报怨　二三其德　德才兼备　歌功颂德
德容言功　何德堪之　积德累仁　道微德薄　感恩戴德　德隆望尊　功德圆满

(二) 名言警句

1. 德不孤,必有邻。　——《论语·里仁篇》

2. 德之不修,学之不讲,闻义不能徙,不善不能改,是吾忧也。　——《论语》

3. 不知则问,不能则学,虽能必让,然后为德。　——《荀子》

4. 惟德动天，无远弗届。满招损，谦受益，时乃天道。 ——《尚书》

5. 一个人能力有大小，但只要有这点精神，就是一个高尚的人，一个纯粹的人，一个有道德的人，一个脱离了低级趣味的人，一个有益于人民的人。 ——毛泽东《纪念白求恩》

6. 党的干部是党的事业的骨干，是人民的公仆，要做到忠诚干净担当。党按照德才兼备、以德为先的原则选拔干部，坚持五湖四海、任人唯贤，坚持事业为上、公道正派，反对任人唯亲，努力实现干部队伍的革命化、年轻化、知识化、专业化。 ——《中国共产党章程》

五、廉政故事

德高望重的富弼

富弼（1004—1083），字彦国，谥号文忠，洛阳（今河南省洛阳东）人，北宋名臣。他出身贫寒，从小读书勤奋，知识渊博，加上举止豁达，气概不凡，当时有位前辈见过他后，赞叹说："这是辅佐帝王的贤才啊！"

富弼 26 岁踏上仕途。40 多年里，他对北宋王朝竭诚尽敬。在处理外交、边防、监察刑狱、赈济灾民等事务中，取得了显著的成就，不断加官晋爵，先后担任过仁宗、英宗、神宗三朝宰相，成为天子倚重、百官景仰的名臣。

仁宗庆历二年（1042），北方的契丹国屯兵边境，要求宋朝割让关南的大片领土，朝廷决定任命富弼为报聘使者前往敌营谈判。在交涉中，他不顾个人的安危，慷慨陈词，列举两国数十年来结盟交好的历史，劝说契丹君主放弃割地的要求，成功地维护了本国的利益。他先后两次奉命出使，第一次赴任，正逢女儿得病去世；第二次上路，又闻报小儿子出生，他都没有回家看上一眼。归国以后，朝廷为了褒扬他的功绩，先后授予他枢密直学士、翰林学士和枢密副使等要职，他都谦逊地再三辞谢，不肯就任。

有一年，江苏高邮知军晁仲约因军力不足，昭示当地州县长官，要他们捐出金钱、牛羊、酒菜去慰劳贼兵，避免百姓受袭，这在朝廷中引起了争议。范仲淹说："晁仲约也算情有可原，应该赦免了他。"不料富弼却第一个站出来反对说："这些州县长官拿着朝廷俸禄，竟然姑息养奸，形同通匪，都应定死罪，不然今后就没人再去剿匪了。"范仲淹解释说："地方政府兵力有限，这大概是保护百姓的权宜之计啊。"富弼不以为然，生气地说："我们正要弘扬法令，你如此做法，将来还怎么治理百姓？"有人提醒他说："你难道忘了范先生对你的大恩大德了吗？"富弼回答："我和范先生交往，是君子之交。我怎能因为要报答他而放弃自己的主张呢？"范仲淹听说后不住地点头："富弼不同俗流，这正是我看中他的地方啊！"

富弼没有因为范仲淹有恩于己，就在政治上放弃自己的观点，而是以国家大事为重，据理力争，展现了正直的品格。

庆历八年(1048),黄河在商胡决口,洪水泛滥成灾,河北六七十万灾民仓皇南下,涌向京东地区。当时,富弼正遭到政敌的谗言诽谤,谪官在青州,他在境内腾出公私房屋十多万间分散安排灾民,并出榜向当地百姓募集粮食,加上官仓中的全部存粮,都运送到各区散发。到第二年,河北麦子大熟,绝大多数灾民扶老携幼返回家乡。富弼为国家招募到一万多兵员,民间颂声载道,天子特派使者前来慰劳,并授任他为礼部侍郎,富弼却辞谢说:“这是臣应尽的职责。”

富弼为人谨恭慈和,即使当了宰相以后,也从不以势傲人。无论下属官员还是平民百姓前来谒见,他都以平等之礼相待。神宗熙宁五年(1072),富弼年老退休,长期隐居洛阳。一天,他乘小轿外出,经过天津桥时被市民发现,大家纷纷跟随观看,使一个热闹的集市顷刻之间变得空无一人。司马光曾称颂他说:“三世辅臣,德高望重。”这个评价是符合事实的。

鼎

一、字形演变

甲骨文 金文 篆书 隶书 楷书 行书 草书

二、说文解字

《说文解字》:“鼎,三足两耳,和五味之宝器也。”

解释:鼎,三根立腿,两只提耳,是用来调和各种味料的宝器。

三、字源解说

鼎,甲骨文像有足、有提耳的青铜容器,也是煮具,盛行于商周时期,最早用于皇宫祭祀时熬制美食。有的甲骨文将甲骨文字形中的立足写成,在容器中加一横指事符号,表示内容物。金文省去两个提耳。篆文将金文字形中的立足变形成。

造字本义为名词,王室祭祀或熬制美食时使用的三足或四足的青铜器皿。鼎大多数以青铜铸成,一般是三足或四足,带有两耳。它在古代最早是用于烹煮肉类的器物,上古社会中国人能吃上肉的不多,所以钟鸣鼎食之家,指的是有鼎可以煮肉,吃饭时还有编钟可以伴奏的家庭,其实就是有权有钱的贵族的意思。后来,鼎在人们心目中的地位越来越重要,不仅成为祭祀的礼器,更是政权的象征,相传禹铸九鼎,为传国宝器,因此“九鼎”遂引申出王位和政权的意义。春秋时期,各诸侯“问鼎中原”,该成语便由此而来。

四、成语及名言警句

(一)常用成语

一言九鼎　人声鼎沸　三足鼎立　大名鼎鼎　九鼎大吕　钟鸣鼎食

革故鼎新　一代鼎臣　龙去鼎湖　鼎铛有耳　鼎铛玉石　鼎玉龟符

(二)名言警句

1. 一心在陈力,鼎列夸四方。

——柳宗元《咏三良》

2. 楚子伐陆浑之戎,遂至于雒,观兵于周疆。定王使王孙满劳楚子。楚子问鼎之大小轻重焉。对曰:“在德不在鼎。”

——左丘明《王孙满对楚子》

3. 做好群众工作，关键要用心和群众沟通交流，说心里话、说实在话、说大白话，把事情说清楚，道理讲明白。最为重要的是，向群众说出的话、做出的承诺，必须要有一言九鼎的魄力、一抓到底的韧劲，不仅要讲效率，更要在质量上做文章，始终坚持把群众满不满意、高不高兴、答不答应作为工作的最高标准。

——《中国纪检监察报》2017 年 3 月 23 日

五、廉政故事

“一言九鼎”的故事

秦国围攻邯郸时，赵王曾派平原君去求援，平原君约定跟门下有勇有谋文武兼备的食客 20 人一同前往楚国。平原君说：“假使能通过客气的谈判取得成功，那就最好了。如果谈判不能取得成功，那么也要挟制楚王在大庭广众之下把盟约确定下来，一定要确定了合纵盟约才回国。同去的文武之士不必到外面去寻找，从我门下的食客中选取就足够了。”结果选得 19 人，剩下的人没有可再挑选的了，竟没办法凑满 20 人。这时门下食客中有个叫毛遂的人，径自走到前面来，向平原君自我推荐说：“我听说您要到楚国去，让楚国做盟主订下合纵盟约，并且约定与门下食客 20 人一同去，人员不到外面寻找。现在还少一个人，希望您就拿我充个数一起去吧。”平原君同意让毛遂一同去。那 19 个人互相使眼色示意，暗暗嘲笑毛遂，只是没有发出声音来。

毛遂到达楚国，跟那 19 个人谈论、争议天下局势，平原君与楚王谈判订立合纵盟约的事，很久没决定下来。那 19 个人就鼓动毛遂说：“先生登堂。”于是毛遂紧握剑柄，一路小跑地登阶到了殿堂上，对平原君说：“谈合纵不是‘利’就是‘害’，只两句话罢了。现在从早晨就谈合纵，到了中午还决定不下来，是什么缘故？”楚王见毛遂登上堂来就对平原君说：“这个人是干什么的？”平原君回答说：“这是我的随从家臣。”楚王厉声呵斥道：“怎么还不给我下去！我是跟你的主人谈判，你来干什么！”毛遂紧握剑柄走向前去说：“大王敢呵斥我，不过是依仗楚国人多势众。现在我与你相距只有十步，十步之内大王是依仗不了楚国的人多势众的，大王的性命控制在我手中。如今楚国领土纵横五千里，士兵百万，这是争王称霸所凭借的资本。凭着楚国如此强大，却被白起接连打败，这是楚国百世不解的怨仇，连赵王都感羞耻，可是大王不觉得羞愧。合纵盟约是为了楚国，不是为了赵国。”听了毛遂这番话，楚王立即改变了态度说：“是，是，的确像先生所说的那样，我一定竭尽全国的力量履行合纵盟约。”毛遂进一步逼问道：“合纵盟约算是确定了吗？”楚王回答说：“确定了。”于是毛遂用带着命令式的口吻对楚王的左右近臣说：“把鸡、狗、马的血取来。”毛遂双手捧着铜盘跪下把它进献到楚王面前说：“大王应先吮血以表示确定合纵盟约的诚意，下一个是我的主人，再下一个是我。”就这样，在楚国的殿堂上确定了合纵盟约。这时毛遂左手托起一盘血，右手招呼那 19 个人说：“各位在堂下也一块儿吮盘中的血，各位虽然平庸，可也算完成了任务，这就是所说的依赖别人的力量来完成自己的任务吧。”

平原君确定了合纵盟约返回赵国，回到赵国后，说：“我不敢再观察识别人才了。我观察识别人才多说上千，少说几百，自认为不会遗漏天下的贤能之士，现在竟然把毛先生给漏下了。毛先生第一次到楚国只用了一席话，就使赵国的地位比九鼎大吕的传国之宝还尊贵。毛先生凭着他那一张能言善辩的嘴，竟比百万大军的威力还要强大，我不敢再观察识别人才了。”于是把毛遂尊为上等宾客。

定

一、字形演变

甲骨文　金文　篆书　隶书　楷书　行书　草书

二、说文解字

《说文解字》:“定,安也。从宀,从正。”

解释:定,安生度日。字形采用“宀、正”会义。

三、字源解说

定,甲骨文是由(宀,房屋)和(足,结束征战归邑)组成,表示结束征战,消除暴乱,归家安生。远古男子为了觅食和战争,常常外出远行奔波,回归家园是身心踏实的歇息。隶书将篆文字形中的“宀”写成,将篆文字形中的“正”写成。

甲骨文字形的外面是个房子,房内上为“口”下为“止”(脚),其实就是个“正”字。“正”字的本义就是脚站得端正,不偏不斜。那么在室内不偏不斜即为“安定”或“定居”之义。可见“定”字也是个会意字。

造字本义为动词,结束征战,安居度日。如《诗经・小雅・节南山》:“乱靡有定。”就是说,战乱还没有平定。后又引申为“决定”或“肯定”,如《荀子・解蔽》:“吾虑不清,则未可定然否也。”大意是:我还没有考虑清楚,还没有肯定可否。“定情”一词,在古代则往往指男女结合成为夫妇。汉朝繁钦有《定情诗》,唐乔知之有《定情篇》,都指结婚。

四、成语及名言警句

(一)常用成语

一言为定　坚定不移　举棋若定　人定胜天　痛定思痛　一锤定音　一定之规
目定口呆　铺谋定计　心平气定　漂泊无定　把持不定　动荡不定　捉摸不定

(二)名言警句

1. 位卑未敢忘忧国,事定犹须待阖棺。　　——陆游《病起书怀》

2. 知止而后有定，定而后能静，静而后能安，安而后能虑，虑而后能得。

——《大学·第一章》

3. 新征程上，我们一定要坚持把马克思主义基本原理同中国具体实际相结合，同中华优秀传统文化相结合，坚持一切从实际出发，不断回答中国之问、世界之问、人民之问、时代之问，始终保持马克思主义的蓬勃生机和旺盛活力。 ——《中国纪检监察报》2022 年 12 月 7 日

4. 我们党作为世界上最大的马克思主义执政党，要始终赢得人民拥护、巩固长期执政地位，必须时刻保持解决大党独有难题的清醒和坚定；要求全党落实新时代党的建设总要求，健全全面从严治党体系，全面推进党的自我净化、自我完善、自我革新、自我提高，使我们党坚守初心使命，始终成为中国特色社会主义事业的坚强领导核心。

——习近平总书记在中国共产党第二十次全国代表大会上所做的报告

五、廉政故事

辛弃疾："文能安天下，武能定乾坤"

"众里寻他千百度，蓦然回首，那人却在，灯火阑珊处。"这句耳熟能详的词出自辛弃疾的《青玉案·元夕》。作为一位词人，他的文学造诣之高很多人都知道。可见他"文能定天下"。但很多人不知道的是，辛弃疾还有着"武能定乾坤"的评价。

那么除却他在诗词方面的造诣，辛弃疾在军事方面，又有什么出人意料的地方呢？其实，他不仅是位出色的军事家、政治家，更是勇敢无畏的战士。

辛弃疾出生的时候，北宋灭亡已经十多年了，他所在的山东一带算是沦陷区。金国国主完颜亮死后，北方人民的抗金活动风起云涌。济南人耿京聚众起事，号称天平节度使，统领山东、河北义军。辛弃疾投奔耿京，被任命为掌书记。他说服耿京在政治上归向南宋，从而使义军在广大人民群众中获得了更大的号召力。

有一个叫义端的和尚，喜欢谈论军事，与辛弃疾是老相识。耿京起义后，义端也聚集起一千多人，在辛弃疾的游说下，投归了耿京。但义端是个阴险的投机分子，不久，他就盗取了耿京的大印，逃跑了。为此，耿京大怒，要处死辛弃疾。辛弃疾请求宽限三天，让他亲自解决此事，三天之后没有结果，再杀不迟。耿京答应了他的请求。

辛弃疾揣测，这个义端一定会逃往金军营地，把义军的虚实部署出卖给金人，于是紧急追击，终于抓住了义端。义端求饶说："我知道你很勇猛，看在多年老朋友的分上，求你千万不要杀我。"但辛弃疾丝毫不为所动，斩杀了义端，回来向耿京复命。从此，耿京对辛弃疾更加信任。

宋高宗绍兴三十二年，耿京命辛弃疾带着奏表向南宋表示归附。此时高宗赵构召见了辛弃疾一行，嘉奖了他，授予他天平节度使掌书记的官职，并召耿京南下。辛弃疾受命马上往回赶。而恰在这当口，耿京被一个叫张安国的叛徒杀害了。张安国本来也是一名义军的小头领，归耿京统率。但他贪图金国的荣华富贵，杀了耿京投降了。金国为了奖励他，封他为济州知州。听到这个消息后，辛弃疾万分震惊、愤怒。他对随从的将士说："我们本来是奉耿元帅之命南向归

顺大宋，现在却出了这样的变故，我们如何向朝廷交代呢?”于是他与众人商量决定，回去找张安国复仇。

计议已定，辛弃疾立即带着50人远程奔袭济州。张安国此时正在他5万人的军营里与金国将领喝酒庆贺。辛弃疾等人突然冲进叛军的中军大帐，还没等金国将领反应过来，就把张安国从座中抓住绑了起来。辛弃疾故意大声诈言，大宋十万大军马上就到。那些本来跟从张安国叛乱的官兵一听，当时就有一万多人跟着辛弃疾他们一起投奔宋朝了。

辛弃疾一行把张安国捆在马上，不远万里向南宋献俘。南宋朝廷经过审讯处死张安国了。这一年，辛弃疾才23岁。

“壮岁旌旗拥万夫，锦襜突骑渡江初。燕兵夜娖银胡觮，汉箭朝飞金仆姑。追往事，叹今吾，春风不染白髭须。却将万字平戎策，换得东家种树书。”这首词是辛弃疾回首当年金戈铁马峥嵘岁月的感慨，要说到文武全才，辛弃疾绝对算得上是其中一位。

督

一、字形演变

甲骨文　篆书　隶书　楷书　行书　草书

二、说文解字

《说文解字》:“督,察也。一曰目痛也。从目,叔声。”

解释:督,监察。另一种说法认为“督”是眼睛痛的意思。字形采用“目”作偏旁,采用“叔”作声旁。

三、字源解说

督,篆文督是由叔(叔,主持祭祀的人)和目(目,监察)组成,表示祭祀主持者监察仪式。

造字本义为动词,祭祀主持者监察并敦促人们完成标准仪式。

形声字,目表意,表示用目(眼睛)察看;叔(shū)表声,叔本指拾取豆子,拾取豆子需仔细看,表示察看也需仔细。本义是察视。

“监”“督”两个字大有深意,寄托了造字者的智慧。由于“监”“督”意思相近,汉代时它们就成了固定搭配。监督,其本质是制度上的一种防范,体现了监督者对被监督者的关心与爱护。曾子曰:“十目所视,十手所指,其严乎。”古人很早就认识到人是有缺点的,因此,除了强调道德自律,还提出建立完善的监督制度,才可以减少官员违法乱纪的机会。就像人需要借助镜子,才能发现自己脸上的污垢,同理,人借助他人的监督,也可以匡正自己的过失。如果个人的言论与行为,总是能够处于组织与同志的严格监督之下,那就没有机会也没有条件做违法乱纪之事,做了也不可能隐瞒。这样,就会使人不敢腐、不能腐。

四、成语及名言警句

(一) 常用成语

平原督邮　循名督实　玄衣督邮　朝督暮责　督率策励

（二）名言警句

1. 听不参，则无以责下；言不督乎用，则邪说当上。——韩非子

2. 有错误要逢人便讲，既可取得同志的监督帮助，又可以给同志们以借鉴。——周恩来

3. 莫伸，伸手必被捉。党与人民在监督，万目睽睽难逃脱。汝言惧捉手不伸，他道不伸能自觉，其实想伸不敢伸，人民咫尺手自缩。——陈毅

4. 每个党员，不论职务高低，都必须编入党的一个支部、小组或其他特定组织，参加党的组织生活，接受党内外群众的监督。党员领导干部还必须参加党委、党组的民主生活会。不允许有任何不参加党的组织生活、不接受党内外群众监督的特殊党员。——《中国共产党章程》

五、廉政故事

接受群众监督，不拿一针一线

1929 年 7 月，为打破国民党军对闽西革命根据地的“三省会剿”，扩大革命斗争区域，朱德率红四军 3000 多人出击闽中，于 8 月 22 日进驻永春福鼎。因福鼎一带屡受兵匪之害，加上国民党所进行的反共宣传，红军到达福鼎当天，许多村民四处躲散，避之唯恐不及。

但是村民们很快就发现，这支队伍与国民党军队和民团股匪完全不同，根本没有搜刮民脂、巧取豪夺、掳掠群众之风。相反，这支队伍军纪严明，他们不拿群众一针一线，对群众秋毫无犯。

3000 多名战士驻扎在一个村子，吃饭吃菜成了一件大事。一天，两名战士来到村南一户人家，只见大门紧锁，听说是避到外村亲戚家中了。家门口有一个南瓜大架，棚上挂着两个黄艳艳的大南瓜，战士心想主人不在，就割下南瓜，留下了一张字条“买两个南瓜，以后付钱。——红军”，放在架上就离开了。晚餐时，朱德军长吃到香酥的南瓜饭后，询问是向谁家买的瓜，才得知南瓜还没付钱。他让人叫来两位战士，拿出一块银圆，语气严肃地让他们去把钱付清。

几天后，村南那户人家陈某携妻带儿回到家里，见一切依然如故，十分高兴，只是棚上两个南瓜不见了，他心想：家没事就好，两个南瓜算是让贼偷了罢。也不把它当回事，还在村民间闲谈说了此事。

过后，陈某妻子上棚割南瓜叶，准备煮了喂猪，不经意间见着割走的南瓜蒂上，用红布扎着一个小包，拿下一看，里面包着一块闪闪发亮的银圆，还有一张小纸条，只见字条写着“老乡：买 2 个瓜送上一块银圆。——红军”。陈某顿时面红耳赤，捶胸顿足，大声说：“我好糊涂啊，原以为南瓜被贼偷了，没想到红军纪律严明，买东西付钱，一块银圆该买多少南瓜呀。”说完赶忙找到朱德军长，一是把银圆还了，二是要向两位战士赔罪。朱德军长笑着说：“这是红军应该做的。银圆你留着，至于赔罪由我来吧。”

除这件事外，一些店铺的主人逃离时来不及关门，红军就派人替他们看守；晚上红军战士大多睡在街道上或村民家里的厅堂过道上，不去占用村民的房间；红军买卖公平，向村民买粮食、鸡蛋、蔬菜时都支付银圆，村民们找不开、不收钱时，东西就不肯拿走；有位战士买鸡时没有付够

钱，红四军干部闻讯后便召集全体战士，让卖主逐个辨认，补足价钱。

红四军严明的纪律，自觉接受群众的监督，给当地百姓留下了深刻印象，也深深打动了他们的心。村民们不再害怕，还自发组织起来，在当地族长带领下，筹办猪肉、米粉、白粿献给红军。红军到周边的县和乡镇筹措粮食，村民们主动帮忙挑运。红军中流行疟疾，村民们就自发到深山老林里采集土方草药，为红军伤病员治疗。

红四军在福鼎虽然仅休整了一周时间，但他们真正践行了"不拿群众一针一线"的口号，在短暂的时间里，用严明的军纪打动了福鼎群众的心，让他们认识到这是一支在中国共产党领导下，军纪严明、真心为百姓谋解放的人民军队。

度

一、字形演变

甲骨文　篆书　隶书　楷书　行书　草书

二、说文解字

《说文解字》:“度,法制也。从又,庶省声。”

解释:度,法制所依据的标准。字形采用“又”作偏旁,采用省略了“四点底”的“庶”作声旁。

三、字源解说

,既是声旁也是形旁,是“庶”的省略,即为“庶”的上半部,表示石块。度,甲骨文是由(石,即“庶”的省略,石块、石料)和(又,抓持)组成,表示石匠手持石块,对石料的形状、重量等指标进行掂量、评估。金文将甲骨文字形中的“石”写成,并用“攴”(持械打击)代替“又”(抓持),表示石匠持械敲打石块,使石块的某些指标达到相应的标准。

造字本义为动词,石匠测量、评估石料。《论语》曰:“谨权量,审法度。”《中庸》曰:“非天子,不议礼,不制度”。

四、成语及名言警句

(一) 常用成语

度日如年　审时度势　置之度外　普度众生　程门度雪　前度刘郎　暗度陈仓

度己以绳　金针度人　称德度功　正法直度　春风一度　审己度人　虚度年华

(二) 名言警句

1. 眼界要阔,遍历名山大川;度量要宏,熟读五经诸史。——《格言联璧·学问类》

2. 法度者,万民之仪表也。明主内行其法度,外行其理义,故邻国亲之,与国信之。

——《管子·形势解》

3. 故百工从事,皆有法所度。今大者治天下,其次治大国,而无法所度,此不若百工辩也。

——《墨子》

4. 事物的价值是因为“意义”而确定的,“意义”则是由于“心的态度”而确立的。

——林清玄

5. 一个人经过不同程度的锻炼,就获得不同程度的修养,不同程度的效益。好比香料,捣得愈碎,磨得愈细,香得愈浓烈。 ——杨绛《一百岁感言》

五、廉政故事

毛玠:“恪守法度,国之司直”

毛玠,字孝先,三国时期魏国的一位大臣。在名著《三国演义》中,毛玠是赤壁之战前夕曹操的水军都督,被小说家写得很平庸。历史上真实的毛玠是个文官,早年在县中为吏,后来跟随了曹操,被任命为治中从事。他提出的“奉天子以令不臣、修耕植、畜军资”战略规划,得到曹操的欣赏,被称为“毛玠版”的《隆中对》。

毛玠曾做过东曹掾,职务不能说很高,但权力可不小,主管官吏的选拔任用。毛玠能名留史册,与他这一时期为官清廉公正、恪守法度、铁面无私有很大关系。不看虚名,不论关系,只看重品德和才干,这就是毛玠举荐任用人才的标准。有些名士就算在当时有些名望,但行为不正派,他照样弃之不用。曹操对此赞叹说:“这样选人用人,使天下的人自己监督约束自己,我还再费什么心思呢!”

曹丕做五官中郎将时,亲自去见毛玠,托他照顾一下自己的亲属。要说这是个“攀高枝”“卖人情”的好机会,谁知毛玠直言回绝:“老臣因为能够尽忠职守,所以有幸没有获罪,您现在所说的人不应升迁,所以我不敢遵命。”

别说曹丕在毛玠跟前“没面子”,就连曹操想帮人通融,毛玠也不买账。曹操有个老乡叫丁斐,因为曾救过曹操的命,曹操凡事对他都宽容几分。但丁斐这人爱占小便宜,在跟随曹操讨伐东吴途中,把自家瘦弱多病的牛换成了公家的一头壮牛,自以为神不知鬼不觉,没想到最后被人揭发,丢了官职。到这个地步了,毛玠依然不依不饶,多次请求曹操对丁斐按律重罚。曹操考虑到丁斐曾救过自己的命,还是放了丁斐一马,但曹操对毛玠的铁面无私更加敬重。

后来,毛玠担任尚书仆射,再次掌管选才任人之职。虽然身居高位,毛玠却生活俭朴,粗衣素食。而对孤苦贫寒的族人和平民却乐于救助,以至隐退之时,家财所剩无几。毛玠这种率先垂范、克己节俭的处世风格,引领天下士人以廉洁的操守来自我勉励,即使显贵得宠的臣僚,服饰器物也不敢违反法度。曹操平定柳城,分赏所获得的器物时,特地将一架素屏风和一件素凭几赏给毛玠,说:“你有古人的风范,所以赏你古人所用的器物。”

毛玠为官做事坚守原则,恪守法度,公正清廉,曹操曾赞叹他:“古所谓国之司直,我之周昌也。”周昌是刘邦身边的大臣,以直言而著称,对刘邦成就霸业助益良多。

端

一、字形演变

篆书 隶书 楷书 行书 草书

二、说文解字

《说文解字》:“端,直也。从立,耑声。”

解释:端,站直。字形采用“立”作偏旁,采用“耑”作声旁。

三、字源解说

“耑”是“端”和“湍”的本字。耑,甲骨文是由(“止”上有水,即涉水)和(老,拄杖者)组成,表示老人拄杖涉水。有的甲骨文是由(止,脚)和(支,竹杖)组成,两点表示水滴。篆文基本承续金文字形。当“耑”作为单纯字件后,篆文再加“立”(站直)另造“端”代替,表示老人拄杖直立。

造字本义为动词,老人借着拐杖站直、站稳。此字始见于战国文字,形声字兼会意字,从立,耑(duān)声,耑兼表意。本义一般认为是开始、开端,引申指人的品行端正,引申指以手平正托物,用作动词;又指审视、细看,如端详、端量。后来端也表示事物顶端,并进一步引申为事情的开头。端又引申为项目、种类。

四、成语及名言警句

(一) 常用成语

变化多端　首鼠两端　百端待举　心术不端　端人正士　端本正源　感慨万端

鼻端生火　诡计百端　茫无端绪　异端邪说　巧捷万端　舌端月旦　作恶多端

(二) 名言警句

1. 恻隐之心,仁之端也;羞恶之心,义之端也;辞让之心,礼之端也;是非之心,智之端也。

——孟子

2. 苟余心之端直兮,虽僻远其何伤。 ——屈原《九章·涉江》

3. 为政者自身端正，作风正派，即使不发命令，人们也会去实行；若自身不端正，作风有问题，即使发布命令，人们也不会听从。正派之人，不搞歪门邪道，不走旁门左道，他们行得正坐得端，无愧于天，不委于己，这便是我们常说的正人君子。

——《中国纪检监察报》2022 年 12 月 16 日

五、廉政故事

寇准："行端持正，明辨是非"

寇准，是我国北宋时期杰出的政治家。他为官清正，耿直端正，果断善决，有突出的政治智慧和才能。特别是在抵抗辽兵入侵的澶渊之役中表现出崇高的爱国主义精神，为北宋政权的巩固做出了不可磨灭的贡献。

宋太宗太平兴国五年（980），18 岁的寇准考中进士，被任命为大理评事，一年后又被派往巴东任知县。当时的巴东地处边远，经济落后，因此没人愿来这里做官，县令职位一空就是两三年。但是，寇准义无反顾地知难赴任。

寇准时时想百姓之所想，急百姓之所急。他在巴东公开打起公正执法、清廉为官的大旗，大力整改当地赋役繁重和积案日久这两项深招民怨的问题，该减免的减免，该平反的平反，该严惩的严惩，民心大快。百姓感戴他的德行，亲切地称他为"寇巴东"。巴东呈现出政通人和、百业兴旺的升平气象。三年任满，寇准离任之时，万千民众以伞为道具载歌载舞为他送行。据说，这就是"万民伞"的由来，也是如今湖北恩施土家人以伞为道具欢庆丰收歌舞形式的由来。

巴东三年，太宗皇帝终于知道，年少书生亦可办大事。于是一纸调令，将他升任为盐铁判官。此后，寇准官运亨通，最终升至宰相。他刚正廉明不畏权，非常受人敬仰。史书记载，一次因寇准奏事直切，宋太宗一时羞恼，起身就要离开。众臣惊恐，偏偏寇准不是擅长察言观色之人，竟扯住宋太宗的衣袖，非要皇帝坐下来听自己把话说完不可。宋太宗是励精图治的君王，平日提倡"文死谏、武死战"。事后，他十分赞赏寇准的耿直和胆识，连连称赞寇准为"真宰相"，对左右不无感慨地说："朕得寇准，犹如唐太宗得魏徵。"

淳化二年（991）春，中原地区大旱百日，禾苗枯死，饥民遍野。宋太宗召近臣询问朝政得失，群臣心存顾忌，多讨好敷衍地说："旱涝之灾本是天命，古代圣君无不遭遇，陛下不必为此过于忧虑。"当问及寇准时，这个生性耿直端正之人，却借"天人感应"责备皇帝："大旱百日不止，乃是因为德政不修，刑法不公。"宋太宗遭此恶评，心中很是不快，但又觉得寇准的话必有根据，于是忍怒容他细说究竟。原来，淳化初年北宋朝廷处理了王淮、祖吉两桩受贿案。殿中丞王淮贪赃千万，但仅被打了几杖便官复原职，逍遥法外，而情节较轻的祖吉被处以死刑。寇准知道这是王淮的哥哥——参政王沔搞的鬼，心中早已愤愤不平，只是一直苦于没有机会上报此案，于是这才借此次皇帝问政之机，回明了此事。宋太宗听后，当即召来二府执政人员询问处置。由是百官忌惮，一时间朝野肃清，官吏清平，再不敢行以职谋权、贪赃枉法之事。

宋真宗晚年身患重病时，刘皇后主持朝政，其兄仗势横行，年已六十的寇准铁面无私、疾恶如仇的作风不减当年，当即判处刘皇后之兄死刑。此举虽为百姓除了大害，却也使寇准同刘皇后结下了深怨。不久，寇准罢相，丁谓当了宰相。丁谓为了将寇准置于死地，将他一贬再贬，最后放逐到边远的雷州去充军。事过几年，丁谓事发被贬崖州，途经雷州，寇准的家丁闻讯，个个摩拳擦掌，欲加报复。寇准得知后，把家丁统统关了起来，直到丁谓过了雷州才把他们放出来，而他自己不仅不计前嫌，还特意派人备上一只蒸羊厚待丁谓。

“宰相肚里能撑船”，寇准坦荡大度的心胸不仅装着苍生和黎民，也容得下末路中的昔日政敌。

法

一、字形演变

金文　篆书　隶书　楷书　行书　草书

二、说文解字

《说文解字》:灋,刑也。平之如水,从水;廌,所以触不直者,去之,从去。法,今文省。

解释:灋,刑法。量刑标准平得像水面一样,因此字形采用“水”作偏旁;廌,是用来在疑犯中撞触不正直真犯的动物,判别出真犯后将其除灭,所以字形也采用“去”作偏旁。“法”,今天文字的写法省去“廌”。

三、字源解说

“法”是“灋”的异体字。灋,金文[金文字形]是由[字形](去,离开住地,代表为生存所进行的各种生产、社会活动)和[字形](水,柔软、流动,无所抗拒又无坚不克的物质)以及[字形](廌,轻盈灵巧的动物)组成,表示古代参天察地的高人在野外活动时,从流水顺其自然的特性、麋鹿等动物的灵巧自由中,领悟到符合自然规律的生存之道。在道家思想观念中,“道”代表宇宙万物和谐运行的本质规律,“法”代表人类天人合一、顺其自然的最高行事准则。

所谓“刑”,就是刑律、法令,如《韩非子·和氏》:“燔(fán)诗书而明法令。”也就是说:焚烧《诗经》和《尚书》等以严明法令。凡是“法”就要有固定的模式,由此就可以引申为“方法”,如《孙子兵法·九变》:“用兵之法。”有了某种方法就可以供别人或后人仿效,所以又可以引申为“效法”义,如《商君书·更法》:“便国不必法古。”“便”为“有利”义。也就是说:只要有利于国家,就不一定去效法古代。在古代,“法”和“律”词义不同。“法”的含义广,多用于制度、法令。“律”的含义狭,大都指具体的条文。

四、成语及名言警句

(一)常用成语

约法三章　不二法门　如法炮制　作法自毙　无法无天　生公说法　现身说法

奉公守法　舍身求法　绳之以法　不法常可　执法如山　以文乱法　春秋笔法

（二）名言警句

1. 人法地，地法天，天法道，道法自然。 ——《老子·道经·第二十五章》

2. 安详是处事第一法，谦退是保身第一法，涵容是处人第一法，洒脱是养心第一法。

——《小窗幽记·集醒篇》

3. 法不阿贵，绳不挠曲。 ——《韩非子·有度》

4. 国无常强，无常弱。奉法者强，则国强；奉法者弱，则国弱。 ——《韩非子·有度》

5. 党组织和党员违反党章和其他党内法规，违反国家法律法规，违反党和国家政策，违反社会主义道德，危害党、国家和人民利益的行为，依照规定应当给予纪律处理或者处分的，都必须受到追究。 ——《中国共产党纪律处分条例》

五、廉政故事

执法如山的张鹏翮

“巴人出将，蜀人入相。”几千年来，巴蜀文化哺育和造就了众多的杰出人物，清代贤相张鹏翮便是其中之一。

张鹏翮（1649—1725），字运青，号宽宇、信阳子，清代著名清官、治河专家、理学名臣，史称“清官”“贤相”。他历经康熙、雍正两朝，历任兖州知府、河东盐运使、浙江巡抚、江南学政、都察院左都御史、刑部尚书、河道总督等职，最后官至文华殿大学士（正一品）兼吏部尚书。他品行高洁、政绩卓著，在清代268年间，是川渝地区官位最显赫、名声最响亮的人物。因其“廉能”兼备，被康熙、雍正两代帝王赞誉为“天下廉吏”“一代完人”！

张鹏翮一生体现出来的公忠体国、勤政爱民、清正廉洁、执法如山、担当奉献，与时代精神是一致的。

康熙三十六年（1697），陕西原任巡抚布喀向朝廷弹劾川陕总督吴赫等人贪污挪用“籽粒银”40余万两，致使国库钱粮严重亏空。所谓“籽粒银”，乃官府为鼓励民众开垦荒地，允许民众向官府暂借粮种，待荒地开垦熟种后，由民众再向官府偿还所借粮种价值的银两。

次年，康熙皇帝派出左都御史张鹏翮等人查办此案。由于此案经年已久，加之涉案官员多已调动更换，案情异常纷繁复杂，此案核查、审理十分困难。调查处理此案四个月未果，张鹏翮便被康熙急召回京出任刑部尚书，案子暂被搁置。康熙三十八年（1699）六月，已出任江南江西总督的张鹏翮，被康熙皇帝委任为“钦差大臣”再次前往陕西，钦命审理未了结的“籽粒银”案。

虽已位列清朝九位最高阶的封疆大臣之一，张鹏翮此次再赴陕西依然轻车简从，严禁地方官员迎送，既不接纳罚银也不收受贿金，认真办理长安、永寿、华阳三县因仓米亏空而牵出的“籽粒银”案。在案件审理过程中，张鹏翮亲自核实状款，逐项查清原委，做到证据翔实、准确无误。凡属事虚者，他即开例声明，立即纠正。对于查有实据的贪官污吏，无论官职大小，一律绳之以法、严惩不贷。

经过半年多的查审，“籽粒银”案终被查清。原来，造成陕西国库亏空不仅是捐纳不足，更有一些官员失职渎职、贪污挪用的因素在其中。张鹏翮根据大清律法，实事求是对所涉官员做出公正处理：

长安知县谢嵩龄、永寿知县万廷诏所经手钱粮账实相符，但粮食寄存在乡村寺庙，实属不当，着陕西总督、巡抚催促其3个月内运到省城粮仓统一存贮；咸阳等十二个州县的“籽粒银”，部分用作种粮转运、存放、分发等费用，部分被同州知县兰佳选、蒲城知县关琇等贪污，照律拟斩；吴赫侵蚀“籽粒银”查无实证，但在奉命查证各州县贪污挪用情况时，查处不力、瞒报漏报、捏造证据，予以革职。

张鹏翮判案是非分明，定罪允当，量刑准确，令包括刑部尚书傅拉塔在内的会审诸臣为之折服：“方服先生有先见之明，不然且赔累及己矣。”

次年正月，张鹏翮审理办结“籽粒银”案后返京。康熙皇帝亲自召见并询问西北官员廉能情况。“署总督事席尔达居官如何？”“居官颇优！”“巡抚贝和诺较巴锡何如？”“巴锡为人郑重，贝和诺临事精详！”张鹏翮对西北官员廉能情况了如指掌，皆一一答出，令康熙十分满意。

事后，康熙公开盛赞道：“张鹏翮前往陕西，朕留心访察，果一介不取，天下廉吏无出其右者。”不仅采纳了张鹏翮的建言，对其也是愈加赏识和器重。皇帝对臣子如此高度的评价，可谓为历代官员所罕见，张鹏翮“天下廉吏无出其右”即典出于此。

奉

一、字形演变

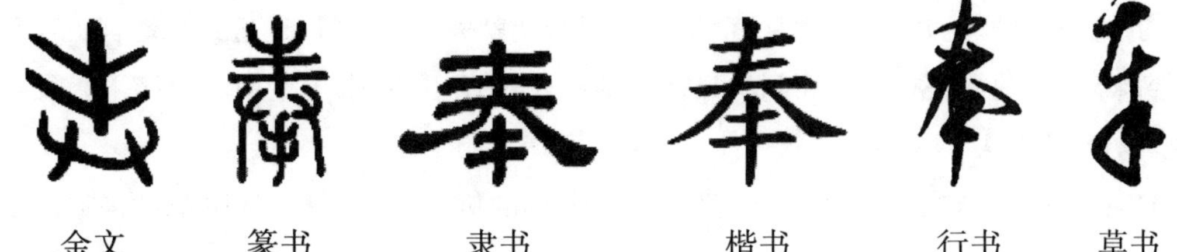

金文　篆书　隶书　楷书　行书　草书

二、说文解字

《说文解字》:“奉,承也。从手,从廾,丰声。”

解释:奉,敬承。字形采用“手、廾”作偏旁,采用“丰”作声旁。

三、字源解说

奉,金文是由(丰,茂盛植物)和(廾,双手)组成,表示手持丰茂植物。篆文再加“手”,强调恭敬持举。

造字本义为动词,双手恭敬持举丰茂植物,祭拜土神,以求种植丰收。隶书将篆文字形中的写成,将篆文中间的“手”写成。当“奉”的“恭敬持举”本义消失后,篆文再加“手”另造“捧”代替。其实“承”是引申义,“奉”的本义应为“捧”,如《史记·廉颇蔺相如列传》:“臣愿奉璧往使。”所谓“奉璧”也就是双手捧着玉璧。由此又可以引申为“献”,如《左传·僖公三十三年》:“天奉我也。”另外,“奉”又可做“俸”的通假字,如《战国策·赵策四》:“位尊而无功,奉厚而无劳。”在这个意义上,后世均写作“俸”。

四、成语及名言警句

(一)常用成语

廉洁奉公　奉公守法　奉扬仁风　奉为至宝　奉天承运　奉公克己　忧国奉公

奉若神明　百般奉承　无可奉告　赤心奉国　曲意奉迎　奉辞伐罪　阳奉阴违

(二)名言警句

1. 廉约小心,克己奉公。　——范晔《后汉书·祭遵传》

2. 天之道,损有余而补不足;人之道则不然,损不足以奉有余。　——《老子》

3. 受任于败军之际,奉命于危难之间,尔来二十有一年矣。　——诸葛亮《出师表》

4. 坚持党和人民的利益高于一切，个人利益服从党和人民的利益，吃苦在前，享受在后，克己奉公，多做贡献。

——《中国共产党章程》

五、廉政故事

克己奉公：东汉名臣祭遵的家风故事

在东汉初期，跟随东汉光武帝刘秀的文臣武将中有少数清廉忠贞、勤苦为国的英才，他们留下了好的家风，祭遵就是其中之一，“克己奉公”这个成语就是由他而来。

大约是受战乱影响，祭家一度衰落，祭遵少年时期就失去了父母，还遭到当地官吏欺负。刘秀大军到来之后，他前去投奔。而刘秀只认为他的长相还不错，未予重用。但接下来发生的事情改变了刘秀的看法。

祭遵最初常被安排去做一些小官，没有领兵上阵的机会，但他每一样事都做得很严谨。有一次，祭遵碰上了刘秀一个奴仆违反军令的事，他二话不说依照军法将其斩杀。刘秀得知后大怒，但在身边谋臣的劝谏下，意识到自己治军所需的正是祭遵这样公正无私、敢于执法的人。于是刘秀转怒为喜，将其提拔为“刺奸将军”，专门负责纠察整治军队中的腐败违法现象。刘秀还以开玩笑的方式提醒其他将领：“这个祭遵可是法不留情啊，连我的人都敢杀，何况你们，所以请大家都管好自己和自己的手下。”得到信任的祭遵，逐渐开始展露他的才华，不久便得到了领兵的机会，开始南征北战以求天下统一。他作战勇猛，曾被弩箭射中胸膛，血流如注，却不让人包扎，也不后退疗伤，而是更加拼命地临阵指挥。如此良才，刘秀自然是恩宠有加。刘秀曾将皇帝用的御盖赐予祭遵，还曾亲自到祭遵的军营中犒劳将士。但祭遵一直保持他的俭朴本色，没有因为成为功臣就开始享福。他一直注重克制自己的私欲，所得赏赐，都拿来分给与他出生入死的将士，由此深得军心。而他自己从来没有买田买地，也没有给家人谋什么官职和福利。他在精神上很富足，为将之后，也不忘读书学习。他提拔人才注重学识，并在军中鼓励好学之风，提议朝廷尊崇孔子。祭遵死后，刘秀极为悲痛，为其举办的丧礼规格超过其他将领，还曾多次到其坟上祭拜，因为他知道，自己手下这般清廉刚直的臣子并不多，祭遵走了，太可惜。

祭肜是祭遵的弟弟，在他身上，同样有一股清廉刚直、一心为国的精神。与其兄长类似，最初刘秀对他也没有多在意，只是让他当个县令，主要还是负责照看祭遵的坟墓。但祭肜在短短时间内，就将一个盗贼横行的县治理得井井有条，是当时所有县令中政绩最为出色的一位。他让刘秀再度认识到，这一家人都不简单。

随后祭肜得到重用，被任命为辽东太守，当时辽东地区为异族势力所侵袭，前任太守疲于应付，祭肜到后，整顿兵马，先给予异族以迎头痛击，随后又施展柔道，和平招抚，恩威并用，很快就让北方恢复了太平，并为东汉王朝争取到了异族盟友。而异族之所以归附，除了祭肜如其兄一样勇猛善战外，还在于他从来不接受异族的馈赠，也不勒索压榨，始终以坦诚相待，让对方心悦诚服。他镇守辽东近 30 年，并未有大动干戈，却让自己的威名远播到了今天的朝鲜一带，许多异族慕名都来归附。

祭肜之后，克己奉公的家风得到传承，他的子孙后代，大多在边境为官，为东汉王朝的太平贡献热血与青春，而且大多尽忠尽职，在历史上留下了美名。

史书对祭遵的评价是“清名闻于海内，廉自著于当世”——“廉洁精神著称于当时，闻名于天下”。从他弟弟祭肜的表现来看，可以说祭家的家风也是“清名闻于海内，廉自著于当世”。从弟弟镇守辽东，威名远播朝鲜一带来看，这个“海内”，又完全可以扩大为“海外”。不动刀枪，就能让别人心悦诚服来归附，其中有一股强大的家风力量。

福

一、字形演变

甲骨文　金文　篆书　隶书　楷书　行书　草书

二、说文解字

《说文解字》:“福,祐也。从示,畐声。”

解释:福,神灵保佑。字形采用“示”作偏旁,采用“畐”作声旁。

三、字源解说

福,甲骨文[illegible]是由[illegible](示,祭祀)和[illegible](又,巫师的动作)和[illegible](酉,酒坛)和[illegible](双手,奉持)组成,表示巫师手奉美酒,祭祀祈祷。

造字本义为动词,用美酒祭神,祈求富足安康。从甲骨文字形看远古祖先的幸福观,“幸”为帝王所赐,是临死获赦而活着;“福”为上苍所赐,是神佑而富足安康。

“福”字的起源在甲骨文中,“福”字为双手举酒祭天的象形文字,意思是会意双手捧着一樽酒在祖先的神主前祭献,求得神主保佑。经过各朝代的演化,最终形成了我们现在使用的“福”字,拆解结构左边偏旁“礻”为祈祷的意思,右边的“畐”可拆分为“一”“口”“田”,即一个家里的每个人都有饭吃、有工作做、有学可上,就是福。

四、成语及名言警句

(一)常用成语

有福同享　福寿年高　兴亡祸福　洪福齐天　洞天福地　无妄之福

福如东海　祸福同门　齐天洪福　自求多福　福星高照　福寿无疆

(二)名言警句

1. 苟利国家生死以,岂因祸福避趋之。

——林则徐

2. 待人宽一分是福,利人实利己的根基。

——《菜根谭·概论》

3. 传承中华文明“亲仁善邻、协和万邦”的理念,中国共产党始终胸怀天下、立己达人,为中国人民谋幸福、为中华民族谋复兴的同时,也为世界谋大同。

——《中国纪检监察报》2022年12月20日

五、廉政故事

张载:心系苍生,为百姓谋福祉

张载,字子厚,世称“横渠先生”。北宋思想家、教育家、理学创始人之一,其“为天地立心,为生民立命,为往圣继绝学,为万世开太平”的名言,被称作“横渠四句”,因言简意赅,历代传颂不衰。

21 岁时,他向当时主持西北军务的范仲淹上疏,提议纠集义兵攻下洮西之地,希望自己能借此建功立业。

考中进士后,张载曾任云岩县令。在任之时,他推行德政,提倡尊老爱幼的社会风尚,深得百姓爱戴。他每个月都在县衙设酒食款待县里的老人,向老人们询问民众的疾苦,讨教教育年轻人的经验,亲自向百姓示范养老敬长的做法。张载把治下的每一个普通百姓都当作自己的亲人对待。一旦县里颁布了对民众有利的政令文告,为了使之家喻户晓,他便把下属的乡长们召集起来,反复叮咛,让他们回去之后向民众传达文告的内容,哪怕是对不识字的人和儿童少年都要讲解。路上遇到普通百姓,张载都会问道:“之前发布的某项政令,由乡长传达给你,你都知道了吗?”倘若百姓没有听说过,张载就会责罚不将百姓放在心上的下属。

后来,张载赴渭州任职。张载在渭州时,正逢大灾之年,他向上级官员建议,调用数十万军粮储备救济灾民,又招募普通百姓担任巡防士兵,以保证他们的生存和收入。在他的关怀下,百姓顺利渡过了灾年。

在“民胞物与”思想的指引下,张载时刻惦记百姓的安危冷暖,尽管官职卑微,却勇于承担救民于水火之中的重大责任。这种以天下为一家、中国为一人的宏阔胸襟,和与百姓冷暖相关、同呼吸共命运的自觉担当,在今天仍然具有重要的启示意义。

“富贵福泽,将厚吾之生也。贫贱忧戚,庸玉汝于成也。”在张载看来,富贵福泽,固然对生存更加有利;贫贱忧愁,亦是上天对自己的考验。因为胸怀天下、从道义中得到了满足,自然能够坦然面对生死。“民胞物与”意味着,将有限的生命投入“为天地立心,为生民立命,为往圣继绝学,为万世开太平”的事业中去,对于个人的生死富贵抱有一种明达的态度。

除任职做官外,张载一生中的大部分时间是在陕西凤翔府郿县(今眉县)横渠镇度过的。横渠镇地处偏僻,贫穷落后,张载依靠家中薄田生活,但因学问深厚,仍然有不少人慕名前来求学。如果有学生资财不足,虽然已经家贫不能自给,张载仍会将自己的粗茶淡饭与他们分享。尽管穿着破旧的衣服,吃着寡淡的食物,但他仍然为学生从容讲学,乐在其中。他常对学生说:“天下的富贵,总有穷尽的时候,只有道义取之无穷。”临终之时,他的身边只有外甥一人,家中都没有足够用来治丧的钱财。直到第二天,在长安的弟子们闻讯赶来,才凑钱为老师办了丧事。

尽管一生清贫,但张载不以为意,始终将个人的功名利禄置之度外,他心中所牵挂的,都是百姓的疾苦。在横渠镇居住讲学期间,张载曾经和学生买了一块地,打算试行井田制,将其分给无地少地的农民。他又计划建立学校,弘扬礼俗,救灾恤患,以此来教化和帮助普通民众。可惜张载不久后就去世了，他的多数想法没有来得及实行。但在横渠镇崖下村北田间，始终保存着两条笔直的田埂，据说是当年张载带领弟子和百姓试行井田和兴修水利的遗迹。张载死后，被封为“郿伯”。时至今日，横渠镇还保留着张载祠，张载关心民众、爱护弟子的故事也仍在当地流传。

张载的一生，就是“心系苍生、胸怀天下”的真实写照。这一理念激励着仁人志士救国家于危难、拯生民于涂炭。在今天，它仍旧启示我们以天下为己任，关怀社会，关注民生，自觉肩负起对国家、社会的责任。

革

一、字形演变

甲骨文　金文　篆书　隶书　楷书　行书　草书

二、说文解字

《说文解字》："革，兽皮治去其毛，革更之。"

解释：革，将兽皮上的兽毛脱去，对兽皮加工美化处理。

三、字源解说

革，金文是由（是"克"的变形，除灭）和（两个"爪"，双手）组成，表示手持工具剥去野兽的兽皮。

造字本义为动词，持刀剔除兽皮的兽毛。"革"是个象形字。金文的"革"字，像一张从上面看的拉平的动物皮，腿被分开了，最上面的是头和角。"革"字由此引申泛指免除或丢掉之义，如"革职""革除""革旧从新"。进一步引申，"革"字被用来表示变更、改变的意思。如今既可单用，也可做偏旁，是《说文》部首，现今仍设革部。凡从革取义的字皆与皮革等义有关，如"靴""鞋""靶""鞍""鞘""鞭"等字。

四、成语及名言警句

（一）常用成语

洗心革面　革奸铲暴　革心易行　革图易虑　革凡登圣　马革裹尸

革风易俗　除奸革弊　兵革之祸　革故鼎新　矫国革俗　风行革偃

（二）名言警句

1. 善则赏之，过则匡之，患则救之，失则革之。 ——《左传·襄公十四年》

2. 只解沙场为国死，何须马革裹尸还。 ——徐锡麟《出塞》

3. 改革开放以来我们取得一切成绩和进步的根本原因，归结起来就是：开辟了中国特色社会主义道路，形成了中国特色社会主义理论体系，确立了中国特色社会主义制度，发展了中国特色社会主义文化。 ——《中国共产党章程》

五、廉政故事

马援：马革裹尸

刘秀建立东汉后，麾下的一大群功臣急于瓜分胜利果实。却有那么一个异类，还在以老迈身躯，伏于马鞍之上，率领大军飞驰于战场，保卫着来之不易的太平与新兴的东汉王朝。他就是马援。

年少时的马援的兴趣不在于读书，而在于要做一番大事业。这个大事业具体是指什么呢？简单说就是两个字——"定乱"。马援并无做皇帝的念头，为此必须寻找一个有资格做皇帝的人，为其效力，为其"定乱天下"。他找到了刘秀。之所以选择刘秀，并非因为刘秀与刘邦一样都姓刘，而在于这位以喜好儒学著称的帝王，是当时最有希望在短时间内一统天下的人物，也是最有希望给天下带来太平的人物。即便刘秀对他疑心重重，他也愿意为之效力。在刘秀扫平四方群雄后，马援并未脱下盔甲，去和那一帮地主豪强争权夺利，而是继续冒着风霜雨雪，奋战于保家卫国的战场上。可叹像刘秀这般英明有为的帝王，也逃不出阴暗的帝王心思，老是觉得马援功高震主。偏偏马援又是一个豪爽耿直的军人，热心于国家事务，除了自己的军事工作外，还时常提出一些涉及经济、政治领域的建议。在刘秀看来，这就是很不好的"越权"行为。结果就是马援为国家做的事情越来越多，但在刘秀心中的印象反而越来越差！

马援62岁时，在他遭受刘秀猜忌、小人诋毁最为严重时，一听到南方发生了叛乱，又一次站了出来。当时朝廷派去平乱的第一批部队已经因为将军的无能而全军覆没，更没有人愿意出来接这个烂摊子，刘秀正在考虑要不要用自己的几个心腹去"试一试"，没想到一脸白胡子的马援又来请战，他倒是很有些惊讶。马援在出征之前，抱定了"马革裹尸"的决心，他告诉前来送行的好友："我蒙受国家恩惠多时，经常因为不能为国家更多地出力而惭愧，现在为国而战，死也瞑目了。"谁知就在战事激烈之时，竟然有小人向刘秀进谗言，谋害马援。刘秀这次信了。当时年事已高的马援，已经因为当地环境恶劣，身患重病。但他仍以垂死之躯与无比顽强之意志，统领大军在战斗，将士们都为之潸然泪下。来自皇帝的责问命令到达前，马援已经病死了。死无对证，于是小人们更加疯狂地诋毁这位死于护国战场上的英雄，刘秀也就有了"正当打击"的理由，结果马援竟然落了个罪臣下场，死后只能草草安葬于荒郊野外。这是一个悲剧性的爱国故事。但后来的事实证明，公道不在皇帝与小人手中，而在历史之中。

马援的家族依旧活跃在东汉王朝的舞台上，他的女儿后来成为皇后，并以贤德闻名，为国为民做了许多事情。马援的其他后代子孙，也多在保家卫国的战场上立下了功勋。

而对于马援，强压在他身上的冤屈也并未持续多久，在刘秀麾下那些享福的人逐渐被世人遗忘时，马援的名字却越来越闪耀，"马革裹尸"的故事更是流传至今。

东汉王朝有一个所谓的“云台二十八将”，其中所列都是皇帝所认可的开国功臣，其中却无“马革裹尸”的马援。但到了后来，没有几个人知道“二十八将”，却有很多人知道马援，知道他那“马革裹尸”的爱国精神。如晚清革命志士徐锡麟就曾在马援故事的感召之下，挥笔写下“只解沙场为国死，何须马革裹尸还”的诗句，后在起义之中壮烈牺牲。一个近两千年前的古人，成为后人心目中的英雄，并用生命去“模仿”，这就是已经融入了民族精神的家风之力量！

公

一、字形演变

甲骨文 金文 篆书 隶书 楷书 行书 草书

二、说文解字

《说文解字》:“公,平分也。从八,从厶。八犹背也。韩非曰:背厶为公。”

解释:公,平均分配。字形采用“八、厶”会义。八,犹如各各相背。韩非子说,与私相背,就是公。

三、字源解说

口,既是声旁也是形旁,是“共”的省略,表示集体拥有。公,甲骨文是由(八,是“分”的本字)和(口,即“共”的省略,集体拥有)组成,表示平均分配集体所共同拥有的物品。金文承续甲骨文字形。有的金文将甲骨文字形中表示共有物品的“口”写成“厶”(私),表示与“私”相反。

造字本义为动词,平均分配部落或氏族集体所共同拥有的包括食物在内的所有物品、物用。

从字形中即可看出,古人认为公与私是相对的,求公就必须去私,克己才能奉公。南宋《竹坡诗话》记载:“李氏家族有一人为官廉洁,一天,他正在烛光下办理公务,有人送来一封家书。他当即灭掉公家的蜡烛,点燃自家的蜡烛,这才开始阅读家书。”“苟非吾之所有,虽一毫而莫取。”莹莹烛火之光,照见的是公私分明的境界。

四、成语及名言警句

(一) 常用成语

叶公好龙　大公无私　假公济私　廉洁奉公　奉公守法　明公正道

一国三公　开诚布公　公诸同好　覆公折足　天下为公　急公好义

(二) 名言警句

1. 大道之行也,天下为公。

——《礼记·礼运》

2. 国而忘家,公而忘私。

——班固《汉书·贾谊传》

3. 廉约小心，克己奉公。

——范晔《后汉书·祭遵传》

4. 富强、民主、文明、和谐，自由、平等、公正、法治，爱国、敬业、诚信、友善。

——社会主义核心价值观

五、廉政故事

孙中山：以身作则，履行天下为公

孙中山，名文，字德明，号逸仙，1866 年 11 月 12 日出生在广东香山（今中山市）翠亨村的一个农民家庭。孙中山年幼时家庭生活相当贫困，他的哥哥孙眉后来跟随亲友到檀香山经营农场并获得成功，从此家庭生活大有改善。孙中山 13 岁时，跟随哥哥生活，后回广州、香港读书，1892 年毕业于香港西医书院。毕业后不久，孙中山成为远近闻名的良医。孙中山一面从医，一面结交一些反清分子，开始寻找救国的道路。

中法战争和中日甲午战争的失败，使孙中山越来越感到清政府已经腐败透顶，不推翻它，中国就不会有出路。光绪二十年（1894），他写下了八千字的《上李鸿章书》，建议清朝政府仿照西方资本主义制度，兴办学校，培养人才，设立管理农业的机构，兴修水利，发展农业生产，开矿，修铁路，开办近代工业，实行保护工商业的政策，做到人尽其才，地尽其利，物尽其用。但是李鸿章不予理睬，那份建议如同石沉大海，毫无音信。这时，孙中山更意识到，要解救中国的危机，靠清政府不行，靠改良也不行，只有革命才是出路。

1894 年，孙中山第二次到檀香山。他联络了许多华侨，宣传自己的主张，并筹集活动经费。经过孙中山的积极宣传，接受革命思想的人越来越多。在这个基础上，他创立了“兴中会”，这是中国近代史上第一个资产阶级的革命团体。

1900 年，孙中山又一次远涉重洋，在海外积聚革命力量。1905 年，孙中山根据革命形势需要，联合华兴会、光复会等革命团体，建立统一的革命组织同盟会。会上，推举孙中山为总理，确定孙中山提出的“驱除鞑虏，恢复中华，建立民国，平均地权”为同盟会的政治纲领。在同盟会的影响和领导下，革命形势迅猛发展。

1911 年 10 月武昌起义，全国各省纷纷响应，宣布独立，那么多地方成立了革命政府，急需有一个全国统一的机构来领导。在这历史转变的重要关头，正在欧美各地为革命募集经费的孙中山，接到国内一再敦促他速回的电报后，于 11 月 24 日离开巴黎回国。刚到上海，一些记者赶来采访。孙中山在轮船上高高举着帽子，微笑着向欢迎群众点头致意。1912 年 1 月 1 日，中华民国临时政府便在南京成立。孙中山被推举为临时大总统。他还制定了《中华民国临时约法》，规定中华民国的主权属于全体人民。

孙中山日常生活非常简朴。他不抽烟、不喝酒。平时他家里有好几口人吃饭，但每天菜金不超过银币二元。1900 年，他从永丰舰避难脱险时，由于走得仓促，只留下了四个箱子。后来陈炯明叛军来搜查时，发现了这四个箱子，他们认为箱子里一定有金银财宝，于是急忙打开，结果里面除了孙中山亲手写的“三民主义”草稿和几件衣服外，只有广东毫洋 40 元。我们从中看出孙中山“天下为公”的精神。

上海永安公司经理郭彪拜访孙中山时，送了一件上好的毛皮大衣。孙中山没有接受，叫人送了回去。不久后，郭彪又来拜访，孙中山热情招待了他，对他说：“永安公司生意十分好，获利甚大，希望能够将赚的资金用来办工厂、办实业，并希望你们能号召各地华侨拿出更多资金开办工厂、农场和兴办各种实业。你送我的皮大衣，我不应收领。我的衣服已够御寒，更不需要穿这样华贵的大衣。我对你的诚意十分感谢。”

孙中山以身作则履行天下为公的故事十分感人。他一生以德为民，终生廉洁，永远值得我们学习。

躬

一、字形演变

金文 篆书 隶书 楷书 行书 草书

二、说文解字

《说文解字》:“躬，身也。从身，弓声。”

解释:躬的本意指身体，字形采用“身”作偏旁，采用“弓”作声旁。

三、字源解说

“躬”，躬是形声兼会意字，金文由(身，躯体)和(“吕”的简写，脊椎，借代脊背)组成，表示弯腰曲背。

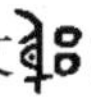

造字本义为弯腰曲背。

躬的本字是“躳”，金文的字形左边是身，右边是吕。“吕”的本义是指人体的脊柱。正是因为一节一节的脊椎骨，人体才可以躬身弯腰。在春秋晚期和战国时的金文中，“吕”字有的就写成一节节脊椎骨的形状。繁体字的“呂”，在两节骨头之间有一连笔。简体字的“吕”则回到了甲骨文中的“双口吕”。也许是这个字读“弓”的声音，而且人体躬身弯腰时就像一张弓，所以后来才干脆把它写成了形声兼会意字的“躬”，于是有了“鞠躬”一词，但“鞠”和“躬”是不一样的:“鞠”本义是皮球，球状物就有弯曲的意思。“鞠躬”就是指一个人的身体本是个直的，你要弯个弧就先“鞠”一下，身体成弓状为“躬”，合在一起为“鞠躬”。

四、成语和名人名言

(一) 常用成语

躬蹈矢石　躬逢其盛　躬耕乐道　躬擐甲胄　躬冒矢石　躬体力行　躬先士卒
躬行节俭　躬行实践　躬自菲薄　卑躬屈节　卑躬屈膝　必躬必亲　变躬迁席

(二) 名人名言

1. 躬自厚而薄责于人，则远怨矣。 ——《论语》
2. 鞠躬尽瘁，死而后已。 ——诸葛亮
3. 纸上得来终觉浅，绝知此事要躬行。 ——陆游

4. 广大院士要不忘初心、牢记使命,响应党的号召,听从祖国召唤,保持深厚的家国情怀和强烈的社会责任感,为党、为祖国、为人民鞠躬尽瘁、不懈奋斗!

——《推动全球科技创新协作》,《人民日报》2021 年 11 月 11 日

五、廉政故事

林则徐:为国为民,鞠躬尽瘁

林则徐,一生命运多舛,宦海沉浮;禁烟抗英,屡遭诬陷,几次被贬,花甲之年,流放边疆。面对人生的大起大落,林则徐始终胸怀大义——“苟利国家生死以,岂因祸福避趋之”。

在人生的低谷,他活出了最高的人生境界:开荒囤田,兴修水利,戍边新疆,造福万民。

虎门销烟成功的捷报,很快传到京城。

皇上看过林则徐送来的奏折后,激动不已,誉为:“可称大快人心事!”不久,在林则徐生辰之际,皇上亲笔写下“福”“寿”两字的匾额,并派专人送到广州。皇上的嘉奖给了林则徐莫大的信心,他准备大干一番,为国为民,鞠躬尽瘁。

林则徐积极备战,整顿广东海防事宜。当英军派舰队进攻广州时,因他布防严密,对方的进攻未能得逞。英军受阻后改变战略,一支北上攻占定海,一支抵达天津大沽口。

面对虎视眈眈的英军,皇上惴惴不安。他派“主和派”琦善,商讨议和之事。琦善在皇上面前进献谗言,颠倒黑白,掩盖真相。他说,只要严惩林则徐,所有问题都可以解决。林则徐面对朝廷主和派的排挤构陷,毫无惧色。他几次上书给皇上,直言抗英禁烟的重要性。皇帝对他的建议不予采纳,还斥责他一派胡言。不久,林则徐被革除官职,降为四品卿衔,速赴浙江镇海听候谕旨。朝廷无情多冷落,百姓有爱是赤诚。老百姓为林则徐鸣不平,他们用自己的方式,痛痛快快表达着对英雄的敬仰。送行的队伍逶迤蔓延,街巷被堵得水泄不通,他们给林则徐送来衣服、鞋帽、食物……还有几十块颂匾。林则徐感动得热泪盈眶,更加坚定了他为国为民、鞠躬尽瘁的信念。

林则徐到达浙江镇海后,积极投入到当地的海防建设,准备“建功赎罪”。他亲自深入实地勘察,查阅资料,修筑土堡。林则徐就像是一块金子,哪里有需要,他就在哪里发光。在当地官员的积极配合下,成功铸造了一门八千斤重的大铁炮,为抗英打下基础。这就是林则徐,不为境遇所困,不计个人得失。一心为国,任劳任怨,赤胆忠心。

这时,广州的局势又发生了巨大变化。接替琦善的靖逆将军奕山,在没有足够把握的情况下,下令攻打英军的舰船,结果大败而归。奕山为了推卸责任,竟然厚颜无耻地造谣说,英方是愿意议和的,他们痛恨的只有林则徐一人。皇上听信谗言,把广州战败的账全部算到林则徐的头上。1841 年 6 月 28 日,皇上再次下旨,革去林则徐四品卿衔,“从重发往新疆伊犁,效力赎罪”。

面对人生的大起大落，林则徐没有呼天抢地，而是镇定自若，泰然处之。历时122天，58岁的林则徐，到达伊犁的戍所——惠远城。林则徐的到来，受到了伊犁将军和民众的热情接待。第二天，伊犁将军就给他送来了米、面等物品。在他们眼中，林则徐是禁烟抗英的大英雄，而不是什么流放的罪臣。

年老体弱的林则徐，由于长途跋涉，水土不服，经常感冒，流鼻血，但他仍心系国家和百姓，只要一息尚存，就想着鞠躬尽瘁。当他看到新疆遍地荒芜时，便查阅了大量资料，搜集了众多的素材，详细了解新疆屯田的情况。待时机成熟后，马上向伊犁将军提出屯田戍边的建议。经过一年的努力，林则徐协助伊犁将军开垦荒地20万亩，安置汉民和维吾尔农民1000多户。皇上在伊犁将军的垦荒奏折上，高兴地批示："日久储蓄充盈，自宜预筹抵拨，即可于兵饷之需，渐次减调。"

垦荒种田的下一步，就是兴修水利。林则徐率先捐出了自己的私银，和当地民众同心协力，共同修建水渠。他不顾年老多病的身子，亲自督率，用工10万多人，历时4个多月，建成了长200多公里的河渠。河渠修成后，使阿齐乌苏的10万亩田地得到灌溉。后人感念他的功德，把河渠命名为"林公渠"。

1844年12月，60岁的林则徐接到圣旨，皇上命他到南疆勘察荒地。他已是花甲之年，身体每况愈下，"作字不能过二百，看书不能及三十行"。南疆勘地之路，道阻且长，凶险异常。他住过茅屋毡房，听过半夜的狂风怒号，也亲历过骄阳似火的炙烤……然而，这一切都无法阻挡他的步伐。每到一地，他都亲自勘地，亲验土方，严把质量关。他专注认真，一丝不苟，兢兢业业，足迹遍布南疆8个城，行程3万里，勘地60余万亩；解决了农牧矛盾，丰盈了国库，巩固了边防。

他是流放的罪臣，却干出了功臣的业绩，在最低的境遇里，活出了最高的人生境界，实现了为国为民、鞠躬尽瘁的愿望。

共

一、字形演变

甲骨文　金文　篆书　隶书　楷书　行书　草书

二、说文解字

《说文解字》:“同也。从廿廾。”

解释:共,一同进行。字形采用“廿、廾”会意。

三、字源解说

“共”,甲骨文由(左,左手)和(又,右手)构成,表示左右两手相对,即古代的抱拳礼。

造字本义:在集体祭祀区拱手抱拳,互致敬意。

多数学者认为,双手举物供奉于祖宗或者长辈面前,是供奉之“供”的本字。“共”的本义为供给、供奉,即双手捧出,将己物奉献给他人,任其取走之义。“共”的另一义两手一起伸出,则成为它的常用义,即表示共同具有或一起做。因而,“共”有共同、共有的意义。后来在“共”的左边加“亻”表示供给;在“共”的下面加“心”表示恭敬;留下“共”表示共有;由共有又引申为总计;再虚化作副词,表示一起、共同;用作介词,相当于“和”“与”。

四、成语和名人名言

(一)常用成语

共贯同条　共商国是　共挽鹿车　共为唇齿　共枝别干　不共戴天　分甘共苦
分形共气　风雨共舟　和衷共济　连枝共冢　鹿车共挽　牛骥共牢　奇文共赏

(二)名人名言

1. 为政以德,譬如北辰,居其所而众星共之。——《论语》

2. 荣与辱共蒂,厌辱何须求荣;生与死同根,贪生不必畏死。——《菜根谭》

3. 天有时,地有财,能与人共之者仁也。仁之所在,天下归之。——《六韬》

4. 要深度参与全球科技治理,贡献中国智慧,着力推动构建人类命运共同体!

——《推动全球科技创新协作》,《人民日报》2021年11月11日

五、廉政故事

周文王:天下共主

周文王,姬昌(约前 1152 —约前 1056),姬姓,名昌,岐周(今陕西省岐山县)人。周朝奠基者,周太王之孙,季历之子,周武王之父。

周文王仁善中允,周边诸侯国的百姓之间有纠纷,都愿意找他裁决。一次,虞国(今天山西平陆)和芮国(今天山西芮城)的百姓因为地界争执来找文王裁定。他们到了周国境内,看到耕田的人都在田间留下很宽的田埂,大家都互相谦让而不去抢占耕地。虞、芮两国之人感到非常惭愧,商量说:"我们为地界而争抢,恰好是周人所耻于做的事情,难道我们还要去找西伯(周文王)吗?那不是自取其辱吗?百姓习俗的培养,都是礼让的结果啊!"虞、芮两国当时都是殷商属国,遇到纠纷,他们不去找商王裁决,却仰慕文王的圣名,求文王审断纠纷。诸侯听闻此事后说:"西伯应该是受天命,得天下的君主了。"

以德服人。周文王笃行仁义,尊敬长老,慈爱幼小,爱民如己;生活勤俭,穿普通人衣服,到田间劳作,知民疾苦;兢兢业业,治理国家,仁德怀远。

有个小故事叫"恩泽惠及死人",最能说明周文王对普通百姓的仁德。

有一次,周文王派人挖掘池塘,挖出了一具无名尸骨,官吏把此事报告给文王,文王说:"把他重新安葬了吧。"官吏回答说:"这具尸骨是没有主人的。"文王说:"拥有天下的人就是天下的主人,拥有国家的人就是国家的主人。现在我就是他的主人了。"于是官吏把那具尸骨放进棺椁,重新安葬了。百姓听到此事后说:"文王真是个贤明仁德的君主啊,连人的尸骨都受到了他的恩泽,何况是我们这些活着的人呢!"于是周围诸侯国的老百姓纷纷扶老携幼归顺于周。在农业社会,人就是生产力,至关重要。

礼贤下士。周文王求贤若渴,不仅对内重视发现、培养、选拔人才,而且对外招贤纳士,吸引人才。文王对前来投奔之人,均以礼相待,因才施任。据说,他为了接待有德之人,常常到中午也没有时间吃饭。孤竹国的贤者伯夷和叔齐,听说文王礼贤下士,曾经商量着:"为何不去归顺他呢?"但后来周灭商后,这两位又"誓不食周粟"了。大名鼎鼎的姜子牙,还有太颠、闳夭、散宜生、辛甲等商朝的贤臣也都纷纷投奔周文王,并且得到重用。

周文王能够避免像父亲季历一样被囚而死的命运,得益于他的礼遇贤德。

文王被囚羑里时,纣王之所以没有杀他,除了因为散宜生等大臣把美女、奇货、良马献给纣王外,更重要的原因是,周文王得到了众多诸侯的支持,一些诸侯甚至要求和周文王一起被关押起来,这给纣王以巨大的政治压力。商纣王迫于诸侯的压力,不得不释放文王。文王获释后,诸侯都到程地(今天的陕西咸阳东)迎接他的归来,可以看出文王在各诸侯方国中所受的拥戴。

与民同乐。周文王征服密须国之后，凯旋途中决定，在沣京(位于陕西西安西南沣河西岸，还有一种说法是今天的甘肃灵台县)附近修筑一个用以观天象和游览的高台：灵台。这有点像欧洲，特别是罗马到处存在的纪念胜利的凯旋门。他亲自动手规划灵台的建筑，并巧妙地安排布局灵台与灵沼。黎民百姓听说文王要建灵台，纷纷前来帮忙，在一起劳动，欢声笑语、其乐融融的氛围中，把本来不急于建设的灵台很快地就建好了。文王到灵台游览，灵台周围的白鹤羽毛洁净丰厚，母鹿长得肥大且毛色鲜润，灵沼内满池的鱼儿都欢快地跳动，到处呈现祥瑞的景象。

读过书的人都知道《孟子见梁惠王》篇。文王修建高台深池，老百姓不仅不反对，反而高兴自愿地前来帮忙，孟子对此也很赞赏，他对梁惠王说："正因为是贤人才能够以此为乐，不贤的人就算有这些东西，也不能够快乐的。"看来，能够达到"天有时，地有财，能与人共之者仁也"，首先要能够"与人共之"，更要能够"以仁为本"。用今天的话说，就是要"全心全意为人民服务"。

管

一、字形演变

篆书　　隶书　　楷书　　行书　　草书

二、说文解字

《说文解字》:“如篪,六孔。从竹,官声。”

解释:像篪(单管乐器),有六孔,字形采用“竹”作偏旁,采用“官”作声旁。

三、字源解说

“管”,金文由(竹,毛笔)和(官,掌权者)构成,表示官吏使用的毛笔。

造字本义:代表官吏治理权力的竹制毛笔。

《字源》(天津古籍出版社,辽宁出版社,2013.07)认为,《诗·周颂·有瞽》:“既备乃奏,箫管备举。”“管”用其本义,引申而泛指管乐器。唐白居易《琵琶行》:“主人下马客在船,举酒欲饮无管弦。”又引申为凡管状物。笔杆为管状,故毛笔谓之“管”。《诗·邶风·静女》:“静女其娈,贻我彤管。”陆德明释文:“管,笔管。”古代的锁钥为管状,故谓之“管”。又引申为掌管、管辖、管理等义。管仲,姬姓,管氏,名夷吾,字仲,谥敬,春秋时期法家代表人物,是中国古代著名的经济学家、哲学家、政治家、军事家,被誉为“法家先驱”“圣人之师”“华夏文明的保护者”“华夏第一相”。

四、成语和名人名言

(一)常用成语

管鲍分金　管鲍之交　管城毛颖　管见所及　管窥筐举　管窥蠡测　管宁割席

管中窥豹　管中窥天　北门管钥　不管不顾　不管一二　楚管蛮弦　用管窥天

(二)名人名言

1. 管中窥豹,所见不多。——《幼学琼林》

2. 求个良心管我,留些余地处人。——《围炉夜话》

3. 管得少,就是管得好。——杰克·韦尔奇

4. 各级党委和政府要充分尊重人才，对院士要政治上关怀、工作上支持、生活上关心，认真听取包括院士在内的广大科研人员意见，加强对科研活动的科学管理和服务保障，为科研人员创造良好创新环境。

——《推动全球科技创新协作》，《人民日报》2021 年 11 月 11 日

五、廉政故事

高德荣：严管厚爱，一心为民

高德荣，生于 1954 年 3 月 5 日，云南省贡山独龙族怒族自治县独龙江乡人，独龙族。1985 年 7 月加入中国共产党，云南省怒江州委独龙江帮扶领导小组副组长。2015 年 1 月，中央组织部授予高德荣同志"全国优秀共产党员"称号。2015 年 10 月 13 日，高德荣同志荣获"全国敬业奉献模范"称号。

高德荣在担任云南省贡山独龙族怒族自治县县长期间，长期坚守在条件艰苦的独龙江畔，全身心致力于家乡建设发展，被当地群众誉为"一心为民的好县长"。从怒江州人大常委会副主任岗位转任后，他主动返乡扎根独龙江，一心扑在群众脱贫致富上。

高德荣同志的先进事迹，生动诠释了习近平总书记提出的心中有党、心中有民、心中有责、心中有戒的要求，展现了共产党人的精气神，传递了向上向善的正能量。刘云山指出，党员领导干部向高德荣同志学习，就要认真践行"四有"要求，做到不忘恩、不忘本、不懈怠、不妄为，努力做高德荣式的好干部。

严管厚爱

独龙江乡紧邻缅甸，当地人跨境活动是一件极其轻易而又稀松平常的事。高德荣家也有许多亲戚住在境外，还经常过来交往。但是，高德荣却从不跨出国门一步。"不擅自跨出国境一步"，这是高德荣参加工作 38 年来一直恪守的准则。高德荣始终按高标准的内心信念要求自己。这种严格的自我监督和约束，既体现了作为基层领导干部的自律精神，也反映了他作为公民的自觉守法意识。

高德荣一件寻常衣服一穿十几年，一块普通手表一戴几十年；深入基层只要有个火塘就能安然而卧。不管置身何处，高德荣始终质朴实在、本色不改。勤勤恳恳忙碌了 30 多年，变化的是岗位职务，变化的是独龙江和乡亲们的进步发展，不变的却是高德荣一身正气和对原则底线的始终坚守。在任何情况下，都稳得住心神、管得住行为、守得住清白。

高德荣虽然是一名领导干部，但是，他从来不用手中的权力给予妻儿以任何照顾。高德荣的儿子结婚之前带未婚妻去昆明拍婚纱照，当时明明知道父亲也要去昆明，但是小两口硬是没有向父亲开口要求搭他的公车，而是挤了一天的长途汽车去省城。儿子毕业后回贡山考公务员，连续考了 3 年，第 3 次才考上。按常理推断，州级领导给自家孩子安排个工作是很简单的

事，但高德荣只是叮嘱儿子：“好好用功，多看看书。”

高德荣作为一名官员，在3个不同行政级别的岗位上任过职，但他从来没有利用职务之便为自己、家庭和子女牟取私利，严管厚爱、清正廉洁，为子女们树立了生动鲜活的人生楷模。

一心为民

从独龙江往外走一点，或许就离繁华和舒适更近一点，高德荣却放弃享受更好的生活条件，毅然选择了回到独龙江，带领乡亲们艰苦奋斗，修路架桥、发展产业、脱贫致富；无论在什么岗位，他都坚持民族平等；无论办事还是重大决策，都尊重民族意愿和感情，让独龙族融入中华民族大家庭。

独龙江乡地处中国与缅甸交界的边境上，繁衍生息着56个民族之一的独龙族，是全国唯一的独龙族聚居区，目前有4000多独龙族居民生活于此。1988年，高德荣任独龙江乡乡长期间，向上级争取了350万元的项目资金，扩建了独龙江乡卫生院、中心校区，新建了一个小型电站、四座人马吊桥，改善了独龙江乡的基础设施条件。2005年2月，持续暴雪导致贡山全县的电力、交通、通信全部中断，大量民房和农作物、牲畜受损，直接经济损失为7132万元。时任贡山县县长的高德荣亲自担任道路抢修组组长，夜以继日奔波在灾区。10多天里，他跑遍了怒江沿岸的二十几个村委会。每到一处，他挨家挨户了解灾情、慰问灾民，深入第一线带领干部群众抢险救灾。有一个村公路被雪崩阻断，他步行3个多小时，去看望那里的灾民，村民见到他泪水都流了出来。2006年，已调入州人大工作的他，再一次放弃了优越的条件，主动向组织提出“把办公室设在独龙江”，协助贡山县的重大项目建设。

2010年1月，云南省委、省政府启动独龙江乡整乡推进独龙族整族帮扶项目，总投资约10亿元，由他兼任州委独龙江帮扶领导小组副组长。已58岁的他不是在下面带领群众架桥修路、发展产业，就是到上级部门争取项目和资金，忙到连儿女都很难见到他。他根据独龙江自然气候特点，亲自带领群众在密林深处套种草果、花椒、重楼等，发展中蜂养殖。如今，独龙江畔草果飘香，“蜜”香四溢；一幢幢别墅式的农家小楼拔地而起，平整的沥青路通向各村各寨；独龙族人和城里人一样享受上网、通话、看数字电视……截至2012年末，独龙江帮扶“六大工程”累计完成投资7.1亿元。高德荣正在计划打通独龙江和高黎贡山与毗邻国家的口岸通道，让美丽的独龙江成为滇西北最富魅力的旅游胜地。

规

一、字形演变

篆书　　隶书　　楷书　　行书　　草书

二、说文解字

《说文解字》:“规,有法度也。从夫从见。”

解释:有法度的正圆之器。字形采用“夫”“见”两范式叠加,是会意字。

三、字源解说

“规”,金文由(憲,限制私心偏见)和(夫,成年人)构成,表示制约世人私心偏见。

造字本义:制约世人私心偏见的制度、章程。

部分学者认为,“规”左边是夫,像男人;右边是见,像人睁大眼睛看;合起来表示成年男子的见识有规度。引申义:有法度的正圆之器,如圆规、两脚规,指匠人画圆所用的工具,所以《诗经·沔水》序郑玄笺云:“规者,正圆之器也。”与此相对,古时匠人用来画方形或直角的工具,则是“矩”。山东嘉祥的汉代武氏墓群石刻中有一幅画像,依稀可见伏羲执矩,女娲执规。就其形状而言,规与我们现在使用的圆规没有什么大的区别。古人认为“天圆地方”,因此画圆的规和画方的矩有时候就会带有象征意义。上面所说的那幅画像上伏羲和女娲手执规矩,就有开天辟地之意。还有一个词“规天矩地”既可用来表示天地,也可表示效法天地之意。

四、成语和名人名言

(一)常用成语

陈规陋习　蹈规循矩　公规密谏　规矩准绳　规求无度　规绳矩墨　规天矩地
规行矩步　规行矩止　规旋矩折　规言矩步　规圆矩方　规重矩迭　规重矩叠

(二)名人名言

1. 规小节者不能成荣名,恶小耻者不能立大功。 ——司马迁

2. 不以规矩,不能成方圆。 ——孟子

3. 大凡朋友须箴规指摘处少,诱掖奖劝意多,方是。 ——王阳明

4. 科技是发展的利器,也可能成为风险的源头。要前瞻研判科技发展带来的规则冲突、社会风险、伦理挑战,完善相关法律法规、伦理审查规则及监管框架。

——《推动全球创新协作》,《人民日报》2021年11月11日

五、廉政故事

晏子:规劝有术

晏婴,字仲,谥“平”,史称“晏子”,夷维(今山东省高密市)人,春秋时期齐国著名政治家、思想家、外交家。

晏婴是齐国上大夫晏弱之子。齐灵公二十六年(公元前556)晏弱病死,晏婴继任为上大夫。历任齐灵公、庄公、景公三朝,辅政长达50余年。他以有政治远见、外交才能和作风朴素闻名诸侯,聪颖机智,能言善辩。内辅国政,屡次规劝齐国君主。对外他既富有灵活性,又坚持原则,出使不受辱,捍卫了齐国的国格和国威。

晏子是齐国宰相,却没想过要为自己置办家产,身居高位,出使四方,家境依然很贫穷。齐景公得知晏子吃得不好,住得也不好,就想为他换座宅子,于是对他说:“看你住的地方靠近市场,地势低洼,又很潮湿。房子这么小,周围又这么吵,到处是灰尘,你怎么住?还是为你换一个清爽干净的房子吧。”晏子推辞道:“我的先祖世代就住在这里,我还没有继承他们的德业,这里对我来说已经很奢侈了。况且小人临近市场,早晚买东西都很方便。”齐景公就笑着说:“你靠近市场,就能分辨东西的贵贱吗?”晏子说:“当然!我既然贪图方便,怎么会不知道呢?”于是,景公就问他,什么东西贵?什么东西贱?当时,齐国的刑罚较重,被砍脚的人有很多。晏子就说:“假脚贵,鞋子贱。”景公一听就明白了,晏子是在借机进谏呢!因为这句话,齐景公就减轻了刑罚。

因晏子不肯换新宅,景公就趁着晏子出使晋国时,派人为他翻修了房子。景公为了扩建他的宅院,还拆毁了附近的几家民房。待晏子回国后,房子已经翻修好了。晏子拜谢景公回到家,就把新房拆了,还是恢复了原来的样子,又把失去房子的几户人家都请了回来。

齐景公修建宫殿,已经打好了地基。此时,逢于何的母亲病死了。他在路上偶遇晏子的马车,便站在马前求拜晏子,希望晏子能转奏齐景公,因其父的坟墓在路寝台的内墙下,请求国君允许把亡母葬在内墙,以使父母合葬。晏子一听说道:“哎呀!这个很难。但我还是会上报国君。假如国君不同意,那你怎么办?”逢于何说:“像我这样的小人物,我会站在宫殿的门口,左手握着丧车的辕木,右手拍着胸脯,站着饿死在那里,以告诉四面八方的人说:‘我不能让母亲安葬。’”晏子进宫,将此事报于齐景公。景公一听就怒了:“从古至今,你听说过吗,有人要在国君的宫里埋葬死人?”晏子说:“古代的明君,宫殿修建得比较少,生活也很俭朴,从不侵占活人的房子,也不侵占死人的坟墓。所以,我从没有听说过有人请求在国君的宫里埋葬死人。但是,现在的君王非常奢侈,盖了许多宫殿,侵占了活人的房子,还侵占了死人的墓地。所以,活着的人不得安生,充满忧愁;死去的人,尸骨离散,难以安葬在一起。为了自己的游乐,国君既欺侮了活人,又欺凌了死人,这怎么能是贤君的行为呢?为了满足自己的私欲,不顾百姓的死活,这也不是治国之道啊!”晏子劝谏景公,让活着的人不得安生,让死去的人不能安葬,这些积蓄的悲哀和忧愁,将来会留下祸患无穷的种子。身为国君,不如还是允许逢于何的请求,将亡母葬在宫墙之下吧。最终,齐景公同意了。

后来人们说:“心有仁慈的人,他的话能够为更多的人带来利益。”因为晏子的一句话,景公减轻了刑罚;也因晏子的一席话,齐景公在世上留下了千古美名。

贵

一、字形演变

甲骨文　金文　篆书　隶书　楷书　行书　草书

二、说文解字

《说文解字》："贵，物不贱也。从贝，臾声。"

解释：很贵重的意思，字形采用"贝"作偏旁，采用"臾"（古文蕢）作声旁。

三、字源解说

"贵"，甲骨文由（双手，抓、捧）和（土，故土）构成，表示手捧着故土。金文将甲骨文字形中的双手写成，增添了不知所云的""，并用"貝"（价值）代替甲骨文字形中的"土"，强调故土在离乡或流亡者心中神圣而不可替代的"价值"。

造字本义：收藏故土，以示对故乡故国的崇敬与珍爱。

从甲骨文字形来看，最初之义是用手掬捧土，可知古人认为土地是最宝贵的。徐建中认为，"贵"字的基本义是指很贵重。既然贵重，评价就会高，就值得重视，这就是宝贵、可贵。因为贵重，评价高，其地位也就高，成为贵族、贵人、贵妇人、达官贵人。正因为贵重，评价又高，所以贵也作敬辞用，称与对方有关的事物为贵姓、贵国、贵干、高抬贵手。

四、成语和名人名言

（一）常用成语

贵不可言　贵不期骄　贵不召骄　贵而贱目　贵耳贱目　贵古贱今　贵极人臣
贵贱高下　贵贱无常　贵贱无二　贵人多忘　兵贵神速　兵贵先声　达官贵人

（二）名人名言

1. 富与贵，是人之所欲也；不以其道得之，不处也。——孔子

2. 众人重利，廉士重名，贤人尚志，圣人贵精。——庄子

3. 富贵不能淫，贫贱不能移，威武不能屈，此之谓大丈夫。——孟子

4. "才者，材也，养之贵素，使之贵器。"要言传身教，发扬学术民主，甘做提携后学的铺路石

和领路人，大力破除论资排辈、圈子文化，鼓励年轻人大胆创新、勇于创新，让青年才俊像泉水一样奔涌而出。

——《推动全球科技创新协作》，《人民日报》2021年11月11日

五、廉政故事

文天祥：民族英雄的高贵灵魂

文天祥（1236—1283），字履善，又字宋瑞，自号文山。江西吉安人，南宋民族英雄，文学家，是庐陵文化中“坚守气节”的典范。宝祐四年（1256）中状元，担任过右丞相兼枢密使。元军南下攻宋，文天祥散尽家财，招募士卒抵抗元军，后来因寡不敌众，兵败被俘，被囚禁三年后从容就义。

据说文天祥降生的时候，屋顶上云霞笼罩，其名由此而来。文天祥从小才智过人，善于思考，肯于钻研。文天祥从小便有明确的读书目的，那就是为了报国。文天祥二十岁考取进士，被宋理宗亲点为状元。

文天祥历任刑部郎官、江西提刑、尚书左司郎官、湖南提刑、知赣州等职，然而因忠正刚直，多次指责弊政，坚决主张改革，得罪了权贵，不容于朝廷。官宦生涯中，他曾四次被贬，三次布衣还乡。

被贬居的时候，文天祥曾写下“青春岂不惜，行乐非所欲”“故人书问至，为言北风急。山深人不知，塞马谁得失？挑灯看古史，感泪纵横发”，也曾感慨“少年成老大，吾道付逶迟。终有剑心在，闻鸡坐欲驰”“修复尽还今宇宙，感伤犹记旧江山。近来又报秋风紧，颇觉忧时鬓欲斑”……其忧国忧民的情怀，安邦济世的壮心，天地可鉴。

公元1274年，樊城被元军攻破，文天祥于次年应诏勤王，正式开始抗元大业。文天祥率军苦战东南，在南宋朝廷投降之后，以文天祥为右丞相出使元营，进行谈判。文天祥据理力争，在押往大都的途中，被抗元义士相救得以逃脱。

成功脱身后的文天祥，收拾残兵，陆续在江西、广东一带殊死抵抗元军，以图光复大业。不久，文天祥再次被俘，被押送到大都。元世祖忽必烈钦佩文天祥的浩然正气，亲自劝降，可是文天祥壮志未酬，唯求速死，于是在向南方跪拜后，慷慨殉国。

在狱中的岁月，文天祥得知妻子和两个女儿都在宫中为奴，文天祥明白：只要投降，家人即可团聚。但文天祥不愿因妻子和女儿而丧失气节。于是写信给自己妹妹：“收柳女信，痛割肠胃。人谁无妻儿骨肉之情？但今日事到这里，于义当死，乃是命也。奈何？奈何！……可令柳女、环女做好人，爹爹管不得。泪下哽咽哽咽。”

作为民族英雄的文天祥，同时著有大量诗词，有《文山诗集》《指南录》《指南后录》《正气歌》等，其诗词既悲壮、沉痛，又秀腴、典雅，特别是《过零丁洋》一诗：“人生自古谁无死？留取丹心照汗青。”文天祥用诗的语言告诉后人，浩然正气植根于中华民族优秀传统文化的沃壤之中，更用他的行动昭示后人，何为炎黄子孙的高贵灵魂。

国

一、字形演变

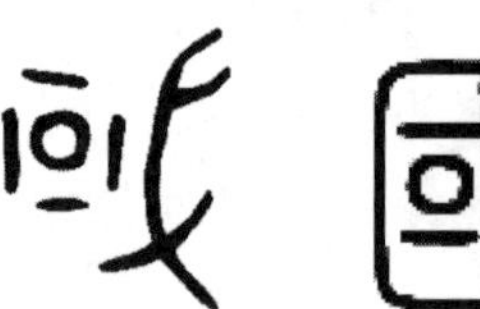     

金文　篆书　隶书　楷书　行书　草书

二、说文解字

《说文解字》:“邦也。从囗从或。”

解释:是“邦国”“封邑”的意思,字形采用“囗”作偏旁,采用“或”作声旁。

三、字源解说

“或”是“域”的本字,也是“国”的初文。甲骨文由(戈,军事武力)和(囗,即“郭”的省略,城邑)构成,表示有武力护卫的城邑、疆域。当“或”的“城邑、疆域”本义消失后,金文在城邑“囗”四周加边界指事符号,表示四周有明确军事边界的武力领地。

造字本义:武力守卫的一方独立疆域,有独立军政体系的主权社会。又引申指分封的诸侯国,也指国都、都邑。多数学者认为,战国以后主要指国家。后来演变为有土地、人民、主权的政体,特指中国的意义。后来在“或”的周围加方框“囗”表示疆域,构成“國”字。“國”字的组成中有外面一个大口和里面一个小口,这两个口意思是不一样的。外面的大“口”,表示的是国家有四方疆域;里面的小“口”,表示的是人口;而“一”,则表示土地;此外,还要执有“戈”矛的军队来保卫国家的土地、人口和边疆。

四、成语和名人名言

(一)常用成语

国步艰难　国仇家恨　国而忘家　国富兵强　国富民安　国富民丰　国富民强
国计民生　国家栋梁　国将不国　国难当头　国破家亡　爱国如家　安国富民

(二)名人名言

1. 家贫思贤妻,国难思良将。　——俗语

2. 天下之本在国,国之本在家,家之本在身。　——孟子

3. 道得众,则得国;失众,则失国。　——《大学》

4. 我们牢牢把握建设世界科技强国的战略目标，以只争朝夕的使命感、责任感、紧迫感，抢抓全球科技发展先机，在基础前沿领域奋勇争先。

——《推动全球科技创新协作》，《人民日报》2021 年 11 月 11 日

五、廉政故事

蒙恬：一门三代，忠君爱国

一个王朝的兴盛，从任用贤才，锐意改革开始；而一个王朝的衰败，就要从内部倾轧、你死我活的阴谋斗争拉开序幕。

秦能统一六国，兼并四海，离不开贤臣名将的辅佐；二世而亡，也少不了阴险小人的挑拨。而"秦国第一勇士"蒙恬，恰好是一个王朝由盛转衰的见证者和亲历者。

蒙恬与同时期的王贲、王离一样，也出身于战国时期赫赫有名的武将世家。蒙恬的祖父蒙骜从齐国投靠秦昭襄王，恰好赶上商鞅变法之后，秦国确立军功爵制，建立了一支号称"虎狼之师"的军队，他便凭借着自己过人的勇猛，先后领兵攻打韩国、赵国，直至官拜上卿。蒙恬的父亲蒙武则是追随名将王翦，曾先后两次担任副将，参与了攻灭楚国的战役，同样也是当时有名的武将之一。正是在这样氛围浓厚的成长环境中，蒙恬与弟弟蒙毅自幼便耳濡目染，逐渐成长为胸怀大志、立志冲锋陷阵、报效国家的少年英雄。他天资聪颖，熟读兵书，很早就展现出了不俗的军事才华。

公元前 221 年，蒙恬第一次出现在史书中，就是跟随王贲攻打齐国。此次战役进行得异常顺利，齐国灭亡后，他顺理成章地因功被封为内史（秦国都城的最高行政长官）。

但蒙恬的故事并未就此结束，秦国兼并天下后，北方的匈奴就成了秦始皇的心腹大患。他们常年骚扰边境，使得边境人民不得安生，呈现出一片凋敝破败的景象。之后，蒙恬便奉命率领三十万大军北征匈奴。这一路浩浩荡荡，势不可挡，接连收复了河南地（原内蒙古自治区河套南伊克昭盟一带），自榆中（原内蒙古伊金霍洛旗以北）到阴山设立了 34 县。接着，他又率军渡过黄河，占领阳山，移民实边，将原本荒凉的边境经营得有声有色。为了进一步抵御匈奴，他征募壮丁，将原先燕国、赵国、秦国修筑好的长城连为一体，修成了东起辽东，西至临洮（今甘肃岷县）的万里长城。长城绵延千年，巍然不倒，将无数意图南下的少数民族阻挡在外，为中原王朝换取喘息的时间，为后世造福。蒙恬之功，功不可没。经过与匈奴此战，蒙恬一战成名，威震四方。此后他驻守上郡十余年，匈奴人再不敢轻举妄动，边境得以休养生息，发展生产，逐渐变得繁荣起来。

秦始皇无疑是爱才、惜才的人，蒙恬如此才华，毫无疑问地得到了他的赏识和宠信。他不仅信任蒙恬，还亲近蒙恬的胞弟蒙毅。蒙毅在内为秦始皇的近从，外出则与他同乘一辆车马。兄弟二人一个在外拼杀征战，一个在朝堂出谋划策，其风光一时无两，满朝文武无人敢与之争锋。

老子曾说："福兮，祸之所倚，祸兮，福之所伏。"虽然兄弟二人风光无限，但与此同时，祸根也悄悄埋下，如同一颗定时炸弹，随时可能引爆。蒙毅为人刚正不阿，执法严明，不畏权贵。有一

次，当时还是内侍的赵高犯错，他依法判处其死刑，却被秦始皇赦免。自此，仇恨的种子就在赵高的心里生根发芽，他一直在寻找机会，想要置蒙氏兄弟于死地。

公元前210年，秦始皇在巡游途中病死于沙丘，赵高伙同丞相李斯迅速封锁了消息，而奉命在外为秦始皇祭祀祈福的蒙毅浑然不知。赵高手脚利落，封锁消息之后又马上扣押了秦始皇的遗诏，他担心公子扶苏即位后重用蒙恬会对自己不利，就与胡亥密谋，胁迫李斯假造遗诏，传帝位于胡亥，同时捏造罪名赐死扶苏、蒙恬。

封建时代，君要臣死，臣不得不死；父要子亡，子又岂敢不从。扶苏没有过多地辩白，只得含恨自杀，蒙恬却心存疑虑，向前来传诏的使者提出要求，请求还自己一个清白。使者无奈，便将蒙恬带到阳周，将他囚禁起来等待秦二世胡亥的旨意。胡亥在扶苏死后，感觉无人能威胁到他的地位，便想要放过蒙氏兄弟。但赵高生怕二人再次得势于自己不利，执意要将他俩赶尽杀绝。他先是散布谣言，声称在立太子的问题上，蒙毅在始皇帝面前说过胡亥的坏话，成功激起胡亥的怨恨之心，他当即下令将蒙毅囚禁并杀害，紧接着，又派遣使者前去赐死蒙恬。蒙恬此时已经得知秦始皇的死讯，同时也知道了弟弟蒙毅被杀害的消息。使者宣旨道："君之过多矣，而卿弟蒙毅有大罪，法及内史。其赐毒酒以死。"话已至此，一切都变得明朗起来，先前始皇帝的"遗诏"中斥责他不忠，秦二世胡亥又加了一条"连坐"的罪名，两"罪"并罚，他再无可辩驳。三十万大军在握，反叛轻而易举，为了忠烈只能饮下毒酒，含冤而死。一杯毒酒，了却了这位名将短短的一生，同时也为日薄西山的大秦帝国奏响了一曲挽歌。蒙恬死后，赵高拍手称快，他立即着手清除异己，将秦始皇委以重任的大秦帝国赖以维系的柱石一一铲除，也亲手将大秦帝国推向了万劫不复的深渊。

过

一、字形演变

金文　篆书　隶书　楷书　行书　草书

二、说文解字

《说文解字》：“过，度也。从辵，咼声。”

解释：本义是走过，经过。字形采用“辵”作偏旁，采用“咼”作声旁。

三、字源解说

金文由(辵，行进)和(残骨，借代死亡)构成，表示生命在岁月的行进中化成枯骨。

造字本义：在时光流逝中走向死亡，身化枯骨，生命不再。

金文的“过”，上部是“骨”字，代表声旁，下部是“止”，代表形旁，表示字义和人脚有关。小篆的“过”，左边变成了“辵”，表示与行进相关，表示从这儿到那儿，从此时到彼时。研究发现，许多语言中与空间运动有关的词语可以引申到时间上，这种时空的移动在具体的语言环境中具有不同的意义。经过某个时间或地点就意味着超越了它，所以“过”又表示超过、越过，又引申出过失和过错之义。人之一生，有路过，有经过，但最让人痛彻心扉、念念不忘的，往往是错过。生命中的错过，遗憾却美，而过错，则需要我们时刻警惕。《周易》云“见善则迁，有过则改”，就是告诉我们，人的一生是一个不断修正的过程。

四、成语和名人名言

(一) 常用成语

过从甚密　过都历块　过而能改　过府冲州　过河拆桥　过河卒子　八仙过海
过化存神　过江之鲫　过街老鼠　过路财神　过门不入　过目不忘　白驹过隙

(二) 名人名言

1. 君子之过也，如日月之食焉。过也，人皆见之；更也，人皆仰之。 ——《论语》

2. 过而弗悔，当而不自得。 ——庄子

3. 人谁无过？过而能改，善莫大焉。 ——《左传》

4. 纪检监察队伍必须以更高的标准、更严的纪律要求自己，锤炼过硬的思想作风、能力素质，以党性立身做事，刚正不阿、秉公执纪、谨慎用权，不断提高自身免疫力，主动接受党内和社会各方面的监督，始终做党和人民的忠诚卫士。

——习近平总书记在十九届中央纪委六次全会上发表重要讲话（新华社，2022 年 1 月 18 日）

五、廉政故事

廉颇负荆请罪

战国时期，有七个大国，它们是秦、楚、燕、韩、赵、魏、齐，历史上称为“战国七雄”，这七国当中秦国最强大。

廉颇，是赵国优秀的将领。赵惠文王十六年，廉颇率领赵军征讨齐国，大败齐军，夺取了阳晋，被封为上卿，以勇气闻名于诸侯各国。赵惠文王二十年，廉颇向东攻打齐国，破其一军。赵惠文王二十二年，再次伐齐，攻陷九城。次年廉颇攻魏，攻陷防陵、安阳两座城池。此时的赵国一度强盛，使得秦国在十年内不敢攻打赵国。

蔺相如，是赵国的宦官首领缪贤家的门客。

赵惠文王得到了一块和氏璧，秦王听后想要用十五座城池换取和氏璧，赵王命蔺相如为使节护送和氏璧到秦国。但秦王并没有要把城池划分给赵国的意愿，蔺相如经过一系列精心设计，最后使得和氏璧完好无损回到了赵国。

秦王约赵王到渑池赴会，蔺相如为了国家荣誉和赵王的安全自愿陪同赵王前往。在宴会中，秦王施计策想让赵王丢脸，但都被蔺相如反驳回去。最终，蔺相如凭借自己的聪明智慧，成功维护了赵国以及赵王的尊严。

蔺相如为赵国接连立功，赵惠文王十分信任他，拜他为上卿，地位在大将廉颇之上。

赵王这么器重蔺相如，可气坏了当时的大将军廉颇。他很不服气地说：“我为赵国出生入死，打下大片江山，难道不如蔺相如吗？蔺相如光凭一张嘴，有什么了不起的本领，地位倒比我还高！我要是碰着蔺相如，就要当面给他点儿难堪，看他能把我怎么样！”

廉颇的这些话传到了蔺相如耳朵里，他立刻吩咐他手下的人，叫他们以后碰着廉颇手下的人千万要让着点儿，不要和他们争吵。有一次他自己坐车出门，远远看着廉颇从前面来了，就叫马车夫把车子赶到小巷子里，等廉颇过去了再走。

廉颇手下的人看见蔺相如这么让着自己的主人，更加得意忘形了，经常嘲笑蔺相如的手下。蔺相如手下的人受不了这个气，就跟蔺相如说：“您的地位比廉将军高，他骂您，您反而躲着他，让着他，他越发不把您放在眼里啦！这么下去，我们可受不了。”

蔺相如心平气和地问他们：“廉将军跟秦王相比，哪一个厉害呢？”大伙儿说：“那当然是秦王厉害。”蔺相如说：“天下的诸侯都怕秦王。可是为了保卫赵国，我敢当面责备他。怎么我见了廉将军倒反怕了呢。因为强大的秦国之所以不敢来侵犯赵国，就因为有我和廉将军两人在。要是我们两人不和，秦国知道了，就会趁机来侵犯赵国。你们想想，国家大事要紧，还是私人的面子要紧？”

蔺相如手下的人听了这一番话非常感动，以后看见廉颇手下的人，都小心谨慎，总是让着他们。蔺相如的这番话，后来传到了廉颇的耳朵里，廉颇感到十分惭愧。于是，有一天他裸着上身，背着荆条，跑到蔺相如的家里去请罪，廉颇对蔺相如说：“我是个粗鲁人，见识少，气量窄，我只顾着自己的面子，把国家的安危都丢到一边了，我实在没脸来见您。请您责打我吧。”蔺相如赶紧把荆条扔在地上，用双手扶起廉颇，给他穿好衣服，拉着他的手请他坐下，对他说：“咱们两个人都是赵国的大臣。将军能体谅我，我已经万分感激了，怎么还来给我赔礼呢。”

蔺相如和廉颇从此成了很要好的朋友。这两个人一文一武，同心协力为国家办事，秦国因此更不敢欺侮赵国了。

廉颇由于蔺相如位居其上，心怀不满。后来明白蔺相如的苦心后，身背荆条上门请罪，两人结成了生死之交。这个故事充分说明了领导人应该识大体，顾大局，以国家利益为重。“知耻近乎勇。耻之于人大也，以其得之则圣贤，失之则禽兽耳。此改过之要机。”人非圣贤，孰能无过，犯了过错不要紧，最重要的是要有知过、认过、改过的勇气和决心。

合

一、字形演变

甲骨文　金文　篆书　隶书　楷书　行书　草书

二、说文解字

《说文解字》:“合,合口也。从亼,从口。”

解释:本义为闭合、合拢(一说两口相接)。字形采用“亼”“口”两范式叠加,象形字。

三、字源解说

甲骨文由(口,向下张开的嘴巴)和(口,向上张开的嘴巴)构成,表示两口相接。

造字本义:亲吻。

另一部分学者认为,古文“合”字上部是一个圆锥形的盖子,下部是一个圆形的容器,表示器皿相合。一说象形字,一说会意字。持象形字观点的学者认为合是由“亼”合“口”组成,就形体上来看,像一个器皿,与它上面的盖子刚好相合,另有学者认为这个器皿就是煮饭用的锅,下面的“口”为锅,上面的“亼”为锅盖,而这锅盖正好与锅相合,故认为“合”为象形字。持会意字观点的许慎认为“合”从“亼”,从“口”,会意字。“亼”有人认为就是古“集”字,有集合之意。所以,许慎将“合”解释为“合口”(把口闭起来),引申为“融洽”“聚合”等义;又用作量词,十“合”为一升。比喻美好的事物互相匹配或同时会聚,叫作“珠联璧合”,人与人之间彼此价值观的相同与契合为“志同道合”。明武宗正德四年,心学集大成者王守仁在贵阳文明书院讲学,首次提出“知行合一”说,这一学说把中国传统哲学提升到了新的高度。

四、成语和名人名言

(一) 常用成语

合从连衡　合胆同心　合而为一　合浦还珠　合情合理　合眼摸象
闭合思过　闭门合辙　珠联璧合　不合时宜　持权合变

(二) 名人名言

1. 丘山积卑而为高,江河合水而为大,大人合并而为公。　——庄子

2. 天下大势，分久必合，合久必分。 ——罗贯中

3. 力田不如逢年，善仕不如遇合。 ——司马迁

4. 这就是坚持党中央集中统一领导，坚持党要管党、全面从严治党，坚持以党的政治建设为统领，坚持严的主基调不动摇，坚持发扬钉钉子精神加强作风建设，坚持以零容忍态度惩治腐败，坚持纠正一切损害群众利益的腐败和不正之风，坚持抓住“关键少数”以上率下，坚持完善党和国家监督制度，形成全面覆盖、常态长效的监督合力。

——习近平总书记在十九届中央纪委六次全会上发表重要讲话(新华社，2022 年 1 月 18 日)

五、廉政故事

齐桓公和管仲

熟悉我们中国历史的读者，对于这两个人物一定不陌生，这两位可以说是整个中国历史上少有的配合默契的国君和丞相。而其余的组合则多少有些问题，有些是君猜忌臣，有些是臣远离君，合作关系能够从始至终的少之又少。

齐桓公和管仲能够一生完美合作，并不是因为他们的道德水准都非常高，恰恰相反，他们还有“一箭之仇”的恩怨。

故事要从齐襄公说起，由于齐襄公荒淫无道，两个弟弟都外出逃难了。公元前 686 年，公子纠跟着他的师父管仲到鲁国去避难，公子小白则跟着他的师父鲍叔牙逃往莒国。

没多久齐国臣子以暴政为由杀了齐襄公另立新君，结果臣子们杀主公上瘾，在第二年大臣们又杀了新君，准备到鲁国去迎回公子纠当齐国国君，鲁庄公亲自带兵护送公子纠回国。管仲怕逃亡在莒国的公子小白因离齐国近，抢先回国夺到君位，所以经庄公同意，先带领一支人马去拦截公子小白。果然，管仲的队伍急行到即墨附近时，发现公子小白正在赶往齐国，便上前说服他不要去。但是，小白坚持要去。

于是管仲偷偷向小白射了一箭，箭射中了小白，只听他一声惨叫，随即倒下。随从们见了，都放声痛哭起来。管仲见小白已经中箭死去，这才放心地离开，然后会同公子纠一起缓缓启程回齐国。见管仲走远以后，小白从车里坐了起来。原来，这支冷箭只是射中了他衣服上的带钩，但为了迷惑管仲，小白咬破舌头假装中箭身亡。随后，小白一行抄小路，日夜兼程赶回了国都临淄。

因为国内有高傒等大臣做内应，加上鲍叔牙的辅佐，公子小白很快在临淄继位，称齐桓公。鲁庄公听说小白当了国君，大怒，发兵攻打齐国，想趁小白还没站稳脚跟将他赶下君位，让公子纠回齐国即位。后来，齐国在乾时击败了鲁庄公，截住了他的退路。齐桓公提出了条件：公子纠是自己的兄长，不忍心亲手杀死他，要鲁国杀掉他；而管仲为阻止自己回国即位曾经射杀自己，必要报这一箭之仇，非亲手杀了他不可，要鲁国将管仲押解回齐国。

鲁庄公没有办法，只好按齐桓公的条件，处死了公子纠，并给管仲戴上械具，装进囚车，押往齐国。

齐桓公这边即位后稳定了局势，想任命鲍叔牙为相国，鲍叔牙说："你要想治理好国家，有高傒和我辅佐就行了；可是你要想称霸诸侯，非得用管仲来辅佐才行，我甘愿做他的副手。"

齐桓公说："不行，他射了我一箭，差点要了我的命，我杀死他还不解恨呢，怎能任命他当相国！"鲍叔牙说："他用箭射你，不过是为了自己的主人。你千万不能为了个人的恩怨而失去这个人才。"齐桓公最终勉强答应了鲍叔牙的请求。

鲍叔牙亲自到齐国边境堂阜去迎接管仲。等管仲一进入堂阜，鲍叔牙见了他，就好像见到了最珍贵的宝物，立即命令兵士打破囚车，卸除械具，和管仲一起乘车回临淄见齐桓公。

齐桓公见了管仲以后，听从了鲍叔牙的建议，没有计较一箭之仇，与他进行了长谈。两人畅聊了三天三夜，管仲就齐国的政治、经济和军事建设提出了很多切实可行的建议，齐桓公对管仲的才学佩服万分，非常赞同和欣赏管仲的谋略和智慧。直到这时，齐桓公才认识到鲍叔牙的建议是非常正确的。于是齐桓公对管仲给予了充分信任，任命他为相国，并尊称为"仲父"。

最初管仲要辅佐齐桓公当上"霸主"，齐桓公却对自己缺乏信心，觉得自己又好玩(打猎)又好色，似乎并不足以统领诸侯。

管仲就说道："作为君主，爱玩好色这些都是小问题，只要克制别过度就行，最重要的是看清大方向并且知人善任，您想做什么就做什么好了，其余的交给我就行。"齐桓公果然就把大权都放手给了管仲，并且充分信任，任何诽谤和谣言都不理会。

管仲没有辜负齐桓公的信任，把齐国治理得井井有条，并且尊王攘夷，九合诸侯，同时也从不限制齐桓公的个人生活。

齐桓公的信任一直到管仲生命的终结，虽然之后离开管仲的齐桓公开始倦怠国事，越发昏聩，当他晚年时齐国再次成为一个烂摊子，但他临终前想起的还是管仲。就这样，齐桓公和管仲这一对有"一箭之仇"恩怨的君臣，反而共同谱写了中国古代史上最和谐的君臣关系，这就是合作共赢的重要性。

和

一、字形演变

　　　　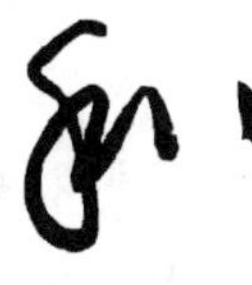

篆书　　隶书　　楷书　　行书　　草书

二、说文解字

《说文解字》:“和,相应也。从口禾声。”

解释:和,言论相呼应。字形采用“口”作偏旁,采用“禾”作声旁。

三、字源解说

“咊”是“龢”的简化异体字;“和”是“咊”的异体字。龢,甲骨文由(龠,即“籥”,吹奏排笛)和(禾,竹管)构成,表示吹奏竹管或芦管制成的排笛。这些乐器一齐吹奏,声音悦耳动听,显得很调和、和谐,所以“龢”字的本义是指乐声调和、和谐。

造字本义:言论、观点不同,但主调合拍,宗旨一致。

“和”字的出现比“龢”更晚,“和”从口,表示用“口”来演奏乐器或唱歌,右部的“禾”为声旁,表示音读。有学者认为“和”指声音相应和,这其实已经包含了一个“和谐”的含义,又引申到平和、温和、柔和这层意思,读 hé。因为和谐,没有争斗,所以把结束战争称为和平、和好。因为“和”有共同、一起的意思,所以就有连带的意思,又虚化作连词,意思同“与”“跟”。在粉状物中加液体搅拌,和字另读为 huó,又读 huò,指搅拌,加水搅和。

四、成语和名人名言

(一)常用成语

和蔼近人　和蔼可亲　和璧隋珠　和而不唱　和而不同　和风丽日　和风细雨
和光同尘　和睦相处　和盘托出　和气生财　和气致祥　和颜悦色　和如琴瑟

(二)名人名言

1. 君子和而不同,小人同而不和。　——孔子
2. 天时不如地利,地利不如人和。　——孟子
3. 和大怨,必有余怨;报怨以德,安可以为善?　——老子

4. 必须坚持增强党组织政治功能和组织力凝聚力，锻造敢于善于斗争、勇于自我革命的干部队伍；必须坚持构建自我净化、自我完善、自我革新、自我提高的制度规范体系，为推进伟大自我革命提供制度保障。

——习近平总书记在十九届中央纪委六次全会上发表重要讲话（新华社，2022 年 1 月 18 日）

五、廉政故事

武王伐纣成功的重要条件：人和

古代作战，除了天时与地利外，还必须注重人和因素，所谓决定战争胜负的是人，人的主观能动性才是战争胜利的决定性因素。

武王伐纣是我国历史上的一件具有划时代意义的大事，是商衰周兴的转折点，是大约公元前 1057 年，以西周部落为主的联军起兵反商王帝辛（纣），最终导致商王朝灭亡的一场战争。商朝最后一个国王是商代的第三十二位帝王子辛，也叫"帝辛"，为帝乙少子，以母为正后，辛为嗣。"纣王"并不是正式的帝号，是后人谥，意思是"残义损善"。

传说这个时候，活动在渭河流域的姬姓周部落逐渐强大起来，首领周武王姬发正在积极策划灭商。他继承父亲文王遗志，重用姜尚等人，使国力增强。当商的军队主力远在东方作战，国内军事力量空虚之时，周武王联合各个部落，率领兵车 300 辆，虎贲卫 3000 人，士卒 4.5 万人，进军到距离商纣王所居的朝歌只有 70 里的牧野（今河南淇县西南），举行了誓师大会，列数纣王罪状，鼓励军队同纣王决战。

周文王在完成翦商大业前夕逝世，其子姬发继位，为周武王。他即位后，继承乃父遗志，遵循既定的战略方针，并加紧予以落实：在孟津（今河南孟津东北）与诸侯结盟，向朝歌派遣间谍，准备伺机兴师。当时，商纣王已感觉到周人对自己构成的严重威胁，决定对周用兵。然而这一拟定中的军事行动，却因东夷族的反叛而化为泡影。

武王伐纣，坐了船渡过黄河。兵车刚用船搬运过河，太公马上命人把在河里的船全部毁坏。说："这回出兵，是太子去为他父亲报仇，大家只有去和敌人拼死奋战，不可存侥幸生还之心！"所过的渡口和桥梁，也都叫人全部烧掉。在孟津过渡，忽然，大波之神阳侯掀起了一个个巨大浪涛，迎着船头打来，狂暴的风刮得天昏地暗，连人和马都看不见了。这时，武王坐在船头，左手拿了一把黄金色的大板斧，右手拿了一只悬挂白色旄牛尾巴的指挥竿，瞪大眼睛，把指挥竿向前指着说道："我既然担当了天下的重任，谁敢来违逆我的意志！"武王说完这话，顷刻间，风也停了，大波也止息了，于是军队安然渡过孟津。

到了邢丘，忽然天下大雨，一连下了三天三夜，也不休止，并且还发现战士们用的盾无故折为三段。武王心里有点害怕，便召太公来问道："看这光景好像是纣还不可以讨伐吗？"太公答道："不然。盾折为三段，是说我们的军队应当分为三路。大雨三天不止，那是在洗我们的甲兵，让我们清清爽爽，好上路啊！"武王听了，说："那又怎么办呢？"太公说："爱那个人，就连他屋顶上的老鸦也觉得可爱；要是憎恶那个人，就连他巷子里的壁头也觉得可恶。现在的办法就是去杀光敌人，不要剩下一个！”

周军到孟津，与庸、卢、彭、濮、蜀、羌、微、髳 8 个方国部落军队及各反商诸侯军会合。周武王利用商地人心归周的有利形势，率本部及 8 个方国部落军队，于次年一月初四拂晓进至牧野。商纣王惊闻周军来袭，仓促武装大批奴隶等，连同守卫国都的军队，开赴牧野迎战，初五凌晨，周军布阵毕，庄严誓师，史称“牧誓”。

武王在阵前声讨商纣罪行，统一战斗动作以保持阵形严整，严申不准杀降以瓦解商军。随即命吕望率一部精兵冲击商军前阵。商军中奴隶心向武王，纷纷倒向周军。武王以主力猛烈突击，商军土崩瓦解。纣王仓皇逃回朝歌，登鹿台自焚而死。周军占领商都，商朝灭亡。此役是中国古代车战初期的著名战例。周争取人心、剪除殷商羽翼、乘虚进攻的谋略，对古代军事思想的发展有着深远的影响。

厚

一、字形演变

甲骨文　金文　篆书　隶书　楷书　行书　草书

二、说文解字

《说文解字》:“山陵之厚也。垕,古文厚,从后、土。”

解释:厚,凿陵为墓的厚葬。“垕”,是古文写法的“厚”字,采用“后、土”会义。

三、字源解说

厚,甲骨文由(厂,岩石、山陵)和(是倒写“享”,即倒写的享堂,借代阴间的祭殿、墓室)构成,表示辟山为穴,凿陵为墓,建造地下的享堂。

造字本义:在巨大山陵岩体里开凿的帝王陵寝,即“陵墓”,也叫“地宫”;陵墓内设计模仿帝王生前的宫殿和阳间世界,有大量大型成套的陪葬品,此即古代所谓的“厚葬”。

部分学者分析,厚,上部从厂,下端像一敞口尖底的酒坛,后经讹变隶定为从㫗,形声字,从厂,㫗(hòu)声,表示与山石有关。山崖(厂)下放着一只口大身小的容器,它大概是用石头雕成的,所以十分厚和重,又引申出扁平物体上下两面之间的距离大,与“薄”相对的意义。《诗经》:“谓天盖高,不敢不局;谓地盖厚,不敢不蹐。”《易传》云:“天行健,君子以自强不息;地势坤,君子以厚德载物。”“厚德”即大德、高德,最高尚的道德。后引申为重、深、大等义,还可指富裕殷实,关系亲密。人道如同天道,大地之所以能孕育万物,是因为它有着无比宽厚的胸怀,做人亦应虚怀若谷,兼容包并,只有具有大德或厚德的人,才能以宽广、仁爱的胸怀待人接物。

四、成语和名人名言

(一)常用成语

深情厚谊　厚颜无耻　得天独厚　厚此薄彼　温柔敦厚　高官厚禄

无可厚非　天高地厚　厚德载物　深情厚意　胡颜之厚　积厚成器

(二)名人名言

1. 天行健,君子以自强不息;地势坤,君子以厚德载物。　　——《易传》

2. 大丈夫处其厚，不居其薄；处其实，不居其华。故去彼取此。——老子

3. 不登高山，不知天之高也；不临深溪，不知地之厚也。——荀子

4. 要坚持严管和厚爱结合、激励和约束并重，坚持“三个区分开来”，更好激发广大党员、干部的积极性、主动性、创造性，形成奋进新征程、建功新时代的浓厚氛围和生动局面。

——习近平总书记在二十届中央纪委二次全会上发表重要讲话（新华社，2023 年 1 月 9 日）

五、廉政故事

尧与舜：君子以厚德载物

尧，又称唐尧。传说中父系氏族社会后期部落联盟领袖。帝喾之子，祁姓，名放勋，原封于唐，故称陶唐氏。尧代帝挚为天子，都平阳。在万邦争雄的乱世，他团结亲族，联合友邦，征讨四夷，统一了华夏诸族，被推举为部落联盟首领。帝尧在主政期间，派神箭手后羿射日，派鲧治水，并且制定历法，推广农耕，整饬百官。晚年，由舜继天子位。28 年后，尧病逝于雷泽（今山东菏泽），安葬于谷林（山东鄄城），谥号为尧，被司马迁视为“最理想的君主”。

尧帝开创了帝王禅让之先河，在位 70 年，认为儿子丹朱不成器，决定从民间选用贤良之才。尧问四方诸侯首领：“谁能担负起天子的重任？”四方诸侯首领说：“虞舜。”

于是，尧微服私访，来到舜居住的历山一带。看见一个青年，身材魁伟、体阔神敏，正聚精会神地耕地，犁前驾着一头黑牛、一头黄牛。奇怪的是，这个青年从不用鞭打牛，而是在犁辕上挂一个簸箕，隔一会儿，敲一下簸箕，吆喝一声，这个人就是舜。

尧等舜犁到地头，便问：“耕夫都用鞭打牛，你为何只敲簸箕不打牛？”舜见有老人问，拱手以揖答道：“牛为人耕田出力流汗很辛苦，再用鞭打，于心何忍！我打簸箕，黑牛以为我打黄牛，黄牛以为我打黑牛，就都卖力拉犁了。”尧一听，觉得这个青年有智慧，又有善心，对牛尚如此，对百姓就会更有爱心。

尧与舜在田间谈了一些治理天下的问题，舜的谈论明事理，晓大义，非一般凡人之见。尧又走访了方圆百里，都夸舜是一个贤良之才，尧便决定试一试舜。尧把两个女儿娥皇、女英嫁给舜，让两个女儿观其德；把九个男儿安排在舜周围，让九个男儿观其行。把舜放进深山之中，虎豹毒蛇都被他驯服。舜头脑清醒，方向明确，深山之中不迷失，很快就走了出来。

后母和弟弟象见舜得到房屋和粮食，又是羡慕，又是妒忌，和舜的父亲瞽叟一起用计，几次三番想暗害舜，但每次舜都会化险为夷。有一回，瞽叟叫舜修补粮仓的顶。当舜用梯子爬上仓顶的时候，瞽叟就在下面放起火来，想把舜烧死。舜在仓顶上一见起火，想找梯子，梯子已经不知去向。幸好舜随身带着两顶遮太阳用的笠帽。他双手拿着笠帽，像鸟张翅膀一样跳下来。笠帽随风飘荡，舜轻轻地落在地上，一点伤也没受。

舜通过了尧的考验，尧又让舜主管人伦教化，舜使天下的人都知道父义、母慈、兄友、弟恭、

子孝的道理。尧又让舜主管外交，使四方八面来的诸侯都乐于进贡，且有美德可称。尧又让舜与百官相处，舜不仅事事都办得好好的，而且与大家都相处得很好。所以，《尚书·舜典》说："慎微五典，五典克从；纳于百揆，百揆时叙；宾于四门，四门穆穆；纳于大麓，烈风雷雨弗迷。"

在世间行走，人要有宽广的胸怀，要有容人的雅量，要与人为善。人有聪明愚笨之差，就如同地形有高低不平一般，土壤有肥沃贫瘠之分一样。农夫不会因为土壤贫瘠而不去耕作，君子也不能因为愚笨不肖而放弃教育。天地间凡有形的东西，没有比大地更厚道的了，也没有什么东西不是承载在大地上的。所以君子处世要效法"地势坤"的意义，以厚德对待他人，无论是聪明、愚笨，还是卑劣不肖，都以一颗宽宏大度的心去面对。

自古至今，宽容被圣贤乃至平民百姓尊奉为做人的准则和信念，已成为中华民族传统美德的一部分，并且视为育人律己的一条光辉典则。宽容是博大的胸怀，是仁慈。宽容是一种淳厚的品质，对于人生，拥有一颗宽容的心，才能面对。

惠

一、字形演变

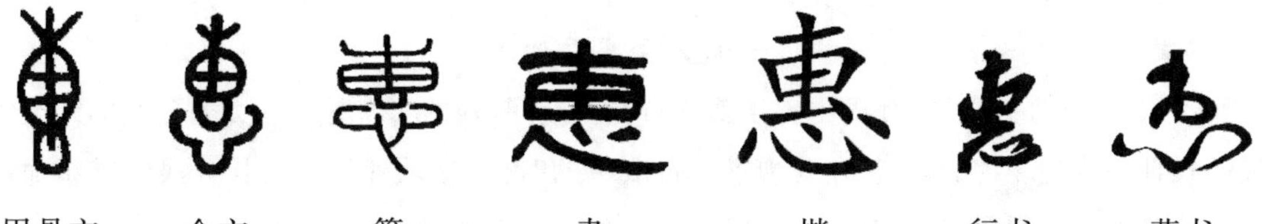

甲骨文　金文　篆　隶　楷　行书　草书

二、说文解字

《说文解字》:"仁也。从心,从叀。"

解释:惠,仁厚。字形采用"心、叀",会意字。

三、字源解说

惠,金文由(叀,纺纱的转轮,借代纺织)和(心,表示善良温柔)构成,表示女子纺纱织布,操持家务。

造字本义:女子心灵手巧,善良温柔,且心地美好,与人为善。

部分学者研究认为,"惠"是"穗"的初文,古人认为庄稼结穗是天的恩赐。以"心"为形旁(义符),表示跟人的心理活动有关;以"叀"(古代的纺锤)为声旁(声符),这是"专"的本字。这两个字形组合在一起,指"专心致志地纺线"。这个"叀"字是指纺锤,是纺线的主要工具,下面加上"心"字就能表示专心一致地用锤纺线了。有时通"慧"。许慎《说文解字》释"惠"为"仁也",意为仁爱。徐锴认为,仁爱的人心专一,所以"惠"由专心引申为仁爱。一说指聪慧,引申为柔和、温顺。仁爱体现在行动上是给人以财物或好处,故引申指施舍,又指恩惠、好处,用作名词,又由恩惠引申表示施事者的行动对自己是一种恩惠,放在动词前面,便虚化为副词。

四、成语和名人名言

(一)常用成语

惠而不费　惠风和畅　惠然肯来　惠然之顾　惠子知我　背惠食言　敌惠敌怨
二惠竞爽　互惠互利　晋惠闻蛙　肉眼惠眉　通商惠工　遗惠余泽　口惠而实不至

(二)名人名言

1. 君子怀德,小人怀土;君子怀刑,小人怀惠。　——《论语》

2. 口惠而实不至,怨菑及其身。　——《礼记》

3. 勿施小惠伤大体，毋借公道遂私情。

——《格言联璧》

4. 要加强对党中央惠民利民、安民富民各项政策落实情况的监督，集中纠治教育医疗、养老社保、生态环保、安全生产、食品药品安全等领域群众反映强烈的突出问题，巩固深化扫黑除恶专项斗争、政法队伍教育整顿成果，让群众从一个个具体问题的解决中切实感受到公平正义。

——习近平总书记在十九届中央纪委六次全会上发表重要讲话（新华社，2022年1月18日）

五、廉政故事

长孙皇后：贤惠妻子

唐太宗李世民的皇后长孙氏出生于隋文帝在位期间，她的父亲是隋朝大名鼎鼎的外交家长孙晟。长孙一族是北魏的宗室，在北魏孝文帝改革的时候，被赐姓长孙。长孙晟经常奉命出使突厥，他用计分化、削弱突厥，对隋朝边境保持长久的稳定做出了巨大贡献。

长孙氏是家中最小的女儿，所以很受大家的宠爱，对于她的婚事大家都很上心。长孙皇后的伯父长孙炽特别欣赏李渊的妻子窦氏，认为窦氏这样优秀的女子调教出来的孩子一定也很出色。于是在兄长的劝说下，长孙晟就将长孙氏许配给李渊的二子李世民。

然而，在两家定下婚姻后不久，长孙晟就去世了，长孙氏和母亲被异母兄长赶回了舅舅家。万幸的是，长孙氏的舅舅高士廉厚待她们。这长孙氏的哥哥也就是后来凌烟阁功臣之首的长孙无忌，他从小就和李世民是好友，舅舅高士廉见李世民不是等闲人物，便在长孙氏父丧期满之后，就依照婚约将长孙氏嫁到了李家。

公元613年，年仅十三岁的长孙氏便和十六岁的李世民完婚，开始了恩爱的夫妻生活。然而婚后不久，在隋朝第二次征辽战役中，窦氏跟随丈夫李渊出征，在途中病倒，不幸过世了。同时间，高士廉受到造反事情连累，也被贬外放。长孙氏和李世民这对新婚小夫妻遭受了很大的打击，但是他们互相安慰、鼓励，两人关系变得更加融洽。

公元617年，李渊被任命为太原留守。因为家里没有婆婆、妯娌，长孙氏就承担起这个大家的家庭主妇一职。这段时间里，长孙氏虽然辛苦，但是有公公的认可以及丈夫的支持，日子也过得依旧很幸福。

李渊起兵反隋，并于618年在长安称帝。李世民被封为秦王，长孙氏也一同被册封为秦王妃。随后几年，李世民经常出征在外，长孙氏作为贤内助，帮忙料理好府中事务，对公公李渊也非常孝顺，她让在前线的李世民完全没有后顾之忧。

然而天下初定之后，李世民战功赫赫，功高盖主本就被猜忌，加上他性子又很急躁，所以和自己的父亲、太子经常产生矛盾，秦王府和后宫关系也不好。而这时候长孙皇后就成了调和剂，她努力斡旋其中，为李世民缓解各方矛盾。

然而，事情的发展终究还是没能避免李世民兄弟兵戎相见。李世民发动政变之时，长孙氏义无反顾地支持丈夫，并在行动前勉励将士。李世民成功登上皇位，长孙氏也随之成为皇后。

李世民登基后，曾经生过一场重病，长期卧病在床，长孙皇后昼夜悉心照料，不离半步。想起丈夫对自己的情真意切，这段时间长孙皇后直接将毒药系在腰间，表示丈夫要是有什么意外，她便追随而去，这份深情让人为之动容。也许是她的这份深情感动了上天，李世民才躲过一劫，化险为安。

长孙皇后生活节俭，即使她做了皇后，也依旧保持这个好习惯。她对皇子的要求也很严格，训诫他们要保持谦恭、节俭的优良作风。长孙皇后平时喜欢看书，甚至于在梳妆打扮的时候手里也还捧着书在看，这一习惯她一生都没改变。夫妻俩经常探讨人生，畅谈古今，长孙皇后经常分享自己独特的见解，李世民也从中受益匪浅。

李世民一向深爱、敬重长孙氏，所以在登基后对长孙家族很是恩宠。然而长孙皇后一直坚持让李世民不要给予她的家族太多，她还劝说让自己的兄长长孙无忌担任无实权的闲职，避免长孙家族在朝中权势过重，走上外戚干政的老路。

同时，长孙皇后经常劝谏李世民要行仁政，体恤百姓，善待大臣，特别是魏徵那样敢于直谏的忠臣。皇帝英明、皇后贤惠，朝廷文治武功，举国上下一片和睦、欣欣向荣，大唐终于迎来了“贞观之治”的盛世局面。

公元 636 年，一代贤后长孙皇后在太极宫病逝，终年 36 岁。长孙皇后临终之时，仍不忘嘱咐李世民：亲君子，远小人，纳忠臣良言，停止游猎劳役。

人生没有不散的宴席，曲终人散，她的早逝也成了一代明君李世民心中为数不多的意难平！长孙皇后去世后，李世民悲伤不已，他亲自为长孙皇后撰写碑文，并遵从长孙皇后的遗愿，依山建陵，史称昭陵，李世民去世后也葬在此处。

综观长孙皇后的一生，她聪明稳重、宽仁大度，与一代明君李世民从少年结发为夫妻，深得李世民的宠爱，两人二十三年来相濡以沫、伉俪情深，成为历史上的一段佳话！

慧

一、字形演变

篆书　　隶书　　楷书　　行书　　草书

二、说文解字

《说文解字》："慧，儇（xuān，聪明）也，从心，彗声。"

解释：慧，敏捷聪明。字形采用"心"作偏旁，采用"彗"作声旁。

三、字源解说

慧，篆文由（彗，持帚扫地）和（心，欲念）构成，表示为心除尘，比喻清心、净心。

造字本义：拂去俗尘，清心净虑，洞察真相，明心见性。

部分学者研究认为，古人称精通行军作战为"智"，称清心净虑、洞察真相为"慧"；称醒来感知清晰为"觉"；称明心见性、发现自我为"悟"；称简单无我、自然率性为"禅"。我们经常把"智"和"慧"这两个字连在一起，其实，这两个字的区别是很大的。智，上边一个"知"，下边一个"日"，是对看得见的东西、有形东西的理解，但是不动心。"慧"，下边一个"心"，上边两个"丰"，这是内心对无形东西的感悟，并且动心了。历史上的僧人以"慧"为名的有慧能、慧远等，而佛教词汇中以"慧"开头的，则有"慧根""慧心""慧眼"等。

四、成语和名人名言

（一）常用成语

慧心妙舌　慧心巧思　慧业才人　别具慧眼　福慧双修　灵心慧齿

灵心慧性　秀外慧中　齿牙余慧　聪明智慧　好行小慧　拾人牙慧

（二）名人名言

1. 大道废，有仁义；慧智出，有大伪。 ——老子

2. 慧者心辩而不繁说，多力而不伐功，此以名誉扬天下。 ——《墨子》

3. 小快害义，小慧害道，小辨害治，苟心伤德。 ——《说苑》

4. 要深度参与全球科技治理，贡献中国智慧，塑造科技向善的文化理念，让科技更好增进人类福祉，让中国科技为推动构建人类命运共同体做出更大贡献！

——《推动全球科技创新协作》，《人民日报》2021年11月11日

五、廉政故事

欧阳修：慧眼识英雄

唐宋八大家分别是韩愈、柳宗元、欧阳修、苏洵、苏轼、苏辙、曾巩、王安石。这八位中间，除了韩愈和柳宗元生于唐朝以外，其余的六位都生于宋朝，而且他们六人当中有一位，可以称得上是千古伯乐，凭借一双慧眼，发掘了其余五大家。这位老大哥就是大名鼎鼎的欧阳修，欧阳修不光自己才学了得，更是别具慧眼，在识人方面颇有造诣。

曾巩

1037年，18岁的曾巩跟随父亲来到京城，在这里他结识了生命中的贵人欧阳修。四年以后，曾巩给当时早已名扬天下的文坛泰斗欧阳修写了一封信，并且附上了《时务策》，目的就是毛遂自荐，向欧阳修展示自己的才气，以便得到这位文坛大家的推荐。

曾巩主要擅长古文策论，却不擅长科举考试，所以屡试不第，一直没能考取功名。估计也是按捺不住，这才向欧阳修求助。欧阳修看了他的文章以后，对他的才华非常赏识，觉得这是一个被科举埋没的人才。所以他特意写了一封《送曾巩秀才序》，既是为了鼓励他，也是为了帮助他扩大名气。这就像今天某位有名的大作家，专门撰文夸一位文坛小辈，可想而知会给这位小辈带来多大的名气。

之后欧阳修又特意把曾巩招入门下，亲自教导他。在欧阳修的悉心教导之下，再加上曾巩的努力，1057年，曾巩终于考中进士，实现了自己的仕途之梦。

苏氏父子

苏洵、苏轼、苏辙父子三人，注定是中国文学史上绕不开的人物。他们凭借自己的才学，造就了一门三进士的神话，但是他们的这个神话，如果少了欧阳修，注定会暗淡几分。

苏洵早年间数次参加科举考试，却如同曾巩一样接连落榜。后来他发奋学习，经过数年的闭关求学，终于有所精进。1056年，48岁的苏洵带着苏轼、苏辙兄弟二人，带着自己精心写好的文章，去拜访当时的益州知州张方平，希望得到他的推荐。但是张方平觉得自己文学水平谈不上高超，但是又不好拒绝这父子三人的请求，所以就写了一封书信，让父子三人带着这封信去找文坛宿将欧阳修。

苏洵三人本以为得到张方平的推荐就很满足了，哪知竟然有机会结识欧阳修，如果能够得到他的赏识，那效果自然比张方平好多了。果不其然，欧阳修看了苏洵的文章以后，说了一句："后来文章当在此！"这句评价不可谓不高！接着欧阳修就向宋仁宗上《荐布衣苏洵状》，向皇帝举荐苏洵。有了欧阳修的举荐，苏洵马上名扬京师。

1057年，也就是曾巩参加科举考试的那年，苏轼、苏辙同样也参加了这次的科举考试，这一年的主考官由欧阳修担当。欧阳修为策论出了一道题目，后来批阅试卷的时候发现了一篇文章写得特别精彩，很有“孟轲之风”。欧阳修读完以后，觉得十分惊艳，绝对是这场考试最佳的一篇文章。但是由于宋朝科举考试会把考生的姓名糊上，所以并不知道这是谁的文章。因为欧阳修的弟子曾巩也参加了考试，他想当然地以为这是曾巩的文章。所以他担心如果把这篇文章评为第一的话，难免会遭人议论科举不公，所以与众人商量以后，把这篇文章评为第二。复试的时候，欧阳修又读到了一篇十分精彩的文章，这次欧阳修直接把其评为了第一。到了最后公布成绩的时候，欧阳修这才发觉，两场考试自己最欣赏的文章竟然都出自苏轼之手，这让欧阳修惊叹不已。

作为文坛大佬，欧阳修非常高兴文坛出现了这样的天才，他当时这样给别人说：“读轼书，不觉汗出，快哉快哉！老夫当避路，放他出一头地也。”就这样，帮助苏轼打出了名气！

王安石

1044年，曾巩给欧阳修举荐了一个人，这个人就是他的好友王安石。在举荐信中，曾巩把王安石称为一位“古今不常有”的人物，又把王安石的文章带给欧阳修一篇。但是很不巧，这封信送到的时候，欧阳修已经离开京师了。

三年之后，欧阳修被贬滁州，曾巩前来探望恩师的时候，再次推荐了王安石。这一次欧阳修终于看到了王安石的文章，看完之后大加赞赏，主动提出要和王安石见一面。但是由于各种原因未能见到。不过这却不影响欧阳修对他才气的认可，在之后的几年，欧阳修数次向皇帝举荐王安石。

1056年，欧阳修出使契丹回师，王安石也刚好任满回京，这一次他们终于见了一面。随后两人互相写信赠诗，就像多年的知己一样虽然后来他们在学术观点上产生了一些分歧，但是却丝毫没有影响到二人的私交。欧阳修不遗余力地举荐王安石，王安石对欧阳修的知遇之恩则终生感激。

除了曾巩、苏洵、苏轼、苏辙、王安石五人以外，欧阳修还举荐了很多人才。像张载、程颢、吕大钧这些大儒，甚至包拯、韩琦、文彦博、司马光这样对宋朝政局产生重要影响的人物，都在自己不起眼的时候，被欧阳修这个伯乐发现，真可谓“慧眼识英雄”！欧阳修也因此间接地对宋朝的政治、文化产生了非常重要的影响。

《宋史》这样评价欧阳修：“奖引后进，如恐不及，赏识之下，率为闻人。”欧阳修也凭借自己好贤的特点，被誉为“千古伯乐”。

纪

一、字形演变

金文　篆书　隶书　楷书　行书　草书

二、说文解字

《说文解字》:“纪,丝别也。从糸,己声。”

解释:纪,另起丝头作结记事。字形采用“糸”作偏旁,采用“己”作声旁。

三、字源解说

“己”是“纪”的本字。己,甲骨文、金文像丝绳缠绕绑扎的样子。当“己”的“结绳记事”本义消失后,篆文在“己”的基础上再加“丝”另造“紀”代替,强调用丝绳打结作记号。

造字本义:在绳子上系圈、打结,用以记数和记事,标明物品的归属。

部分学者研究认为,古人在煮茧缫丝时,通常是将几个茧的丝头(绪)并在一起,这样就能在卷绕的过程中合成一根丝线。无论是茧抽出的丝,还是合成的丝线,都有其首,这个首就是纪。有了纪,才能合成一根丝线,合成一把丝束,才能有条有理,多而不乱。当“己”的“结绳记事”本义消失后,篆文在“己”的基础上再加“丝”另造“纪”代替,强调用丝绳打结作记号。后加“言”(语言、文字)另造“记”代替,表示言传或以文字载入。穿绳打结为“系”;结绳记事为“纪”;结绳记事的绳子为“十”。“纪”的本义为丝缕的头绪、开端。引申指纲领,如“纲纪”。又指法度、准则。如“违法乱纪”。古时用作纪年单位,十二年为一纪,现在指一百年或更长的时间,如“一个世纪”。又指史书的一种体裁,用来记述帝王的历史事迹,如“高祖本纪”。

四、成语和名人名言

(一) 常用成语

纪纲人伦　纪群之交　不知纪极　纲纪废弛　败法乱纪

不可胜纪　当家理纪　当家立纪　顿纲振纪　目无法纪

(二) 名人名言

1. 纪律是自由的第一条件。 ——黑格尔

2. 学校没有纪律便如磨坊里没有水。——夸美纽斯

3. 执古之道，以御今之有。能知古始，是谓道纪。——老子

4. 每一个共产党员特别是领导干部都要牢固树立党章意识，更加自觉地学习党章、遵守党章、贯彻党章、维护党章，用党章党规党纪约束自己的一言一行，增强纪律意识、规矩意识，进一步养成在受监督和约束的环境中工作生活的习惯。

——习近平总书记在二十届中央纪委二次全会上发表重要讲话(新华社 2023 年 1 月 9 日)

五、廉政故事

八王之乱：从纲纪废弛开始

三国在 280 年西晋灭吴之后结束，当时所有人都以为能将三个割据数十年的王朝消灭吞并的西晋是历史最强大的，而统一天下的晋国又会是一个长期存在的大国，但历史的发展总是出人意料。

西晋由司马炎创立，定都于洛阳，在西晋创立之初，曾经有过一段短暂的繁荣和平的局面，史称太康之治。但是好景不长，司马炎开始无法约束自己的皇族，统治阶级的生活作风开始变得奢靡腐化，纲纪废弛，为这个刚刚平定的政权埋下了动乱的种子。

西晋建国后，作为开国皇帝的司马炎并没有像其他开国君主一样，在全国各地刻石像，也没有让他的大臣们自鸣得意。司马炎在他家族的教育下成为一个头脑清醒的政治家，他知道司马家族从曹魏时期的工薪族到现在的国家政权的首脑，中间经历了许多困难和障碍，也知道战争对国家经济和人民生活的破坏。

据说有一次太医院的医官发现了吉庆，就给司马炎送上了一件鲜艳夺目、饰有雉羽的衣服，满朝的武文在看到这件衣服时纷纷表示祝贺，但司马炎并没有得意忘形，他接过衣服后当着众人的面烧掉了，以显示他厉行节约、反对浪费的决心。

然而好景不长，司马炎推行节约的力度并没有一直坚持下去，安逸舒适的环境渐渐麻痹了司马炎的头脑，他渐渐丧失了之前的进取精神。大臣王恺、石崇斗富，他竟然把宫里的红珊瑚树借给王恺比赛，从此西晋举国上下的风气一天不如一天。

不久司马炎又在皇位继承人的选择上出现了重大问题。

历史上流传的说法是，司马衷是一个智力迟钝的人，而司马炎在长子继承制的压力下选择司马衷为皇太子，导致西晋政治缺乏管理和控制，纲纪废弛的情况进一步加剧。许多其他司马家族成员想要控制这位痴呆皇帝的权力，最终他们分崩离析。

经此一劫，司马炎无奈之下，选择沿袭汉朝时候分封宗室的政策，在全国各地先后建立起了 27 个诸侯国，殊不知这一决定为后来西晋的灭亡埋下了隐患。司马衷的皇后叫贾南风，十分精明，司马炎去世前将天下兵权交给了自己妻子的叔父杨骏，导致司马家族都要受到外姓掣肘，但是贾南风是一个特别有野心的皇后，她派人去联络晋惠帝司马衷的叔父司马亮，让他派兵来京城铲除杨骏和杨氏家族其他人。但是司马亮并不是可以托付事情的人，他在得知消息后十分慌

张，还把这件事告诉了自己的侄子司马玮。

司马玮性格阴险毒辣，他是司马衷的弟弟，对司马衷当皇帝早就有所不满，蓄谋已久，正想借着这次铲除外戚的机会篡夺皇位，司马玮和司马允两个人在合谋之后进兵洛阳，自此八王之乱正式开始，从此天下开始了长达 16 年的动荡时期，各方势力混乱相斗。

司马越成为八王之乱的最后胜利者，但他最终得到的是一个破碎的西晋皇室，以及国力极度衰弱的西晋。316 年，刘渊攻占长安，西晋因此灭亡。在 16 年的动乱中，骨肉相残、父子反目的事情接连不断地发生，一幕幕人间悲剧不断上演。

历史再次证明，一个政权要想长治久安，不仅要有成熟完备的纲纪，更要有能始终维护、坚守纲纪的统治阶级。纵观我国几千年的历史，盛世无不吏治昌明、官风清正，反之则是纲纪废弛、衰败不堪，甚至走向灭亡，

司马家族的灭亡不仅是家族的悲剧，更是国家和民族的悲剧，接踵而来的五胡乱华，把汉民族带入了历史上最黑暗的一页。

兼

一、字形演变

金文　篆书　隶书　楷书　行书　草书

二、说文解字

《说文解字》:“并也。从又持秝。兼持二禾,秉持一禾。”

解释:兼,同时操持、把握。字形采用“又”作偏旁,像一只手同时抓握两茎禾。“兼”是手持二禾,“秉”是手持一禾。

三、字源解说

兼,金文由(秝,两株稻禾)和(又,抓握)构成,表示手握两株庄稼。收割时,通常一手抓住一株稻禾,一手执镰拉割;有些人则一手同时抓住两株或两株以上的稻禾,以达到一刀数株的收割效率。

造字本义:一手同时抓握两株稻禾。

部分学者研究认为,“兼”像一只手同时握着两禾,用同时拿着两禾来表示“并得”的意思,即同时拥有,其字面上同样有“和”的意思,表示同时涉及、处理或具有几方面的情况的意思,如:兼职、兼管、兼任等。“兼”还有“加倍”这一义项,如“兼程并进”,是以加倍的速度,几方面同时前进之义。“兼”是会意字,是从“秉”(一只手紧紧握住一把禾苗)中获取的意义,是后造出来的字,而其意义又有着相似性,正如一只手同时抓住两把禾苗,因此有一同、一并的寓意。

四、成语和名人名言

(一)常用成语

兼人之勇　兼人之材　兼人之量　兼人好胜　兼功自厉　兼听则明,偏信则暗
兼善天下　兼官重绂　兼容并包　兼容并蓄

(二)名人名言

1. 穷则独善其身,达则兼济天下。　——孟子

2. 兼听则明,偏信则暗。　——司马光

3. 精于物者以物物，精于道者兼物物。——荀子

4. 反腐败斗争形势依然严峻复杂，遏制增量、清除存量的任务依然艰巨。必须深化标本兼治、系统治理，一体推进不敢腐、不能腐、不想腐。

——习近平总书记在二十届中央纪委二次全会上发表重要讲话（新华社，2023年1月9日）

五、廉政故事

魏徵：兼听则明，偏信则暗

有一个名叫魏徵的大臣，在我国历史上以敢谏而著名。魏徵，从小丧失父母，家境贫寒，但喜爱读书，不理家业，曾出家当过道士。后任宰相之职，为唐朝贞观时期名相。

626年，唐太宗李世民即位后，为了励精图治，富国强兵，采取了一系列措施，其中之一便是广开言路，虚心纳谏。唐太宗曾多次请魏徵到住处，听他谈论政事。魏徵见皇帝肯听取意见，也就知无不言；有时太宗不悦，魏徵总是神色不变地坚持把意见谈完。

一次唐太宗问魏徵："当皇帝的怎么算明，怎么算暗？"魏徵明白回答："兼听则明，偏信则暗。"接着，魏徵向太宗列举了历史上"兼听则明，偏信则暗"的事实："尧、舜兼听下情，所以能知道哪里有坏人作恶；秦二世偏信赵高，终于造成了秦朝灭亡……当皇帝的如能兼听，就不会被个别大臣蒙蔽，下情也就能够上达了。"唐太宗听从魏徵意见，精心治理国家，渐渐改变了隋朝末年民不聊生的局面，出现了"贞观（唐太宗年号）之治"的繁荣景象。这时魏徵又提醒唐太宗："内外治安，臣不以喜，唯喜陛下居安思危耳！"

由于魏徵敢于直谏，唐太宗见了他也畏惧三分。有一天，太宗得到一只出色的打猎用的鹞子，正在欣赏玩弄，见魏徵来了，恐怕他又要劝谏，连忙将鹞子塞进怀里。魏徵是来向唐太宗奏明公事的，谈了好一会儿才离去；这时唐太宗再拿出怀里那只鹞子，发现它已闷死了。

魏徵多次顶撞唐太宗，唐太宗有些不悦，一天退朝回到后宫，气恼地说："总有一天要杀掉这个田舍翁！"皇后问他要杀谁，太宗余怒未息，回道："魏徵总是当面冲撞我。"皇后知道魏徵是个敢于直言的忠臣，听了这话，立即脱下便服，换上正式的皇后服装，恭敬地站在太宗面前，并表示庆贺。太宗忙问她："这是干什么？"皇后答道："我听说有句话叫作'主明臣直'。魏徵之所以敢直，不正可见陛下之明吗？我怎么敢不庆贺！"太宗听了，这才转怒为喜。

魏徵去世后，唐太宗伤心欲绝地说："用铜做镜子，可以看出衣帽穿着是否整齐；用历史做镜子，可以明白各个朝代为什么兴起和没落；用人做镜子，可以清楚自己与别人的差距和得失。现在魏徵不在了，我真是失掉了一面好镜子啊！"

成语"兼听则明，偏信则暗"就是从魏徵劝唐太宗的话演变而来。

监

一、字形演变

甲骨文 金文 篆书 隶书 楷书 行书 草书

二、说文解字

《说文解字》:“临下也。从卧,衉省声。”

解释:监,俯视。字形采用“臥”作偏旁,用省略了“臽”的“衉”作声旁。

三、字源解说

监,甲骨文由(皿,水盆)和(見,睁大眼睛看)构成,表示盛水为镜,自我审视。金文将甲骨文中上下结构的“見”写成左右结构的“卧”。

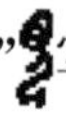

造字本义:从水盆中照看自己的面影。(远古时代盛水为镜)。

《尚书》:“人无于水监,当于民监。”“监”的对象由监者的自身容颜而不断扩展,上下左右,古今人事,虚虚实实,无所不“监”了。部分学者研究认为,这种照视是由上往下看,于是引申出自上视下的意思,由此又引申出监察、监督等含义。由于“监”是用器皿盛上水照看自己的影子,所以又把可以照看人影的器物称为“监”,这个意义后世用“鉴”来表示。后来,“监”还成了专门监视、监督他人的职务或机构,如监国、监军、监狱、国。此外,还有盯住他人从事某项工作,不得越规,或剥夺他人自由的各种“监”,如监印、监制、监考、监工、监管、监禁等。

四、成语和名人名言

(一) 常用成语

殷身临监　监临自盗　监市履猯　监守自盗　监主自盗　监门之养

(二) 名人名言

1. 有错误要逢人便讲,既可取得同志的监督帮助,又可以给同志们以借鉴。 ——周恩来

2. 手莫伸,伸手必被捉。党和人民在监督,万目睽睽难逃脱。 ——陈毅

3. 长期共存,互相监督,肝胆相照,荣辱与共。 ——毛泽东

五、廉政故事

唐介：将监察进行到底

“介敢言，声动天下，斯古遗直也。”元朝丞相脱脱认为唐介直言敢谏、带动风气，不逊色于唐代的魏徵。我们读历史，很容易陷入一个误区，认为史上那些圣贤的美德是与生俱来的，却忽略了圣贤当时也面临着巨大的诱惑和堕落机会。

唐介(1010—1069)，字子方，江陵(今属湖北)人，北宋著名谏臣。唐介历经宋仁宗、英宗、神宗三朝，无论是身为县令，还是担当御史，始终不避权贵、秉公执法，因弹劾奸佞，赢得“真御史”的美名。

唐介不避权贵、刚直不阿，从他在基层为官时就如此。唐介曾任莫州任丘县知县。当时任丘作为宋、辽两国使臣来往必经之路，途中设驿站，供给食宿。唐介上任伊始，见本县驿站的驿吏愁容满面，便问为何。驿吏陈述实情：“辽国的使臣太拿自己不当外人了，要这要那，勒索无度，划拨的经费根本不够用，我们不知搭了多少钱，几乎无法再维持生计了，怎能不苦？”唐介查明情况，火冒三丈，搬了张椅子坐在驿站门口，下令：“不是规定所该给的，一律不给！胆敢毁坏我处一草一木的，坚决关押！”辽国使臣看到这种情形，也都老老实实、服服帖帖地好来好往了。

后来，唐介被调到京城任监察御史里行，又改任殿中侍御史。他坦率耿直、疾恶如仇，即使对于皇亲国戚也毫不畏惧，对于威严的皇帝更是直谏无碍。外戚张尧佐，是宋仁宗宠妃的叔父。无才无德，但凭借外戚关系一步登天，特别是还要一人包揽四个重要的职位。唐介与包拯、吴奎等再三劝谏，联合御史中丞王举正同百官在朝堂上辩论，剥夺了张尧佐两个官职。

不久，张尧佐又被加官，百官明哲保身，或是推托搪塞或是沉默不语，只有唐介依然坚决反对。宋仁宗推说：“这不是朕的事儿，是中书省的决定。”中书省乃朝廷中枢部门，宰相们办公的地方，当时首宰即元老文彦博。唐介说：“我还不清楚？这正是中书省文彦博乘机网罗势力。”仁宗不解：“这话怎讲？”唐介道：“文彦博一贯讨好后宫。他在成都时就造了一种‘间金奇锦’献给了张贵妃，以致显达登用。正好，此时提及此事，请即罢黜文彦博！”仁宗一听大怒：“你什么意思？当朝宰相是因嫔妃而用？朕成了什么了？”

唐介毫不顾惮仁宗态度，责问立在一旁战战兢兢的文彦博：“文彦博你扪心自问，是否确有此事，不可隐瞒！”文彦博赶紧拜倒在地，不住地谢罪。仁宗一看文彦博这么大岁数了，让个小谏官吓成这个样子，更愤怒，立刻要把唐介贬谪远方。唐介不慌不乱地说道：“臣受忠义的鼓舞，陛下就用大锅煮了我都无所谓，何况贬谪！”表明了自己“鼎镬不避，何辞于谪”的坚决态度。同时，唐介措辞严厉地批评谏官吴奎首鼠两端，脚踩两只船。

宋仁宗折了面子，雷霆大怒，将唐介降级为春州别驾。王举正谏言处罚过重，宋仁宗醒悟过来，第二天改派唐介到英州，同时撤去文彦博宰相职务，将吴奎贬到地方。宋仁宗担心唐介路上出现意外，而背上千古骂名，于是派专人护送。

离开汴京那天，朝中很多官员为唐介送行。李师中赠他一首诗：“去国一身轻似叶，高名千古重如山。并游英俊颜何厚，未死奸谀骨已寒。”从此，唐介坦率耿直、疾恶如仇的美名轰动天下，朝臣皆称：“真御史必曰唐子方。”

谏

一、字形演变

篆书　　隶书　　楷书　　行书　　草书

二、说文解字

《说文解字》:“证也。从言,柬声。”

解释:谏,向朝廷进言。字形采用“言”作偏旁,采用“柬”作声旁。

三、字源解说

谏,金文由(柬,挑选、挑剔)和(言,言说、评论)构成,表示挑剔、批评。

造字本义:臣子批评或忠告君王。

部分学者研究认为,“柬”是“揀”(拣)的本字。《说文》:“柬,分别简之也。从束,从八。八,分别也。”意思是从“束”(束木,竹木简牍)中“八”(分别)选出所需要的东西,可备一说。汉以后加“扌”成“揀”(拣)字。“谏”是在“柬”字旁加语言的“言”组成的字,本指下级对上级,特指臣民因惧怕帝王权威,即便是出言规劝也要拣选合适的语言,不能随便说话。古代给皇帝进谏的方式有三种:直谏、劝谏和讽谏。直谏,直接讲,像魏徵对唐太宗;劝谏,劝告,口气就委婉了,像管仲对齐桓公;讽谏,是用语言来暗示,像战国时邹忌讽谏齐威王。

四、成语和名人名言

(一) 常用成语

谏尸谤屠　谏争如流　从谏如流　拒谏饰非　纳谏如流

三谏之义　犯颜苦谏　公规密谏　叩马而谏　正言直谏

(二) 名人名言

1. 成事不说,遂事不谏,既往不咎。 ——孔子

2. 木从绳则正,后从谏则圣。 ——《尚书》

3. 智足以拒谏,言足以饰非。 ——司马迁

4. 践行“三严三实”，要立根固本，挺起精神脊梁；要落细落小，注重细节小事；要修枝剪叶，自觉改造提高；要从谏如流，自觉接受监督。

——习近平总书记主持中央政治局第二十六次集体学习并讲话(新华社，2020 年 12 月 12 日)

五、廉政故事

触龙说赵太后：父母之爱子女，必为之计深远

战国时期，赵孝文王刚刚即位的时候，因为年纪太小，赵孝文王的母亲赵太后临朝听政。

赵太后刚刚掌权，秦国就加紧进攻赵国。赵国向齐国求救，齐国说：“一定要用长安君作为人质，援兵才能派出。”赵太后不同意。大臣们极力劝谏，太后明白地对左右侍臣说：“有再说让长安君为人质的，我老太婆一定朝他脸上吐唾沫！”

左帅触龙对侍臣说，希望拜见太后。太后气冲冲地等着他。触龙走入殿内就慢慢地走着小步，到太后面前谢罪，说：“老臣的脚有毛病，连快跑都不能，很久没来拜见您了。我私下原谅了自己，但是又怕太后的福体有什么毛病，所以还是想来拜见太后。”太后此时腿脚也不灵便，听说触龙的情况后就说：“我也是腿脚不利索，要靠手推车行动。”触龙说：“您每天的饮食该不会减少吧？”太后说：“就靠喝点粥罢了。”触龙说：“老臣近来特别不想吃饭，于是强迫自己散步，每天走三四里，稍微增加食欲身体也舒适些了。”太后说：“唉，我还不能像你那样散步。”太后的脸色稍微和缓了些。

触龙说：“老臣的犬子舒祺，年龄最小，不成器，可是臣已衰老，私心又疼爱他，希望让他补充黑衣卫士的人数来保卫王宫。我冒着死罪来求您！”太后说：“答应您！年龄多大了？”触龙回答：“15 岁了。虽然还小，但想趁我未死之前来托付给您。”太后说：“男人也疼爱他小儿子吗？”触龙回答：“比女人爱得厉害些。”太后笑着说：“女人爱得特别厉害。”触龙回答：“老臣认为老太太爱燕后超过爱长安君。”太后说：“您错了，不像爱长安君那样厉害。”左师公说：“父母爱子女，就要为他们考虑得长远些。老太太送燕后出嫁时，她上了车，您还握着她的脚后跟为她哭泣，惦念、伤心她的远嫁，这也够伤心的了。送走以后，不是不想念她了；每逢祭祀您一定为她祈祷，祈祷说：‘一定别让她回来啊！’这难道不是从长远考虑，希望她有子孙相继为王吗？”太后说：“是这样。”

触龙说：“从现在算起往上推三代，一直到赵氏建立赵国的时候，赵王的子孙凡被封侯的，他们的继承人还有在侯位的吗？”太后说：“没有。”触龙又问：“不仅是赵国没有，其他诸侯国子孙被封侯的，其继承人有在侯位的吗？”太后说：“我没有听说过。”触龙说：“他们当中祸患来得早的就会降临到自己身上，祸患来得晚的就降临到子孙身上。难道是国君的子孙就一定不好吗？根本的原因是他们地位高贵却没有功，俸禄优厚却没有劳，而且拥有的贵重宝器多了。现在老太太让长安君的地位高贵，并且把肥沃的土地封给他，还给他很多贵重的宝器，却不趁现在您健在时让他有功于国，一旦您驾崩了，长安君凭什么在赵国立身呢？老臣认为老太太为长安君考虑得

太短浅,所以认为您对长安君的爱不如燕后。”太后说:“您说得对。任凭您怎样支使他吧!”

位尊而无功,俸厚而无劳,这是二代们面临的最大问题。他们的位置是爱他们的长辈赏给他的,而不是自己挣来的。赵太后经触龙的劝谏敏锐地发现问题所在,迅速调整了策略。于是为长安君备车一百乘,到齐国去作人质。齐国才出兵。子义听到这事说:“国君的孩子,可算是国君的亲骨肉了,尚且还不能凭靠无功的尊位、没有劳绩的俸禄来守住金玉宝器,更何况是人臣呢!”触龙劝谏的智慧在于态度端正,放低姿态,道理清晰,运用同理心。这一套连环招下来,怎么能没有效果呢?处在两难状态的赵太后,面对触龙递出的台阶,也感于触龙这掏心掏肺的真言,当然是就坡下驴。她已经向外界展示了自己的权威,现在是展示自己智慧的时候了:不是我不听劝,是你们没有好好跟我说。所以她痛痛快快接受触龙建议,派长安君出质,化解了危机。

节

一、字形演变

篆书　隶书　楷书　行书　草书

二、说文解字

《说文解字》:"节,竹约也。从竹,即声。"

解释:节,竹结。字形采用"竹"作偏旁,采用"即"作声旁。

三、字源解说

节,金文由(竹,竹子)和(即,就餐)构成,表示竹制餐具,带结的一截竹子。像一些陶器(如缶)作为打击乐器一样,远古时代的竹碗也被作为打击乐器。

造字本义:远古时代用于进餐盛具的竹碗,以竹结为天然碗底。

部分学者研究认为,"节",初文为"卩"。甲骨文的字形像人跪坐之形,是人在祭祀时跪拜的形状,突出其膝关节部分,故有礼节义。"节"字产生与竹有着直接关系,原是指竹的枝干间坚实结节、分枝长叶的部分,即竹节。因"节"的本义是竹节,按许慎解释,"节"本义是竹节,后来"节"也指其他草本植物的节段相连处和木本植物的分杈处。再后来,凡是成段的东西都可以叫"节"。要节选必须有删除,删除就叫"删节"。删节也就是省略,于是"节"又发展出了节省、节约的意义。要节省就必须有所约束和控制,约束控制思想行为使之符合一定道德规范的做法也叫"节"。一个人,临大事要有气节,论处世要讲操守,于是"节"又和凭证、守信产生联系。古时有一种作为凭证的物品称为"符节",也简称为"节"。

四、成语和名人名言

(一) 常用成语

节哀顺变　节外生枝　节衣缩食　节用裕民　秉节持重　大节不夺

蹈节死义　砥节奉公　砥节厉行　改节易操　高节清风　根蟠节错

(二) 名人名言

1. 仓廪实,则知礼节;衣食足,则知荣辱。　——管子

2. 好雨知时节，当春乃发生。 ——杜甫

3. 俭节则昌，淫佚则亡。 ——墨子

4. 中国人历来崇尚气节、崇尚严谨、崇尚务实，讲良知、守信用，严和实是中华民族传统美德的基本内容，是传承民族品性、倡导社会新风、培育和践行社会主义核心价值观的重要内容。

——习近平总书记主持中央政治局第二十六次集体学习并讲话（新华社，2020 年 12 月 12 日）

五、廉政故事

于漪的教育情结：一辈子做老师，一辈子学做老师

于漪，人民教育家，1929 年出生于江苏镇江，1951 年毕业于复旦大学教育系，1978 年被评为全国首批特级教师。曾任全国语言学会理事、全国中学语文教学研究会副会长。长期躬耕于中学语文教学事业，坚持教文育人，推动“人文性”写入全国《语文课程标准》，她为人民教育事业奉献了自己的一切，也获得了党和人民给予教师的最高荣誉。

1929 年，于漪出生在镇江一户做小生意的普通人家。童年的于漪，在战火中过着颠沛流离的生活。父亲早逝后，母亲带着于漪兄妹 5 人艰难谋生。

18 岁那年，于漪考入复旦大学。免学费、免生活费的教育系对于漪来说，是最经济的选择。大学毕业后，于漪站上了三尺讲台，成为原上海第二师范学校的一名老师。她先是教历史，1959 年改教语文。

初掌教鞭，于漪用“如履薄冰”来形容。于漪这样回忆那段岁月：上课一直是如临深渊、如履薄冰，不知道学生会问什么问题。学生进学校每天上 7 节课、8 节课，甚至 9 节课。课堂教学质量是会影响学生生命成长质量的。有时候 1 点钟睡觉，5 点钟就马上爬起来了。每一句话写出来以后修改，用规范的书面语言改造自己不规范的口头语。

“丰而不余一言，约而不失一辞”成了于漪为自己定下的讲课规矩。哪怕是从家里到学校步行一刻钟才乘到车子的路程，于漪也在更新、完善着教案。即将开始的这堂课，怎么开场、如何铺陈，每一个字词都打磨过很多遍。

一位青年教师曾随堂跟踪于漪 3000 多节语文课。对同一篇课文反复教授中，他竟从未听到过重复的讲授。

于漪认为，《论语》里头讲“其身正，不令而行，其身不正，虽令不从”，课要上到学生心中，一定是你全身心投入，用生命歌唱，以生命来认识生命，以一棵树来摇动另外一棵树。你只有自己真正修为做人，你的言行才会给学生以感染。

“语文课就是基础工具课”，“教书”就是具体任务，社会上的这些认知与风气，在于漪这里行不通。“教育不能只谈育分，不谈育人。”在她的坚持下，“工具性与人文性统一”被写入全国《语文课程标准》。

在于漪看来，教育既是科学又是艺术，你一定要发现孩子的优点长处，呵护它。有一个女孩，上课发言七七八八没有条理，下课跟同学玩的时候讲话就非常流畅。她每天到学校要走半

个小时，我就给她布置写作任务：你每天在路上走碰到什么人，心里反应这是一个什么人；旁边花开，这个跟白玉兰有什么不一样……训练了半年，结果小孩子到初三年级的作文比赛，获三等奖。教育就是把人的优美、人的潜能变成现实。果树都不一样，这是苹果，那是梨，都很美。

1977年10月，上海电视台邀请于漪去上一堂向全市直播的语文公开课，于漪选择讲授高尔基的《海燕》。于漪回忆起这次活动，满怀深情地说："乌云总归要过去的，乌云总归是遮不住太阳的，因此我就想到了高尔基的《海燕》。"

一时间，上海万人空巷，大家守在电视机旁，争睹她上课时的风采。在那个年代，人们能静下来听一节语文课，意味着教育领域的复苏。

1978年，一个新的时代来临。中学语文的教学资料匮乏，已是全国首批语文特级教师的于漪，根据多年教学经验，完成了《中学语文教学探索》《中学语文备课手册》等多部著作。当时于漪想到，我们国家的发展不平衡，农村的、边远地方的学生，学习条件要比我们差得多。怎么把我们的一些认识、一些资料通过创造性的劳动，传播到中部、西部以及农村？后来于漪叫它《备课手册》。这些浸润着于漪多年实践心得的教学设计，很快在全国推广开来。

于漪说，老师是点亮学生生命的一盏明灯。她愿做钉在三尺讲台上的一支红烛，那些许微光，无限地延伸，无尽地铺展，照亮学生生命展开的整个过程。

戒

一、字形演变

篆书　隶书　楷书　行书　草书

二、说文解字

《说文解字》:“警也。从廾持戈,以戒不虞。”

解释:戒,保持警惕,做好战斗准备。字形采用“廾、戈”会意。

三、字源解说

戒,甲骨文由(戈)和(双手)构成。

造字本义:动词,双手持戈,警惕备战。

部分学者研究认为,“戒”中之“戈”为兵器,亦指工具、方法、手段和途径等;“廾”为双手举物形。上“戈”下“廾”为“戒”,表示双手持戈,戒备森严,一御外敌进犯,二防恶念入侵。“戒”的本义为警戒、戒备。《说文·廾部》:“戒,警也。”“廾”字形如栅栏,喻指划定固定的警戒区域,进出受到严格的限制。“戈”是识别贪、嗔、痴的工具;“廾”的字形像栅栏。“戒”是以真、善、美的栅栏,防止贪、嗔、痴的蔓延。

后小篆另加“言”旁作“诫”字,表示用语言告诫、规劝。《诫子书》是三国时期政治家诸葛亮临终前写给他儿子诸葛瞻的家书。文章阐述修身养性、治学做人的深刻道理,将普天下为人父者的爱子之情表达得非常深切,这封家书成为后世历代学子修身立志的名篇。

四、成语和名人名言

(一)常用成语

小惩大诫　谆谆告诫　断织之诫　谆谆诰诫　诫莫若豫　诫莫如豫　累诫不戒

(二)名人名言

1. 君子戒慎乎其所不睹,恐惧乎其所不闻。

——《礼记》

2. 力胜贫,谨胜祸,慎胜害,戒胜灾。

——《说苑》

3. 兵之情主速,乘人之不及,由不虞之道,攻其所不戒也。

——《孙子兵法》

4. 进一步健全完善惩治行贿的法律法规,完善对行贿人的联合惩戒机制。严厉打击那些所谓“有背景”的“政治骗子”。

——习近平总书记在二十届中央纪委二次全会上发表重要讲话(新华社,2023年1月9日)

五、廉政故事

急功近利的崇祯帝

1627 年，崇祯登临皇位，当时的明朝内忧外患，岌岌可危。

怀着振兴国家的雄心，崇祯一即位便着手革弊除患。他花了两个多月的时间剪除了魏忠贤的阉党集团，又为前朝遭到迫害的忠臣翻案，提拔能干有谋的良将袁崇焕为兵部尚书，并让他总督辽蓟抗拒后金。他的这些措施让人们看到了复兴大明的希望，崇祯本人也被誉为“英容中兴之君”。然而，好景不长，这种局势并没有持续多久。

明朝积患已深，再英明的举措一时半会儿都难以见到明显成效，而崇祯又十分急躁。一段时间过去，见事情没有想象中那样顺利，他沉不住气了，动辄便将责任推到大臣的身上。走马灯一样频繁更换官员，在位 17 年，内阁大学士就换了 50 人，刑部尚书换了 17 人；还常因一点小事就以重罪治人。比如，哪个城市沦陷，就杀掉哪个城市的守城将领；哪个地方沦陷，就杀掉哪个地方的长官。如官员徐兆麟到陕西华亭任知县不过七天，就因华亭失守被治了死罪。而在被崇祯杀死的官员中，光总督就有七人，其中就包括袁崇焕。

崇祯强调唯才是举，而由于急功近利，心性浮躁，经常被奸佞之徒的花言巧语蒙蔽，看不穿人、事的本质，一次次地误害忠臣。大将郑崇俭的死就是个例子。郑崇俭在另一大将左良玉的配合下于玛瑞山大败张献忠的叛军，“获首功三千三百三十有三，降贼将二十有五人，获骡马、甲杖无算”，但崇祯并未予其厚赏。张献忠的残部逃入四川后引发混乱，负责四川战事的杨嗣昌平叛不利，随口将罪责推到郑崇俭身上，怪郑崇俭撤兵太早，而崇祯竟信以为真。

第二年，张献忠攻破襄阳，杨嗣昌惧罪绝食而死，崇祯竟将没有丧失过一座城池也没有损失过一支部队的郑崇俭逮捕下狱，于同年五月将其杀害。

朝中很多大臣为郑崇俭不平，却又敢怒不敢言。郑崇俭被杀的前一年，即 1640 年，就有大臣因保举同僚遭到崇祯的处罚。这年，才学兼备的江西巡抚解学龙向崇祯举荐曾因事被贬的黄道周。大学士魏炤乘因和黄道周有私怨，便上疏攻击解学龙胡乱荐人。崇祯不明就里一时恼怒，将解学龙和黄道周押解京城，各打了 80 大板，关入刑部大狱。有大臣看不惯，上疏解救二人，不料也被打了板子治了罪。到了后来，通政的官员看到有为解、黄说话的折子就压下来，以免更多大臣因此事受牵连。

人君不知“戒躁”，便不能明察是非，势必造成冤案。而人君不知“致虚”，则难免徒有用贤之心而没有容贤之量，尤其面对国家大事，若不能保持心境的空明，就很容易为杂念所扰，做出错误的判断。1644 年李自成的起义军攻破北京之际，崇祯于煤山自杀，年仅 35 岁。临死之前，他满怀悲愤地写下了这样一句话：朕凉德藐躬，上天干咎，然皆诸臣误朕。

如果时光真的能够倒流，他还会像当初一样骄傲自满、浮躁任性吗？可是，这个世界从来就没有如果……

界

一、字形演变

篆书　　隶书　　楷书　　行书　　草书

二、说文解字

《说文解字》:“界,境也。从田介声。”

解释:界,土地的边界。字形采用“田”作偏旁,采用“介”作声旁。

三、字源解说

界,篆文由(田,即“畕”,亦即“疆”的省略,表示疆域、边陲)和(介,处于两者之间)构成,表示介于两国之间的中间地带。

造字本义:两个诸侯国之间的分隔线。

部分学者研究认为,“界”,从田、介声。种禾之地是“田”之范式,“介”本指人穿铠甲和人体间形成的隔离层,中间是侧身的人形,用铠甲将身体与外界分开。《说文》:“介,画也。”这里的“画”指划开。故小篆加“田”写作“界”,表示划分开的地界,引申为边界,指两个诸侯国之间的分隔线。古代各诸侯封地而建,划界而治。人们常说,眼界决定一个人的高度,可什么是眼界呢?词典中给出的解释为目力所及的范围,引申指见识的广度。然而,比起见识的广度,眼界更是一个人看待世界的深度,是“思接千载、视通万里”的心神所至。没有开阔的眼界,就很难拥有崇高的境界。

四、成语和名人名言

(一)常用成语

楚界汉河　此界彼疆　登界游方　半间半界　半间不界　不间不界　此疆尔界

大开眼界　大千世界　放眼世界　河沙世界　花花世界　极乐世界　清平世界

(二)名人名言

1. 暗昧处见光明世界,此心即白日青天。 ——《围炉夜话》

2. 尽前行者地步窄,向后看者眼界宽。 ——《格言联璧》

3. 域民不以封疆之界,固国不以山溪之险,威天下不以兵革之利。 ——孟子

4. 要宣传那些秉持理想信念、保持崇高境界、坚守初心使命、敢于担当作为的先进典型,形成学习先进、争当先进的良好风尚。

——在“不忘初心、牢记使命”主题教育工作会议上的讲话,《求是》杂志 2019 年第 13 期

五、廉政故事

商汤灭夏:得道多助,失道寡助

桀在位时,各国已经不来朝贺。

夏王室内政不修,外患不断,阶级矛盾日趋尖锐,民不聊生,危机四伏;但夏桀不思进取,骄奢淫逸。

在夏朝东部有一个小国叫商,商国的首领汤是一位十分宽厚仁爱的君主,他不仅对待人民很好,同时很重视人才,小小的商国在汤的治理下一点点强大起来。

夏朝有一个专门为君主管理制造车子的世家,当家人叫仲虺。夏桀因听信奸臣谗言,将仲虺赶走。汤很早就听说仲虺有才干,便在路边等候他。等到仲虺走到跟前时,汤完全没有架子,亲自迎接,并向仲虺表达了自己想纳用他的愿望。仲虺在夏桀那里受了气,顿时被汤的诚意所感动,立刻率领族人投奔了商汤。汤将仲虺封为自己的左相。

不久,汤娶了一位夫人,这位夫人带了一位厨师陪嫁。这位名叫伊尹的厨师可不是一般人,虽然地位低下,却是个难得的人才。伊尹为了引起汤的注意,故意在做饭时发挥不稳定,有时好吃,有时很难吃,一会儿淡,一会儿咸。汤觉得很奇怪,便召这个厨师前来问询,耐心地听他说明原因。伊尹抓住机会畅谈了自己治国的理想抱负,让汤很震惊,一个小小的厨师竟然有这般雄韬伟略。一席话之后,汤将伊尹提拔成自己的右相,这样商汤又有了一个出谋划策的军师。

汤有了得力的左膀右臂,国力也逐渐强盛起来,开始储备力量准备消灭夏朝。

面对夏桀的暴政,商族首领汤采取"宽以待民"的政治策略,笼络民心,扩大自己的影响,遇到哪个方国有灾有难,就主动救济,并积极网络人才收集有关夏桀政权的情报信息,为进一步消灭夏朝做积极的准备。

夏桀看到商族一天天壮大起来,汤的政治影响力与日俱增,已严重威胁到了自己的统治,心中十分害怕,就听信佞臣赵梁的计谋,假意召汤入朝,趁机将他囚禁在夏台。商汤被夏桀囚禁后群龙无首,商部族灭夏大业受到了严重影响。无奈的商部族在伊尹的主持下到国内搜罗到许多美女珠宝进献给夏桀,又暗中重金贿赂赵梁,使贪财的赵梁在桀面前为汤开脱,最后夏桀听信了赵梁之言,竟然放了商汤。

商汤被放回以后,坚定了灭夏决心,加力准备灭夏战争。他首先灭掉了与夏关系密切的韦、顾、昆吾诸小国,在力量准备充足以后,于公元前1600年领导了灭夏战争。在商军出征以前,商汤进行了誓师动员,历数夏桀的罪行,说明自己出兵灭夏是替天行道,号召部众勇敢作战,一举消灭夏桀的黑暗统治。誓师以后商军战旗猎猎,军容齐整,士气高昂地向夏朝都城进发,商汤手把大斧,坐在战车上,指挥三军。此时的夏桀再也顾不上寻欢作乐,连夜调集军队,设下几道防线,阻止商军的进攻。然而连年来夏桀的统治十分不得人心,军队纪律涣散,又指挥不灵,两军交战,夏军很快就被击溃。夏桀见势不妙,带着残兵败将逃到鸣条,双方军队在鸣条进行了决战,结果商军获得全胜,桀带着几名护从狼狈逃出战场。据说后来死在了安徽巢县,夏王朝宣告灭亡。

夏桀不得民心,最终被商推翻。帝王灭身灭国,往往是过于残忍,置百姓于不顾,荒淫无道,亲近小人,修筑豪华宫廷这几个原因,所以务必以历史为鉴,同样的错误不要犯。

警

一、字形演变

篆书　　隶书　　楷书　　行书　　草书

二、说文解字

《说文解字》:“警,戒也。从言从敬,敬亦声。”

解释:警,警告。字形采用“言”作偏旁,采用“敬”作声旁。

三、字源解说

部分学者研究认为,“敬”是“警”和“儆”的本字。敬,金文由(口,说话)、(干,武器)和(人,受训者)构成,表示以武力威胁进行严重告诫,使之保持谨慎,谦卑恭肃,由衷尊重。当“敬”的本义“严重告诫,使之谨慎恭肃”消失后,篆文再加“言”另造“警”代替。

造字本义:以武力威胁相告诫,使之谨慎、恭肃和尊重。引申为对敌人或外来危险高度戒备,后引申出危急的情况或信息之义。“敬”“言”为“警”,表示以恭敬之心,用严肃的语言,郑重地告诉对方,使对方引以为戒或有所警惕、警觉或警醒。而被警告者也应怀着崇敬之情和感恩之心面对警告者,并用语言表示谢意。

四、成语和名人名言

(一) 常用成语

警愤觉聋　惩一警百　触目警心　昼警夕惕　犬吠之警　晏开之警　圆木警枕

(二) 名人名言

1. 不可以一时之得意,而自夸其能;亦不可以一时之失意,而自坠其志。　——《警世通言》

2. 要宣传正面典型,宣传党员干部身边可信可学的先进人物,推广一批可复制可普及的好经验。要深刻剖析反面典型,以案例明法纪、促整改,发挥警示作用。

——在“不忘初心、牢记使命”主题教育工作会议上的讲话,《求是》杂志 2019 年第 13 期

五、廉政故事

霞蔚长空警魂不朽

2004年4月14日，被称为"女神警"的任长霞在办案途中不幸遭遇车祸，永远地离开了我们。20万登封市民自发走上街头，为她送行，有人甚至推迟了婚礼，只为送她最后一程。

时间可以让人淡忘许多事，但真正有益于国家与人民的丰功伟绩，却从来不会被忘却。

上任不久，登封市公安局局长任长霞的办公室里突然闯入一个不速之客。

这名叫王松的人进来以后，一屁股坐在椅子上，跷起二郎腿，往桌子上扔了一沓钱，对着坐在对面的任长霞嚣张地说："局长，这钱够吗，够换我兄弟的命吗？"

任长霞听完之后，不禁大怒拍着桌子站起来说："王松，你睁大眼睛看看我是谁？这不是你可以为所欲为的地方，想用钱解决根本没门！我这只有法律！"

听到任长霞的喊话之后，早已守在外面的警察冲了进来直接将王松捉拿归案。

王松的名号在登封无人不知、无人不晓，黑社会只是他的"副业"，他名下还有大量产业，在登封权势滔天，无人可以撼动。他平时召集一些无业游民，长期欺负百姓，横行霸道，无恶不作，当时的警察被王松收买，面对百姓的报警也是敷衍了事，渐渐地当地被王松搞得乌烟瘴气。

有一次王松的小弟打了一位村民，任长霞及时赶到，她直接与小弟大打出手，虽说小弟最终被制服，可是任长霞也被打得不轻。村民被新局长的所作所为震惊，对新局长改变看法，相信她一定会为他们主持公道，因此在大家的共同努力下抓了许多王松的手下，所以才发生了开头的一幕。

当时，任长霞处理完这个案子后，在全国范围都引起了很大的轰动，可以说是影响力极大。

这么多年过去，任长霞之所以仍能在人们心中留下如此深刻印象，这一切还要从她传奇般的从警生涯说起。二十余年的警察生涯里，仅在郑州工作期间，任长霞便侦破案件1072起，追捕嫌犯950余人，创造了河南公安预审史上无可比拟的成绩。

作为整个河南第一位女公安局局长，任长霞为国为民，用最短的时间将原本混乱的登封市治理得井井有条。上任第一天便是以铁腕辞去多名玩忽职守的干警，虽说是女子，可全局上下没有不服这位名副其实的铁娘子的。不但管理能力出众，破案更是一绝。

1997年到2000年，登封市发生了骇人听闻的事情——县城里接连发生了强奸案11起，有四个人被强奸后遭杀害。这件事情引起了当地极大的恐慌，许多女性甚至吓得不敢出门。任长霞的到来让当地人又燃起了希望。

任长霞认真查看了多年来的卷宗，发现凶手没被抓住的原因是这些案件大多都发生在比较偏僻的地方，那些地方没有监控，也很少有人走动，所以很难查到线索。

当时任长霞考虑到凶手喜欢对年轻的女孩子下手，就想到了一个办法，她和几位其他女警官打扮成时尚精致的样子，经常在村子周围偏僻的地方走动，希望可以"引蛇出洞"。

可是凶手过于狡猾，并没有上当。很长时间过去案子毫无进展，就当他们无从下手的时候有一个女孩来报警了，她说自己在莲花寺被一个穿道袍的人强奸了，为了保命并没有反抗，那人便放过了自己。

任长霞听后在莲花寺布下埋伏，在长达半个月的轮流值守下，终于看到了嫌疑人。

这个受害人数多达 30 人的案子在半个月的不眠不休下终于告破。百姓心中终于放下了担忧，许多人上门感谢任长霞，她也在百姓的心中成包青天一般的存在。

“4・15”东金店焚尸案、“4・18”大冶镇火石岭村绑架案、“5・28”石道杀人案……一件件大案的告破，让百姓们奔走相告，相拥而泣。无数市民将她看作亲人，许多民警以她为偶像。

不止被她帮助的百姓感谢她，连她亲手抓的罪犯都对她充满了感激。在一次抓捕了嫌疑人之后，注意到一个女人抱着孩子哭泣，任长霞就去询问怎么回事。

原来这个女子抱着的是这个嫌犯一岁的儿子，任长霞把嫌犯的手铐打开，对他说：“抱抱你儿子吧，以后好好做人，让他有一个引以为傲的父亲。”

这番话打动了嫌犯，他抱着儿子大哭起来，在任长霞死后他也忍不住流泪，这样一位善良的局长就这样离开了，自己都没机会给她道一声谢。

2004 年 4 月 14 日，任长霞前往郑州汇报案情。忙完了一天的工作，已是深夜，老领导不忍任长霞两地奔波，便要留她吃饭。可任长霞摆了摆手，案子还没有结束，她心里始终放不下心。于是连夜乘车赶回登封，为的就是手头的案子能尽快侦破。

时间匆忙，甚至都没有回到郑州的家里，去见一见她的家人。连饭都没有吃，任长霞只是喝了一瓶可乐就急忙上路了，临行前同事心疼她，硬是塞给了任长霞两个馍和一根黄瓜。谁知这一别，便是永远。

当天晚上返回的途中，任长霞所乘坐的车辆与一辆大货车迎面相撞，猛烈的撞击令任长霞当场失去意识，昏迷了过去。事发后货车司机及时报警，任长霞被第一时间送往医院。虽然送医及时，但是任长霞的情况仍是不容乐观。

当时郑州市公安局局长李民庆一直拽着医生的袖子说：“不准停！抢救！找最好的医生！”而登封市公安局的干警们也是围在抢救室门口不愿离去，大家都拉着大夫的手，希望能捐献自己的器官，只要能救活任局长。可是，操劳半生的任长霞最后还是倒下了。

噩耗传出，数万警民全部沉浸在浓浓的悲痛之中。几乎所有的娱乐场所自发歇业一天，工厂停工，企业放假，道路上来往的车辆也纷纷静默两旁，人们都想来送任长霞最后一程。吊唁的队伍从清早排到凌晨，哭声不断，许多人不忍离开，一直哭喊着：“任局长你不要走，任局长你不能走啊！”登封人以最隆重而庄严的方式，表达着他们心中的不舍，陪着任长霞走完生命的最后一程。

任长霞的生命终结在 40 岁，却活在每个人的心里，国家不会忘记她，人民也永远不会忘记她！

净

一、字形演变

篆书　　隶书　　楷书　　行书　　草书

二、说文解字

《说文解字》:“净,鲁北城门池也。从水,争声。”

解释:净,鲁北城门水池。字形采用“水”作偏旁,采用“争”作声旁。

三、字源解说

“净”和“静”是“瀞”的异体字;而“净”是“凈”的异体字。清,既是声旁也是形旁,表示纯洁、无污染。瀞,金文由(清,纯洁、无污染)和(争,极力实现)构成,表示极力使之纯洁、无污染。

造字本义:清除污染,使之纯洁。

部分学者研究认为,从身体的干净清洁,联想到精神的干净清洁;从外物的洁白无瑕,联想到品德的洁白无瑕。“净”字,就逐渐容纳了操守清白、品行纯正与道德高尚的内涵。而这些恰恰是古人关于人生于世该如何活、如何立的观点。“净”也用作副词使用,相当于只有、仅,表示除了这个,没有别的。另外,“净”还是京剧中的一类角色,即“生、旦、净、丑”中的“净”,俗称“花脸”。

四、成语和名人名言

(一)常用成语

干净利落　明窗净几　清净寂灭　西方净土　云净天空

白白净净　不干不净　窗明几净　耳根清净　风轻云净

(二)名人名言

1. 闭门即是深山,读书随处净土。　　——《小窗幽记》

2. 美必须干干净净,清清白白,在形象上如此,在内心中更是如此。　　——孟德斯鸠

3. 清正廉洁作表率,重点是教育引导广大党员干部保持为民务实清廉的政治本色,正确处理公私、义利、是非、情法、亲清、俭奢、苦乐、得失的关系,自觉同特权思想和特权现象做斗争,坚决预防和反对腐败,清清白白为官、干干净净做事、老老实实做人。

——在“不忘初心、牢记使命”主题教育工作会议上的讲话,《求是》杂志2019年第13期

五、廉政故事

牛僧孺：干净做事，清白做人

牛僧孺，字思黯，安定鹑觚人，唐代著名的政治家和文学家，生于德宗建中元年（公元780），卒于宣宗大中二年（公元848），他的一生经历了德、顺、宪、穆、敬、文、武、宣宗八朝，曾经在四朝为宰相，三次出任重镇节度使，足迹涉及尚书省六部中的五个部门，曾受封“奇章郡公”，后世称其为“牛奇章”。

穆宗长庆元年（公元821）六月，牛僧孺担任御史中丞，主持御史台的工作。这一年，发生了宿州刺史李直臣贪腐案。宿州，在今安徽省宿州市，位于安徽省北部，襟连沿海，背倚中原，交通便利，经济繁荣。时任宿州刺史的武将李直臣贪污成性，巧取豪夺、搜刮民脂民膏的劣迹上奏朝廷。事情败露之后，李直臣赶忙贿赂朝中的宦官，让他们在皇帝面前粉饰说情，企图蒙混过关。皇帝听了宦官的谗言之后，果然偏听偏信，直接袒护李直臣，不仅没有惩罚其贪腐行为，反而赞扬李直臣是治国奇才，有经天纬地、运筹帷幄的大本领。对于皇帝的徇私枉法，牛僧孺丝毫不惧，他义正词严地说：“一般官员不成大器，不过在官位上尸位素餐，用花言巧语骗取上司乃至皇帝的信任。但是那些所谓智慧超群、才能出众的官吏，如果道德败坏，可能后果异常可怕，往往会成为诡计多端、阴险狡诈的奸臣贼子，最终留下谋反叛国、祸国殃民的后患，所以，现在皇帝制定法令，一定要对这类官员严加管束，像李直臣这样的危险人物，皇帝您千万不能为他说情，更不能把他派到边关任职，纵虎为患！”牛僧孺的一席话说得理直气壮，掷地有声，穆宗皇帝不得不将李直臣绳之以法。事后，穆宗皇帝终于明白过来，称赞牛僧孺不惧威权、严格执法，当面赐给紫金鱼袋，给予很高的荣誉。

穆宗长庆二年（公元822），牛僧孺担任户部侍郎，户部侍郎是尚书省户部的副职，协助掌管全国的户口、赋役等方面的政令，位高权重。这一年，京城长安发生了韩弘、韩公武父子贿赂案。中书令韩弘曾经把持宣武节度使一职，长达20多年，其间，不仅大肆聚敛钱物财富，而且政治野心急剧膨胀，甚至不听朝廷调遣，一度有割据叛乱之心。后来，韩弘父子被调入朝廷任职，但他们害怕众人旧事重提、秋后算账，为了堵塞众言、免于追责，他们不惜动用巨额钱财，大肆贿赂皇帝身边的权宦、朝中重臣和边关大臣，这些大臣几乎都接受了韩家的财物。由于涉及官员众多，韩弘父子将馈送财物的情况一一记录在册。韩弘父子深知牛僧孺为人清廉，担心他不肯收礼。所以，父子二人为了让牛僧孺收取贿赂，着实动了一番心思，最后决定由儿子韩公武出面，拿着其父韩弘的亲笔信和一千万钱，前去登门拜访。牛僧孺面对巨额礼金，丝毫不为所动，笑着说：“这算什么呢，您赶快拿走吧！”不久，韩弘、韩公武父子先后死去，由于韩府管家之间内讧，将官司打到了御史台。结果，韩弘父子行贿之举东窗事发。穆宗皇帝震怒，下令将韩家的财簿拿来亲自审阅，在人数众多而且数额巨大的行贿记录中，皇帝突然发现，户部侍郎牛僧孺的名字旁边，用红笔标注着一行小字:“某年某月某日,送给户部侍郎牛僧孺钱一千万,但他不接受!”心情沉重的穆宗突然喜出望外,用手指着牛僧孺的名字,对周围惊魂未定的大臣们说:“我果然没有看错人!”第二年三月,朝廷空缺一名宰相,穆宗在考虑人选时,首先便想到了牛僧孺,于是,破格提升他为宰相,44 岁的牛僧孺首次担当宰相大任,进阶朝散大夫,兼任集贤殿大学士,监修国史。在朝廷任命书中,称赞牛僧孺“方直秉心,诚敬由己。玉洁持操,松贞表姿,堪当大任”。

文宗大和五年(公元 832),朝廷发生了“宋申锡事件”。唐文宗为了摆脱政治困境,尤其是压制威胁皇权的宦官势力,与另一位信得过的宰相宋申锡密谋,诛杀威胁朝廷的宦官。但不慎计划泄露,宦官首领中尉王守澄得知消息之后,准备先发制人,疯狂报复,置宋申锡于死地。于是,唆使奸臣郑注出面诬陷宋申锡,派人虚构证据、四处造谣,妄称宋申锡与皇室宗亲漳王相互勾结,准备政变推翻当今皇帝,另立漳王。文宗皇帝听了这些谗言之后,竟然不辨真伪,也同意以谋反罪来处置。在皇帝的昏庸和宦官们的淫威之下,大臣们唯恐避之不及,朝廷的几位谏官先后据理力争,但都被驳回。无奈之下,左常侍崔玄亮跪下来,流着泪说:“即使杀掉一介平民,我们也要再三审判、复核,况且,现在要处死的是朝廷的宰相!”终于,皇帝同意推迟执行,交付朝廷商议再予定夺。宦官们见状,打算避开司法机构,私下审判定案,直接对宋申锡及其家人、部属进行残酷屠杀。眼看冤狱已成,在这危急之时,牛僧孺挺身而出,他说:“一个人做官,最高不过宰相,宋申锡只是一介书生,现在已经位极人臣。假如像案件中所说的那样,他与漳王谋反,那么,即使阴谋得逞,宋申锡也只能再做宰相,难道他还会有更大的企图吗?再说,我也是宰相,最了解宋申锡的为人,他一定不会有谋反之事。当年,我担任御史中丞的时候,发现他是一个忠厚良善、正直有才之人,所以才推荐他担任监察御史。如果宋申锡真有谋反之心,那么今天我也难辞其咎,愿以性命为他担保!”在牛僧孺的仗义执言下,宦官害怕阴谋败露,也不敢明目张胆地构成冤狱,宋申锡终得幸免于死,最后被贬为开州司马。

牛僧孺生活的年代,距今已有 1200 多年,但是,他的家乡灵台县至今还保留了一些遗迹。在灵台县城周围一个叫南寺洼的地方,传说是牛僧孺早年居住和读书的别墅,此处环境幽静,绿树成荫。至清代末年,这里还生长着牛僧孺亲手栽种的一棵银杏树,历代文人墨客途经此处,留下了许多感时怀人的诗文佳作。

敬

一、字形演变

金文　篆书　隶书　楷书　行书　草书

二、说文解字

《说文解字》:“敬,肃也。从攴、苟。”

解释:敬,态度恭肃。字形采用“攴”作偏旁,采用“苟”作声旁。

三、字源解说

敬,金文由(口,说话)、(干,武器)和(人)构成,表示以武力威胁进行严重告诫,使之保持谨慎,谦卑恭肃,由衷尊重。

造字本义:以武力威胁相告诫,使之谨慎、恭肃和尊重。

部分学者研究认为,“敬”,金文左边是口,中间是牧羊人,右边是手执鞭,合起来表示牧羊人手拿鞭子,口中吆喝,敬告羊群不要乱跑。“敬”的基本义是“恭敬”“严肃”,此义现代汉语还常用,如“敬请指教”“敬谢不敏”等。“敬”,后来成为儒家学说的一个基本范畴。一个“敬”字,除了敬天地、敬神祇、敬祖宗,更多是用来敬自己的父母与师长,再后则成了做人的基本原则之一,可以引申为敬人、敬事、敬业等。人们在表达敬意时也会借助一定的物质形式,因此“敬”引申指“以礼物表示敬意或谢意”,还引申指“有礼貌地献上”,如“敬酒”“敬烟”“敬茶”。

四、成语和名人名言

(一)常用成语

敬陈管见　敬而远之　敬恭桑梓　敬姜犹绩　敬老慈少　敬老慈幼　敬老慈稚
敬老怜贫　敬老恤贫　敬老尊贤　敬如上宾　敬若神明　敬上爱下　敬上接下

(二)名人名言

1. 事君,敬其事而后其食。 ——《论语》

2. 居处恭,执事敬,与人忠。 ——《论语》

3. 爱人者人恒爱之，敬人者人恒敬之。——《孟子》

4. 对为国牺牲、为民牺牲的英雄烈士，我们要永远怀念他们，给予他们极大的荣誉和敬仰。

——全军政治工作会议在古田召开习近平出席会议并发表重要讲话（新华社，2014 年 11 月 1 日）

五、廉政故事

曾国藩：长存敬畏之心，才能留住好福气

世人对曾国藩的评价都很高，梁启超说曾国藩是“立德、立功、立言三不朽”，有人说“予于近人，独服曾文正”，有人说“曾公乃国人精神之典范”，甚至还有人说“曾国藩或许是 19 世纪中国最受人敬仰、最伟大的学者型官员”。但稍微熟悉一点曾国藩的人，都知道曾国藩是那种老实得有点笨拙的人，正如梁启超所说：“然而文正固非有超群绝伦之天才，在并时诸贤杰中，称最钝拙！”

钝拙，就是人们普遍对曾国藩的印象，而他自己也毫不忌讳承认了，甚至他还乐于保持“拙诚”的做人做事原则。他曾说过：“唯天下之至诚能胜天下之至伪，唯天下之至拙能胜天下之至巧。”曾国藩不仅自己笃信“拙诚”，还劝诫弟弟们也这么做。他在写给诸位弟弟的信中说道：“吾自信亦笃实人，只为阅历世途，饱锤事变，略参些机权作用，把自家学坏了！贤弟此刻在外，亦急需将笃实复还，万不可走入机巧一路，日趋日下也。”为什么曾国藩宁愿放弃投机取巧，也要坚守“笨拙”的为人处世之道呢？

清道光二十三年（1843）三月初六，曾国藩以翰林院詹事的身份参加了在圆明园正大光明殿主办的大考，并取得了二等第一的好成绩，升授翰林院侍讲。自从道光十八年（1838）考中进士，道光二十年（1840）授翰林院检讨，曾国藩蛰伏了近 5 年，内心的辛酸和煎熬只有他自己知道。但通过此次大考，他由从七品小官升迁为从五品的翰林院侍讲，心里既激动万分，又诚惶诚恐，心存感激和敬畏之心。

他在写给祖父的家书中这样写道：“孙学问肤浅，见识粗鄙，受君父之厚恩，乃祖宗之德荫，将来何以为报？惟当竭力尽忠而已。”曾国藩觉得自己幸运，才疏学浅，只是蒙受皇上大恩，以及蒙受祖宗恩德，将来不知道如何报答，唯有尽心尽力为朝廷办事，忠心报国罢了！而且，曾国藩马上将升迁得来奖赏邮寄回家。邮寄的货物有——“男又托渠带银三百两，系蓝布密缝三包，鹿胶二斤半，阿胶二斤，共一包，高丽参半斤一包，荆七银四十两一包”；邮寄的钱财有——“男前次信回，言付银千两至家，以六百为家中完债及零用之费，以四百为馈赠戚族之用”。

由此可见，曾国藩总是心存敬畏，不敢独享福分，只要自己稍有起色，就马上想到家人，又是给家里邮寄珍贵货物，又是给家人寄钱。甚至他还要用四百两银馈赠给亲戚朋友，继而达到求缺惜福、去财免灾、轻财得以聚人这三重效果。

在普通人看来，曾国藩这么做人做事专为人考虑，不为自己着想，但实则是：这种做法让曾

国藩享受到上天的福分更多、更持久，而他之所以能够这么做就是因为明白长存敬畏之心，才能留住好福气的道理！

道光二十三年(1843)十二月，曾国藩充文渊阁校理；道光二十四年(1844)，曾国藩转侍读；道光二十五年(1845)三月，曾国藩任会试同考官；同年五月，曾国藩帮道光皇帝办差事，又升詹事府右春坊右庶子(正五品)。此次升迁后，曾国藩又是诚惶诚恐，感谢皇帝天恩和感念祖宗恩德。他在写给诸位弟弟的家书中说道："余蒙祖父余泽，频叨非分之荣，此次升官，尤出意外，日夜恐惧修省，实无德足以当之。"

曾国藩心中一直敬畏这种突如其来的好福气，认为自己德不配位，还需再接再厉，不断完善自我。于是他让弟弟们当自己的良师益友，大胆指出自己过错，自己好改正，生怕家中历代积累的德行，从他这儿开始衰落。正如曾国藩在家书中所说"庶几持盈保泰，得免速致颠危"，意思就是说：在一帆风顺时小心谨慎，也许能避免过快地翻船。

说完自己，曾国藩还不忘提醒各位弟弟，说道："诸弟亦宜长存敬畏，勿谓家有人做官，而遂敢于侮人；勿谓己有文学，而遂敢于恃才傲人。长存此心，则是载福之道也。"这番话道出了曾国藩一生的载福之道、保福之道，即心中长存敬畏之心！有福气，不能认为是理所当然，然后肆意挥霍；有权势，不能目中无人，然后动不动就使用权力；有学问，也不能骄傲自满，然后动不动就恃才傲物。

曾国藩一生追求的最佳人生境界便是"求缺惜福，花未全开月未圆"，他把自己的书斋命名为"求缺斋"，他不求十全十美，福气多的时候，就分享一点给他人；福气少的时候，就多行善积德，勤勉努力；但始终要保持好盈虚自然之理，即日中则移，月满则亏，人物盛则衰。

曾国藩一辈子经历了许多风波顿挫，但始终保持敬畏之心，不骄不躁，所以他的好福气也绵绵不绝，甚至死后也能造福子孙后代！

静

一、字形演变

金文　　篆书　　隶书　　楷书　　行书　　草书

二、说文解字

《说文解字》:“静,审也。从青,争声。”

解释:静,自审内省。字形采用“青”作偏旁,采用“争”作声旁。

三、字源解说

“净”和“静”是“瀞”的异体字;而“凈”是“净”的异体字。清,既是声旁也是形旁,表示纯洁、无污染。瀞,金文由(清,纯洁、无污染)和(争,极力实现)构成,表示极力使之纯洁、无污染。金文异体字“静”省去“水”,将混合结构调整成左右结构,将“青”写成,将“爭”写成。篆文承续简体金文字形。

造字本义:清除污染,使之纯洁。

部分学者研究认为,“静”,形声字。左部青,青为万物初始之颜色,表色彩明显易辨;争,意为全力以赴,表示力图清心。古人认为,努力去除杂念,清心寡欲,秉持初心是为静。后发展为清雅,又引申文静、安静、雅静、平定、镇抚,后世多写作“靖”。清心为“静”,无滓为“净”(“静”与“净”近义,古籍中常通用),心静才能明理,水净方能鉴物,所以国学经典《大学》中说:“静而后能安,安而后能虑,虑而后能得。”

四、成语和名人名言

(一) 常用成语

静观默察　静极思动　动如脱兔　静若处子　静水流深　静言令色

静言庸违　静影沉璧　沉烽静柝　沉静寡言　沉心静气

(二) 名人名言

1. 人闲桂花落,夜静春山空。　——王维

2. 静坐常思己过，闲谈莫论人非。

——《格言联璧》

3. 虚则知实之情，静则知动者正。

——韩非子

4. 涵养几分静气，绝非暮气沉沉，而是多一些沉潜、少一些浮躁，多一些从容不迫、少一些进退失据。“静心”的功夫，助人眼界开阔，胸襟豁达，挺过如磐风雨，包容万千气象，寻得生命真谛。

——《人民论坛：涵养几分静气》，《人民日报》2018 年 1 月 16 日

五、廉政故事

于敏：淡泊明志、宁静致远

于敏，1926 年 8 月出生，天津宁河人，中共党员，中国工程物理研究院高级科学顾问、研究员，中国科学院院士，“两弹一星”功勋奖章、国家最高科学技术奖获得者，2019 年 1 月逝世。作为我国国防科技事业改革发展的重要推动者，于敏在中国氢弹原理突破中起了关键作用，为我国核武器事业的发展做出了不可磨灭的历史性贡献。2019 年 9 月获得“共和国勋章”。

在整理父亲于敏的遗物时，儿子于辛曾不经意间打开一个寻常无奇的柜子。当把里面的纸张、摆件一件件收拾出来后，于辛才忽然注意到自己平日里一直忽略的细节：家里除了母亲孙玉芹觉得好看才摆出来的寥寥几个奖章奖杯外，其余的都很少能看到踪影。

原来这些“失踪”的奖章奖杯，都被归置在了这个柜子里，蒙尘许久。那一瞬间，于辛觉得手里的这些东西格外烫手，想着自己是不是该做些什么让它们“重见天日”。然而仔细收拾归类后，他又不禁哑然失笑——有的获奖证书竟然只找得到复印件，“聪明的父亲在这方面可真是‘糊涂’啊”。

于敏“糊涂”，是因为心无旁骛，他知道，只有继续全身心投入事业，才是对荣誉的最好回应。正如他家中客厅悬挂的一幅字，“淡泊以明志，宁静以致远”，真实写照了他的人生。也正是因为这种“糊涂”，于敏在事业上做出了不可替代的贡献。中国能以最快速度成功研制氢弹、创造世界核武器科技史上的惊人奇迹，于敏功不可没，他也因此被称为中国“氢弹之父”。

在于辛的记忆中，家人从没有听父亲讲过自己的成就，也从来没有看到他流露过骄傲情绪。于元、于辛姐弟俩在很长一段时间内并不清楚父亲到底是干什么的，获得了哪些成就。

1987 年于敏获得“全国劳动模范”称号，于辛看到黑板报上写着“向劳模学习”“向于敏同志学习”后，兴冲冲地跑回家告诉父亲。谁知父亲和平常一样淡然，只是随意说了几句，弄得于辛觉得自己是不是有点大惊小怪。1999 年获“两弹一星”功勋奖章，于敏心中高兴，但也就是一家人吃顿饭庆祝了一下，后来家里就没有再提起这件事。

没有骄傲自满，不愿突出自显，于敏如此，他的家人也是如此。在于敏获国家最高科学技术奖后，于辛第一次出镜接受了媒体采访。于辛的大学同学、单位同事看了节目才反应过来，原来于辛“深藏不露”，竟是大科学家于敏的儿子。

“能满足基本生活就行。”于敏对金钱、物质极为淡泊，从来没有什么特别的要求，一家人的

生活极其简朴。

这既是于敏的家风特色，也是他取得成就的“密码”所在。“非宁静无以致远。所谓宁静，对于一个科学家，就是不为物欲所惑，不为权势所屈，不为利害所移，始终保持严谨的科学精神。”学术科研需要“一张安静的书桌”，而于敏的这张书桌在自己心里，他的内心安静而圆满，坚定又强大。

单位曾给于敏特配了一名警卫员。于敏不担任领导职务后，第一件事就是把“特配”取消。当初接受，是因为事业需要；现在取消，是因为不再必要。退下来后，许多大学、单位都希望邀请于敏当评委、顾问，给出的报酬也颇为可观，但除了与自己工作密切相关的学术会议和学术顾问，其余的于敏一概婉言谢绝。他不需要从“特殊待遇”中证明什么，更不需要从对物质占有中求得心理满足。

普通人怎么生活，于敏和家人也怎么生活，甚至更为节俭。20 世纪七八十年代，于敏一家经常会为了省几分钱的公交车费而选择步行。有一年，在天津读大学的于辛放假回家，母亲孙玉芹突然说了一句：“下回你别走路了，还是坐公交吧。”但于辛早已习惯，笑着回答：“走走路也挺好的。”

于敏家的节俭可谓数十年如一日。一张 20 世纪 90 年代简陋的铁架床，睡了二三十年；一台老旧的小电视，看了几十年。于辛曾琢磨给父亲换一台，于敏却不愿意，还和于辛急，说能用就行，最后于辛无奈之下只好将就给电视加装了个机顶盒，让父亲能收看更多节目。“父亲没有给我们留下什么物质财富，但他的精神、他的一言一行，却是我们做人立世的标杆，不断影响和指引着我们。”在父亲身上，于元、于辛姐弟俩学到了一种平凡而安静的生活真谛，学到了家人之间的关心与爱护，获得的是精神世界的充实。

尽管工作很忙，于敏对子女的教育却始终没有忽视。他把历史文化融入教育之中，注重从精神上充实孩子们的生活。于敏陪伴家人的时间少之又少，但只要一有空闲，他就尽量陪着妻子和孩子，旁征博引、妙趣横生地给他们讲历史人物故事。一次全家去颐和园，于敏指着长廊上的彩绘给孩子讲“岳母刺字”等，一个故事接一个故事，讲了一上午还没走到长廊尽头。于敏不是为讲故事而讲故事，他往往将人生道理“夹”在其中，引导孩子们认识到“莫等闲，白了少年头，空悲切”“要爱国家，要对社会有责任感，要自食其力、脚踏实地”……

即使对孙子，于敏再疼爱也不会给予过多额外帮助，更不会用自己的影响力帮孙子走捷径。他一直认为，人有多大本事就干多大事，有点挫折或许对成长更有好处。

距

一、字形演变

金文　篆书　隶书　楷书　行书　草书

二、说文解字

《说文解字》："距，鸡距也。从足，巨声。"

解释：距，鸡腿后面突出的像脚趾的部分。字形采用"足"作偏旁，采用"巨"作声旁。

三、字源解说

距，金文由（足，行进）和（巨，持械丈量）构成，表示测量路程。

造字本义：测量路程。

部分学者研究认为，"距"，从足，从巨。足表意，表示字义和脚有关；巨表声，巨有大义，表示距是鸡、雉等腿后面突出像脚趾的部分。古人以这一趾为鸟禽的基准趾，二十八宿体系即以"禽距"为测量度数的基准点，在这一点位上的星称为"距星"。二十八宿又称为"二十八禽"，故以禽距作为测量术语。后引申为距离，相隔的空间和时间。

四、成语和名人名言

（一）常用成语

距人千里　距跃三百　麟角凤距　深闭固距　投石拔距　投石超距

（二）名人名言

1. 距谏者塞，专己者孤。

——桓宽《盐铁论》

2. 找差距，就是要对照新时代中国特色社会主义思想和党中央决策部署，对照党章党规，对照人民群众新期待，对照先进典型、身边榜样，坚持高标准、严要求，找一找在增强"四个意识"、坚定"四个自信"、做到"两个维护"方面存在哪些差距，找一找在知敬畏、存戒惧、守底线方面存在哪些差距，找一找在群众观点、群众立场、群众感情、服务群众方面存在哪些差距，找一找在思想觉悟、能力素质、道德修养、作风形象方面存在哪些差距，有的放矢进行整改。

——在"不忘初心、牢记使命"主题教育工作会议上的讲话，《求是》杂志 2019 年第 13 期

五、廉政故事

夫差：拒纳伍子胥三次灭越谏言

公元前 494 年，吴王夫差为父报仇，积三年而败越。伍子胥极力建议一举灭之，免留后患，曾有三次关键的谏言。

第一次，打败越国时，伍子胥道："今吴不如有过之强，而勾践大于少康。今不因此而灭之，又将宽之，不亦难乎！且勾践为人能辛苦，今不灭，后必悔之。"这是说，吴越国力相当，两国一直互有胜负。吴对越没有绝对的压制力和威慑力，不灭越，则越极可能反身灭吴。事实上，夫差的父亲阖闾就是为越所败，而夫差三年后又击败了越，诚可谓殷鉴不远。如果吴是超级大国，越是蕞尔小国，当然可以不必如此紧张，吴直接把越纳入附属国自然也不成问题。

第二次，吴将伐齐(公元前 489 年)，伍子胥又谏言："越王勾践食不重味，衣不重采，吊死问疾，且欲有所用其众。此人不死，必为吴患。今越在腹心疾而王不先，而务齐，不亦谬乎!"伍子胥看出了勾践能忍辱负重的背后，必有不甘于人下的野心。而此时的勾践，正当卧薪尝胆，积聚力量的时候。如果此时夫差听从谏言，也是可以及时阻止越国复兴的。可惜，夫差似乎有自己的打算，一意孤行，北伐齐国，"败齐师于艾陵"。可见这时的吴国，兵力还是强盛的，灭越有极大的胜算。

第三次，吴国再次伐齐(公元前 485 年)，这时勾践率众朝拜吴国，并馈赠了大量物品。伍子胥看到越国的实力增强，感到恐慌，但仍然坚持谏言道："越在腹心，今得志于齐，犹石田，无所用。且盘庚之诰有颠越勿遗，商之以兴。"伍子胥又一次提醒夫差，吴越的距离太近了，之间随时可能发生战争。伐齐很可能遭到背后越国的攻击，届时两面受敌，大为不利。夫差仍是不听。伍子胥只好做最坏打算，把家人安排到齐国。这次夫差终于大怒，觉得伍子胥有通敌之嫌，便逼伍子胥自刭而死。伍子胥自杀之前对左右说："把我的眼珠挖出来挂在吴国的都城东门，我要亲眼看到越国灭亡吴国。"而吴国灭越的最后一次机会，也就此荡然无存。

果然如伍子胥所说，越王勾践卧薪尝胆，最终率精兵强将攻打吴国。吴王夫差二十三年，吴国打了最后一场败仗，这一次吴国在劫难逃了，再也无力回天，吴王夫差被俘。越王勾践终于得偿所愿。他以胜利者的姿态对吴王夫差做出了安排，他对吴王夫差说："你可以去甬东住下来，我给你百户居民供养你，你就过去颐养天年吧。"夫差此时万念俱灰，他对勾践说："我老了，不能也不打算再侍奉君王了。我只后悔当年没有听伍子胥的，还逼他自杀，我如今落得这般田地，是我活该如此，罪有应得。"夫差自杀而亡。临终之时，他记起来伍子胥当年的忠言，可惜历史不能重来，选择只有一次。

鞠

一、字形演变

篆书　　隶书　　楷书　　行书　　草书

二、说文解字

《说文解字》:“鞠,踏鞠也。从革,匊声。”

解释:鞠,踏鞠。字形采用“革”作偏旁,采用“匊”作声旁。“𩌄”,“鞠”的异体字,采用“𥹜”作声旁。

三、字源解说

匊,既是声旁也是形旁,是“掬”的本字,表示用两手捧。鞠,篆文是(革,皮革)和(匊,即“掬”的本字,用两手捧)构成,表示用双手抓抱的皮球。篆文异体字误将“米”写成“麦”。

造字本义:名词,古时一种用来踢打玩耍的皮球。最早是结毛而成,后来用毛充填皮囊而成。古籍习惯性假借“鞠”代替“躹”。现代汉语沿用此假借,将“躹躬”写成“鞠躬”。

徐锴《说文系传》:“蹋鞠,以革为圆囊,实以毛,蹴蹋为戏。亦曰蹋鞠。”徐灏《段注笺》:“鞠、毬一声之转。”也就是说,鞠,就是毬,皮球在古代就称鞠,音转成“毬”(鞠和毬不是异体字,也不是古今字,而是同源字)。

四、成语及名言警句

(一) 常用成语

陈师鞠旅　鞠躬尽力　鞠躬屏气　哀凶鞠顽　鞠躬尽瘁,死而后已　鞠为茂草

(二) 名言警句

1. 郁结纡轸兮,离慜而长鞠。——屈原《怀沙》

2. 坤裳有正色,鞠衣亦令名。——苏轼《赠朱逊之》

3. 鞠之育之不羞耻,恩情亦各言其子。——王安石《胡笳十八拍十八首》

4. 名蓝堕劫火，鞠为瓦砾场。 ——陆游《不入城半年矣作短歌遣兴》

5. 焦裕禄的事迹感动并激励着一代又一代中国共产党人，他坐过的那把藤椅仍静静地立在那里，成为他鞠躬尽瘁为人民的最好见证。

——《中国纪检监察报》2021 年 4 月 18 日

五、廉政故事

鞠躬尽力毛相林

在重庆的一座深山中有一条蜿蜒曲折的“天路”，一头扎入谷底村庄，一头通向群山之巅，这就是下庄村的出山公路。而这条“天路”的修建带头人，就是下庄村党支部书记、村委会主任毛相林。

毛相林，1959 年 1 月生，1992 年 9 月加入中国共产党。他带领村民打通出山路，走上致富路，先后被授予“全国脱贫攻坚楷模”“时代楷模”“全国脱贫攻坚奖奋进奖”“中国好人”等荣誉称号。

老下庄村坐落在巫山县竹贤乡的大山深处，四周绝壁合围，形似天坑，从村口到村底，落差 1100 多米，出村只有一条挂在绝壁上的羊肠小道，到县城要走 3 天。全村近 400 人住在“井”底，世代与世隔绝。1997 年，为了改变下庄村闭塞落后的面貌，毛相林决定向绝壁要出路。但面对既无资金又无机械，要硬生生在悬崖上抠出一条路的现实，村民们都说毛相林疯了。困难面前，毛相林没有泄气，而是首先与驻村干部达成一致意见，然后组织村“两委”干部统一思想，再是片会、群众会……他说：“山凿一尺宽一尺，路修一丈长一丈，就算我们这代人穷十年、苦十年，也一定要让下一辈人过上好日子！”就这样，通过反反复复与村民们“打嘴仗”、算细账，全村上下终于达成了修路共识。此后，在毛相林的带领下，全村人克服艰难险阻，历时 7 年，终于在 2004 年修成了 8 公里长的绝壁天路。

路修通了，但贫困还在这个山沟沟里扎着根。村里没有能带来稳定收益的产业，对此，毛相林看在眼里，急在心里。一次，他听说种漆树能挣钱，便带领村民在村里培育出 2 万余株幼苗，没承想，因为不懂技术，当年夏天树苗全部枯死。后来，他又在村里养山羊、种桑树养蚕，也是因为不掌握技术，均以失败告终。后来，毛相林跑到县里，请来了农技专家，询问后才明白，原来下庄村的海拔与气候不适宜种漆树，也不适宜养蚕和养羊。

面对挫折，毛相林并不服输，他下定决心，一定要让下庄村走出一条产业扶贫的新路子。他请来县里农业专家对下庄的气候、土壤环境进行了全面考察分析，制订了发展柑橘、桃树、西瓜三大产业的规划方案。为打消村民们的顾虑，他积极争取上级补助，组织村民代表到曲尺乡实地考察柑橘产业，还率先种植了 10 亩柑橘。同时，他让开车跑运输的儿子到邻近的奉节县自费学习技术，回来后无偿为村民提供指导。几年下来，全村种下 650 亩柑橘，还成立了专业合作社进行统一管理，其中 500 多亩已挂果，每年给村民增加收入 200 万元。现在，650 亩柑橘实现了套种小麦、红苕和土豆，150 亩桃园完成西瓜套种，下庄村呈现出一派勃勃生机。

2016 年下庄村在全县率先实现整村脱贫。2020 年下庄村人均可支配收入超过 13000 元，是修路前年收入的 40 多倍。下庄村翻天覆地的变化，写在村民脸上，甜在村民心里。如今，毛相林正以自己数十载的执着坚守与辛勤付出，诠释着自己人生的最大价值——“成为一名群众身边的好干部”！

钧

一、字形演变

金文　篆书　隶书　楷书　行书　草书

二、说文解字

《说文解字》:“钧,三十斤也。从金,匀声。銞,古文钧从旬。”

解释:钧,三十斤。字形采用“金”作偏旁,采用“匀”作声旁。銞,是古文写法的“钧”,采用“旬”作偏旁。

三、字源解说

匀,既是声旁也是形旁,表示使相等、使齐平。钧,金文是(匀,使相等)和(金,金属块)构成,表示调整金属砝码,使秤锤与秤盘相齐相当。有的金文将“匀”省略成“勹”,将“金”简写成。篆文将金文的半包围结构调整成左右结构。

造字本义:动词,古代测量物体重量时调整金属砝码的级别,以维持秤杆平衡,实现精确称重。

《汉书》:“十六两为斤;三十斤为钧;四钧为石。”如:成语千钧一发,指一根头发挂着三万斤重的东西,喻极其危急。“钧”又有“制陶器所用的转轮”“乐调”等义及用作敬辞,用于对尊长或上级,如“钧安”。

四、成语及名言警句

(一) 常用成语

钧天广乐　秉钧持轴　秉钧当轴　千钧一发　千钧重负　权钧力齐

势均力敌　发引千钧　雷霆万钧　力敌千钧　一字千钧

(二) 名言警句

1. 度量难钧,进退可限。 ——颜延之《陶征士诔》

2. 权制诸侯,钧者审于势之变也。 ——《淮南子·齐俗》

3. 洪钧陶万类,大块禀群生。 ——张华《答何劭二首》

4. 上帝钧天会众灵，昔人因梦到青冥。 ——李商隐《钧天》

5. “革，去故也；鼎，取新也”的智慧，“丹心未泯创新愿，白发犹残求是辉”的信念，“满眼生机转化钧，天工人巧日争新”的追求……一脉相承又不拘定法的创新精神，深深熔铸于中华民族的血脉基因，也形塑着当代中国的崭新模样。

——《新华述评：从中华文明创新性看中华民族进取精神和无畏品格——中华文明的突出特性系列述评之三》(2023 年 6 月 14 日)

五、廉政故事

人民亦有千钧之力——开凿“人工天河”红旗渠

20 世纪 60 年代，河南林县(今林州市)人民在县委领导下，以自力更生、艰苦创业、团结协作、无私奉献的精神，在层峦叠嶂的太行山上削平 1250 座山头、凿通 211 个隧洞、架设 152 座渡槽，建成了长达 1500 多千米的“人工天河”红旗渠，彻底改变了林县人民的生存环境和发展条件。这一改天换地的人间奇迹，是对人民创造历史的充分体现，是对领导干部率先垂范的生动诠释，其所孕育形成的红旗渠精神，更是作为“中国共产党人的精神谱系”之一，成为我们开启全面建设社会主义现代化国家新征程、在新时代坚持和发展中国特色社会主义的强大精神力量。

林县位于太行山东麓，境内群山连绵，沟壑纵横，自古便有“七山二岭一分田”之说。由于地形和气候复杂，缺水成为困扰林县百姓生存与发展的大难题。“吃水贵如油，十年九不收”，旧社会的林县，经常发生群众背井离乡逃水荒的现象。饱受缺水之苦的林县人民，祖祖辈辈盼望河里长流水，山谷涌清泉，吃水不出村，种上水浇田。

中华人民共和国成立后，林县县委把解决人民群众吃水问题作为工作的重中之重，带领全县人民找水、挖水、蓄水、引水，穷尽了所能想到的一切办法。但是，这种原地引、挖、蓄的治水方式，平常年景尚能发挥一定作用，一旦遇到大旱，大多无济于事。1959 年，林县遭遇了有史以来最为严重的旱灾。修水库、凿旱井，天上却不降水，挖山泉、打水井，地下又不给水，河断流、库见底，渠道也无水可引，林县陷入从未有过的困境。

1959 年 6 月 11 日，林县县委书记处召开会议，就林县干旱缺水情况和水利建设远景规划进行分析和研究。会上，大家一致认为，要彻底改变林县缺水的面貌，必须把水从外地引进来。会后，林县县委主要领导沿着浊漳河进入山西省平顺县境内，与当地公社、村干部进行了一系列座谈，并详细勘察了此地的水文条件：平顺县境内的浊漳河常年平均流量为 25 立方米/秒，即便是在枯水期，流量也在 10 立方米/秒以上，从这里引水完全可行。

回到林县，县委书记处成员经过反复研究讨论，终于在 1960 年 2 月 7 日召开的林县县委引漳入林筹备会上，通过了引漳入林工地组织机构设置议案和引漳入林工程施工方案。从 1960

年2月11日起，林县15个公社3万余民工，翻山越岭，在140华里长的战线上正式向穷山恶水“宣战”。当时，正值国家三年经济困难时期，对于红旗渠这样的大工程来说，林县“三无一少”的状况显得尤为突出：一无技术，二无经验，三无材料，经济物资又短少。在此背景下，工地党委提出了勤俭建渠、艰苦创业的方针：“自力更生是法宝，众人拾柴火焰高，建渠不能靠国家，全靠双手来创造。”就这样，林县人民以高度的历史责任感，埋头苦干、攻坚克难，于1965年4月5日实现红旗渠总干渠通水，1966年4月实现3条干渠同时竣工，并最终于1969年完成了支渠的配套工程，7月6日实现全面竣工。

在红旗渠修建的过程中，林县人民以百折不挠的斗争品格、艰苦奋斗的自主意识、求新求变的创新追求，形成了以自力更生、艰苦创业、团结协作、无私奉献为主要内容的精神价值体系，即红旗渠精神。如今，红旗渠已化为一枚神圣的精神徽章，镶嵌在林县人民心中，也成为全体中华儿女勇毅前行的精神养分。在全面建设社会主义现代化国家新征程上，这一精神亦不断焕发出新的生机，为我们的奋斗之路带来诸多启迪与思考。

红旗渠的建设实践昭示我们：只要我们坚定地依靠人民，充分调动人民群众的积极性、主动性、创造性，我们的伟大事业必将成功。

君

一、字形演变

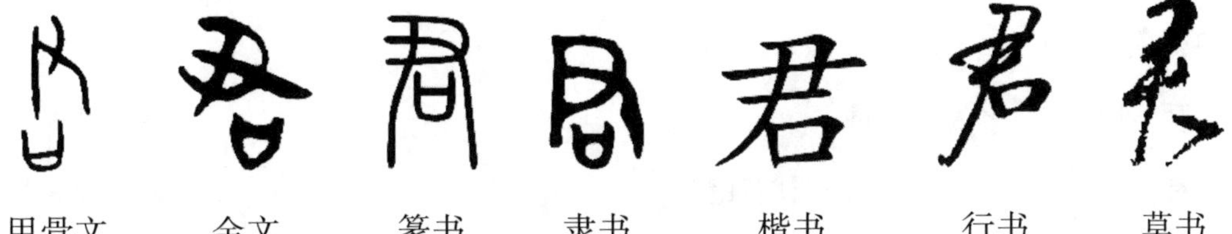

甲骨文　金文　篆书　隶书　楷书　行书　草书

二、说文解字

《说文解字》:“尊也。从尹,发号,古文像君坐形。故从口。”

解释:君,天下至尊。字形采用“尹”作偏旁,表示管理万千事务;因为发号施令,所以同时采用“口”作偏旁。,这是古文的“君”字,像君主端坐的样子。

三、字源解说

“尹”是“君”的本字。君,甲骨文是(手执权杖)和(口,命令)构成,表示握权执政,管理事务。金文将甲骨文字形中的手和权杖连写成。

造字本义:动词,发号施令,执政治国。隶书将篆文字形中的“尹”写成。古人称开创缔枝为巢时代的首领为“帝”;称手持特大战斧的首领为“王”;称文治天下的智慧首领为“君”;称头戴金冠的至上王者为“皇”。

“君”本王臣之称。甲骨文中“君”字之义或与“尹”同用,如多君与多尹、多臣、多公均指人臣。甲骨文、金文中商、周最高统治者称“王”或“余一人”,未有称“君”者。整个两周时期,“天子”始终是周王的特有称呼。两周金文中,周王以外之朝廷官员及诸侯国、方国之首领均可称为“君”。“君”或“天君”在金文中可用来指周王之后妃,如作册睘尊“君令余作册睘安夷伯”之“君”;也可指宗妇,即宗子之妻,如五年琱生簋“以君氏令曰”之“君氏”。“君”还用于职官名,如“里君”“邦君”等。金文中“君”也用于指丈夫,反映出当时君统与宗统的合一,夫妻关系如同君臣关系。春秋战国时用为封君之称,如樊君鬲之“樊君”、邛君壶之“邛君”、鄂君启舟节之“鄂君”,文献中孟尝君、信陵君、春申君等。“君”还用为动词,表统治、治理义(见晋姜鼎),也可以用为姓氏。战国中山王方壶始见“君臣”对称,曰“遂定君臣之位”,同时“君”又称“主”,如“臣主易位”,这个意义是后世用为“天子”的“君”的一个重要演变链环。“君”后世便引申成帝王之称,指一国之国君,即最高统治者。

四、成语及名言警句

（一）常用成语

请君入瓮　君子三戒　文君新寡　读书君子　不按君臣　避君三舍　君子固穷
君子协定　君臣佐使　琴挑文君　文君司马　君辱臣死　谦谦君子　民贵君轻
圣君贤相　送君千里，终须一别　君子之交淡如水　君圣臣贤

（二）名言警句

1. 君子坦荡荡，小人长戚戚。——《论语·述而》

2. 君子之交淡如水，小人之交甘若醴。——《庄子·外篇·山木》

3. 君暗臣谄，以居百姓之上，民不与也。若此不已，国无类矣！

——《资治通鉴·周安王二十五年》

4. 诚者，君子之所守。——《中国纪检监察报》2021 年 1 月 19 日

五、廉政故事

杨善洲：领导干部清正廉洁的楷模

一个 1951 年参加工作，任领导干部 30 余年，而且官至地委书记的人，生前攒下的钱不足 1 万元，死后没有给家人留下任何财产，这话说起来叫人有点难以置信。但是，这样的人、这样的事真真实实地存在于我们的现实生活中。这个人，就是保山地委原书记杨善洲。这样的事，就发生在杨善洲身上。

1985 年 5 月，秘书段兴华陪同杨善洲到龙陵县出差，龙陵县委在食堂招待杨善洲吃饭。饭后，段兴华去结账，县委书记说这顿饭他请了，就没让杨善洲的秘书段兴华付账。他们驱车返回保山途中，杨善洲问段兴华伙食费结了没有，段兴华如实回答了杨善洲。杨善洲立即叫驾驶员停下车，然后拿给段兴华 30 元钱，叫他拦客车返回龙陵县去结账。段兴华返回龙陵后，总共结了六元五角的伙食费，来回 200 多公里的车费就花了 22 元。

1986 年，保山地委下派到施甸县姚关乡任副乡长的一个年轻干部了解到杨善洲在老家的母亲已经 80 多岁，全家 8 口人只有两个劳动力，家里的生活实在困难，便和民政部门的同志商量，买了 200 斤粮食送去接济杨善洲的家人。杨善洲知道这件事情后，狠狠地批评了那个下派的年轻干部，并且还叫家里的人把粮食送了回去。

退休后在施甸县大亮山林场植树造林期间，杨善洲有一天到保山市去办事。好心的驾驶员对他说你老了我不要你的钱。杨善洲不肯，坚决把钱塞给驾驶员。驾驶员跟杨善洲解释说所有坐他车的老人他都不收钱。杨善洲急了，他对驾驶员说："你不要钱，我就不坐你的车。"说完，杨

善洲真的下了车。驾驶员见状，大吃一惊，赶忙下车去请杨善洲上车。付了车费，杨善洲才重新走上了客车。

杨善洲的老伴一直是农民，组织上多次提出把杨善洲的家人转为城镇户口，杨善洲坚决不同意；杨善洲的二女儿想参加工作，叫父亲和有关单位的领导打一下招呼，杨善洲关心女儿、心疼女儿，却没有因为女儿参加工作的事跟有关单位的领导打招呼。

也许有的人会认为，杨善洲这样做太不近人情；也许有的人还会认为，杨善洲这样做太过分；甚至有的人还会认为，杨善洲的所作所为简直就是自讨苦吃。然而，杨善洲就是这样的一个人，他就是这样做的。

与现实生活中那些以权谋私、贪污受贿、腐化堕落的领导干部相比，杨善洲不仅是一位好党员、好干部，更是我们党的领导干部队伍中一身正气、清正廉洁的楷模。

“德正则事业兴，德厚则根基深。”这次从百年党史中精选一则党员领导干部的廉洁故事，希望以此给大家树好“风向标”，加强道德修养，始终把灵魂置于高处，才能做到临难不却、履险不惧、担责不误、受屈不计，时刻把握严以修身的基本要求，自觉固本培元，完善高尚人格。

康

一、字形演变

甲骨文　金文　篆书　隶书　楷书　行书　草书

二、说文解字

《说文解字》:“谷皮也。从禾从米,庚声。康,穅或省。”

解释:穅,谷物的皮壳。由禾、由米会意,庚声。康,穅的或体,穅省去禾。

三、字源解说

“康”是“穅”的本字,而“糠”是“穅”的异体字。康,甲骨文是由(倒写的人,即“屰”)和(倒写的“其”,簸箕)和(屑末)组成,表示逆风扬箕,扬去糙米中的屑末糠粉。有的甲骨文误将倒写的“人”(屰)写成“干”,误将“其”形的写成双手。金文、承续甲骨文字形。篆文将金文字形中的糠粉状写成“米”,表示扬糠选米。

造字本义:动词,风中扬糠,优选白米。隶书将篆文字形中的双手状写成“尹”。当“康”的“扬糠”本义消失后,篆文再加“禾”另造“穅”代替。楷书异体字“糠”则用“米”代替“禾”,强调“穅”是谷子舂米产生的粉屑。中医方面,称体形挺拔强壮为“健”,强调躯干外形的结实;称体内滋润和谐为“康”,强调代谢状态的安适自在。

四、成语及名言警句

(一) 常用成语

身心健康　民康物阜　康庄大道　孙康映雪　福泰安康　福寿康宁　小康之家

富强康乐　平康正直　物阜民康　韩康卖药　康哉之歌　康庄大路

(二) 名言警句

1. 恩化及乎四海兮,嘉物阜而民康。　——《铜雀台赋》

2. 启《九辩》与《九歌》兮,夏康娱以自纵。　——《离骚》

3. 于是齐王嘉之，自如淳于髡以下，皆命曰列大夫，为开第康庄之衢，高门大屋，尊宠之。

——《史记·孟子荀卿列传》

4. “民亦劳止，汔可小康。”穿越千年的全面小康梦想即将实现，中国迎来历史上亘古未有的跨越。站在新的历史交汇点上，向着全面建设社会主义现代化国家新征程奋勇前进，中华民族健步走向更加光明的未来。 ——《中国纪检监察报》2020 年 10 月 30 日

5. 五年来，我们坚持加强党的全面领导和党中央集中统一领导，全力推进全面建成小康社会进程，完整、准确、全面贯彻新发展理念，着力推动高质量发展，主动构建新发展格局，蹄疾步稳推进改革，扎实推进全过程人民民主，全面推进依法治国，积极发展社会主义先进文化，突出保障和改善民生，集中力量实施脱贫攻坚战，大力推进生态文明建设，坚决维护国家安全，防范化解重大风险，保持社会大局稳定，大力度推进国防和军队现代化建设，全方位开展中国特色大国外交，全面推进党的建设新的伟大工程。

——《高举中国特色社会主义伟大旗帜，为全面建设社会主义现代化国家而团结奋斗》(2022 年 10 月 16 日)，《求是》杂志 2022 年第 21 期

五、廉政故事

字观新时代，健“康”与小“康”

人民至上、生命至上。人民的幸福生活，一个最重要的指标就是健康。

2014 年 12 月 13 日，江苏省镇江市丹徒区世业镇卫生院，正在这里就诊的村民魏定瑜见到了前来考察调研的习近平总书记。

一段对话温暖人心，一个重要论断自此家喻户晓：

“看病方便不方便、医疗费用贵不贵、对农村医疗卫生工作满意不满意？”

“共产党对我们真好，我们低保户看病门诊医药费全免，住院费用还大部分报销。”

“没有全民健康，就没有全面小康……”

全民健康托起全面小康。

党的十八大以来，习近平总书记始终牵挂着人民群众的身体健康，多次到农村、社区的卫生机构考察。在吕梁山区深处，总书记安慰疾病缠身的特困户王三女好好生活，叮嘱当地干部安排好她家人的生活；在陕西安康平利县老县镇，总书记道出孩子们“普遍眼镜化”的心头隐忧，用“野蛮其体魄”激励孩子们强身健体；在福建三明，总书记充分肯定三明医改经验，鼓励各地因地制宜借鉴……

“人民身体健康是全面建成小康社会的重要内涵，是每一个人成长和实现幸福生活的重要基础。”推进健康中国建设，凝聚着总书记的深切关怀和长远谋划。

2016 年 8 月 26 日，习近平总书记主持召开十八届中央政治局会议，审议通过“健康中国 2030”规划纲要。2016 年 10 月，中共中央、国务院印发《“健康中国 2030”规划纲要》，发出推进健康中国建设号召：到 2030 年，主要健康指标进入高收入国家行列；到 2050 年，建成与社会主

义现代化国家相适应的健康国家。

2017 年 10 月，党的十九大做出“实施健康中国战略”的重大决策，将维护人民健康提升到国家战略高度。2019 年 7 月，《国务院关于实施健康中国行动的意见》印发，提出实施 15 个专项行动，健康中国有了清晰的行动“路线图”。2020 年 6 月 1 日，《中华人民共和国基本医疗卫生与健康促进法》正式实施，“国家实施健康中国战略”写入法律。“健康是幸福生活最重要的指标，健康是 1，其他是后面的 0，没有 1，再多的 0 也没有意义。”健康中国，共建共享，全方位、全周期保障人民健康，为实现中华民族伟大复兴的中国梦奠定了坚实的健康基石。“民亦劳止，汔可小康。”这是中国古代思想家描绘的社会理想，是中国百姓对安定幸福生活的恒久守望。

2021 年 7 月 1 日，在庆祝中国共产党成立 100 周年大会上，习近平总书记庄严宣告：我们实现了第一个百年奋斗目标，在中华大地上全面建成了小康社会！“小康”，这个承载美好生活梦想的古老词汇，数千年来第一次成为这片土地全体中国人民的真实日子。全面建成小康社会的中国，始终把保障人民健康放在优先发展的战略位置，坚持“人民至上、生命至上”理念，护佑着 14 亿多人民的生命安全和身体健康。

健“康”与小“康”，连着千家万户的幸福，关系国家和民族的未来。

考

一、字形演变

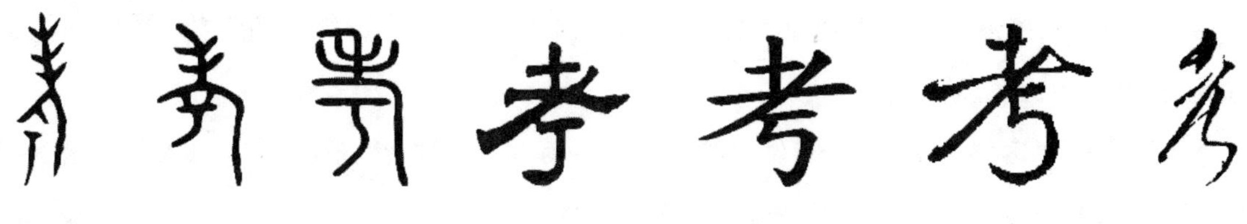

甲骨文　金文　篆书　隶书　楷书　行书　草书

二、说文解字

《说文解字》:"考,老也。从老省,丂声。"

解释:"老"和"考"的甲骨文字形都像一位长发长者手执拐杖之形,本义是指"年纪大"。"考"这个字跟"老"天生无法分开,从字形到读音都能让人感觉到这两个字之间的亲密关系。

三、字源解说

亥,既是声旁也是形旁,是"咳"的省略,表示咳嗽。考,甲骨文是由(长发的老人)和(亥,即"咳"的省略)组成,表示呼吸紧促、经常咳嗽的老人。金文将甲骨文字形中的手杖写成"卜"。篆文承续金文字形。

造字本义:动词,老化,衰老。隶书将篆文字形中的"老"写成,将篆文的"丂"写成。古代"考""老"同源,通用。

"考"的甲骨文字形跟"老"的甲骨文字形一样。而隶书则把老人的头发、身、手合并简化为"耂";由此再发展为楷书。许慎《说文解字》对这两个字的解释也说明两个字最初的本义是相同的。"考,老也。""老,考也。""考"分析其结构,可以分析为从耂、丂(kǎo)声。"丂"字可看作由老人的拐杖演变而来的;丂与考同为溪纽(发音近似现代汉语的 k)幽部,也是表音的声符;而"耂"由"老"省去"匕"而来。从这个字的造字轨迹中,可以看出记录语言中与"老"同源的词时,取相同的表义要素,另外加标音符号"丂"。从字形结构、读音到表义,都能追溯到二者的同源关系,这正是造字的巧妙之处。

四、成语及名言警句

(一) 常用成语

历历可考　考绩幽明　如丧考妣　深稽博考
再三考虑　久经考验　彰往考来　询事考言

(二)名言警句

1. 子有钟鼓,弗鼓弗考。

——《诗经·唐风·山有枢》

2. 礼义以为器,故事行有考也。

——《礼记·礼运》

3. 为把好干部提拔任用"入口关",政府应以考促学、以考敦行,教育引导履新干部廉洁自律、严以用权。

——《中国纪检监察报》2021年6月9日

4. 我们必须增强忧患意识,坚持底线思维,做到居安思危、未雨绸缪,准备经受风高浪急甚至惊涛骇浪的重大考验。

——《高举中国特色社会主义伟大旗帜,为全面建设社会主义现代化国家而团结奋斗》(2022年10月16日),《求是》杂志2022年第21期

五、廉政故事

谢觉哉的"考卷"

人生就是一场考试,相信每个人的人生考卷上都有精彩绝伦的故事,相信每个人的考卷上都雕刻着独特的人生轨迹。

谢觉哉同志是著名的"延安五老"之一,被人们尊称为谢老。虽身居高位,但谢老从不以元老自居,而是严格要求配偶子女及亲属,带头树立良好家风。

作为党的高级干部,他始终将自己视作人民公仆、普通共产党员,对子女和亲属更是严格约束。他经常告诫儿女们:"我是共产党人,你们是共产党人的子女,不许有特权思想。"

不许子女特殊化,是谢觉哉家风的特色之一。早在延安时期,有一次他的孩子到机关食堂玩耍,正遇到开饭时间,管理员想留孩子吃"小灶",谢觉哉坚决反对,要求马上孩子回家,并嘱咐他们以后少去"小灶"食堂。担任最高人民法院院长期间,因工作需要,公家配给谢老一辆小车。有一次,偶然发现儿女用了车后,谢觉哉非常生气,"国家给我的汽车是工作时才使用的,你们没有权利叫司机开我的车外出"。随后,谢觉哉叫家人付了车费,还在一次党组织生活会上,就孩子动用汽车的事做了自我批评。

谢觉哉参加革命前在湖南老家育有四男三女。中华人民共和国成立后,湖南老家的儿女们纷纷希望在京"做大官"的父亲给予"照顾",走出农村到北京工作。谢老写信劝他们不要来,他说:"你们会说我这个官是'焦官'(湖南方言,指不挣钱的官)。是的,'官'而不'焦',天下大乱;'官'而'焦'了,转乱为安。"他还作诗一首:"你们说我做大官,我官好比周老官;起得早来眠得晚,能多做事即心安。"将自己比作家乡村子里一辈子在地主家做长工的周老官,这显示出谢老的人民公仆本色。后来,有的儿子不听劝阻来京要求安排工作,谢觉哉依旧铁面无私,他说:"全国刚刚解放,下头更需要人,你有文化,还是回家乡工作好。"面对妹夫提出介绍工作的要求,他

则回应道："你要我安排你的工作，除非我回去当老百姓，你来当部长。"

1949 年后，谢觉哉曾三次回到湖南，有两次到南馥冲老家。在老家，谢老对子女和家乡干部们的浮夸接待、农村山林环境的破坏、老百姓生活困顿的情况很有意见，他批评教育道："修车路，不是对我的尊敬，而是对我的不尊敬，人民看了，要说我谢胡子是个官，是个架子很大的官，这是浮夸风的反映。"并坦言："我两次回乡，都不很称意。我还想回乡一次，不过有三个条件：第一不要派人包围我，要让我行动自由；第二农村要容易买到猪肉；第三要看到到处是幼林。"言语中体现出老一辈革命家清廉正派的风骨。

谢觉哉生活非常节俭，常常是一件衣服、一双鞋子一穿就是十几年，每当家人要给他买新衣、做好吃的时，他总是说："我们的吃穿已经很好了，再好就要过分。"谢老不仅自己生活节俭，还经常教导子女保持艰苦朴素的生活习惯。20 世纪 60 年代，谢老家中人多，孩子们吵吵嚷嚷地喊着要换房子。为此，谢老给儿女们写了一封家信。信中写道："有一个观点必须更正：这个房子是很好的，不要因有点点子毛病，就叫嚷起来。"他以"有的人一家子住在一间房里，农村的老百姓有的一年吃不到油，北京市的居民也只能分到 4 两油，鸡蛋、肉也很难买到"等例子告诫子女："要看过去，看别人，要工作在先享受在后，当广大人民还十分困难的时候，我们过着这样的生活，应该感到不安，而绝不应该感到不足。"

人生是一份试题，只有胸怀远大抱负，超越自我的考生，才能做出完美的答卷。

克

一、字形演变

甲骨文　金文　篆书　隶书　楷书　行书　草书

二、说文解字

《说文解字》:“克,肩也。象屋下刻木之形。凡克之属皆从克。”

解释:按,以肩任物曰克。字形也像人在屋下凿刻的样子。所有与克相关的字,都采用“克”作偏旁。物高于肩,故从高省,下像肩形。古文亦像肩形。

三、字源解说

“克”是“剋”的本字。克,甲骨文是由(张着大口惨叫)和(是“人”的变形,像身体蜷缩的人)构成,表示人因遭受剐肉酷刑而惨叫。远古人类将天灾理解成神对人类的惩罚,并以牺牲个体活人的残酷祭天方式,表示对天神的妥协。金文承续甲骨文字形。

造字本义:动词,古人杀人剐肉祭天,祈求消除天灾。当“克”的“杀人祭天”本义消失后,篆文再加“刀”另造“剋”代替。

甲骨文、金文像甲胄(兜鍪、头盔)之形。在古代“胄”往往是战利品,金文簋有“俘戎兵、盾、矛、戈、弓、箙、矢、裨胄”等语(《集成》),有时“胄”还可以作为首级的替代品,所以就以此表示“战胜”之义,这就是“克”字的本义。何尊:“唯武王既克大邑商。”古代作战都需要强大的武力,故也以“克”字指称能力超强。甲骨文就是用的“能够”之义:“癸卯卜,其克,捷周。”

四、成语及名言警句

(一) 常用成语

攻无不克　克己复礼　克己奉公　克勤克俭　以柔克刚　相生相克　克敌制胜
刚克消亡　克绍箕裘　说家克计　克爱克威　克尽厥职　允恭克让　省身克己

(二) 名言警句

1. 一曰正直,二曰刚克,三曰柔克。 ——《书经·洪范》

2. 匪斧不克。——《诗·齐风·南山》

3. 执轻如不克。——《礼记·曲礼下》

4. 要坚持司法体制改革的正确政治方向，坚持以提高司法公信力为根本尺度，坚持符合国情和遵循司法规律相结合，坚持问题导向、勇于攻坚克难，坚定不移深化司法体制改革，不断促进社会公平正义。——《深化司法体制改革》(2015年3月24日)，《论坚持全面依法治国》

5. 中国共产党为什么能，中国特色社会主义为什么好，归根到底是马克思主义行，是中国化时代化的马克思主义行。——《在中国共产党第二十次全国代表大会上的报告》

五、廉政故事

克己奉公、自强勤政

“以至公无私之心，行正大光明之事”，克己奉公、克勤克俭始终是中华传统美德的重要内容。中华文化是尚群的文化。小到家庭，大到国家、民族，都是群，而群就是公。对于公和私的关系，应以公为先；人和己的关系，应以人为先。“大道之行也，天下为公”，不仅表达着公权力的生成逻辑和政道指向，也昭示着对为政者本身的德行要求，即坚持克己奉公，用公权力为天下人谋福祉。从舜帝践行“只为苍生不为身”，到韩非子提出“明主之道，必明于公私之分”，到苏轼写下“治身莫先于孝，治国莫先于公”，无一不是在说明国家兴盛之道，在于政权要以芸芸大众为重心；为官理政之要，是做到两袖清风、一身正气，克己奉公、自强勤政。

克己奉公的境界应当如何涵养？清代学者张鉴在《浅近录》中记录了这样一则故事：宋高宗时期，大臣孙樊进宫朝见皇帝，当两人谈到有关官吏如何做到公正廉明的问题时，宋高宗问：“何以生公？”孙樊回答说：“廉生公。”皇帝又问：“何以生廉？”孙樊答曰：“俭生廉。”持俭，方能守廉、兴廉；为官清正廉明，己心光明，就一定能做到克己奉公、正直无畏。一钱太守、二不尚书、三汤道台、四知先生、五代清郎、八一巡抚……历史上众多良吏能臣展现出的“苟非吾之所有，虽一毫而莫取”境界，跨越历史长河始终闪耀着光辉。

“坚持党和人民的利益高于一切，个人利益服从党和人民的利益，吃苦在前，享受在后，克己奉公，多做贡献。”这是党章中对党员义务的要求。中国共产党人的血液里流淌着中华民族漫长奋斗积累的文化基因。廉洁从政，秉公用权，是我们党的光荣传统和优良作风。大公无私、先人后己，吃苦在前、享受在后，以身作则、模范带头，在党和人民需要的时候挺身而出、英勇斗争，随时准备为党和人民牺牲一切，这些都是共产党人的党性和精神品格。

1956年11月，在党的八届二中全会上，毛泽东讲了两个故事。一个是关于酸菜的，他说：“1949年在这个地方开会的时候，我们有一位将军主张军队要增加薪水，有许多同志赞成，我就反对。他举的例子是资本家吃饭五个碗，解放军吃饭是盐水加一点酸菜，他说这不行。我说这恰恰是好事。你是五个碗，我们吃酸菜。这个酸菜里面就出政治，就出模范。”另一个是关于苹果的，他说："锦州那个地方出苹果，辽西战役的时候，正是秋天，老百姓家里很多苹果，我们战士一个都不去拿。我看了那个消息很感动。在这个问题上，战士们自觉地认为：不吃是很高尚的，而吃了是很卑鄙的，因为这是人民的苹果。"

我们党在长期奋斗中，始终坚持用这样的思想和精神教育自己的党员、训练自己的干部。从方志敏的《清贫》、刘少奇的《论共产党员的修养》，到焦裕禄"任何时候都不搞特殊化"、谷文昌"不沾公家一点油"，到李保国"见不得百姓受穷，一头扎进穷山沟"、黄文秀"我想回去建设家乡，把希望带给更多父老乡亲"……回顾党的历史，我们常常被那些"用特殊材料制成""心中装着全体人民，唯独没有他自己"的先进榜样与动人故事所折服、震撼、感染。因为崇尚天下为公，才能做到克己奉公；因为心有"大我"，才能牺牲"小我"。在他们身上，对党忠诚的大德、为民造福的公德与严于律己的私德实现了高度融合和有机统一。

共产党人拥有人格力量，才能赢得民心。百年征程，中国共产党人始终坚持真理在手、正义在胸，在持续的自我革命中明大德、守公德、严私德，不断凝聚起强大的精神力量和有力的道德支撑。习近平总书记指出："在新的历史条件下，要永葆党的马克思主义政党本色，关键还得靠我们党自己。在为谁执政、为谁用权、为谁谋利这个根本问题上，我们的头脑要特别清醒、立场要特别坚定。"我们党作为百年大党，要始终得到人民拥护和支持，书写中华民族千秋伟业，必须始终牢记初心和使命，坚决清除一切弱化党的先进性、损害党的纯洁性的因素，坚决割除一切滋生在党的肌体上的毒瘤，坚决防范一切违背初心和使命、动摇党的根基的危险。全党同志都要明大德、守公德、严私德，清清白白做人、干干净净做事，做到克己奉公、以俭修身，永葆清正廉洁的政治本色。

馈

一、字形演变

金文　篆书　隶书　楷书　行书　草书

二、说文解字

《说文解字》:“馈,饷也。从食贵声。”

解释:字从食,从贵,贵亦声。“贵”指“中坚”“支撑”。“食”与“贵”联合起来表示“在对方食物匮乏的时候送去足以支撑其生存的食物”。本义:在别人挨饿时送去食物,支持其渡过难关。

三、字源解说

贵,既是声旁也是形旁,是“遗”的省略,表示赠送。馈,金文是由(辵,“遗”省略,赠送)和(食)构成,表示前往赠送美食。有的金文以“贵”代替“辵”(遗)。篆文承续金文字形。

造字本义:动词,奉送美食,敬献享用。本指赠送粮食或饭食,引申为进献、输送粮食,还引申为食物及饮食之事;由进献义又引申为祭祀。(进食于人:“凡王之馈,食用六谷。”)

四、成语及名言警句

(一)常用成语

馈贫之粮　寝馈不安　寝馈难安　寝馈其中　寝馈书中　一馈十起　中馈乏人

中馈犹虚　中馈之思　千里馈粮,士有饥色　尚虚中馈　十浆五馈　桃李之馈

(二)名言警句

1. 馈我笼中瓜,劝我此淹留。　——韩愈《南溪始泛》

2. 镇国家,抚百姓,给馈饟,不绝粮道,吾不如萧何。　——司马迁《史记·高祖本纪》

3. 然则博见为馈贫之粮,贯一为拯乱之药。　——刘勰《文心雕龙·神思》

4. 中央依法治国办启动市县法治建设工作实地督察反馈整改，督促被督察省份深入学习宣传贯彻党的二十大精神，推动督察反馈问题得到切实有效整改。

——《中央依法治国办启动市县法治建设工作实地督察反馈整改》2022 年 11 月 25 日，新华社

5. 兰考历史上出了一个有名的清官张伯行。他历任福建巡抚、江苏巡抚、礼部尚书，为谢绝各方馈赠，专门写了一篇《却赠檄文》，其中说道："一丝一粒，我之名节；一厘一毫，民之脂膏。宽一分，民受赐不止一分；取一文，我为人不值一文。谁云交际之常，廉耻实伤；倘非不义之财，此物何来？"我看，这也可以作为一面镜子。

——《在参加河南省兰考县委常委班子专题民主生活会时的讲话》(2014 年 5 月 9 日)

五、廉政故事

王安石清廉拒馈

王安石(1021—1086)，字介甫，号半山，北宋时期抚州临川人(今江西省抚州市)，因封荆国公，世人称为"王荆公"。出身于官宦家庭，21 岁考中进士，初任淮南判官，后历任知县、知州等官职，兴利除弊，为官清廉，声望颇高。在宋神宗时期深受倚重，被授予同中书门下平章事(即为宰相)，力主变法，后因变法失败被贬官，是北宋著名政治家、改革家。

王安石志趣高远，光明磊落，心胸开阔，真诚坦荡，淡泊名利，廉洁自律，奖掖后进，尊重妇女，其正直的人格，高洁的操守，使人们心折神服，连政治上的反对派也承认他平生行止无一污点，是卓绝一世的杰出人物。其人格，陆象山称为"洁白之操，寒于冰霜"。

据《梦溪笔谈》记载，王安石患有哮喘病，医生开出药方，其中有一味名贵中药为紫团山人参，但遍寻不可得。当时薛师政从河东回京师，恰巧带有这种人参，就给王安石送去几两，但是王安石不接受。有人劝他收下人参，他回答说："我一辈子没有用紫团山人参也活到了今天。"最终也没有接受人参。王安石面色黝黑，他的门人很担心，便去咨询医生。医生认为脸黑是由汗渍垢污造成的，不是疾病，就向王安石进献了一些澡豆，让他洗面。王安石说："我天生面庞黝黑，澡豆又能起什么作用呢？"同样坚决不接受澡豆。

紫团山人参在当时属于名贵中药，普通药店根本没有售卖。澡豆则是当时的一种洁肤用品，亦属贵重之物，非寻常人家所能使用。王安石位列宰辅，深得宋神宗倚重，要想拥有这些名贵之物并非难事，但是他却坚决拒绝了这些看似"合理"的赠送与进献。

王安石晚年生活更是恬淡安然。王安石退隐之后，在城郊一个名叫白塘的地方，修筑了一所简便的住宅，取名"半山园"。后来他将"半山园"捐给了寺院，自己搬到江宁城里租房住。所租房屋又小又旧，有次墙壁破了，王安石便用柴草堵上。王安石退居钟山后，经常出游于江宁附近各地，或坐于松石之下，或憩于田野农家，饿了就从怀中拿出煎饼充饥，有好心的农夫以粗茶

淡饭相待，他也不客气。起初他骑的是神宗皇帝赐的御马，马死了，就骑小驴。有人曾向他建议说，老人出游最好坐轿子，他不肯，并说：“古之王公，至不道，未有以人代畜者。”

他心怀远大的政治抱负，始终以经邦济世为己任。因此，虽然由于政见不同，朝中许多官员对变法持反对态度，但是对王安石的道德品格却莫不赞叹敬佩。黄庭坚赞誉王安石“真视富贵如浮云，不溺于财利酒色，一世之伟人也”。

明代理学家薛瑄认为，清廉自守有三种境界，即见理明而不妄取者，上也；尚名节而不苟取者，其次也；畏法律、保禄位而不敢取者，为下也。我们党的干部为的是大公、守的是大义、求的是大我，更要正心明道、怀德自重，不贪财、不收礼，始终做一个一心为公、一身正气、一尘不染的人。

事实证明，领导干部做到清正清白、纯洁纯粹，有了廉洁的威名，不仅可以让送礼者望而生畏、望而止步，还可以推动移风易俗，改善一方政治生态。每名领导干部都应学史明理，自觉修炼清廉自守的至高境界，不给别人丝毫送礼的“念头”，真正以自己的模范行为涵养清风正气、立起为政标杆。

礼

一、字形演变

甲骨文 金文 篆书 隶书 楷书 行书 草书

二、说文解字

《说文解字》:“礼,履也。所以事神致福也。从示,从豊,豊亦聲。”

解释:礼,履行敬拜活动,用来敬神致福的仪式,字形采用“示、豊”会意,“豊”也是声旁。

三、字源解说

此字初文作“豊”,始见于商代甲骨文,写作由(像许多打着绳结的玉串)和(壴,有脚架的建鼓)构成,表示击鼓献玉,敬奉神灵。金文承续甲骨文字形。有的金文再加“示”(祭祀)另造“礼”,强调“礼”的“祭拜”含义;同时误将“玉串”和“建鼓”构成的金文,拆写成“曲”和“豆”,玉和鼓的形象消失。篆文承续金文字形。

造字本义:击鼓奏乐,并用美玉美酒敬拜祖先和神灵。

“礼”的本义:举行礼仪、祭神求福。祭拜神灵,必须恭恭敬敬,并有庄重的礼仪形式。引申开来,“礼”成为表示敬意的通称,“敬礼”“礼貌”就是在这个意义上使用的。为了表示敬意(有时是为表示隆重),需要举行一些仪式,这些仪式长期以来形成了各自的特殊规定,为大家共同遵守,于是有了“婚礼”“丧礼”“开工典礼”等形形色色的“礼”。

四、成语及名言警句

(一)常用成语

礼崩乐坏 礼不亲授 礼不嫌菲 礼度委蛇 礼烦则乱 礼禁未然 礼轻情意重

礼尚往来 礼奢宁俭 礼顺人情 礼下于人,将有所求 礼贤下士 礼乐刑政

爱礼存羊 礼义廉耻 礼义生富足 礼之用,和为贵 礼多人不怪 礼烦则不庄

(二)名言警句

1. 礼者,养也。 ——荀子《礼论》

2. 民无礼而何为，财非义而不取。

——施耐庵《水浒传》

3. 礼之用，和为贵。

——《论语·学而》

4. 围绕纠治违规吃喝收礼、“车轮上的腐败”等主题，制作提醒海报、发送廉政短信，教育引导全市党员干部绷紧遵规守纪之弦，自觉抵制歪风邪气，把好作风带进新征程，以新形象开启新局面。

—《中国纪检监察报》2023年10月18日

五、廉政故事

李勉礼贤下士

李勉是唐朝的宗室后代。李勉年轻的时候非常喜欢到处游历，广交朋友。有一次，他认识了张书生，结伴旅游来到一个叫梁的地方，谁知张书生突然生起病来，而且十分严重。李勉替他请医生，买药煎药，喂水喂饭，照顾得非常周到，但是张书生的病仍不见好转。张书生对李勉说：“李兄，看来我是没救了。我死后，你用我的银子替我埋葬，剩下的钱财，就送给你用吧，以答谢你连日来对我悉心的照顾。”

张书生去世后，李勉遵照亡友的遗言办理了丧事，然后收拾好行装，来到朋友的故乡，把死讯告诉了张书生的家人，并把剩余的钱财全部归还给他的家人。李勉当时虽然也是一个穷书生，但他不贪取别人的钱财，这种诚实的行为让张书生的家人非常感动。

后来李勉当上了负责考察州县官吏政绩的观察使。任职时，不但处事廉洁公正，而且十分爱惜人才。有一次，在外出巡察中，他发现一个叫王晬的县尉很有才干，就提拔他担任代理县令的职务。谁知，王晬刚到任不久，就接到唐肃宗拘捕并要处死他的命令。原来王晬为人耿直，秉公办事，得罪了朝中权贵，遭人诬陷。

李勉听到后大惊，他不忍王晬无辜受害，连夜写奏章给皇帝，力陈王晬的为人，夸奖他是个人才，申明他的冤情，并请求加以重用。皇帝虽然赦免了王晬的死罪，可李勉因为执行圣旨不力被召回京师听候处理。

李勉回京城后面见了唐肃宗，向肃宗为王晬陈情，说明国家现在正需要这样正直能干的人才。肃宗详细了解了情况后，见李勉极力为国家推荐人才，心里十分赞赏，对这坚持正义、保护贤才的做法给予了肯定，授他为掌管宗庙礼仪的太常少卿之职，并正式任命王晬为县令。王晬上任后，正直清廉，勤政为民，深得百姓爱戴。而李勉识才爱才、保护人才的做法也深得人们的称赞。

不久，李勉又担任了节度使。他听说李巡和张参很有学问和才华，便请他们出来辅助自己办理公务。他并不因他们是下属而摆官架子，每次见面都以礼相待；每有宴会，都邀请他们一同畅饮。不幸的是，李巡和张参先后因病逝去。李勉每次宴请宾客时都会设下两个空位置，照常摆上酒菜与食具，如同他们二人活着时一样，以示怀念。李勉后来当了宰相，虽然地位尊贵，但从不骄傲自大，有时间仍然亲自到下属和士兵家里去慰问他们和他们的家属，大家都交口称赞李勉是一个礼贤下士的好官。

利

一、字形演变

甲骨文　金文　篆书　隶书　楷书　行书　草书

二、说文解字

《说文解字》:“利,铦也。从刀。和然后利,从和省。”《易》曰:“利者,义之和也。”

解释:利,铦,金属农具。字形采用“刀”作偏旁。谐和而后各有所利,所以采用省略了“口”的“和”。《易经》上说:“利益,是道义相和的结果。”

三、字源解说

利,甲骨文是由(禾,庄稼)和(刀,带锋刃的切割工具)构成,表示用刀收割庄稼,镰刀与庄稼之间的两点指事符号,表示振落的庄稼籽实。简体金文承续简体甲骨文字形。

造字本义:动词,用快刀收割庄稼。刀口锋利砍切速度就快,干起活儿来就方便、效率高,所以“利”就有了快以及顺利、便利的意思。由砍切速度快引申为一般的行动速度快,“利”就有了办事敏捷的意思,如:利索,利落,麻利。办事敏捷的人显得精明能干,所以精明能干也叫“利索、利落”。利索的人做事井井有条,不拖泥带水,所以“利索”“利落”等词也用来形容干净整齐的样子。事情顺利就有好处,所以“利”又引申出了好处的意思,如“见利忘义”“鹬蚌相争,渔人得利”。由于存款、放债可以得到利钱,利钱是本钱以外的好处,所以也叫“利”或“利息”。

四、成语及名言警句

(一)常见成语

唯利是图　大吉大利　急功近利　有利可图　利令智昏　利欲熏心　自私自利
一本万利　见利忘义　功名利禄　干净利落　名利双收　见利思义　利出一孔
渔翁之利　将本求利　坚甲利兵

(二)名言警句

1. 欲速则不达,见小利则大事不成。　——《论语·子路》

2. 君子之为利，利人；小人之为利，利己。

——《明儒学案·诸儒学案上·文正方正学先生孝孺》

3. 不见利而起谋，不见才而生嫉。小人固当远，断不可显为仇敌；君子固当亲，亦不可曲为附和。

——《钱氏家训》社会篇

4. 执法如山，守身如玉。利在一身勿谋也，利在天下必谋之；利在一时固谋也，利在万世者更谋之。

——《钱氏家训》国家篇

5. 打好污染防治攻坚战是关系近十四亿中国人民切身利益的大事，也是建设美丽中国的必然选择。

——《坚决打好打胜污染防治攻坚战》(2018年4月2日)，习近平《论坚持人与自然和谐共生》，中央文献出版社2022年版，第200页

6. 和平发展道路对中国有利、对世界有利，我们想不出有任何理由不坚持这条被实践证明是走得通的路。

——《在德国科尔铂基金会的演讲》(2014年3月28日)，《习近平外交演讲集》第一卷

五、廉政故事

陆奋飞："一时之利终身悔"

在江苏新沂市马陵山风景区，至今还保留着明朝志士陆奋飞的隐居楼遗址及其墓址。人们来此游览秀丽山川之余，常会凭吊、缅怀这位为政清廉、刚直不阿的一代清官，回味那句"一时之利，终身之悔"的千古警句。

据《宿迁县志》记载，陆奋飞(1592—1657)，字九万，号翀霄，明代宿迁人。其人魁梧不群，志趣淡泊；雅好读书，诗文壮丽。从政十余年，无论是当中央官员，还是任地方官吏，陆奋飞都清正廉洁，关爱百姓，政绩卓著，家乡为其建宗祠并铸钟纪念。

万历四十六年(1618)，27岁的陆奋飞考中举人。性格耿直的他常常仗义执言，为民请命。1626年，总河、总漕两都府为施工方便，准备开凿宿迁境内马陵山，新辟一条水道。但此举既要耗费大量民力，又要毁掉大片良田，同时还会使一批百姓流离失所。陆奋飞当即上书，历陈此举之害，建议疏通利用废旧河道。最终，毁田开渠之议被废止。

崇祯四年，陆奋飞中进士，从此步入仕途。他先任推官，掌管诉讼、审计等职责，其间曾受理一案，当事人为开脱责任，以为他祝寿之名送千金贿赂，陆奋飞坚拒不纳，秉公办事。后来有人问他为何不收这送上门的寿礼，他回答说："一时之利，终身之悔也！"

由于他学识渊博、品格高洁，后改任嘉兴府教授，主管一府教育工作，不久升任南京国子监助教。国子监是全国最高教育机构，助教是协助国子监博士教授生徒的学官。当时，有一位江苏靖江籍通过捐纳入学的监生，纳粮米450石后没多久意外死亡。不法胥吏趁机中饱私囊，事后反诬该监生欠缴粮米，逮治其家人，致其一弟六仆受牵累而死。陆奋飞得知此事，极为愤慨。

他不怕得罪同僚，极力为该监生申辩，最终查清事情真相，使贪赃枉法者受到惩处。

后来，陆奋飞因母亲去世而辞职服丧。其间皇帝下诏求谏，陆奋飞虽居山野守孝，却心系庙堂之忧，他针对当时司法腐败、冤狱不断，导致社会矛盾日益激化的实际，上疏朝廷，请求将五年御审一次重大刑案，改为一年一审。这个建议得到崇祯皇帝的赞许和采纳，改良了明朝末年的刑法，减少了重大冤滞案件。

守丧期满后，陆奋飞先后任兵部车驾司员外郎、户部福建司郎中、饶州知府等职。他始终忠于职守、勤勉公事、忧国忧民，多次上疏谏请缓征税粮、减轻刑罚、停止劳民伤财工程等。他还主张起用谏官，广开言路，以保持政治清明。明末上谷才子梁以樟先生为陆氏家谱作序云："钟吾陆氏自忠宣派衍，三吴远祖分祥宿邑，传至今复十有三世，绳绳秩秩，以引以翼，方百世未艾也。自六世祖分枝为三，即以隐德播乡间，清慎守官，常筑基维厚嗣，后螽麟爰以日繁。至十世翀霄公遂以辛未第起家，部曹为名，二千石。其仁心义质，行清而政和，犹圣门之有渊骞，循吏之传龚黄也。"

明朝灭亡后，陆奋飞拒绝出任清廷官吏，避至家乡马陵山深处，建楼隐居。如今，隐居楼楼基尚存，附近百姓亦常娓言其事。后有文人在此写下诗句："护爱马陵惠梓桑，为官拒贿节操良。一时之利终身悔，警世名言万古芳。"

《礼运》所谓："耐以天下为一家，以中国为一人者，非意之也，必知其情、辟于其义，明于其利、达于其患，然后能之。"《大学》里面："德者本也，财者末也；国不以利为利，而以义为利也。""义"置于具体的物质性质的"利"之前、之上，强调"见利思义""先义后利""义重于利""以义制利"等。因为中国义利文化熏陶，所以，中国人重大义、重气节，这是深入我们心灵深处宝贵的精神财富。

立

一、字形演变

甲骨文　金文　篆书　隶书　楷书　行书　草书

二、字源解说

《说文解字》:“立,住也。从大立一之上。凡立之属皆从立。”

解释:立,站住。采用“大”作偏旁,在“大”的下面加一横指事符号,表示立于“一”之上。所有与立相关的字,都采用“立”作偏旁。

三、字源解说

立,甲骨文是指事字,字形在一个人的脚底加一横表示地面的指事符号,表示站在地上。金文承续甲骨文字形。

造字本义:动词,站在地上。“立”即“站立”的意思。当然,不限于人体的“站立”才称为“立”,物体的竖立都可以叫“立”,如“立竿见影”等。生活中又不限于具体的物体的“站立”才称为“立”,抽象的“树立”也用这个“立”,如“立志”“立功”“立异”“立意”“立言”等。由此就有了“确立”的说法,如“立法”“立约”等。

一个人或者一个物体树立在那里,就形成了一定的姿势,可以保持一定的时间,并且占有一定的位置,于是就有了“独立”的说法;“独立”显示特立独行,故“立”又喻指“成立、成熟、建树”。于是就有了孔子所说的那句话:“三十而立,四十而不惑,五十而知天命。”这里的“立”含有“有所成就”的意思。而“势不两立”的“立”是由本义引申表示“存在”的意思。另外,古代表示时间的词语,往往借用标志空间的词。从“立”的处所位置,又发展出来时间上的“立刻”,如“立即”“立等”等。

四、成语及名言警句

(一)常用成语

顶天立地　成家立业　安身立命　亭亭玉立　傲然屹立　势不两立　鹤立鸡群

程门立雪　巍然屹立　立竿见影　树碑立传　标新立异　茕茕孑立　金鸡独立

立眉竖眼　汉贼不两立　凡事预则立，不预则废

（二）名言警句

1. 己欲立而立人，己欲达而达人。 ——《论语·雍也》

2. 不学礼，无以立。 ——《论语·季氏篇第十六》

3. 古之立大事者，不惟有超世之才，亦必有坚忍不拔之志。 ——苏轼《晁错论》

4. 面对违反党的基本理论、基本路线、基本方略的思想和行为时，要头脑特别清醒、立场特别坚定，毫不妥协、针锋相对。 ——《中国纪检监察报》2022年9月15日

5. 新的征程上，我们必须紧紧依靠人民创造历史，坚持全心全意为人民服务的根本宗旨，站稳人民立场，贯彻党的群众路线，尊重人民首创精神，践行以人民为中心的发展思想。

——《在庆祝中国共产党成立一百周年大会上的讲话》（2021年7月1日），《习近平谈治国理政》第四卷，外文出版社2022年版，第9页

五、廉政故事

于成龙立檄拒礼

2018年6月24日，中国邮政发行《清正廉洁（一）》特种邮票，清初“一代廉吏”于成龙“立檄拒礼”的故事在此套邮票中亮相。于成龙是清代名臣，以卓著的政绩和廉洁的作风深得百姓爱戴。他45岁入仕，19年的时间，他连升11级，堪称奇迹。他在两江总督任上咬得菜根而习以为常，被称为“于青菜”，在清代廉吏中独树一帜，留下清名，其善于治理、攻坚的功绩反而被遮掩了。

于成龙“立檄拒礼”的故事发生在清康熙十九年（1680），当时他刚上任直隶巡抚，大名县县官遵循旧习，在中秋节前给他送了一份厚礼。于成龙不仅严词拒收，还特地颁布了《严禁馈赠檄》，通报了大名县县官的送礼行为，并明令所属官员，今后如果发现逢年过节私送者“决不宽恕”！当时，下属官员在上官和其夫人三节两寿时送礼，以及夏天送上“冰敬”，冬天送上“碳敬”是官场积习。而于成龙一反官场“规矩”拒收“中秋礼”不是他一时的矫情，而是他为人父母官的责任感使然。于成龙初次为官上任罗城县令时即宣布“此行绝不以温饱为志，誓勿昧无理良心”的抱负，官至两江总督时，每顿仍以糠粥主食，青菜为伴，因此江南百姓称其为“于青菜”。尽管他的官职不断得到提升，可是“清廉自奉”的道德操守标准却始终没有降低。在武昌知府任上，其长子从山西老家千里迢迢来探望，他依旧是顿顿青菜豆腐，与往日无异。赴任两江总督，他不带任何随从，仅“骡车一辆，与幼子共乘之”，不住官府驿站，不受沿途官员迎送款待。

在康熙二十年（1681），于成龙奉旨入京觐见，康熙看到65岁的于成龙骨瘦如柴，又问他任上的事，他对答如流。康熙感叹说：“为政当知大体，小聪小察不足尚。人贵始终一节，尔其勉旃！”意思是，于成龙为官清廉，不是靠小聪明，而是靠大气节。不久后，康熙任命于成龙为两江总督（从一品），于成龙以监生的身份，在官场上磨砺19年，成为封疆大吏。从七品县令，到从一

品总督，19 年的时间，他连升 11 级，这样的出身和升迁记录，实为罕见。

清朝名臣熊赐履在为于成龙撰写的墓志铭中记载其去世后场景："卒之日，金陵人为之巷哭。相率炳香灯祭于寝。日几千百人，衙舍至不能容。远近闻之，皆辍市，如丧其亲……士民数万人步二十里外，伏地哭江干，江水声如不闻。"意思是，于成龙去世的时候，南京的男女老幼、商贩僧侣都痛哭流涕，衙门里自发来了上千名百姓祭拜，院子都盛不下了。大家哭声震天，如丧至亲。于成龙安葬的时候，百姓徒步 20 里跪地相送，长江水都被哭声所遮盖。

康熙听闻于成龙去世的消息，十分悲痛，又听闻于成龙清廉至此，更是感动不已，康熙帝亲自为于成龙撰写碑文，称他为"天下第一廉吏"，并赐予成龙谥号"清端"。

廉

一、字形演变

篆书　　隶书　　楷书　　行书　　草书

二、说文解字

《说文解字》："廉，仄也。从广，兼声。"

解释：廉，窄小的屋子。字形采用"广"作偏旁，采用"兼"作声旁。

三、字源解说

兼，既是声旁也是形旁，表示合并、连接。廉，金文是（广，开放式建筑）和（兼，合并、连接）构成，表示与主体建筑相连的开放式建筑空间。篆文将金文字形中的"广"写成，将金文字形中的"兼"写成。

造字本义：动词，将房屋主体与外部开放式空间相连接。廉，广：表示房屋的廊檐；兼：表示兼任。

说文解字注：(廉)仄也。此与广为对文。谓逼仄也。廉之言敛也。堂之边曰廉。天子之堂九尺。诸侯七尺。大夫五尺。士三尺。堂边皆如其高。贾子曰廉远地则堂高、廉近地则堂卑是也。堂边有隅有棱。故曰廉。廉，隅也。又曰廉，棱也。引申之为清也，俭也，严利也。许以仄晐之。仄者、圻咢陖陗之谓。今之筭法谓边曰廉。谓角曰隅。从广。兼声。力兼切。七部。

四、成语及名言警句

(一) 常见成语

物美价廉　寡廉鲜耻　廉洁奉公　廉而不刿　廉泉让水　俊杰廉悍　公正廉明

俭以养廉　清廉正直　砥砺廉隅　廉顽立懦　一廉如水　小廉曲谨　廉远堂高

(二) 名言警句

1. 公生明，廉生威。 ——曹端

2. 为政必以风化德礼为先，风化必以至诚为本。 ——胡安国

3. 廉则年如一日，好过；贪则日似一年，难熬。 ——田澍

4. 廉者，民之表也；贪者，民之贼也。 ——包拯

5. 必须牢记全面从严治党永远在路上，严厉惩治这一手绝不能放松，坚持不敢腐、不能腐、不想腐一体推进，惩治震慑、制度约束、提高觉悟一体发力，以法治思维和法治方式惩治腐败，以系统施治、标本兼治理念管党治党，实现干部清正、政府清廉、政治清明。

——《全面从严治党探索出依靠党的自我革命跳出历史周期率的成功路径》(2022 年 1 月 18 日)，《求是》杂志 2023 年第 3 期

五、廉政故事

于谦“两袖清风”美名传

在明代 200 多年的历史中，涌现了不少可歌可泣的忠臣，其中最著名的莫过于有“救时宰相”之称的于谦了。《明史》中称赞他“忠心义烈，与日月争光”。作为一代名臣，于谦在政治、军事等多个方面都做出了巨大贡献。尤其在土木堡之变后，他力挽狂澜，拯救了明王朝，尽显民族英雄的担当，名垂千古。于谦是我国明朝著名的清官，为官清廉、忧国忧民，在国家危亡时勇于挺身而出，保卫了国家，人称“救时宰相”。

于谦严以律己，为官不搞排场，生活节俭。他被任命为兵部右侍郎兼巡抚河南、山西都御史，上任时，乘坐的是普通的骡马车，既无锣鼓仪仗，也无卫兵随从。他下去暗访时，也都是轻车简从，从不惊扰百姓。在生活上，他衣不华美，食不兼味。别人过生日大搞庆典，大收贺礼，而于谦过生日，谢绝一切贺客，拒收所有贺礼。

于谦对当时官场上的腐败现象深恶痛绝，当时，太监王振把持朝政，贪污盛行，贿赂成风，大臣进京，必须送重礼，但于谦一身正气，坚决抵制，不随波逐流。他进京时，有人劝他也带些礼物去，哪怕是土特产。他则举起双手笑道：“我带有两袖清风。”并作《入京诗》一首：“绢帕蘑菇与线香，本资民用反为殃；清风两袖朝天去，免得闾阎话短长。”这便是“两袖清风”典故的由来，也是于谦反腐倡廉决心的生动表现。

1449 年，蒙古瓦剌部入侵，在土木堡战役中，明军大败，明英宗被俘，消息传到北京，朝野震惊。当时有人主张放弃北京南迁，于谦则力主抗击瓦剌，保卫北京。在此紧急关头，他临危受命，督战指挥 22 万军队，取得了北京保卫战的胜利，使国家转危为安。后明英宗也被瓦剌放了回来。1457 年，明英宗复辟，于谦这位为保卫国家做出贡献的朝廷栋梁和英雄，却被昏君和奸臣罗织罪名处死。

于谦被杀，奉命去抄家的官兵发现于谦家中空荡无余物，只有皇帝赐给他的蟒衣、剑器存放在上锁的正屋中，而这些东西他从来没有动用过。

于谦遇害的时候，阴云密布，大家都知道他是被冤杀的。都督同知陈逵被于谦的忠义感动，冒着风险收殓了他的尸体。后于谦女婿又将灵柩运回故乡杭州，葬在西子湖边。

明宪宗时，于谦得以平反，明孝宗时，在杭州的于谦墓旁建“旌功祠”。1751 年，乾隆南巡时，题写了“丹心抗节”的匾额。林则徐非常敬重于谦，重修了于谦的墓祠，并写下了“百世一人”的大字，悬挂在墓祠之上。

于谦早年曾作过一首歌颂石灰风格的《石灰吟》：“千锤万击出深山，烈火焚烧若等闲。粉身碎骨全不怕，要留清白在人间。”这首诗真实地表现了于谦忠烈清白的一生。

莲

一、字形演变

甲骨文　　金文　　篆书　　隶书　　楷书　　行书　　草书

二、说文解字

《说文解字》："莲，芙蕖之实也。从艸，连声。"

解释：莲，是芙蕖的种子。字形采用"艸"作偏旁，采用"连"作声旁。

三、字源解说

连，既是声旁也是形旁，表示结合、续接。莲，篆文蓮是艸（艸，植物）和連（连，结合、续接）构成，表示水生植物节节相连的根部。

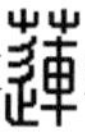

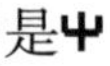

造字本义：名词，根部藕节相连的植物，荷，亦称芙蓉、芙蕖，为多年生浅水草本植物，叶子大而圆，叫荷叶；花托内喇叭状的器官含有叫"莲子"的种子；地下的根茎叫藕，一根藕通常数节相连。又如，莲社（东晋高僧居庐山东林寺时结成的文社。因寺内有白莲花，故名）；莲台（佛像下面的莲花状坐台）；莲炬（形状如莲花的蜡烛）；莲船（采莲的船；比喻莲叶为船）。佛家称佛所居世界（Buddha's world）。如，莲宇（佛寺的别称）；莲宗（佛教净土宗的异名，因西方极乐世界多生莲花，又叫莲邦，所以由慧远所创的修极乐净土的门派，也叫莲宗）；莲界（指佛家净土世界）。

四、成语及名言警句

（一）常见成语

柳腰莲脸　舌绽莲花　莲耦同根　金莲宝相　三寸金莲　火中生莲　打莲花落

太一莲舟　金莲华炬　九品莲池　轻薄莲华　金粟莲台　七宝莲池　并头莲蒂

（二）名言警句

1. 制芰荷以为衣兮，集芙蓉以为裳；不吾知其亦已兮，苟余情其信芳。　　——屈原《离骚》

2. 予独爱莲之出淤泥而不染，濯清涟而不妖，中通外直，不蔓不枝，香远益清，亭亭净植，可远观而不可亵玩焉。

——周敦颐《爱莲说》

3. 清水出芙蓉，天然去雕饰。

——李白《经乱离后天恩流夜郎忆旧游书怀赠江夏韦太守良宰》

4. 与莲相处，百日精湛。

——江楠

五、廉政故事

“莲”与“廉”

莲花，曾是古往今来文人笔下高歌咏叹的对象，但大多数文人都是惊叹于它的清姿素容，并将其形诸笔端；而北宋著名学者周敦颐的散文精品《爱莲说》独辟蹊径，托物言志，以莲喻“廉”，把莲的“出淤泥而不染，濯清涟而不妖”高度概括为做人为官之德，使廉洁文化从此以一种独立的文化形式得以发扬光大，并且影响了一代又一代为官从政者。

奠定廉洁文化信仰。1072 年，周敦颐来到江西，创办了濂溪书院，从此开始设堂讲学，收徒育人。他将书院门前的溪水命名“濂溪”，并自号“濂溪先生”。因他一生酷爱莲花，便在书院内建造了一座爱莲堂，堂前凿一池，名“莲池”，以莲之高洁，寄托自己毕生的心志。先生讲学研读之余，常漫步赏莲于堂前。后造就一篇《爱莲说》，成为流传后世、脍炙人口的千古佳作。

中国的廉文化历史源远流长，而将“廉”与“洁”有机结合形成独立的廉洁文化，并且发挥其独有的教化功能，周敦颐无疑是第一人。“爱莲文化”是以周氏先祖《爱莲说》为精神理念，教化育人，提升人格，树立为人道德规范、为官清廉为民等一整套系统的治国持家与行事做人的爱莲文化信仰。周敦颐后裔目前已遍及湖南、浙江、江苏、安徽、上海、北京、湖北、江西、福建、广东等省市，以及港澳台和世界各国。历经数百年，周氏后人繁衍生息，世代兴旺，且将先祖创立的爱莲美德这一民间信仰变成了一种优良的传统文化，代代传承。

1949 年后，北京中南海西花厅成为周恩来的办公室和住所。厅前有水榭，三面临水，夏季池中莲花盛开，水榭东侧为不染亭，亭榭之间以短廊相接。周恩来进出西花厅，都要穿过不染亭，仿佛天天都在净化自己，品格随之而升华！

涵养优良家训家风。为传承爱莲文化，秉承先祖周敦颐创建的理学精髓，由周氏后裔周启运创立了《周氏家训》，充分体现了爱莲文化的精髓并教化了历代后人，使后人中为民者“积德、行善、慈爱”，为官者“兴农事、重教化、救良民”。

中华人民共和国成立后，周恩来曾制定了十条家规。这十条家规，从周恩来进北京城开始，几十年如一日始终坚持，直到生命的最后一刻。周恩来一生严于律己，品德高尚，为人所景仰，这是他平生注重道德修养的结果。

从周敦颐的《爱莲说》到周氏家训，再到周恩来同志的十条家规，显而易见，它们是一脉相承的。1939 年春，周恩来为考察抗日军事和宣传抗日统一战线，曾回到故乡绍兴，在那里，他不仅参观了距鲁迅故居不远的百岁堂老宅，还到周家祖坟去了一次。回到重庆后，他曾和堂弟周恩霍谈起故乡的情况，说起周家和鲁迅是同宗的事，说两家同是宋代著名理学家、文学家、《爱莲说》的作者周敦颐的后人，这一说法已为新出版的《周恩来家世》所证实。

修齐铸就伟人品格。“诚”“俭”“忍”三字是《周氏家训》最有意义的地方，也是传承周氏爱莲家风的三要诀，更是周恩来严肃家风的渊源所在。优良家风滋养了周恩来的情怀与胸襟，铸就伟大人格品质。

周恩来继承祖训，不仅将勤俭视为“治躬”(自省)第一义，治家第一义，更重要的是将勤俭作为治国的法宝，他的一生可说是执行“勤俭治家，勤俭建国”的楷模。他对亲属，特别是晚辈要求甚严，几乎每次会见亲属都要反复强调勤俭节约。为此，他给家人制定了十条家规，就是希望家人及后人一定要把握好勤俭这个法宝，即使将来以强国屹立于世界之林，也不能丢弃勤俭这个法宝。

良

一、字形演变

甲骨文　金文　篆书　隶书　楷书　行书　草书

二、说文解字

《说文解字》:“良,善也。从畗省,亡声。礼,古文良。[古文],亦古文良。[古文],亦古文良。”

最早见于甲骨文,其本义一说是与水中之梁有关;一说是良好的谷子从风柜里流出来,表现“善”“良”“美”“好”的意思。后延伸为很、甚、极其等义。

三、字源解说

“良”是“琅”的本字;“瑯”“郎”“廊”都是“琅”的异体字。良,甲骨文[甲骨文字形]是象形字,字形像宫殿[口]两侧迂回曲折的游廊[游廊字形]。金文[金文字形]将甲骨文字形中曲折的游廊[游廊字形]写成[字形],像是分段加关的游廊通道。

造字本义:名词,宫殿区内精美的玉砌廷廊,是古代帝王侍卫、侍从、顾问、医师等听候召唤的所在。

一说其商代文字像水中有梁形。此字变形是将上下双弯水道变成单弯水道,字形发生变异。西周文字又将上下双弯道,都用短横连接。战国文字变形颇多,又演变为下端从亡声。秦汉文字的规范写法是上从口,中从日,下从亡,或将上端的口与中间的日相连,这一写法与《说文》小篆的写法较为接近。关于良字本义,应与水中之梁有关。《说文》:“良,善也。”已非良字本义。良应以梁为本义。古文字良、梁二字通用。良,古多用为善良美好之意。

一说其甲骨文中是过去农村用来风谷的“风柜”的简形,中间的“口”,便是方形的柜身(用手摇转的风叶也在其内了)。上面的两根斜线,是有漏斗作用的入谷道,下面的两根斜线则是出谷道。谷子倒进去,被用手摇风叶的风一吹,轻而无用的稗子、杂草、皮屑、灰尘等等都被吹去了,重而良好的谷子便从出谷道流淌出来了。发展到金文阶段,在春秋时代“季父良壶”上的金文,比较可知,进谷道和出谷道都已讹变繁化。

四、成语及名言警句

（一）常用成语

良工巧匠　良辰吉日　良辰美景　良贾深藏　良金美玉　良苗怀新　良禽择木

良师益友　良玉不雕　良知良能　良质美手　安良除暴　欺良压善　天良发现

调良稳泛　温良恭俭　良马见鞭影而行　良工不示人以朴

（二）名言警句

1. 良禽相木而栖，良臣相主而佐。 ——王安石

2. 良材美器，宜在尽用之地。 ——李延寿

3. 良药苦口利于病，忠言逆耳利于行。 ——《孔子家语》

4. 十年前，我们面对的形势是，改革开放和社会主义现代化建设取得巨大成就，党的建设新的伟大工程取得显著成效，为我们继续前进奠定了坚实基础、创造了良好条件、提供了重要保障，同时一系列长期积累及新出现的突出矛盾和问题亟待解决。

——《高举中国特色社会主义伟大旗帜，为全面建设社会主义现代化国家而团结奋斗》(2022年10月16日)，《求是》杂志2022年第21期

五、廉政故事

良苦用心为人民

——秦善秀：把粮食给群众留下

秦善秀，五顷塬西头村人，正宁早期中共党员之一，中国共产党正宁第一个支部成立时，当选支部委员。先后担任共产党底庙区委书记、新宁县委书记、关中特区苏维埃政府主席，牺牲时年仅27岁。为了纪念秦善秀，中共关中特区委员会、关中特区苏维埃政府把他的家乡新正县一区（湫头）命名善秀区。

寺村原革命根据地失去后，陕甘红军游击队转移到五顷塬，发动群众、打土豪、分田地，开展革命活动，对秦善秀的影响很大，在他思想深处埋下了革命的种子。张仲良率领第三路游击队来五顷塬开展工作时，他参加了革命。

在武装斗争极其艰苦的情况下，秦善秀早出晚归，宣传革命，发展党员，建立基层党组织。他挤出自家钱粮、布匹作为活动经费，腾挪一部分土地分给穷人，唤醒了群众的革命意识，激发了斗争精神，把一些出身贫寒、思想进步的青年团结起来，储备了革命力量。

革命形势不断高涨，引起了国民党的极度恐慌，纠集数万人马，“围剿”陕甘边区。国民党军队搜捕地方干部，残害革命群众，欺诈无辜百姓，搜刮钱粮，烧毁民房，到处血雨腥风，白色恐怖笼罩。

撤离时，秦善秀对王秉祥、李德禄、张荣德、罗金财他们说：把粮食留下，敌人三番五次来抢掠，群众比我们更困难，更需要粮食。看到群众和党政机关都脱离危险了，秦善秀他们才走。几经辗转来到九龙川的密林中隐蔽起来，部队没有一粒粮食，伙食成了大问题，一连七八天没有吃上一口饭。大家忍饥挨饿，身体非常虚弱，个个脸色苍白，眼前冒金星。同志们在梢林艰难地觅食，只要能吃的都尝试，看到刚刚从花里脱胎出来的山杏，急忙采摘吃，一吃就发酸，酸得牙根发软，吐得胃里发烧。后来秦善秀发现杜梨树上的白花能吃，比酸杏好吃多了，但是吃得一多浑身发烧，眼睛红肿。困境中大家又想出了个办法，把酸杏和杜梨花和在一起煮熟吃，好吃多了，少食多餐，胃也舒服了。有时还把榆树皮剥下来晒干磨成粉，和点五谷做成面条吃，一口饭需要嚼上很长时间，才能咽下去。每每在这种场合，秦善秀就说："艰苦的生活对每个人来说是一种考验，也是一种锻炼，只要看到平日群众的苦、百姓的难，我们付出得再多，也都值得，也就不苦了。"

令

一、字形演变

甲骨文　金文　篆书　隶书　楷书　行书　草书

二、说文解字

《说文解字》:“令,发号也。从亼、卩。”

解释:律也,法也,告诫也。本义:当面受命,强力指示。

三、字源解说

“令”是“命”的本字。令,甲骨文是(朝下的“口”)和(㔾,即“人”,等候指示的下级)构成,表示上级指示下级。金文承续甲骨文字形。篆文将金文字形中的“㔾”写成“卩”。

造字本义:动词,上级向下级授命,做出权威性指示。

甲骨文的“令”字上部是个三角形,下部是个规规矩矩跪坐着的人。对上部的三角形,有人认为上部的三角形模拟发出号令的木铎,下部模拟受命的人。也有人认为,这三角形,是古代集合的“集”字,表示将众人集合到一起,一个个跪着,由首领发布命令。林义光《文源》认为这三角形是一个朝下张开的“口”,跪着的人在听长官用嘴发布命令。还有人认为,这三角形表示房屋,表示一个人坐在屋里接收命令。以上说法大同小异,都把“令”字的本义归结为命令或发布命令。隶变以后,却把屋下跪坐的人变成“卩(jié)”了,楷书又将“卩”写作“マ”。

四、成语及名言警句

(一) 常用成语

令行禁止　令行如流　令原之戚　令仪令色　令月吉日　利令智昏　三令五申

抱令守律　不令而信　朝令夕改　奉令承教　号令如山　雷令风行　行令猜拳

欲令智昏　政令不一　谄词令色　令之以文,齐之以武

(二) 名言警句

1. 既不能令,又不受命。 ——《孟子·离娄上》

2. 其身正,不令而行。 ——《论语·子路》

3. 令，发号也。

——《说文》

4. 澳门回归祖国20年来取得的成就和进步令人自豪，祖国人民和中央政府也都感自豪。澳门认真贯彻“一国两制”方针取得的经验和具有的特色值得总结，澳门未来发展美好蓝图需要我们共同描绘。

——《高举中国特色社会主义伟大旗帜，为全面建设社会主义现代化国家而团结奋斗》(2022年10月16日)，《求是》杂志2022年第21期

五、廉政故事

周亚夫：令行禁止

《管子・立政》：“令则行，禁则止，宪之所及，俗之所破。如百体之从心，政之所期也。”《逸周书・文传》：“令行禁止，王始也。”《旧唐书・阚稜传》：“有相侵夺者，稜必杀之，虽亲故无所舍，令行禁止，路不拾遗。”

西汉时期，历史上有一位治军有方的青年才俊，名叫周亚夫。因不畏权贵，治军严谨，抗击匈奴有功而深得汉文帝赏识。著名史学家司马迁对周亚夫的评价是：“亚夫之用兵，持威重，执坚忍，穰苴曷有加焉！”“穰苴”，又称“司马穰苴”，是春秋时期齐国的著名将领，著有《司马兵法》，曾率齐军打败晋国和燕国，战功显赫。司马迁赞赏周亚夫之才丝毫不亚于司马穰苴。

汉文帝后元六年，匈奴军队大举入侵，汉边境空虚，匈奴军队长驱直入，占领不少边关城池，就连京师长安的官员们也都惊恐慌乱起来。汉文帝召集大臣们商议对策，决定首先加强京城周围的守卫，任命20多岁的河内守周亚夫为将军，驻军细柳。这次驻扎细柳，即是立功之机，周亚夫决心不负文帝厚望。

一天，天子巡行视察的先驱官正待进入军营，不仅看见营门紧闭，甚至在营门十丈以外的地方就被守卫的军士持剑戟拦住。先驱官身边的小校急忙上前喊道：“天子的先驱官至此，快快开门迎接！”军门都尉拱手不卑不亢。直待周亚夫验视了符节，确证了天子驾临视察军营，传令大开军营正门，以军礼迎接皇上。

汉文帝正要下令进入军营，却门前被拒。且周亚夫弓步向前向文帝施军礼道：“介胄之士不行跪拜之礼，仅以军礼恭迎陛下，请皇上视察！”汉文帝不仅没有生气，见到此情景后还十分感动。

皇帝走后，先驱官因自己和皇上在营门前被拒心中不悦，趁皇帝途中休息时，给汉文帝打小报告：“臣方才到细柳营传达诏令，周将军不以为意，十分怠慢，反而晓谕将士，‘军中只闻将军之令，不闻天子之诏’。适才皇上幸细柳营，也曾被拒门外，臣请治周将军之罪，以儆效尤！”汉文帝将此事征求群臣的看法，群臣面面相觑，一时也难以回答。

文帝说：“这周亚夫是位真正的将军，此前在灞上和棘门军营，早在我车驾到达之前，就大开营门，军内鼓角齐鸣，热闹非凡，却是玩忽职守，若此时胡虏攻来，军营必定不堪一击。不见符节就随便开城门，若胡虏略施计谋，就可赚开营门，偷袭军营而虏其将，则军营顷刻必破，将士必

亡。细柳军营周将军忠于职守，防备森严，治军有方，胡虏休想占得半点便宜。这样年轻有为的将军才真是捍卫国家社稷的栋梁人才。”经过汉文帝的分析和称赞，群臣茅塞顿开，齐呼万岁，而那名先驱官只好默默地低下了自以为是的头。

正因为周亚夫尽职守责，谙熟兵法，治军严谨，匈奴入侵后被周亚夫等打得惨败而归。见周亚夫年轻有为，颇有韬略，文帝立即擢升周亚夫，担任守卫京师的中尉。

要提高执行力，就要做到令行禁止。人们常说“军令如山”，战争中的命令能否得到迅速有效的执行，是能否取得胜利的重要因素。同理，政令能否得到迅速有效的执行，也同样重要。如果政令不通，各行其是，是任何工作都做不好的。作为一个有着严格纪律传统的党，中国共产党在带领人民走向共同富裕的道路上，要保证党的各项方针、政策和路线得到贯彻执行，就必须实行严格的纪律，保证全党上下步调一致、令行禁止。决不允许某个人、某个地方和部门存在特殊性而有令不行、有禁不止，更不能搞上有政策、下有对策阳奉阴违的那一套。

律

一、字形演变

甲骨文　金文　篆书　隶书　楷书　行书　草书

二、字源解说

《说文解字》:“律,均布也。从彳,聿声。”

许慎说的“均布”应该是均匀分布的意思。段玉裁进一步解释“均布”说,“律”就是用来规范天下的不统一而使其归于一。

三、字源解说

聿,既是声旁也是形旁,是“筆”的本字,表示书写。律,甲骨文是(彳,即“行”的省略,遵守奉行)和(聿,手执毛笔书写)构成,表示书写在册的、人人遵守奉行的处事准则。金文将甲骨文字形中的“聿”写成。

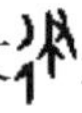

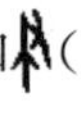

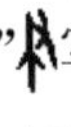

造字本义:名词,写入法典、供人们处事遵行的条文、规则、法规。

甲骨文“律”由两部分组成,左部为“彳”,彳是“行”字的省形,义为道路,引申为行走、推动;右部为“聿”字,字形像一只手拿着笔,为“笔”之初文,可引申为制定、规划;下部增添一“止”字,与“彳”共同构成“辵(chuò)”,“辵”“彳”义近可通。小篆规范了笔画,不保留下部的“止”,类似于甲骨文。隶书以直笔方折改变了篆书的弧笔圆折,成为今文。

四、成语及名言警句

(一) 常用成语

析言破律　玉律金科　同音共律　严以律己　析律舞文　析律贰端　视同一律
引律比附　五音六律　东风入律　千篇一律　清规戒律　践律蹈礼　抱令守律
金科玉律　方头不律

(二) 名言警句

1. 自由不是无限制的自由,自由是一种能做法律许可的任何事的权力。 ——孟德斯鸠

2. 纪律是自由的第一条件。 ——黑格尔

3. 律己则寡过，绳人则寡合。 ——林逋

4. 我们要始终把人民立场作为根本立场，把为人民谋幸福作为根本使命，坚持全心全意为人民服务的根本宗旨，贯彻群众路线，尊重人民主体地位和首创精神，始终保持同人民群众的血肉联系，凝聚起众志成城的磅礴力量，团结带领人民共同创造历史伟业。这是尊重历史规律的必然选择，是共产党人不忘初心、牢记使命的自觉担当。

——习近平总书记在纪念马克思诞辰200周年大会上的讲话（2018年5月4日）

5. 全面加强党的纪律建设，督促领导干部特别是高级干部严于律己、严负其责、严管所辖，对违反党纪的问题，发现一起坚决查处一起。坚持党性党风党纪一起抓，从思想上固本培元，提高党性觉悟，增强拒腐防变能力，涵养富贵不能淫、贫贱不能移、威武不能屈的浩然正气。

——《高举中国特色社会主义伟大旗帜，为全面建设社会主义现代化国家而团结奋斗》（2022年10月16日），《求是》杂志2022年第21期

五、廉政故事

廉相陆贽严于律己

唐德宗时期有一个宰相叫陆贽，他严于律己，任何礼物一概拒绝，德宗皇帝劝他说，爱卿太过清廉了，别人送什么都不收也不好，像马鞭靴子之类的，收下也没什么关系。陆贽回答说，一旦开了受贿这个口子，必定胃口越来越大。

陆贽（754—805），字敬舆，苏州嘉兴（今浙江嘉兴）人。唐朝著名政治家、文学家、政论家、宰相。溧阳县令陆侃第九子，人称“陆九”。从小天资过人的他，不仅受过严格的儒家教育，而且深受儒家忠孝节义观念影响。大历六年（771），18岁的陆贽进士及第，登博学宏词科，授华州郑县尉。

陆贽为官后，一直保持着清正廉洁的作风，陆贽早年回乡探母时，曾顺路去拜见寿州刺史张镒，分别时，张镒赠送给陆贽很多钱财。据《旧唐书·陆贽传》记载有“钱百万”称是给陆贽母亲的饭费，但被陆贽婉拒了。多年后，陆贽母亲病逝，他回乡守孝时，地方官员、豪绅富商纷纷携重金登门拜祭，陆贽全部拒收。

除了对自己的严格要求，陆贽还多次向唐德宗上各种奏章，劝谏唐德宗成为一个贤明的君主，劝他摒弃私欲，以社稷为重。783年，唐德宗派兵出关平叛，但将士们因吃不饱饭而对朝廷感到不满，于是发动兵变，攻陷长安，唐德宗逃至奉天避难。在奉天时，陆贽劝谏唐德宗，希望他能以大局为重，废除“琼林”和“大盈”两个私库，表示“故圣人之立教也，贱货而尊让，远利而尚廉”，意思是君主应该崇尚礼仪、保持廉洁，避免追逐利益、聚敛财物。陆贽用“今之琼林、大盈，自古悉无其制”否定了二库存在的合法性，同时又指出君王的私欲膨胀对于国家的极大危害。后来在陆贽的劝谏下，唐德宗下令撤去了“琼林”“大盈”的匾额。

陆贽一生真正做宰相只有两年，很快被罢又贬，算不上权倾朝野或德高望重，比起其他清官或者有名的宰相，他更鲜为人知，却还是被很多人称许为宰相楷模。晚年他被贬忠州，当时忠州刺史李吉甫曾被他贬却被他的高风亮节打动，还是以宰相之礼对待他。

苏轼直接称赞陆贽："才本王佐，学为帝师。"假如唐德宗"尽用其言"，贞观之治"可得而复"。欧阳修撰写《新唐书》时也深深叹道：陆贽政论谏议"数十百篇，讥陈时病，皆本仁义，可为后世法，炳炳如丹"。

"只谋国不谋身"的他把自己忠君爱国，清正廉洁的理念写在了《陆氏家训》中"凡我子孙，有官职者，以正直忠厚为本，以公廉仁恕为心，谦恭勤慎，节用爱民，忠贞体国，翼翼小心"，足见其一生清廉的本色。

"当官就不要发财，发财就不要当官。"廉洁从政，秉公用权，是我们党的光荣传统和优良作风，是共产党人为官从政的底线。习近平总书记讲述陆贽的故事，就是告诫广大党员干部要慎微慎独，时刻绷紧严于律己这根弦，明大德、守公德、严私德，清清白白做人、干干净净做事、坦坦荡荡为官，做到克己奉公、以俭修身，永葆清正廉洁的政治本色。

行得端、走得正，才能行得稳、走得远。

美

一、字形演变

甲骨文　金文　篆书　隶书　楷书　行书　草书

二、说文解字

《说文解字》:"美,甘也。从羊,从大。羊在六畜主给膳也。美与善同意。"古人以羊为主要副食品,肥壮的羊吃起来味很美。本义:味美。

三、字源解说

美,甲骨文是(像花枝或草蔓)和(大,人)构成,表示头戴花草饰物。金文把甲骨文字形中近似于"華"的花草形象写成似"羊"非"羊"的。

造字本义:形容词,头戴花环的人,华丽,悦目,好看,漂亮。

许慎《说文解字》认为,"美"是个会意字。从羊,从大。段玉裁作注:"羊大则肥美。"羊肉味道鲜美,因而人们常常将"美"字拆成"羊"和"大",说"羊大为美"。从甲骨文来看,"大"上部的构件并不是羊头,而是像羽毛之类的装饰物。一人(大)的头上装饰着高耸弯曲的羽毛或类似的头饰,自然是美丽的,所以才拿来创造美丽、美好等意义。在后续发展的甲骨文中,羽饰下部多出一横;后来羽饰由四根变为两根,上部变得与"羊"相似。西周以后,这一构件已与"羊"非常接近。战国时已形成与小篆大致相同的主流结构,同时作为后代主要异体的从羊、从火结构开始出现,构件"火"的发展,是"大"的讹变。隶书主流结构承袭从羊从大的讹变形体,并且又进一步楷化为楷书的"美"。

四、成语及名言警句

(一) 常用成语

十全十美　黄粱美梦　美轮美奂　美景良辰　尽善尽美　精美绝伦　至善至美
两全其美　物美价廉　美不胜收　良金美玉　逞娇呈美　世济其美　斗美夸丽
欧风美雨　佳肴美馔　志美行厉　乐成人美　君子成人之美

(二) 名言警句

1. 生命短促,只有美德能留传到辽远的后世。　——莎士比亚

2. 美比漂亮的价值高。 ——吴冠中

3. 美高于善，善胜过丑。 ——王尔德

4. 人民对美好生活的向往，就是我们的奋斗目标。

——《人民对美好生活的向往，就是我们的奋斗目标》(2021 年 11 月 15 日)，习近平《求论把握新发展阶段、贯彻新发展理念、构建新发展格局》，中央文献出版社 2021 年版，第 22 页

五、廉政故事

司马迁：美玉无瑕，始终如一

司马迁，西汉史学家、文学家，被后人尊为“史圣”。司马迁撰写《史记》，朝中最受汉武帝刘彻宠信的将军李广利派人给他送来一件礼物。司马迁的女儿打开精致的盒子一看，不禁欣喜于色。原来，盒子里放着一对圆润、光滑的稀世珍宝——玉璧。于是，她喜盈盈地跑过去告诉了司马迁。

这对玉璧使司马迁思绪万千，他想到：我是一个平凡而品位低下的小官，人家是皇上的宠臣，为什么要送我这么珍贵的礼物呢？况且，这无瑕玉璧，不正是做人的榜样吗？富贵贫贱不由人，而品行则可以追求，使其洁白似玉。如果收下这对玉璧，我身上就增添了一分瘢痕污点。司马迁劝导女儿：美玉贵在无瑕，人也应如此。说罢，他包好玉璧，交给来人带回去了。

后来司马迁因替投降匈奴的李陵辩护，汉武帝听了，认为司马迁是有意贬低李广利（李广利是汉武帝宠妃的哥哥），勃然大怒，不由分说，把司马迁下了监狱。案子不巧落到了当时名声很臭的酷吏杜周手中，杜周严刑审讯司马迁，司马迁忍受了各种肉体和精神上的残酷折磨，始终不屈服，也不认罪。

不久，汉武帝杀了李陵全家，判处司马迁以宫刑。司马迁在狱中又备受凌辱，几乎断送了性命。他本想一死，但想到自己多年搜集资料，为了完成《史记》的写作，他忍辱负重，抛开个人身体折磨和精神压力，全神贯注地投入到写作之中，并终于创作完成。作为中国第一部纪传体通史，《史记》记载了从上古传说中的黄帝时期到汉武帝元狩元年长达 3000 多年的历史，是司马迁以“究天人之际，通古今之变，成一家之言”的史识完成的史学巨著，是“二十五史”之首，被鲁迅誉为“史家之绝唱，无韵之离骚”。

对于强者来讲，逆境更是能激发斗志，磨砺自身的性格，是达到事业成功的先决条件。尽管惨遭宫刑，司马迁却不坠其志，忍受常人不能忍受的恶劣条件，专心著述。他突破了愚忠思想的束缚，敢于揭示客观真理，反对暴政，同情人民的苦难，并无情地揭露和鞭挞暴君污吏的丑恶。“人固有一死，或轻于鸿毛，或重于泰山”，司马迁以先世贤人的事迹勉励自己，公正无私地撰写一部讲述历史的传世巨著，《史记》才得以诞生。《史记》是司马迁用鲜血和生命写成的，是给炎黄子孙留下的宝贵的文化遗产，自然值得人们永远尊敬和怀念。

这份品质一以贯之，又有了退礼的事迹，司马迁的廉洁与自爱、公正和无私、淡泊名利的品质值得我们的党员干部学习，他的正直和爱国精神也是我们需要继承的优良传统。

廉洁自律是中国共产党一贯倡导的优良传统和作风，是党和人民对党员干部最起码的要求，也是党员干部应具备的基本素质和应当遵循的道德准则。我们要在日常工作分清是非，用好权力，防微杜渐，抵制诱惑。思想上，要始终保持清醒；行动上，始终保持理智。以平和、知足之心对待名利，以敬畏、淡泊之心对待权力，始终保持高尚的人格追求和浩然正气，这样才能成为一名清正廉明、受群众爱戴的党员干部。

冕

一、字形演变

甲骨文　金文　篆书　隶书　楷书　行书　草书

二、说文解字

《说文解字》:"冕,大夫以上冠也。邃延、垂瑬、紞纩。从冃,免声。古者黄帝初作冕。絻,冕或从糸。"

解释:冕,大夫以上的官员所佩戴的礼帽。冕的覆版很长,垂下玉瑬,两侧悬挂充塞两耳的瑱玉。字形采用"冃"作偏旁,用"免"作声旁。古昔时代黄帝最早发明了冕。"絻",是"冕"的异体字,字形采用"糸"作偏旁。

三、字源解说

"免"是"冕"的本字。免,甲骨文像人头上戴着有角饰的帽子。当"免"的"帽子"本义消失后,篆文再加"冃"(帽)另造"冕"代替。

造字本义:名词,古代官员有旒的礼帽。古代帝王、诸侯及卿大夫在举行祭祀等大典时所戴的大礼冠。外黑色,里朱红色。冕顶有长方板,前圆后方,盖谓天圆地方,称为延(綖),后高前低,略向前倾。延之前端缀有数串小圆玉,谓之旒。冕加在发髻上,并横插一玉笄(簪),以别住冕。笄的两端绕颔下系朱红丝带,谓之纮(纮),其下垂缨;又各用一条名叫紞的丝绳挂下一个黄色绵丸,谓之黈纩,或饰玉,谓之瑱。

四、成语及名言警句

(一)常用成语

轩冕相袭　沐猴冠冕　服冕乘轩　堂皇冠冕　南州冠冕　冠冕堂皇

画苑冠冕　功归冕旒　褰帷露冕　裂冠毁冕,拔本塞源

(二)名言警句

1. 不矜轩冕爱林泉,许到池头一醉眠。　——白居易《令狐尚书许过弊居先赠长句》

2. 青春复随冠冕入，紫禁正耐烟花绕。 ——杜甫《洗兵马》

3. 故交若问逍遥事，玄冕何曾胜苇衣。 ——方干《初归镜中寄陈端公》

4. 轩冕而敬，伪也。匿就而爱，私也。 ——曾国藩

五、廉政故事

韩琦正衣冠

《照镜图》是历史人物画，现存扬州博物馆，此幅《照镜图》的中心人物是宋代有名的宰相韩琦，画中的韩琦宽袍阔袖，美髯长须，正用双手正其冠，娇妻也帮他正衣冠。这是唐太宗的“以铜为镜，可以正衣冠”的再现。

有人会问，韩琦有必要如此注重外表吗？这实在是皮相之见。韩琦为相十载，上定国策，下抚百姓，勤勤恳恳，尽职尽责，正如他本人所说：“人臣尽力事君，死生以之。”在北宋的“庆历新政”中，韩琦与范仲淹同心协力，名重一时，人心归服，朝廷倚为长城，故天下人称为“韩、范”。边塞上传诵着这样的歌谣：“军中有一韩，西夏闻之心骨寒。军中有一范，西夏闻之惊破胆。”

韩琦反腐倡廉，严厉抨击当时“货赂公行”“因缘请托”的不良社会风气和“侥幸日滋，赏罚倒置，法律不能惩有罪，爵禄无以劝立功”的官场腐败作风。他建议宋仁宗先从朝廷内部“减省浮费”“无名者一切罢之”。名相王曾称赞他说：“今言者不激，则多畏顾，何补上德？如君言，可谓切而不迂矣。”《韩魏公集》序言中说：“公历事三朝，辅策二朝，功存社稷，天下后世，儿童走卒，感慕其名。”这是后人对他的确当的评价。

邵伯温《邵氏见闻录》记载了一个有趣的故事，韩琦在扬州任知州时，王安石是他手下的幕僚，此时王安石刚进士及第，任佥判。王安石每晚读书至天亮，清晨来不及洗漱就匆忙上班。此次是韩琦过虑了，他透过外表，疑王安石“夜饮放逸”，便直言不讳地对王安石表示，你年纪轻轻，应该认真读书，不要自弃。

后来韩琦还借机继续对王安石旁敲侧击。官署后园有芍药一枝分四杈，每杈各开一花，上下红，中间一圈黄蕊，称为“金缠腰”，又叫“金带围”，据说出现这种花，城内就要出宰相了。韩琦觉得很奇异，想再约三位有朝官身份的客人来一起观赏，以应四花之瑞。他请了王珪、王安石、陈升之参加，四人聚会，各簪金带围一朵，甚为欢乐。他自己衣冠整齐、头上簪花先作榜样，以感染他人。30年后，果然四个人都曾为宰相，这就是著名的“四相簪花”的故事。

最初，韩琦批评王安石，王安石认为韩琦小题大做，心存龃龉。后来王安石秉政，与韩琦在政见上有所不合，有人就以当年韩琦批评他不注意仪表之事挑拨，王安石正色地说：“韩公德量才智，心期高远，诸公皆莫及也。”

榜样的力量是无穷的，只要行得正，站得稳，终会被人理解。韩琦之后，另一位宋代历史上的大人物欧阳修执掌扬州一地，欧阳修体会韩琦的苦心，在扬州任职时，细细研究韩琦的为官为人之道，敬佩得五体投地，说“遵范遗政，谨守而已”。他以韩琦为榜样理政，所以民间安居乐业，

怡然无忧。

所谓“正衣冠”，就是行得端、走得正、讲党性、讲原则、讲民主、讲服务、讲奉献；始终把维护党的执政地位和党的光辉形象看得比生命还重要，时刻牢记“两个务必”，坚定不移地奉行“立党为公、执政为民”的永恒理念。俗话说，身正不怕影子斜。如果我们广大党员干部“只会当官，不会做人”，甚至依仗职权，为所欲为或胡作非为的话，不仅影响自身形象，更会破坏党的光辉形象。由此说来，党员干部形象直接关系着我们党的生命力和战斗力。现在，我们有少数党员干部之所以形象不佳，口碑糟糕，群众反映不好，主要是党性不强，民主意识欠缺，官本观念作祟，群众观念和服务本领弱化造成的“反常现象”。

实践证明，只有党员干部“衣冠正”，才能充分激发人民群众的积极性；党员干部个人形象好，群众拥护热情高。群众看干部，主要看你行得正不正、办事公不公、对民亲不亲、服务好不好。

“祸患常积于忽微，而智勇多困于所溺。”养成勤正衣冠的习惯，能收到防微杜渐之效，能有效避免“积羽沉舟，群轻折轴”。党员干部要想做到“衣冠正”，就必须按照“信念坚定、为民服务、勤政务实、敢于担当、清正廉洁”的好干部标准，自觉树立良好形象，带领群众成就事业，让党的优良传统不断发扬光大，使党和人民的事业日新月异，蒸蒸日上。

名

一、字形演变

甲骨文 金文 篆书 隶书 楷书 行书 草书

二、字源解说

《说文解字》:“名,自命也。从口,从夕。夕者,冥也。冥不相见,故以口自名。”

解释:古字形从口从夕。古人走夜路时,彼此看不见,就自己呼自己的名字。其本义兼有名、动两用,名词指人的名字,动词指自己称呼自己的名字,进一步引申出命名、取名义。

三、字源解说

名,甲骨文是由(口,叫喊)和(夕,黄昏、冥暮)组成,表示天黑时呼叫孩子回家。金文将甲骨文的左右结构改成上下结构。篆文承续金文字形。

造字本义:动词,日落天黑,父母召唤孩子。隶书将篆文字形中的“夕”写成。古代有一定文化背景的男子,在成年后为自己的“名”做近义的“注解”补充或“说明”,叫作“字”;大部分底层百姓有“名”无“字”。在古代,父母对未成年子女在口头上的称呼叫作“名”,有如今日之“小名”与“昵称”,用于日常非正式社交场合,为贱称;子女成年后为其设计的书面称呼叫“字”,有如今日之“大名”与“户籍名”,用于各种文件和正式社交场合,为尊称;“名”与“字”是同一对象的两个称呼,“字”是对“名”的解释或补充;今人所说的“名字”,相当于古人所说的“字”。

四、成语及名言警句

(一) 常用成语

名胜古迹　举世闻名　闻名遐迩　名列前茅　大名鼎鼎　徒有虚名　名垂青史
莫名其妙　远近闻名　名不虚传　不可名状　驰名中外　赫赫有名　名副其实
沽名钓誉　金榜题名　声名狼藉　不名一钱　蜗角虚名　名不正,言不顺

(二) 名言警句

1. 名可名,非常名。 ——《老子·第一章》

2. 物固有形,形固有名。 ——《管子·心术上》

3. 名无固宜，约之以命，约定俗成，谓之宜。——《荀子·正名》

4. 是以圣人不行而知，不见而名。——《老子·四十七章》

5. 全党同志要深刻认识反腐败斗争的长期性、复杂性、艰巨性，以猛药去疴、重典治乱的决心，以刮骨疗毒、壮士断腕的勇气，坚决把党风廉政建设和反腐败斗争进行到底。

——《在第十八届中央纪律检查委员会第三次全体会议上的讲话》(2014 年 1 月 14 日)

五、廉政故事

黄克诚二三事

黄克诚大将是我军历史上著名的军事将领和革命家，他功勋卓著，在开国十位大将中排行第三。他也是一个终身与真话为伍，终身与真理为伍，为天地立心，为生民立命的真正的共产党员。他敢于讲真话，敢于坚持原则，具有共产党员的高风亮节和高贵品质。

黄克诚惜民力，重民生，珍惜人民的一针一线。他规定，苏北的党政军机关人员在苏北各县开会、出差，自带口粮，一律不予招待或另行报销。他提倡吃糙米、杂粮，以瓜菜代口粮。他指示各部门，一切军需物资、生活资料、卫生用品的发放，都要有严格限制。对违反者，必加追究。阜宁战役祝捷大会，参谋人员原来把会场选在老百姓的麦田里。黄克诚知道后说："要不得！"后来祝捷大会改在了东沟南面的乱石滩上举行。

黄克诚要求部队做到的，自己总是首先做到，能为公家节省就尽量节省。根据地巩固扩大、部队供给好转以后，黄克诚仍然艰苦朴素，爱护公家一钱一物，从不大手大脚。部队发给他的毛巾，他剪成两块，一条当成两条用。他说洗脸时，只用毛巾当中擦脸，两边用不到，结果当中破了，四边还完好，剪开来用就可以节省一半；发给他的牙膏，他退回去，自己用廉价的牙粉刷牙。

在黄克诚的倡导和严于律己模范行动影响下，苏北党政军机关干部，都十分注重爱惜人力物力，节约一分一厘。一张白纸两面用，一只信封用两次，自制墨水，个人日用品和津贴也都尽量节省使用，节约交公。他们还自发地利用工作之余、战斗间隙，不但帮助农民耕地、栽种、收割，还自己开荒种粮食，养猪、种菜、磨豆腐，纺纱织布。久而久之，新四军第三师和苏北军区各部队自力更生、艰苦奋斗、勤俭节约、爱惜民力蔚然成风，成为一支纪律严明、军风整肃，与苏北人民亲如一家的抗日铁军。

艰苦的革命生涯，使黄克诚养成了开源节流、精打细算的节约作风。他的一些类似"改军服""半块毛巾"的故事被广为流传，很多人私下里亲切地叫他"抠门佬"。黄克诚很受用，他觉得节约无小事，节约能办大事，就应该理直气壮地"抠门"才是。

黄克诚将军的哥哥名叫黄时玑，是湖南的一位老农民，当年湘南起义失败后，黄克诚逃回家乡，黄时玑把他藏到了自家猪圈的顶棚上。不久后，国民党前来搜捕，村里的乡绅前来逼供，黄时玑无所畏惧，坚决不吐露一个字。

黄克诚非常佩服自己的这位兄长。中华人民共和国成立后，黄克诚成了开国大将，解放军总参谋长。很多人都劝黄时玑去北京找弟弟谋个一官半职，黄时玑却说："他当他的官，我种我的田。"后来黄克诚离开了工作岗位，黄时玑才去北京看了弟弟，他并不认为不当官是坏事，反而安慰弟弟说："你做了大官，我一直担心你，现在不当官了，正好。做官太危险，官越大越险。不如种青菜萝卜，一生平安。"

黄克诚对哥哥的感情很深，中华人民共和国成立后黄克诚在湖南当省委书记时，黄时玑曾去看过黄克诚。当时黄克诚见他浑身瘦弱，身上的棉衣也到处漏风，便想着为哥哥买一件棉衣。但他没有让政府给自己特批，而是写信给自己的老部下，时任察哈尔军区司令员的王平，让他帮忙给自己买一件皮袄，而且如数付了钱。

这笔钱可不是小数目，黄克诚要是对自己绝对舍不得。他的夫人唐棣华说，丈夫身上的一件毛衣从苏北一直穿到中华人民共和国成立后，穿了十几年。

因为"抠门"，因为"会用钱"，黄克诚率新四军第三师在苏北 5 年的时间里，艰苦奋斗，生产自救，节约了一笔可观的经费。1945 年 9 月，黄克诚奉命率新四军第三师从苏北进军东北。大军千里挺进东北，中央是不拨发经费的，也没有钱给第三师，经费全靠第三师自己解决。第三师省吃俭用节约的这笔经费，可以说派上了大用场。根据黄克诚的指示，将这笔经费除兑换一些国民党的"法币"外，考虑到应急，又把仅限于在苏北地区流通的货币换成黄金一并带到了东北，成为有名的"黄金家底"。

黄克诚无论身处艰难困苦的战争时期，还是身居高位手握审批重权，于公于私，都以勤俭节约为本分，从不铺张浪费，始终保持着艰苦奋斗本色和为国为民谋福利的初心。在他身故后，除了几件棉袄、军衣和珍贵的历史图片，几乎没有其他东西，但是，他艰苦朴素的故事成了后人宝贵的精神财富。

明

一、字形演变

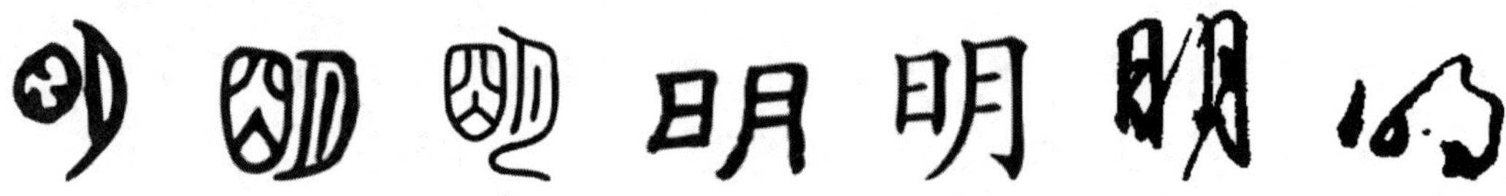

甲骨文　金文　篆书　隶书　楷书　行书　草书

二、说文解字

《说文解字》:“朙,照也。从月,从囧。明,古文朙,从日。”

明,本义是日月交辉而大放光明,即《说文解字》所谓的“照也”,后延伸出照亮、点燃、公开的、天亮等含义。

三、字源解说

明,甲骨文是会意字。在字形上,早期甲骨文中的“明”字由“日”“夕(月)”组成,表示日月交辉而大放光明之意。后期甲骨文中的“明”字将“日”改写为类似“囧”的窗格子形状,在“明”字的演变到隶书过程中,这个形状始终保持着,因而自此至楷书以前“明”字都表示月亮照窗。金文中的“明”字在此基础上将“夕”改写为“月”,由此发展为秦代小篆中的“明”字。

造字本义是日月交辉而大放光明,由此引申照亮、点燃、公开的、天亮等。

四、成语及名言警句

(一) 常用成语

月明千里　仙露明珠　不明所以　翠羽明珰　明廉暗察　耳聪目明　明光铮亮
明公正道　正身明法　百喙莫明　明耻教战　水秀山明　明哲保身　明眸皓齿
月明风清　外简内明　明知故犯　弃暗投明

(二) 名言警句

1. 圣人畏微,愚人畏明。　——《管子·霸言第二十三》

2. 事莫明于有效,论莫定于有证。　——《论衡·薄葬》

3. 博学之,审问之,慎思之,明辨之,笃行之。　——《礼记》

4. 每一种文明都延续着一个国家和民族的精神血脉,既需要薪火相传、代代守护,更需要与时俱进、勇于创新。中国人民在实现中国梦的进程中，将按照时代的新进步，推动中华文明创造性转化和创新性发展，激活其生命力，把跨越时空、超越国度、富有永恒魅力、具有当代价值的文化精神弘扬起来、书写在古籍里的文字都活起来，让中华文明同世界各国人民创造的丰富多彩的文明一道，为人类提供正确的精神指引和强大的精神动力。

——《文明交流互鉴是推动人类文明进步和世界和平发展的重要动力》(2014 年 3 月 27 日)，《习近平外交演讲集》第一卷

五、廉政故事

张桂梅：明大德　守公德　严私德

一、行善助学

1996 年 8 月，一场家庭变故让张桂梅从大理来到丽江山区，原本只想忘却爱人过世的悲伤，她却看到了山区贫困孩子一张张渴望知识的纯真面庞。爱的本能让这位女教师在山区扎下了根。为了改善孩子们的生活、学习状况，她节衣缩食，每天的生活费不超过 3 元，省下的每一分钱都用在学生身上。张桂梅先后捐出了 40 多万元，她的学生没有任何一个因贫穷而辍学。

2006 年，云南省政府奖励的 30 万元，她全部捐献给了一所山区小学用来改建校舍。2001 年起，她义务担任丽江华坪县“儿童之家”的院长，成了 54 名孤儿的母亲。她全身心投入教学，将病痛置之度外，把学生送进中考考场后才去医院，医生从她腹腔切出一个超过 2 公斤的肿瘤。2007 年，张桂梅成为党的十七大代表，她向公众讲述了自己的梦想，引起了社会广泛关注。

2008 年，华坪女子高级中学成立，这是中国唯一一所免费女高，专门供贫困家庭的女孩读书。学校建校 12 年以来，已有 1645 名大山里的女孩从这里走进大学完成学业，在各行各业做贡献。华坪女高佳绩频出之时，张桂梅的身体却每况愈下，患上了 10 余种疾病。

二、勇挑重担

华坪县民族中学女教师张桂梅，是 1996 年 8 月从大理市调到华坪任教的。当时，她放弃了进条件最好的华坪一中的机会，而选择了中心中学(当时中心中学因没有教室而实行一个学校两个分点教学的办法，初一、二年级 12 个班在原七中校址，初三年级 8 个班在原六中校址)。

到中心中学后，她承担了 4 个毕业班的政治教学工作、毕业班的女生工作，还协助学校搞文艺工作。由于课时有限，她只有找别人休息的时间给学生补课、考试等。每天早晨 7 点她第一个走进教室，晚上 10 点最后一个离开教室。周末，也是张老师工作最紧张的时候。她所任教班级的教室有的在前院，有的在后院，相隔 100 多米，每天早上、晚上，她总是前后跑动着辅导，坚持一年如一日。在抓好教学工作的同时，她还用中午、下午、晚上，总之，抓住所有时机或全体或个别给学生补课、谈心。同时，积极组织学生参加丰富多彩的文娱活动。

1997 年 8 月，民中分校成立，当时正在住院做手术的张老师得知民中学生最穷，生源素质

最差，经费最紧张，又看到民中校舍最破陋、设备最差时，又主动要求调到民中工作，主动承担了毕业班15班的班主任工作和该班语文、政治两个学科的教学工作，同时还承担学校妇女工作、语文教研组研讨工作及一些校务工作。

三、人民敬爱

“在中国，也有千千万万的人为女童和妇女教育事业默默耕耘。有一位名叫张桂梅的女教师，她扎根云南贫困山区40多年，推动创建了中国第一所免费女子高中，2008年建校以来已帮助1600多位女孩圆梦大学校园。张老师被女孩子们亲切称为‘张妈妈’。她像一束希望之光，照亮孩子们的追梦人生。”——国家主席习近平夫人、联合国教科文组织促进女童和妇女教育特使彭丽媛评张桂梅同志把全部身心投入到边疆民族地区教育事业和儿童福利事业，创办了全国第一所全免费女子高中，是华坪儿童之家130多个孤儿的“妈妈”。她坚持用红色文化引领教育，培养学生不畏艰辛、吃苦耐劳的品格，引导学生铭记党恩、回报社会。她坚持每周开展1次理论学习、重温1次入党誓词的组织生活，发挥党员在学校各项工作中的先锋模范作用。她常年坚持家访，行程11万多公里，覆盖学生1300多名，为学校留住了学生，为学生留住了用知识改变命运的机会。她吃穿用非常简朴，对自己近乎“抠门”，却把工资、奖金捐出来，用在教学和学生身上。她以坚忍执着的拼搏和无私奉献的大爱，诠释了共产党员的初心使命。

——中共中央

烂漫的山花中，我们发现你。自然击你以风雪，你报之以歌唱。命运置你于危崖，你馈人间以芬芳。不惧碾作尘，无意苦争春，以怒放的生命，向世界表达倔强。你是崖畔的桂，雪中的梅。

——感动中国

命运置她于高崖，她赠人间以芬芳！

能

一、字形演变

金文　篆书　隶书　楷书　行书　草书

二、说文解字

《说文解字》:“能,熊属,足似鹿。从肉,㠯声。能兽坚中,故称贤能,而强壮称能杰也。”

解释:其古字形像熊一类的野兽,这个意思后来写作“熊”。

三、字源解说

“能”是“熊”的本字。能,甲骨文是象形字,字形突出了大型猛兽的大嘴和利爪。繁体甲骨文将兽嘴“口”写成,将兽爪写成三个“爪”和一个“止”构成的。金文将猛兽的头写成,将猛兽的大嘴写成“月”(长满利齿的大嘴)。在远古中原没有狮子称霸的丛林中,既可上树亦可下水的熊,堪称所向无敌的食肉猛兽。

《说文》:“能,熊属,足似鹿。”因读音相近(能,古音泥纽蒸部;熊,古音匣纽蒸部),“能”被假借为能力、才能的“能”。《书·大禹谟》:“汝惟不矜(自大),天下莫与汝争能。”由能力、才能义引申为有能力、有才能、胜任、擅长、能够、容许等义。《睡虎地秦墓竹简》:“及物之不能相易者。”后“能”多用为借义,于是又用“熊”来表示它的本义,“能”则专用为借义了。“能”的基本读音为néng;读nái时指一种三足鳖,《尔雅·释鱼》:“鳖三足,能。”读tái、读nài则都用为通假字。

四、成语及名言警句

(一)常用成语

耳熟能详　无能为力　不能自已　力所能及　能工巧匠　能言善辩　能屈能伸

欲罢不能　爱莫能助　无所不能　熟能生巧　能文能武　用贤任能　进贤达能

用其所欲,行其所能　尊贤使能　伐功矜能　百无一能

(二)名言警句

1. 将能而君不能御。　——《孙子·谋攻》

2. 假舟楫者,非能水也,而绝江河。

——《荀子·劝学》

3. 肉食者鄙,未能远谋。

——《左传·庄公十年》

4. 一体推进不敢腐、不能腐、不想腐,必须三者同时发力、同向发力、综合发力,把不敢腐的强大震慑效能、不能腐的刚性制度约束、不想腐的思想教育优势融于一体,用"全周期管理"方式,推动各项措施在政策取向上相互配合、在实施过程中相互促进、在工作成效上相得益彰。

——《提高一体推进"三不腐"能力和水平,全面打赢反腐败斗争攻坚战持久战》(2022 年 6 月 17 日)

五、廉政故事

王进喜:为党和人民当一辈子老黄牛

王进喜 1923 年 10 月出生于甘肃省玉门县赤金堡一个贫困的农民家庭,是新中国第一批石油钻井工人,全国著名的劳动模范。1938 年,王进喜进入玉门石油公司当工人,先后担任玉门石油管理局钻井队队长、大庆油田 1205 钻井队队长、大庆油田钻井指挥部副指挥。王进喜因不顾自身伤病用身体搅拌泥浆制服井喷,被人称为"铁人"。1970 年 11 月,王进喜因胃癌医治无效,不幸病逝。

英雄泪:为全国人民争气

1959 年,王进喜作为石油战线的劳动模范,从玉门到北京参加群英会。休会期间,他去参观首都的十大建筑,路过沙滩街时看到行驶的公共汽车上都背着一个"大包袱",通过询问王进喜得知这个"大包袱"装的是煤气,因为国家缺油,所以迫不得已烧煤气。王进喜听后心里极其难受,感到这是石油工人的耻辱,是自己这个钻井队队长的耻辱。想到此,两行泪水悄悄地从眼眶流出。也正是在这一次群英会上,王进喜得知松辽发现大油田的消息,一场规模空前的石油大会战随即在大庆展开。

三件宝:"毛选"、炒面袋、羊皮袄

铁人王进喜身上有三件宝:"毛选"(《毛泽东选集》)、炒面袋和羊皮袄。王进喜出生于贫苦的农民家庭,从小没有读书的机会,却有强烈的求知欲。在大队时,不管工作有多紧张,夜里睡得有多晚,他每天总是早早爬起来,在僻静的乱石堆旁念一会儿"毛选"。到指挥部后,他拜了一位师父,经常晚上和师父在一起念一段"毛选",每次念完,他们都要讨论,提出各自的看法。他读"毛选",不是为了滔滔不绝的背诵,而是为了解决问题,帮助同志和改造自己。根据毛泽东的实践观点,他反复试验终于找出解决卡钻的一整套办法,打出了当时全战区第一口斜度只有两度多的直井。王进喜能够不断前进,还因为他正确地对待缺点和错误。他们队曾经打过一口废井,每年他都要去看,每次来新工人,也要带着去看,让大家从中吸取教训。

1961 年王进喜砸伤的腿还没有痊愈,领导让他当了大队长,他担心把队伍带歪了,整天往井队跑,一天跑七八个队。当时生活很艰苦,粮食都是定量的。他就让家里炒点黄豆面、玉米面,装在个布袋里背着。走到哪里,饿了就抓一把炒面,用开水冲一缸子,这就是一顿饭。队里的干部和工人们看不过眼，打来饭菜让他吃，他一筷子都舍不得动。有时炒面袋没在身边，他就借故离开，饿上一顿。王进喜还有一件老羊皮袄，这件老羊皮袄已经跟他 10 多年了。来大庆后，他整天在井场，几天几夜也不回去。在寒风刺骨的日子里，就靠这件羊皮袄挡风驱寒。困了，他把钻杆当铺板，钻头当枕头，这件老羊皮袄就是被子。在天气暖和的日子里，他把羊皮袄铺在地上，紧张劳动后就躺着打个盹，这件老羊皮袄伴随王进喜从玉门到大庆，成了他离不开的一件宝。王进喜一直认为“干，才是马列主义；不干，半点马列主义都没有”。他在学习上务实进取，工作上以苦为荣，生产上要求高标准，生活上却永远保持着低水平。

严格家规：公家的东西一分也不能沾

王进喜给家里定了一条规定：“公家的东西一分也不能沾。”王进喜心里只有工人，只有群众。他当队长住在井上，围着一个钻台转。后来，他当大队长、副指挥，成天“跑井”围着十几个、几十个钻台转，一刻不停管生产。他对人民满腹柔肠，对自己钢筋铁骨，不沾不贪，甘当一位老老实实的为党和人民奋斗一辈子的老黄牛。

王进喜家庭生活困难，他的妻子多年来一直都是临时工，和她同期来的家属都转正了，唯独他的妻子一直在队里烧锅炉、喂猪。他的很多亲属在玉门，外甥侄子一大帮，家乡来信说西北太困难了，让他想办法把侄子外甥中的哪怕一两个人调到大庆，王进喜硬是一个也没办。考虑到他家庭困难，上级给他家每月 30 元的补助，他从不去领，全由工会领来补助给特困职工。王进喜有严重的关节炎，为了照顾他工作，上级决定配给他一台旧吉普车。这台不知用了多少年的旧车开回来修好后可派上大用场，上井、送料、为井队拉粮买菜、送病号去医院、送工人回家都用它。王进喜坐车有个特点，就是见到路边有工人，不管认识还是不认识的都捎上，有时实在坐不下，他就自己下车，让司机把工人一个个送到井上或者家里。车子别人都可以坐，但是家里人不准坐。60 多岁的老母亲病了，是王进喜的大儿子用自行车驮着老人去的医院。王进喜家虽然人口多，但一直和大家一样住普通的“干打垒”。家里除了床，没有别的，挤得连走路都困难，就这样他还要帮助别人。有段时间他家成了“接待站”，同事家属来了没地方住就住在他家里，有位老工人王兴秋的家属在他家一住就是大半年。王进喜就是这样，心中没有自己，只有群众。他对群众的爱是无私的、真诚的，真正体现了共产党人全心全意为人民服务的根本宗旨。

宁

一、字形演变

二、说文解字

《说文解字》:“宁,辨积物也。象形。”

解释:其古字形一说像上下及两旁有立柱,中空可贮物的容器,本义为贮积,读“贮”。

三、字源解说

“宁”(zhù)是“贮”(zhù,即“贮”)的本字。宁,甲骨文是象形字,字形像是匣膛滑道中的一个抽屉,抽屉两端各有一根拉手,形成“中”字结构,方便从滑膛两端抽拉盒子,储藏珍宝。金文承续甲骨文字形。

造字本义:动词,将玉贝等贵重珍宝储藏在精致的宝匣抽屉里。

简体字“宁”本读 zhù,在甲骨文中是象形字,有人认为它像上下及两旁有立柱,中空可贮物的容器,本义是盛放、贮藏。徐灏《说文解字注笺》说宁(zhù)字“像门屏之形,视朝所立处,因之有宁(zhù)立之义,又有待义。相承增作伫,又作贮”。周代在宫殿正堂即大厅内设置一块屏障,大门和屏障之间的空处称“宁(zhù)”。君主上朝时当宁(zhù)站立,大臣或诸侯站立在空处两边,中间有宁(zhù)相隔,以示君臣有别。这一制度盖始于商代,然而卜辞中难以判断是否用了宁(zhù)字的本义,更不可能从商朝宫殿遗址发掘中找到实物证据。周代典籍则有明确记载,如《尔雅·释宫》:“门屏之间谓之宁。”郭璞注:“人君视朝所宁立处。”邢昺疏:“谓路门之外,屏树之内,人君视朝宁立之处,因名为宁。”甲骨文金文“宁(zhù)”字不论何种形体,均可看成南北向之门屏间空处形。金文沿袭甲骨文的写法,另有异体作横置状。小篆将中间部分改为曲笔,致使隶定后上半部分变形为“宀”,而下半部分变形为“丁”。

四、成语及名言警句

(一)常用成语

宁死不屈　宁缺毋滥　鸡犬不宁　不作浊富除患宁乱　天道宁论　安国宁家

天无宁日　宁折不屈　福寿康宁　宁折不弯　不自由，毋宁死　树欲静而风不宁

宁为太平犬，莫作乱离人　宁为玉碎，不为瓦全　淡泊以明志，宁静以致远

（二）名言警句

1. 宁使学终不进，不欲虚以下人。 ——刘开《问说》

2. 王侯将相宁有种乎？ ——《史记·陈涉世家》

3. 宁为有闻而死，不为无闻而生。 ——柳宗元《上扬州李吉甫相公献所著文启》

4. 国泰民安是人民群众最基本、最普遍的愿望。实现中华民族伟大复兴的中国梦，保证人民安居乐业，国家安全是头等大事。

——在首个全民国家安全教育日之际做出的指示，《人民日报》2016年4月10日

五、廉政故事

袁隆平：中国脊梁

袁隆平是中国杂交稻育种专家，被誉为中国“杂交水稻之父”，是“共和国勋章”的获得者和中国工程院院士。1953年，袁隆平从西南农学院毕业，被分配到湖南安江农校工作。作为新中国培养出来的第一代学农大学生，他立誓：要下定决心解决粮食增产问题，不让老百姓挨饿，要让饭碗牢牢掌握在我们中国人自己手里。从1956年开始，他便投身于艰辛的科研之路，为了找到可培育的种子，袁隆平经常背着好几个月的干粮辗转于祖国各地，1999年，袁隆平院士作为主要创始发起人之一推动了隆平高科的创建，2000年该公司上市，袁隆平个人持股1337万股，按照如今的市值，这位老者是一位不折不扣的亿万富翁。

然而，生活上他勤俭朴实，不住豪宅、不坐豪车，穿的衣服也是百十来块钱一件，一穿就是好几年。有一次他去商店正好碰到大减价在卖男士衬衫，一件只要十块钱，他很兴奋，一口气买了十几件。他去香港中文大学做报告，就系着刚在路边花10块钱买的领带。袁隆平的家与普通老百姓家没有什么区别，面积不大，家具一用就是几十年，墙面多处斑驳褪色。家人预备给重新装修一下，都被他摆手拒绝了。

在南红农场，他住的是茅草屋，睡的是竹竿、秫秸铺就的地铺。夜晚蚊虫多，就用盖稻秧的薄膜裹住身体，常常闷出一身热疮。在三亚，他很长时间是与农民朋友住在一起的。经常是卸一块门板，铺一张草席，挂上蚊帐就睡。在云南的时候，他们借住在元江县农技站一栋无人居住的空平房里，条件十分简陋。后来遇上地震，还住进了临时搭建的棚子。袁隆平却从不在意住所简陋。而这些简陋的环境，却孕育出了人民渴求的种子。他几乎将在国际上获得的所有大奖的奖金，都捐赠给了以他的名字命名的农业科技奖励基金会，以表彰和扶掖对农业科研有贡献的人。国家奖励给他的别墅，他改成了研发海水稻的科研工作室。2016年，西南大学举办110周年校庆时，他以学长的身份出席发言，捐献20万元设立了“袁隆平奖学金”。2020年新冠疫情的时候，他个人向武汉捐款10万元。

正是这份质朴和廉洁，坚定了让他在困难面前不灰心、不放弃，脚踏实地做好每一次实验。并用一辈子，牢牢守护好中国的饭碗。

诺

一、字形演变

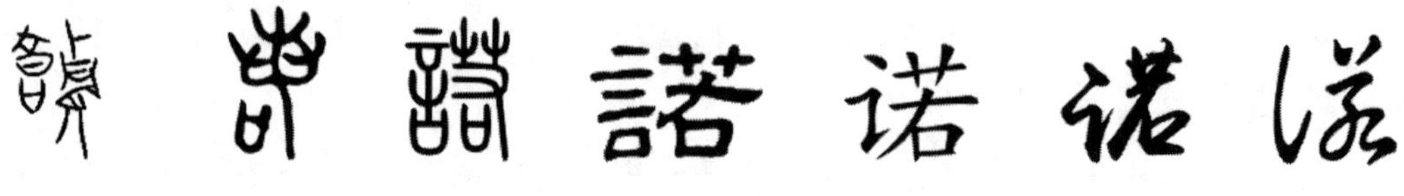

甲骨文　金文　篆书　隶书　楷书　行书　草书

二、说文解字

《说文解字》:“诺,也。从言,若声。”

解释:诺,表示应答的声音。字形采用“言”作偏旁,采用“若”作声旁。

三、字源解说

“[illegible]”是“若”的本字;“若”是“喏”的本字;而“诺”是“喏”的异体字。[illegible],甲骨文是象形字,字形像长发柔顺的人,一手持梳(匕),一手扶发(又),梳理头发,显示女子特有的柔顺形象特征。金文承续甲骨文字形。《说文》卷六叒部“叒”的籀文应当是这个字的本字,是由商周古文字分化出来的一个字,本像以手理发,使其通顺之形,用来表达“顺”义。加“口”就是“若”,表示“答应”。刘心源所谓“若即诺之古文”是有道理的。“若”形体讹变,本像两手理发的形体在秦文字中变成了“州”字头和一只手。

四、成语及名言警句

(一) 常用成语

唯唯诺诺　一诺千金　季布一诺　不轻然诺　慨然允诺　轻诺寡信　寡信轻诺

一诺无辞　一呼百诺　诺诺尔尔　慨然领诺　堂上一呼,阶下百诺

千夫诺诺,不如一士谔谔

(二) 名言警句

1. 夫轻诺必寡信,多易必多难。

——《老子》

2. 楚人谚曰:“得黄金百(斤),不如得季布一诺。”

——司马迁《史记·季布乐布列传》

3. 千人之诺诺,不如一士之谔谔。

——司马迁《史记·商君列传》

4. 秦二世时赵高在朝堂之上指鹿为马,满朝公卿唯唯诺诺,少数说真话的人被一一清除,秦二世周围再无忠臣。官渡之战,袁绍拒绝田丰、沮授等人的逆耳忠言,曹操则广招贤士,虚心求教,连袁绍手下的谋士许攸也为曹操所用,最终击败袁绍一统北方。

——《中国纪检监察报》2013 年 2 月 29 日

5. 欢迎大家搭乘中国发展的列车，搭“快车”也好，搭“便车”也好，我们都欢迎，正所谓“独行快，众行远”。我多次讲，中国开展对发展中国家的合作，将坚持正确义利观，不搞我赢你输、我多你少，在一些具体项目上将照顾对方利益。中国人讲求言必行、行必果。中国说到的话、承诺的事，一定会做到、一定会兑现。

——《欢迎大家搭乘中国发展的列车》(2014 年 8 月 22 日)，《习近平外交演讲集》第一卷

五、廉政故事

孔繁森廉洁身上存

雪域高原、齐鲁青山，中华民族的广袤大地上，一个嘹亮的名字传遍各地，这个名字就叫孔繁森。孔繁森生前两度赴藏，用将近十年的光阴义无反顾地投入到西藏的建设发展中，书写了一段感人肺腑的奉献诗篇。斯人已逝，但他的名字永远留在国人心中。

1979 年，国家决定抽调一批干部去往西藏，为落后的西藏注入新的血液。彼时西藏较之内陆，不仅环境、气候恶劣，还十分贫穷落后，反观内陆发展一片欣欣向荣，干部们大多都不愿意离开，去西藏过苦日子。

孔繁森的母亲年逾古稀，妻子也体弱多病，家中还有三个年幼的孩子，这个小家庭是离不开顶梁柱一般的孔繁森的。但获知这一消息后，他却义无反顾地主动报名赴藏。临行前，他写下鲁迅先生曾作的怀念瞿秋白先生的一副挽联“是七尺男儿生能舍己，作千秋鬼雄死不还家”以表明自己的信念，谁曾想竟一语成谶，这句誓言竟预兆了他一生的结局。

作为改革的先锋，他带领着群众一起打场、收割、淋雨收庄稼、天晴晒谷物……在日复一日的相处中，孔繁森与群众结下了深厚的情谊。

再一次回到西藏时，孔繁森没有走进岗巴，他有了更广阔的舞台——拉萨。县城的居民们普遍患有大骨病，为了弄清病因，孔繁森不辞辛苦，爬上了 5000 米左右的山顶采集水源。同时，考虑到偏远地区的医疗问题，他自掏腰包，准备了上百元的药品，为贫苦的百姓送去生活的救命药。

孔繁森不仅关心百姓，还十分重视对下一代的教育问题。他走遍全市大大小小的学校，一次又一次地奔走，拉萨的儿童入学率从 45%上升到 80%。他关心儿童，关爱老人，将一颗心完完全全投入在为人民的奉献中，自从来到拉萨，孔繁森没有一天是闲着的。但凡问起孔繁森，他总是在四处奔波的路途上，连女儿的婚礼，他都错过了。

就在一切都蒸蒸日上、逐渐好转之时，意外发生了，一场突如其来的车祸，夺去了孔繁森的生命，这位全心全意为人民奉献的好干部，倒在了 50 岁那年，援藏的脚步骤然停下了。

后人整理他的遗物时，发现他只有简单的两件遗物，一个是八元六角的遗产，一个是对阿里发展的建议，除此之外，别无他物。

提起孔繁森时，人们总是眼含热泪，时至今日，他的廉洁事迹仍流传在华夏大地，他的精神也成了一代又一代党员的学习标杆，如今的“海晏河清，廉洁奉公”是对孔繁森最好的赞歌。

朋

一、字形演变

甲骨文　金文　篆书　隶书　楷书　行书　草书

二、说文解字

《说文解字》:“朋,古文凤。象形。凤飞群鸟从以万数,故以为朋党字。”

解释:朋,甲骨文是指事字,字形在两串玉串上加一横指事符号,表示两串玉片系在同一根绳子上,形成更大的一挂玉串。每串之上画出了三枚贝壳——“三”非确数,而是代表多。“朋”为古代货币单位,以五贝为一系,以两系为一朋。

三、字源解说

金文承续甲骨文字形,也像两串并联的贝挂。籀文用字形字音相近的“”代替表示大挂玉串的“”。隶书在籀文字形“”基础上有所变形,将籀文“”简化成两个“月”,导致“羽”形的消失。古籍中多假借“朋”代替“”和“倗”。倗,甲骨文(朋,两串玉系在一起),比喻品行良好的人相结交。

“朋”的本义指一种货币单位,后因贝币系在一起的状态,引申出关系亲密的人的意义,即朋友。

篆文以同音的象形字“鹏”代替两串玉的“朋”,以并列的羽毛强调并列含义。汉隶在篆文字形基础上有所变形,将字形进一步变化,再变为二“月”相并的形体,为后世楷书所沿袭。

四、成语及名言警句

（一）常用成语

酒肉朋友　硕大无朋　高朋满座　朋比为奸　鹭朋鸥侣　呼朋引伴　狐朋狗友
朋党比周　诗朋酒侣　霞友云朋　诗朋酒友　簪盍良朋　朋坐族诛　朋心合力
挟朋树党　狂朋怪侣

（二）名言警句

1. 椒聊之实，繁衍盈升。彼其之子，硕大无朋。

——《诗经·唐风·椒聊》

2. 亲朋无一字，老病有孤舟。

——杜甫《登岳阳楼》

3. 有朋自远方来，不亦乐乎？

——《论语·学而》

4. “同德则同心，同心则同志。”我们党历来提倡善交益友、乐交诤友。如果党员干部长期听不到朋友的提醒、督促和劝告，就可能自以为是、无所顾忌，进而犯下大错，走上不归路。反之，经常有朋友的监督警策，人生之路往往走得更稳。

——《中国纪检监察报》2022 年 8 月 19 日

5. 无论发展到哪一步，无论国际风云如何变幻，中国都永远做发展中国家的可靠朋友和真诚伙伴。这是中国对外政策的基础，过去、现在、将来都不会改变。

——《弘扬万隆精神，推进合作共赢》(2015 年 4 月 22 日)

五、廉政故事

当路谁相假，知音世所稀

在陶渊明孤独的世界里，颜延之是罕有的朋友知己。陶颜两人出身相近，颜延之虽然出身于望族琅琊颜氏，但其本家孤寒。陶渊明为荆州刺史陶侃之后，但到陶渊明时，其家世也已经相当寒微了。陶颜两人个性相当，颜延之嗜酒傲诞，肆意直言，颇有名士风范；陶渊明任真、率直而孤傲，是真名士。以文采言，颜延之“文章之美，冠绝当时”(《宋书·颜延之传》)，陶渊明在当时虽然文名不高，却得到了后世的极高评价。显然，是相近的个性人格使年龄相差 20 多岁的两代人成了知心朋友，这在当时崇重门第的时风下，更显得难能可贵。

东晋义熙十一年(415)，颜延之任江州刺史刘柳的后军功曹，驻浔阳，在职一年多，其间与隐居柴桑(有说是此时陶渊明隐居于浔阳上京里)的陶渊明交往情款。可以肯定，是颜延之去拜访陶渊明的(隐居陶渊明不可能拜访颜延之)，其目的很简单，就是慕名而来，与功名利禄毫无关联。颜延之总共拜访过几次？两人在一起都谈些什么？对此，很少有资料记载，但《陶征士诔》给我们提供了不少信息：他俩“宵盘昼憩”，即白天一起盘桓，夜晚一起卧息，两人高度亲近。两人都嗜酒，所以喝酒自不可少。同时，两人还有朋友间相互的谆谆告诫，这些告诫让人尤其感动！颜延之说：“您不要太刚正方直了，那样会有碍于仕途和生活。前人的例子很多，殷鉴不远，请听我一言！”陶渊明回复道：“你的话有理。但要让我违背众人的意愿顶风而行，那肯定会导致速祸的结果。我还是恬静自守吧。人这一生，形体、才华都是虚幻，荣华、声名都为时极短。”言下之意，只有在这田园，我才能心安，荣华富贵我不在乎。可以看出，两人之间确实是敞开心扉，畅所欲言。在隐居 12 年之后，陶渊明终于等来了一位惺惺相惜、同病相怜的知音朋友，这也不能不让人欣慰！而且，从“接阎邻舍”的话来看，颜延之像邻居一样地到访，两人在这一年多的时间里过从甚密。

南朝宋元嘉元年(424)，颜延之外放为始安太守，赴任途中道出浔阳，专访陶渊明，“常饮陶渊明舍，自晨达昏”（李善注引何法盛《晋中兴书》）。临别时，颜延之“留钱二万于陶渊明，陶渊明悉遣送酒家，稍就取酒”（萧统《陶渊明集序》）。其情真意切之处，足见友谊之可贵！

古人常言“尚友千古”，颜延之、陶渊明两人的交情，完全超越了世俗的羁绊，纯净得一尘不染，就如同陶渊明笔下一尘不染的南山傲菊一样，完全当得起“尚友千古”的标准。元嘉四年（427），渊明病卒，颜延之于悲哀之余，写下《陶征士诔》，这是唯一的当时人对陶渊明的悼念文章，也是今存最早的专记陶渊明生平的珍贵资料。此时，颜延之已经从始安太守调任中书侍郎，居于建康，文名极高，诔文应该作于建康。颜延之遥哭陶渊明、祭奠陶渊明，而且还与陶渊明其他好朋友一起，私谥陶渊明“靖节”，处处体现出对陶渊明高洁人格的高度评价，一再表达失去老朋友的深悲剧痛。

“千秋万岁名，寂寞身后事。”陶渊明贫病而卒之后，其寥落的身后之事，我们完全可以想见。我们为这样一位留下光辉诗碑的、有着俊杰人格的伟大诗人而抱不平，同时，也为能有颜延之这样的名士朋友为陶渊明作诔而略感欣慰。他们是性情之交、君子之交，更是心灵之交。这样的知音朋友，从来都“高契难期”，但他们做到了。

贫

一、字形演变

甲骨文　　篆书　　隶书　　楷书　　行书　　草书

二、说文解字

《说文解字》:“贫,财分少也。从贝,从分,分亦声。穷,古文从宀、分。”

解释:贫,家产众人分割而减少。字形采用“贝”会义,“分”也是声旁。穷,是古文写法的“贫”,字形采用“宀、分”会义。

三、字源解说

“贫”是“穷”的异体字。穷,籀文是(宀,房屋,借代家产)和(分,将整体切割成若干小单元)构成,表示分割家产。篆文异体字“贫”用“贝”(钱财)代替籀文字形中的房屋“宀”,强调分割财产。

造字本义:动词,分割家产。本义:不备、不厚。与“富”相对,如:贫穷、贫寒、贫民、清贫。衍义:引申指“缺乏,不足”,如:贫乏、贫血、贫瘠。衍义:又用作姓。古籍常“贫穷”“贫困”并称。“贫”是缺乏钱财,没有支点,经济不自由;“穷”是没有出路,失去希望,身心不自由;“困”是环境不利,行为被动,人身不自由。

四、成语及名言警句

(一) 常用成语

贫贱骄人　人贫智短　贫富不均　辞富居贫　贫病交加　家贫亲老　分贫振穷
贫无置锥　济贫拔苦　恤老怜贫　贫贱之交　安贫守道　惜老怜贫　矜贫恤独
嫌贫爱富　安富恤贫　甘贫守分　贫不学俭,富不学奢

(二) 名言警句

1. 不汲汲于富贵,不戚戚于贫贱。 ——陶渊明《五柳先生传》

2. 时势不可尽倚,贫穷不可尽欺。 ——吕蒙正《破窑赋》

3. 富贵不能淫，贫贱不能移，威武不能屈。——《孟子·滕文公下》

4. 党的二十大报告，坚持党性党风党纪一起抓，从思想上固本培元，提高党性党悟，增强拒腐防变能力，涵养“富贵不能淫、贫贱不能移、威武不能屈”的浩然正气。

——《高举中国特色社会主义伟大旗帜，为全面建设社会主义现代化国家而团结奋斗》(2022年10月16日)，《求是》杂志2022年第21期

5. 经过全党全国各族人民共同努力，在迎来中国共产党成立一百周年的重要时刻，我们脱贫攻坚战取得了全面胜利，现行标准下九千八百九十九万农村贫困人口全部脱贫，八百三十二个贫困县全部摘帽，十二万八千个贫困村全部出列，区域性整体贫困得到解决，完成了消除绝对贫困的艰巨任务，创造了又一个彪炳史册的人间奇迹！

——《在全国脱贫攻坚总结表彰大会上的讲话》(2021年2月25日)，《习近平谈治国理政》第四卷，外文出版社2022年版，第125页

五、廉政故事

叔向贺贫

被孔子高度称赞为“古之遗直也”“犹义也夫”的人物就是春秋时期的叔向，他留下了“叔向贺贫”的典故，被左丘明记录于《国语》中。叔向运用反向思维，借晋栾氏、郤氏两大家族兴亡史劝告当政的韩宣子，说明了君子应忧德之不建，不应忧货之不足的道理，至今仍有极大的启示意义。

叔向(出生年不详，约卒于公元前528年或稍后)，姬姓，羊舌氏，名肸，字叔向，又字叔誉，因被封于杨(今山西洪洞县)，以邑为氏，别为杨氏，又称叔肸、杨肸。他是春秋后期晋国贤臣，政治家、外交家。叔向和晏婴、子产及季札是同时代人，出身晋国公族，熟悉各诸侯国历史，到他所处的时代，晋国霸业已经衰落，但他仍力图在自己的能力范围内为维持晋国的霸主地位而发挥作用。

在“季札挂剑”一篇中，曾提到过吴国公子季札周游中原各国，在晋国和叔向一见如故，临行前对叔向说：“您多努力吧！晋国现在的国君奢侈，大夫都很富有，恐怕权力以后会落入大夫之手。您为人正直，有必要防范灾祸的降临。”但是叔向最后没有躲避得了命运的安排。

叔向贺贫的典故，说的是叔向去拜见韩宣子(韩起，在韩献子退休后，其嫡长子韩无忌因为身体的原因让弟弟韩起当了继承人，韩起家里并不是真穷，只是家境比不上智氏、赵氏、范氏那几个大家族)，韩宣子正为贫困而发愁，叔向却向他表示祝贺。他刚当上卿，感觉财富与地位不匹配而显得寒酸，在宴请宾客时财力比不上智氏、赵氏等卿大夫的派头，就觉得脸上无光。韩宣子对叔向哭穷说：“我有卿大夫的名称，却没有卿大夫的财富，没有什么荣誉可以跟其他的卿大夫们交往，我正为此发愁，你却祝贺我，这是什么缘故呢？”

叔向先不直接说明要贺的原因，而是举出栾、郤两家的事例说明，贫可贺，富可忧，可贺可忧的关键在于是否有德。继而将韩宣子与栾武子加以类比，点出可贺的原因，并进一步指出，如果

不建德而忧贫，则不但不可贺，反倒是可吊的。叔向引用历史事实，阐明了贫不足忧，而应重视建德，没有德行，愈富有则祸害愈大，而有德行则可转祸为福的道理。

韩宣子听后下拜说："我正在趋向灭亡的时候，全靠你拯救了我。你的恩德不敢独自承受，恐怕从我的祖宗桓叔以下的子孙，都要感谢您的恩赐。"

当时韩宣子刚刚上台不久，对于叔向的劝谏还能听进去，在表面做出了"拜谢"的姿态。实际上他执政后，为政二十多年却不问国政，努力榨干晋国公族，架空了君权，韩氏家族数年间富可敌国，说起来实在是晋国的巨贪，也是个善于演戏的道貌岸然的伪君子，他的怠政之举导致误国误民，他的贪婪作风引起其他卿大夫纷纷效仿，也埋下了后来韩赵魏"三家分晋"的祸根。

叔向贺贫的言论一方面固然是为了卿大夫身家的长久之计，另一方面也对贵族阶层"骄泰奢侈，贪欲无艺"的行为提出了批评，这无论是在当时还是在如今，都有很深刻的警示作用。叔向的思想与老子"祸莫大于不知足"的观点有着异曲同工之妙，也体现了春秋时期部分士大夫的廉洁风险管控意识和对国家长治久安之道的清醒认识。从中华优秀传统文化中吸取古人先贤智慧，清楚明白贫富奢廉之间的忧乐关系和道理，对于深刻理解我党坚决反对享乐主义和奢靡之风的决策，推动形成广大干部群众的思想自觉和行动自觉，是大有裨益的。

品

一、字形演变

甲骨文　金文　篆书　隶书　楷书　行书　草书

二、说文解字

《说文解字》:“品,众庶也。从三口。凡品之属皆从品。”

从三口。口代表人,三个表多数,意即众多的人。本义:众多。

三、字源解说

品,甲骨文是由(口,嘴巴)和(口,嘴巴)(口,嘴巴)构成,三个“口”相集,表示一口一口慢慢地吃,非一大口吞下。有的甲骨文颠倒上下结构顺序。金文、篆文承续甲骨文字形。

造字本义:动词,一小口一小口地啜吃,慢慢地辨别滋味,享受食物。隶书继承篆文字形。自然界的物质可分为动物、植物、矿物等几大类,每一类又存在不同的种,意指种类繁多的品字,扩而大之,品就泛指万物。《易·乾》:“云行雨施,品物流形。”品物,指万物。意指种类繁多的品字,更常用的是缩而小之,指事物的种类,如品种、品类。

有种类就会有差别,有差别也就会有等级,品字因而引申为等级。中国封建社会的官吏是有等级的,品也指官阶。《通志·职官略一》:“魏秩次多因汉制,更置九品……后魏置九品,品各置从,凡十八品。”区分事物,进行分类,自然要详加分辨,故品字又有评论、衡量的意义。品字常用于特指人的品格、品德和文艺作品的格调、风格。沈约《奏弹王源》:“人品庸陋。”这既与品字评论、衡量的意义相关,是品字的评论意义的延伸,更是受中国古代人物品评的历史文化背景的影响。

四、成语及名言警句

(一)常用成语

品头论足　甄才品能　品头题足　品竹弹丝　品竹调弦　品学兼优　一品白衫

百品千条　姚黄魏品　高官极品　品而第之　九品中正　品貌非凡　品箫弄笛

（二）名言警句

1. 笾豆之荐，水土之品也。 ——《礼记·郊特牲》

2. 万般皆下品，惟有读书高。 ——汪洙《神童诗》

3. 百姓不亲，五品不逊。 ——《尚书·舜典》

4. 所谓品格，可以说是一种德行、一种格调。品，本身有品位、品类的意思，包含区别、比较的意思，中国古代的官衔讲位居几品，可见品就是类，即看你在哪一个等级上。格，就是格调，也是层次的问题。每种东西都有它的品格，做人有做人的品格，一个国家有一个国家的品格。“中国的品格”植根于中国传统文化之中，是中华文明所打造出的一种特有的品质。

——《中国纪检监察报》2018 年 4 月 10 日

5. 要提高人民生活品质，落实就业优先战略和积极就业政策，做好高校毕业生、退役军人、农民工和城镇困难人员等重点群体就业工作。

——在广西考察时讲话（2021 年 4 月 25—27 日），《人民日报》2021 年 4 月 28 日

五、廉政故事

读书立品为要

在江苏省高邮市，清代出了一个声望显赫的王氏家族，四代进士、四代为官、两代尚书。王氏家族治学严谨，治家甚严，勤廉家风为当地百姓所敬仰。王氏纪念馆墙壁上，“戬榖”二字引人注目。意思是尽善、至善，多做利国利民的好事。

王氏家族最先仕至高位的是王安国。王安国为雍正年间进士，曾担任兵部尚书、礼部尚书、吏部尚书等职。他主政时，有一个习惯，就是每日必讲“读书立品为要”，奖罚分明，用人公正、公平，唯才是举。王安国之父王曾禄秉承先辈遗教，督促王安国居官以爱民为重。据《高邮王氏遗书》记载，王曾禄临终前对王安国说：“我死之后，只有祖上传下来的遗著以及简朴的生活方式、崇尚自然的真趣留给后人。希望你们不要失去这样的传统，如果混杂那些社会流俗气习，就不是我家子孙！”

王安国当了尚书后，位高权重，但吃穿没有任何改变，工作之余，如学生一样孜孜苦学。王安国在翰林院编修任上时，曾因为家贫奉养父母不周而惆怅，其母在家信中说：只要他尽心职守，父母就十分满意。至于改善家人生活，则不必挂怀。好比一户人家有两子，其一不过量力而行，以粗茶淡饭赡养父母；其一每顿都有酒肉，却掺杂毒药以进，试问谁更孝敬呢？假如为了养家而取不义之财，与毒害父母没有区别。王安国在代理广东巡抚期间，死于官署，归葬无资，经广州将军策楞奏闻朝廷，靠官府赙仪灵柩才得以返乡。

王念孙，王安国的儿子，乾隆年间进士，曾任工部主事、山东运河道、直隶永定河道等职。王念孙幼年时母亲去世，其父王安国将他带在身边，一边教他读《十三经》《史记》和《资治通鉴》，一边“勖之以忠信，示之以勿欺”，勉励他为人要忠诚守信，培养他敢于讲真话的品质，教他做人做事的基本准则。王念孙出仕后，王安国对他说：“馈遗一无所受，燕会一无所与，请托不行，苞苴

悉绝……”这些告诫时时规范和约束着王念孙的一言一行。

王念孙主管全国的水利工程兼漕务。一次，他作为钦差大臣，奉旨查勘漕务。当时，钦差出巡一般都要有驿船接送。然而，王念孙轻舟简从，宁可自己掏盘缠也不愿乘驿船。随从不解，王念孙说：“乘驿船最大的弱点是沿途大轰大嗡，我们根本看不到漕务的真实情况。”一些官员为了掩盖问题，千方百计地贿赂王念孙。但王念孙从不为金钱所动，坚持秉公办差。有一次他沿运河查勘到淮安的时候，身上的盘缠快用完了。他对随从说：“我修书一封，你上岸赶到高邮家中找夫人，让她想办法筹集一点。”王夫人吴氏接到信后，二话不说，变卖了自己的一副金镯子，所得银两全部带给王念孙，使他顺利完成了这次查勘任务。

王引之，王安国之孙、王念孙之子。嘉庆年间进士，官至工部尚书。父亲多次对他说，做学问、做人，都要沉得下身静得下心，有自己的真知灼见，不能人云亦云，判断和选择都在自己。王引之52岁那年，福建发生了藩司李赓芸自缢案件，朝廷下令让王引之和吏部左侍郎熙昌去复查此案。年逾古稀、早已退休在家潜心著述的王念孙得知此事后立即写信给儿子：“汝当以廉洁自持，公平定案，毋稍瞻循，以仰副委任之重。”王引之和熙昌到福建后，顶住压力，抵制诱惑，不卑不亢，秉公办案，案情终于水落石出，为死者李赓芸恢复了名誉，让贪赃枉法者汪志伊受到了应有的惩罚。

王引之总结为官之道是“清、勤、慎”三者，他认为“清”“勤”都是从“慎”而来，故当以“慎”为主。他两任学政，任期满返京，按照当时官场惯例可以接受馈赠，而王引之总是委婉谢绝，说自己眷属不多，靠本分俸禄就足以养家。其出使各省，所至之地拒绝公私款待及赠送礼品，属吏都钦佩其品质操守清正。

积善之家，必有余庆；积不善之家，必有余殃。高邮王氏良好家风堪称典范。

欺

一、字形演变

金文　篆书　隶书　楷书　行书　草书

二、说文解字

《说文解字》:“欺,诈欺也。从欠,其声。”

解释:从欠,其声。“欠”与出气、说话有关。本义:欺骗。

三、字源解说

其,既是声旁也是形旁,是“期”的省略,表示指望。欺,金文由(其,即“期”的省略,指望)加上(言,说话、许诺),表示作虚假期许。篆文以“欠”(感叹)代替金文字形中的“言”(许诺),强调允诺期许时语气夸张强烈。

造字本义:动词,作虚假期许,使对方遭受物质损失或精神伤害。隶书将篆文字形中的“其”写成,将篆文字形中的“欠”写成。

汉语中常“欺骗”并用,词义偏指“骗”,表示用虚假的承诺或编造的虚假信息,使对方信以为真并因此遭受物质或精神上的损失;“欺”表示不负责任地做虚假期许,例《史记·廉颇蔺相如列传》:“徒见欺。”“骗”表示编织谎言,误导受害者做出有害选择;“骗”比“欺”更具主观性和预谋性。

四、成语及名言警句

(一)常用成语

自欺欺人　大言欺人　倚势欺人　弗欺暗室　欺三瞒四　英声欺人　欺霜傲雪
暗室不欺　欺君罔上　欺贫爱富　虚誉欺人　童叟无欺　欺软怕硬　欺良压善
欺行霸市　欺世钓誉　不欺屋漏　恃强欺弱

(二)名言警句

1. 苏秦欺寡人,欲以一人之智反覆东山之君,从以欺秦。　——刘向《战国策·秦策一》

2. 南村群童欺我老无力,忍能对面为盗贼。　——杜甫《茅屋为秋风所破歌》

3. 臣以身许国，直道而行，必不敢有所欺负。——吴兢《贞观政要·论纳谏》

4. 个别地方纪委监委超越公权力边界，干涉干部群众合法权益。还有少数纪检监察干部认为监督"关键少数"难度较大，在工作中"欺软躲硬"，将监督重点转移到普通干部和基层公职人员身上。这实际上是以监察全覆盖为借口，避重就轻，使得监督重点发散、靶向偏离，失去了"准星"。

——《中国纪检监察报》2019年3月26日

五、廉政故事

缪燧为官不欺

康熙五十五年(1716)农历三月初三，一名县令因积劳成疾逝于任所。定海县民"巷哭途号，哀声遍野"，推选士民数十人"相率匍匐送柩"还乡，见其家中"日费匮乏，家无长物"，连丧葬之费，还得靠上司拨给。这名县令便是在定海任职22年，有着"定邑父母"清誉的缪燧。

缪燧，字雯曜，号蓉浦，江苏江阴人，康熙三十四年(1695)到五十五年(1716)任浙江宁波府定海县(其范围大致相当于现在的舟山市)知县，其政绩被宣付国史馆立传，是死后唯一被编入《清史稿》"人物传"之"循吏"的定海县官。观其一生立身行事，可以概括为两点：为官不欺、勤政廉洁。

康熙三十四年(1695)，46岁的缪燧补授定海知县，他把妻儿留在江阴，"只身莅任"。定海位于浙江东北部海滨，为清初新设之县治，"四面涂荡，民难安业"，每遇大风潮，海水倒溢，侵田毁屋，溺人无数。缪燧"澄清岛屿，抚绥黎民"，先后修筑海塘23条，25000余丈，修复碶门100余所，复垦农田数万亩。一连几年，遍植桑麻，"境内丰给"，"国计民生均为攸赖"。更难能可贵的是，缪燧常穿布衣草鞋亲临工地，与民同工、同吃、同住，百姓亲切地称他为"筑塘老爷"。定海作为沿海之地素产盐，但向来无"灶户"(经批准设灶煎盐的盐户)。盐政大员把这看作一种中饱私囊的机会，屡次发文要求"设厂砌盘，官为收买"。缪燧力持异议，允许不是"灶户"的农、渔民制盐，并改进盐税征收办法，"计丁销引""酌丁包课"，全县每年按"人头"额定盐税，为避免反复，缪燧还在知县大堂上立石刻碑，"永为定例"。

康熙三十六年(1697)，定海疫病流行，他聘名医四人，设四局，为民义诊。孤独者派人送药，贫困者不收药费，全家病倒者还代为雇人护理。是年疫情虽重，却无一人死亡。当时，定海"子弟十三四以上皆樵牧，不知诵读为何事"。缪燧深感办学兴教之急，他一边率先捐俸，一边利用占籍认垦、勤工筹资之法建学宫。康熙三十六年，缪燧在定海县署后半里捐资建屋十余间，创建定海县第一所义学，以后又在各乡各岛创办义学，并置学田200余亩。办学之初，缪燧更是费尽周折，将宜学对象逐个登记，上门动员，对于贫寒子弟，允许免费入学，以期从贫寒子弟中选拔优秀人才。

自此，定海学风渐兴。定海百姓感激缪燧恩德，要为他建功德祠，缪燧对此亦坚拒不受，改成书院，史称蓉浦书院。定海境内的普陀山香火颇盛，朝野各级官员常借口"躬巡沿海"而去游览，按惯例其费用是向百姓摊派的。缪燧顾念百姓不堪重负，"出己资供应"，并不"派民分毫"。

缪燧自奉俭约，连平时主食、蔬菜、调料等均从江阴带去，“计所酌者，在官一杯水耳”。在定海任职的22年，缪燧“教养兼施，威爱并济”“有利俱兴，有弊俱革，无枉不伸，无欲不给”。

康熙五十五年(1716)，缪燧逝于镇海县衙内。弥留之际，他未交代任何家事，却叮嘱要把《定海县志》修好，要把“义学田”办好。他说“事可对君父，心无累子孙。此乃余署定之座右铭也。平生无他，唯‘不欺’两字”。缪燧去世后，定海万千百姓吁请“留葬”定海，但因其“历陈二十余载生离”，礼部决定“遗骸归葬故里，定海留建衣冠冢”。当年五月，衣冠冢落成，浙江巡抚徐元梦为之题词曰：“其人如在。”

祈

一、字形演变

甲骨文　金文　篆书　隶书　楷书　行书　草书

二、说文解字

《说文解字》:“祈,求福也。从示,斤声。”

解释:祈,向神灵求福。字形采用“示”作偏旁,采用“斤”作声旁。

三、字源解说

斤,既是声旁也是形旁,表示战斧。祈,甲骨文是由(单,即“戰”的省略)和(斤,战斧)构成,表示出征作战前的祭祀仪式。金文在甲骨文字形基础上加“旗”,强调“单”与“斤”与“军旅”的关系。有的金文省去“单”,同时加“言”(说话),表示军队在出征前的祭祀仪式中祝祷求胜。

造字本义:动词,征战前为胜战祭祀祷告。祈是形声字。“斤”本指“斧斤”,转指“凿破”;“示”指“祖先神”。“示”与“斤”联合起来表示“求祖先神为自己凿破困境”。本义为摆脱困境而求神。

四、成语及名言警句

(一)常用成语

春祈秋报　时祀尽敬,而不祈喜　祈晴祷雨　魂祈梦请

(二)名言警句

1. 以御田祖,以祈甘雨。　　——《诗经·小雅·甫田》

2. 徐福文成多诳诞,上元太一虚祈祷。　　——白居易《海漫漫·戒求仙也》

3. 富国由崇俭,祈年在好生。　　——苏轼《郊祀庆成诗》

4. 祈蚕箫鼓闹,赛雨鸡豚空。　　——陆游《病中怀故庐》

5. 我们提出全面推进依法治国,坚定不移厉行法治,一个重要意图就是为子孙万代计、为长远发展谋。

——《在党的十八届四中全会第二次全体会议上的讲话》(2014年10月23日)

五、廉政故事

彭鹏:为民祈福“彭青天”

出身仕宦世家的彭鹏,58 岁任三河县知县,为官 20 年,一生都奉行“清白为吏”的祖训,廉洁从政,始终如一。清人贪梦道人所撰写的著名公案小说——《彭公案》,就是以彭鹏为原型创作的,彭鹏堪称莆田“包青天”,深受康熙赏识。彭鹏在任期间廉洁奉公,为一方百姓祈晴祷雨,布施福泽,以保他们安居乐业,受到了百姓的爱戴,也载入史册,是后人学习的榜样。

生不逢时,彭鹏中举之后,正踌躇满志冲击进士之时,康熙年间的三藩叛变,福建耿精忠起兵造反,广揽福建士子,欲揽彭鹏为其割据政权服务,彭鹏“以利锥刺破牙龈佯作吐血坚拒”,誓不与叛贼为伍,“三年坚卧不下床,至光复方起”。在后来的宦海沉浮中,彭鹏深受康熙皇帝的垂爱,平步青云,成为一方大臣。

清康熙二十三年(1684),彭鹏被朝廷吏部遴选为直隶三河县知县,这年他已经 58 岁。彭鹏身上流淌着祖辈为官为吏的政治才干与政治智慧,一上任就整饬吏治,改革陋规,轻徭薄赋,减轻县民的经济负担。三河县乃直隶之要地,“地瘠且冲,旗民杂处”,这里不仅有旗人,还有汉人居住,两方掺杂在一起,很容易爆发冲突。同时个中势力交错,知县也不好管理,圈地驱民,仗势欺弱屡见不鲜。但彭鹏依朝廷法例,厘清每一个案件的真伪曲直,从不畏惧强大势力,秉公执法,从不徇私枉法,将三河县治理得井井有条。

在彭鹏任职期间,有个撒谎称自己是在当朝皇上面前放鹰的人,来到三河县骗取百姓的粮食,彭鹏得知后,果断判定这个人是一个骗子。经过审讯后,这个人招认自己是个骗子,百姓们感到十分痛快,自此,彭鹏的名声也开始在三河县扩大,哪怕邻县出现了难以判断的案件,都会请彭鹏前去审理,而每起案件,彭鹏都能够公正严明地审理,真正做到“明镜高悬”。

彭鹏康熙三十八年(1699)出任广西巡抚,他来到此处之后,一切从百姓角度出发,减免赋税,尽量为百姓减轻生活压力。当时广西每年都需要向朝廷上交鱼胶,有一东西叫铁叶,这个东西并不是广西本地所产,还需要从广东地区购货,才能够向朝廷上交,彭鹏知道之后向朝廷上书请求免除此项物品的进献。

在《清史稿》上,彭鹏、于成龙、陈瑸、施世纶、陈鹏年等五人同列一卷,被史家称为康熙朝“天下第一廉吏”。

旗

一、字形演变

甲骨文　金文　篆书　隶书　楷书　行书　草书

二、说文解字

《说文解字》:“旗,熊旗五游,以象罚星,士卒以为期。从㫃,其声。《周礼》曰:‘率都建旗。’”

解释:旗,画着熊的图案的军旗上有五根飘带,用以象征罚星,士卒把军中飘起熊旗的时刻当作部队集合、公开行罚的时间。字形采用“㫃”作偏旁,“其”作声旁。《周礼》上说:“率部至都,并立熊旗。”

三、字源解说

“㫃”是“旗”的本字;而“旗”是“旂”的异体字。㫃,甲骨文是象形字,字形像在树干上飞舞的飘带,其中是“木”的简写,表示去除了树枝、树根的树干。有的甲骨文将树干简化成一竖,用双游的飘带代替单游的飘带。金文将甲骨文字形中的树干写成,将甲骨文字形中的飘带简写成。繁体金文写成会义字:是由(㫃,扎着若干条彩绸的标志物)和(其,既是声旁也是形旁,何其、多么)构成,强调代表军队的飘扬标志物,对于军人的强烈感召,其中金文是甲骨文字形“㫃”的变形。

造字本义:名词,古人系在树干上、标志领地或军队的醒目彩绸,对于军人具有强烈感召力。

《释名・释兵》:“熊虎为旗。将军所建,像其猛如熊虎也。旗,期也,言众期于下。”《周礼・春官・司常》:“熊虎为旗。”可见,“旗”本是一种特指的旗帜,其特征为上有熊虎图案,用于战场。后来词义扩大,作旗帜的总称。满族军政合一的编制叫“旗”,因此,也把八旗兵屯驻的地方称为“旗”,后来沿用为地名,如内蒙古自治区锡林郭勒盟有“镶黄旗”“正镶白旗”等地名。

四、成语及名言警句

（一）常用成语

偃旗息鼓　重整旗鼓　斩将搴旗　旗开得胜　旗鼓相当　大张旗鼓　摇旗呐喊

旗旆成阴　旗帜鲜明　收旗卷伞　旗布星峙　掩旗息鼓　旌旗蔽日　辙乱旗靡

红旗报捷

（二）名言警句

1. 千里莺啼绿映红，水村山郭酒旗风。

——杜牧《江南春》

2. 半卷红旗临易水，霜重鼓寒声不起。

——李贺《雁门太守行》

3. 征帆去棹残阳里，背西风、酒旗斜矗。

——王安石《桂枝香·金陵怀古》

4. 我们坚定站在历史正确的一边、站在人类文明进步的一边，高举和平、发展、合作、共赢旗帜，在坚定维护世界和平与发展中谋求自身发展，又以自身发展更好维护世界和平与发展。

——《高举中国特色社会主义伟大旗帜，为全面建设社会主义现代化国家而团结奋斗》(2022 年 10 月 16 日)，《求是》杂志 2022 年第 21 期

5. 只有高举中国特色社会主义伟大旗帜，我们才能团结带领全党全国各族人民，在中国共产党成立一百年时全面建成小康社会，在新中国成立一百年时建成富强民主文明和谐的社会主义现代化国家，赢得中国人民和中华民族更加幸福。

——《紧紧围绕坚持和发展中国特色社会主义学习宣传贯彻党的十八大精神》(2012 年 11 月 17 日)，《习近平谈治国理政》第一卷，外文出版社 2018 年版，第 7 页

五、廉政故事

焦裕禄：人民公仆，党员旗帜

焦裕禄，1922 年 8 月 16 日出生在山东省淄博市北崮山村的一个贫苦家庭，青少年时代受尽了苦难的煎熬。焦裕禄十几岁时就承担起家庭的重任，在煤窑里干过苦工，在地主家当过长工，受尽了残酷折磨。抗日战争胜利后，他才得以回到老家。1946 年 1 月，他加入中国共产党，从此成为一名光荣的共产党人，为党和人民贡献了自己的一生。

1962 年 12 月，焦裕禄调到兰考县，先后任县委第二书记、书记。兰考县地处豫东黄河故道，是个饱受风沙、盐碱、内涝之患的老灾区。焦裕禄从到兰考第二天起，就深入基层调查研究，拖着患有慢性肝病的身体，在一年多的时间里，跑遍了全县 140 多个大队中的 120 多个。

在带领全县人民封沙、治水、改地的斗争中，焦裕禄身先士卒，以身作则。风沙最大的时候，

他带头去查风口，探流沙；大雨瓢泼的时候，他带头蹚着齐腰深的洪水察看洪水流势；风雪铺天盖地的时候，他率领干部访贫问苦，登门为群众送救济粮款。他把群众同自然灾害斗争的宝贵经验，一点一滴地集中起来，成为全县人民战胜灾害的有力武器。他曾说："新干部不参加劳动，就不能明确树立阶级观点、群众观点；老干部长期不参加劳动思想就要起变化，要变颜色。"他身体力行，无论工作多忙，总是坚持参加集体生产劳动，始终保持劳动人民的本色。

焦裕禄善于做群众工作。他深刻认识到，尊重群众主体地位，才能激发群众干事热情。他总结道："在发动群众方面必须是通过原有组织、原有干部，通过代表会、各种恳谈会，大张旗鼓宣传政策，把计划目的方法要求交给群众，让群众掌握，才能很快地把全体农民调动起来。"焦裕禄坚信，只要能够发动群众、组织群众、依靠群众，就没有战胜不了的困难。

他家境困难，人口众多，长期患病，但始终保持艰苦朴素的作风，坚决拒绝他人的救济。他说："兰考，是个重灾县，人民的生产、生活都很困难，我们应该首先想到他们。要把这些钱用到改变兰考面貌的伟大事业上去，用到改善兰考人民的生活上去。"

焦裕禄的办公桌、文件柜都是原兰封县委初建时买的，破旧不堪。他用过的一条棉被上有 42 个补丁，褥子上有 36 个补丁，焦裕禄的衣、帽、鞋、袜都是拆洗很多次，补了又补，缝了又缝的，虽然破旧得很厉害，但是焦裕禄同志总是舍不得换，他强调灾区的群众比自己更需要。一次，有位干部提出要装潢一下领导干部的办公室，焦裕禄同志严肃地说："坐在破椅子上不能革命吗？兰考的灾区面貌还没有改变，群众生活还有困难，富丽堂皇的事不但不能做，就是连想也很危险。"

为廉洁奉公，他专门起草了一个《干部十不准》的文件，规定任何干部不准特殊化。焦裕禄把职位看作为人民服务的岗位，把职权看作受人民的委托，为革命掌权的权利。他的心里装着全县的干部群众，唯独没有他自己。这是一个共产党员崇高无私的革命精神的体现。1964 年 5 月 14 日，焦裕禄被肝癌夺去了生命，年仅 42 岁。他临终前对组织上唯一的要求，就是"把我运回兰考，埋在沙堆上。活着我没有治好沙丘，死了也要看着你们把沙丘治好"。1966 年，河南省政府追认焦裕禄同志为革命烈士。

焦裕禄去世后，一代代共产党人在兰考接力奋斗，不仅实现了焦裕禄治好沙丘的遗愿，更让这片土地发生了翻天覆地的变化。焦裕禄把群众当亲人，群众也把他当亲人，群众在心中为他树立起一座永不磨灭的丰碑。焦裕禄的精神跨越时空、历久弥新，人民永远记得他。

契

一、字形演变

二、说文解字

《说文解字》:“契,大约也。从大,从㓞。”《易》曰:“后世圣人易之以书契。”

解释:契,正式的协约凭证。字形采用“大、㓞”会义。《易经》上说:“后代的圣人用书契替代它。”

三、字源解说

“㓞”的甲骨文之局部“丯”是一个指事字,字形在代表木棒、木片等实物记录载体的一竖指事符号上,加三横代表多道刻痕的指事符号,表示在代表木棒或木片上刻画一道道记号,作为提示记忆的实物凭证。当“丯”的“契刻”本义消失同时也为了将“丯(jiè)”与“丰(fēng)”相区别,甲骨文再加“刀”另造“㓞”代替。金文承续甲骨文字形。当“㓞”的“契刻”本义消失后,金文再加“大”(成人)另造“契”代替,表示成人社会的商贸与约定行为。篆文承续金文字形。

造字本义:动词,用刀具在易保存的物体上划出一道道刻痕,作为数量记录的凭证。甲骨文的“契”字,右边是一把“刀”,左边为一竖三横,表示在物品上刻下了三横一竖,形象地反映了上古时代以契刻记事的方式。《易・系辞下》记载:“上古结绳而治,后世圣人易之以书契。”“书契”即以刀刻写甲骨文的意思。小篆在甲骨文的“契”下增添了一个源自双手的“大”,使之成为一个本义转注字,楷书缘此而写作“契”。

古代社会,将兵符、地契等字据类文书,刻写后常常分成两半,由双方保存,验证时取出看是否相合,合则为真,不合为假。所以,“契”又引申出投合之义,如“契合、默契”等。

四、成语及名言警句

（一）常用成语

默契神会　同力协契　焚契市义　道同契合　忘形之契　丹书铁契　同符合契

契若金兰　至交契友　神会心契　一夔一契　针芥之契　莫逆之契

（二）名言警句

1. 死生契阔，与子成说。执子之手，与子偕老。——《诗经·邶风·击鼓》

2. 越陌度阡，枉用相存，契阔谈讌，心念旧恩。——曹操《短歌行》

3. 每览昔人兴感之由，若合一契，未尝不临文嗟悼，不能喻之于怀。

——王羲之《兰亭集序》

4. 我们将扩大两岸经济文化交流合作，实现互利互惠，逐步为台湾同胞在大陆学习、创业、就业、生活提供与大陆同胞同等的待遇，增进台湾同胞福祉。我们将推动两岸同胞共同弘扬中华文化，促进心灵契合。

——《决胜全面建成小康社会，夺取新时代中国特色社会主义伟大胜利》（2017年10月18日），《习近平谈治国理政》第三卷，外文出版社2020年版，第44页

五、廉政故事

陈宗契：心底无私，犯颜直谏

“以铜为镜，可以正衣冠；以史为镜，可以知兴替；以人为镜，可以明得失。”这些宝贵的历史文化遗产犹如点点繁星，熠熠闪耀在中华优秀传统文化的星空。

陈宗契（1569—1630），字禖生，号景元，明朝湖广衡阳县人。少时聪颖，7岁能文。父亲曾给他出上联“嫩竹绿荫映地”，他随口即答：“新荷赤箭摩天。”他25岁中举人，32岁中进士，选庶吉士，补福建道监察御史。他不畏皇权，屡屡上言，直言敢谏的声音警醒了很多人。

陈宗契的父亲陈廷策，学承程朱，律己甚严，以端朴闻名于诸生。陈宗契初任御史，担弹劾与建言之责，父亲写信告诫他说：“天下事说起来容易，做起来难，希望你不要轻易说事，一味空谈。”

担任监察御史的陈宗契，不怕得罪权贵，将国家利益置于自身安危之上，毅然以弹劾不法官吏及政治弊端为己任。礼部侍郎李廷机是一个有争议的人物，但是深得明神宗信任。万历三十五年（1607）夏，朝议推举阁臣，李廷机在被选之列，陈宗契随即上书表示反对。

陕西税监梁永在朝廷已停征矿税的情况下，拒不执行，并把反对他的咸阳知县宋时隆投入监狱，还指使爪牙阴谋毒害检举他的御史余懋衡。事发后，梁永受到弹劾，但明神宗置之不理。陈宗契上书争谏：“一人而能遥制四海，是因为大权在握；四海而不敢不听制于一人，是因为有国

法。有法不行则无法，而权也就虚了。梁永荼毒秦民这么久，诸臣参劾他已经多次。汉文帝终不以母后故废法，陛下独姑息一奴仆，其何以训天下、垂后世？无法之国，国非其国矣！”神宗这才不得已撤了梁永的职。陈宗契冒死直言，朝臣无不震惊和敬佩。

明神宗执政后期，荒于政事，长期不上朝，朝廷百官都为此忧心，可没人敢站出来上谏。陈宗契觉得这是大是大非问题，应该勇于履行职责，于是毅然决然上奏折劝说明神宗：“纵观历朝历代，臣从未见过皇帝不亲自过问政事而百官能自觉工作的。皇上正值壮年，为什么要采用老年人的做法呢？”

万历三十四年（1606），明神宗以过生日的名义，广纳贡礼，大肆敛财。而很多地方官员听闻此事，投其所好，也纷纷在地方上搜罗奇珍异宝送给皇帝。更有甚者，有些地方官员借机勒索百姓，中饱私囊。当时陈宗契以御史身份巡视漕运，路经六省，千里所见，十室九空，关卡税收猛过虎狼。他十分同情老百姓的悲惨遭遇，于是奋笔上书：“现在地方官吏竞相搜刮百姓，借您生日献礼邀宠，哪一件呈上来的贡品不是民脂民膏？可是您不但不怪罪，还把蟒袍玉带奖给了这批虐民的罪人，这是以罪为功呀……”

谦

一、字形演变

篆书　　隶书　　楷书　　行书　　草书

二、说文解字

《说文解字》:“谦,敬也。从言,兼声。”

解释:谦,表达对他人的恭敬。字形采用“言”作偏旁,采用“兼”作声旁。

三、字源解说

兼,既是声旁也是形旁,是“歉”的省略,表示歉意。谦,篆文是由(言,说)和(兼,即“歉”的省略,内疚)构成,表示表达愧疚。

造字本义:动词,对自身的失误或不完善表示愧歉不安,保持深刻自省。“谦”字由“讠”和“兼”两部分构成。“谦”字字形采用“讠”作形旁,有说话之义,“兼”作声旁。“兼”指一手拿着两束禾苗,也引申为合并。

“谦”,中华书局注音版《说文解字》给的解释是:“谦,敬也。从言,兼声。”兼,本义是恭敬。张舜徽《说文约注》:“谦必以敬为本,始不流于虚伪,故许君直以敬训谦也。”意思是谦虚、谦让必然以敬为根本,才不会流于虚伪,所以许慎直接用敬来解释“谦”。这里的“兼声”,是声中有义。杨树达《积微居小学述林・释谦》:“敬,《说文》训肃,主从心言之,谦字从言,义不相副。此许君泛训,非胜义也。愚以兼声声类求之,谦盖谓言之不自足者也。知者,兼声之字多含薄小不足之义。”

《玉篇・言部》:“谦,轻也,让也。”《字汇・言部》:“谦,不自满也。”《书・大禹谟》:“满招损,谦受益。”自满招致损害,谦逊得到裨益。《后汉书・隗嚣传》:“嚣不欲东,连遣使深致谦辞,言无功德,须四方平定,退伏闾里。”隗嚣不愿归东,连连遣使带着深表谦辞的奏章入见,说自己没有功德,要等到四方平定,再告退回乡。

四、成语及名言警句

（一）常用成语

谦冲自牧　谦光自抑　谦让未遑　谦躬下士　谦虚谨慎　谦恭虚己　谦恭仁厚

谦谦下士　谦谦君子　黄公好谦　你谦我让　鸣谦接下　一谦四益　益谦亏盈

（二）名言警句

1. 满招损，谦受益，时乃天道。　——《尚书·大禹谟》

2. 谦谦君子，卑以自牧也。　——《周易·谦》

3. 念高危，则思谦冲而自牧；惧满溢，则思江海下百川。　——魏徵《谏太宗十思疏》

4. 务必使同志们继续保持谦虚谨慎、不骄不躁的作风。

——毛泽东同志《在中国共产党第七届中央委员会议上的报告》

5. 全党同志务必不忘初心、牢记使命，务必谦虚谨慎、艰苦奋斗，务必敢于斗争、善于斗争，坚定历史自信，增强历史主动，谱写新时代中国特色社会主义更加绚丽的华章。

——《以历史主动精神构建高校“大思政课”育人体系》　中国教育新闻网　2023 年 10 月 20 日

五、廉政故事

传家三字：“谦、俭、劳”

重庆歌乐山烈士陵园中的车耀先、罗世文烈士塑像，左边拿手杖者为车耀先烈士，右边戴眼镜者为罗世文烈士。两位烈士是革命战友，1946 年 8 月牺牲在歌乐山。

1940 年 3 月，成都出现粮荒，不时有抢米事件发生，事后国民党污蔑共产党为始作俑者，给中国共产党加上“破坏抗战”的罪名，大肆抓捕进步人士，车耀先就是在此时被捕。被捕后，车耀先被押解到重庆。面对国民党的严刑拷打，他毫不屈服。见酷刑不能使车耀先背叛革命，国民党特务便改用软化的办法。他们听说车耀先对主张抗日的冯玉祥比较尊敬，便向车耀先表示，只要他发表一个声明，就请冯玉祥介绍他加入国民党，并委派他出任四川民政厅长。车耀先断然拒绝，表示“宁死也不同意”。

威胁利诱未能达到目的，敌人又采取“攻心战术”。他们拿来曾国藩的《曾文正公家书》，要车耀先每天必读并写心得。车耀先原本对此书不屑一顾，但仔细阅读后，产生了一个想法：自己今后能否出狱断难预料，妻儿一别不知何时再能团聚，何不乘此机会给儿女们留点什么，让他们能得到正确的引导。借助牢房里昏暗的灯光，车耀先拖着伤痕累累的双手开始写《自传》，总结了自己四十多年的人生经历。

"'奋斗四十年，始有今日。'这一句就道出车耀先烈士革命情怀。"重庆红岩联线文化发展管理中心文博副研究馆员王浩说，虽然最终车耀先没能写完这部自传，但从序言的寥寥数语中，能看出他面临死亡，毫不后悔，矢志不移的革命情操。在车耀先《自传》的引言中，他还这样告诫子女：出身贫苦，不可骄傲；创业艰难，不可奢华；努力不懈，不可安逸。能以"谦""俭""劳"三字为立身之本，而补余之不足，能以"骄""奢""逸"三字为终身之戒，而为一个健全之国民，则余愿足矣。

谦、俭、劳这三字重如千钧，它们从历史深处走来，车耀先熟读历史，知道谦、俭、劳乃是历代家训反复强调的品质。更重要的是，他以自己的亲身经历、以自己的鲜血，为谦、俭、劳这三字注入了新的内涵。

车耀先的三字家训，让子女们牢记了一生。中华人民共和国成立后，他们的身份无论是工程师，还是普通工人，都在自己的工作岗位上勤勤恳恳，任劳任怨，以父亲留下的家训为荣，他的一个女儿还专门为子女取名为少谦、少俭、少勤。红色家训耀千古，红色家风传万代。譬如火种，虽从一星耀目，但必将有燎原之日，又如同种粒，虽微不足道，则必有万顷波涛，碧透华夏之时。

"车耀先对家风的重视在今天仍具有启示意义。"王浩说，这表明党员领导干部要在生活上严格要求家人，立家规、树家风，加强对亲属和身边工作人员的教育和约束，真正肩负起从严管家、从严治家的责任，形成守德、守纪、守法的家庭风气。

虔

一、字形演变

金文　篆书　隶书　楷书　行书　草书

二、说文解字

《说文解字》:“虎行皃。从虍文声,读若矜。”

解释:虔,虎潜行的样子。字形采用“虍”作偏旁,“文”作声旁。

三、字源解说

“虔”字是一个会意字。金文由(虎头,借代虎)与(文,纹案)组成,表示虎纹。篆文承续金文字形。“虔”字作名词,意思是令人畏惧的虎纹。“虔”字用作动词,意思是杀戮。在现代汉语中,“虔”作为恐惧和杀戮的本义已经消失,常引申为诚敬、诚心,如虔心、虔敬、虔诚,如北周庾信《祀五帝歌》“朱弦绛鼓罄虔诚,万物含养各长生”,“虔”的意思是恭敬而有诚意;唐杨炯《梓州惠义寺重阁铭》“远览形势,虔心净域”,“虔”的意思是虔心、诚心。

四、成语及名言警句

(一)常用成语

心虔志诚　竭力虔心　一秉虔诚

(二)名言警句

1. 属付虔诚,念道忘思虑。——王丹桂《凤栖梧·寄同道》

2. 贪残官吏虔诚谒,毒害商人沥胆过。——杜荀鹤《将过湖南经马当山庙因书三绝》

3. 虔诚不是目的,而是手段,是通过灵魂的最纯洁的宁静而达到最高修养手段。——歌德

4. 全面加强人民军队党的建设,确保枪杆子永远听党指挥。

——习近平《高举中国特色社会主义伟大旗帜为全面建设社会主义现代化国家而团结奋斗》

——在中国共产党第二十次全国代表大会上的报告

(新华社,2022 年 10 月 25 日)

五、廉政故事

王继才、王仕花夫妇:以虔敬之心守岛32年

在离江苏省连云港燕尾港12海里的黄海海面上,有一座弹丸小岛——开山岛,面积仅有13000平方米,相当于两个足球场大小。开山岛虽然小,战略位置却十分重要。1986年,江苏省连云港市灌云县在开山岛设立了一类民兵哨所,不仅要对过往渔民提供帮助,还要严防走私、偷渡一类事件的发生。那时的开山岛就相当于一座荒岛,没有淡水,没有电,没有居民,只有漫山遍野的蛇虫蚊蚁。哨所建成后,灌云县人武部先后派出民兵上岛值守,但没人能在岛上坚持超过半月的时间。当时的人武部部长王杰找到了时任民兵营长的王继才,他领着王继才到岛上走了一圈,边走边讲述开山岛战略位置的特殊性。当年的王继才只有27岁,一腔热血想的都是为祖国做贡献,虽然岛上生活苦,但能为祖国守卫好这一小片疆土,他也心甘情愿,当即就决定要守卫开山岛。

在岛上住下后王继才发现,实际情况要比他之前了解的还要艰苦。夜里风雨大作,狂风呼啸裹挟着浪拍打在礁石上,仿佛要将小岛淹没。岛上的虫蛇恨不得全体出动,似是“欢迎”着王继才的到来。王继才被这样恶劣的环境吓到了,他喝着酒壮胆,生生地坐了一夜,天刚放亮他就到码头上找船,想着回去,就再也不来了。当时正值休渔期,海面上根本看不到一艘船,他又跟人武部联系,但因风大浪急一时找不到船出海,他回去的愿望破灭了,只能等待。

王继才的妻子王仕花也在等待丈夫回家,她非常支持丈夫工作,丈夫经常出任务不回家,家里老人孩子都需要她一手操劳,但她却从来没跟丈夫抱怨一句。丈夫这是第一次出任务这么久还没回来,王仕花等得焦急,她去丈夫单位打听,才知道丈夫去守开山岛了。8月30日,王仕花向人武部申请上岛看看王继才,组织同意后她坐船上岛。上岛后的王仕花见到丈夫没忍住哭了出来,只一个月未见,他却大变样子:又黑又瘦,邋里邋遢,头发胡子都长得看不出人脸,衣服脏兮兮的,就像是个野人。王仕花心疼丈夫,拉着王继才就往船上走,要带他回家。此时的王继才已经适应了这里的环境,并下定了一人守护开山岛的决心。王仕花了解丈夫,只要是他认准的事没人能说动,她便也不再劝。她心想,既然劝不动丈夫下岛,不如自己去岛上陪着他,两个人在一起说说话总好过一个人。她下定决心后向单位递交了辞职信,将孩子留给父母照看,只身一人上岛了。丈夫守护着海岛,妻子守护着丈夫,在小小的开山岛上开启了独属于他们的32年的“浪漫”。

1986年9月,王继才父亲托上岛的物资船给儿子媳妇捎去一些日用品,王继才打开后发现袋子里有一面崭新的五星红旗。红旗里面夹着一张字条:守岛就像守阵地,要有信念,人在旗在!拿到父亲送来的国旗后,王继才和妻子每日要做的工作中又多了一项,就是升国旗唱国歌。在岛上没有升旗装置,王继才就找了一根竹竿充当旗杆,每天一人升旗一人敬礼,两个人一起唱

响国歌。每次看到五星红旗飘荡在这个小岛的上空，两个人都觉得既神圣又光荣。几十年来 11000 多次升起鲜艳的五星红旗是夫妻二人不言而喻的约定。

2018 年 7 月 27 日，妻子王仕花由于股骨头坏死要下岛治疗，临走前还和王继才约定等自己回来，八一节时要一起升国旗。谁都没想到这竟是他们的最后一面。妻子下岛后，王继才在夜里巡逻时突发心脏病离世，年仅 58 岁，最终还是没能完成对妻子的诺言，他就这样永远地"留"在了自己的岗位上，留在了旁人可能都没听说过的荒岛上。听闻丈夫去世的消息，王仕花在医院里哭得肝肠寸断，她实在没想到自己刚下岛丈夫怎么就走了呢？王继才走后，王仕花一个人登岛，毅然决然地升起了那面和丈夫约定的国旗。

多年过去了，王仕花仍带着丈夫"守到守不动再下岛"的诺言继续守岛。2019 年，王继才夫妇被评为 2018 年度感动中国人物，他们以虔敬之心守岛 32 年的事迹才被人知晓，无数人为他们爱国奉献的赤子情怀感动落泪。王继才夫妇就是千千万万的百折不挠、超越自我、艰苦奋斗中国人的精神写照，因为他们，开山岛已从自然之岛变成一座精神之岛，在茫茫海面上闪烁着信仰的光芒，鼓舞着每一个在岗位上默默坚守的人！

庆

一、字形演变

甲骨文　金文　篆书　隶书　楷书　行书　草书

二、说文解字

《说文解字》:“庆,行贺人也。从心,从夊。吉礼以鹿皮为贽,故从鹿省。”

解释:庆,带礼前往向他人祝贺。字形用“心、夊”表义。嘉礼用鹿皮包装,所以字形采用省略了“比”的“鹿”作偏旁。

三、字源解说

心,既是声旁也是形旁,疑为金文字形对甲骨文字形中“貝”的误写,表示货币,借代钱财。庆,甲骨文是(“鹿”的简写)和(“贝”的简写,钱财)构成,表示珍稀动物和钱财,借代古代天子向群臣广施的福利。金文将甲骨文字形的“鹿”写成,误将甲骨文字形中简写的“贝”写成“心”,“心”既表示献礼祝贺的情意,也表示“庆”的读音。篆文将金文字形中的鹿头和鹿身写成,将金文字形中的“心”写成,误将金文字形中的鹿尾“毛”写成倒写的“止”。

造字本义:动词,天子普施福利,与臣民共享大治之喜。“庆”字的造字本意一般认为是“怀着诚挚的心情,带着丰厚的贺礼前去祝贺”,这也是“庆”字“从鹿从心”的本旨所在。“庆”本义为“庆贺、庆祝”。有善则庆,有福则庆,此乃人之常情,因此“庆”字也便有了“善”和“福”之义。例如《诗经·大雅·皇矣》:“则友其兄,则笃其庆。”

四、成语及名言警句

(一)常用成语

景星庆云　河清云庆　率土同庆　螽斯之庆　瑞庆大来　充闾之庆　举手相庆
先号后庆　弹冠相庆　弄瓦之庆　庆吊之礼　额手称庆　普天同庆　弄璋之庆
举觞称庆　庆赏无厌　石庆数马　庆父不死,鲁难未已　积善之家,必有余庆

（二）名言警句

1. 人有喜庆，不可生妒忌心；人有祸患，不可生喜幸心。 ——白居易《登西楼忆行简》

2. 有熊有罴，有猫有虎，庆既令居，韩姞燕誉。 ——《大雅·韩奕》

3. 庆赏刑罚之不可不具也，犹春夏秋冬不可不备也。 ——董仲舒《春秋繁露》

4. 人民中国，屹立亚东。光芒万道，辐射寰空。艰难缔造庆成功，五星红旗遍地红。生者众，物产丰，工农长作主人翁。使我光荣祖国，稳步走向大同。 ——郭沫若《新华颂》

5. 革命声传画舫中，诞生共党庆工农。重来正值清明节，烟雨迷濛访旧踪。 ——董必武

五、廉政故事

廉政知县肃庆的故事

尚廉拒奢禁贪，一直是中华优秀传统文化重要组成部分。从孔子对颜回“一箪食，一瓢饮，在陋巷，人不堪其忧，回也不改其乐。贤哉，回也！”的赞叹，到陶母退鱼、杨震“四知”以及于成龙“半鸭知县”所为百姓口口相传的故事，无不彰显了对清正廉洁的推崇。正如《墨梅》中所说，“不要人夸好颜色，只留清气满乾坤”，清白是中国人骨根里的底色。肃庆，字莜田，长白山人，满族，内务府正白旗人，监生出身，以笔帖式授以知县。咸丰五至十年（1855—1860）任隆昌知县。

话说肃庆是一个爱民如子、清正廉洁的父母官。初来隆昌，为尽快熟悉隆昌的地理环境和风土民情，常常一个人出去暗访。上任不久，隆昌遭遇了百年不遇的旱情，全县颗粒无收，百姓流离失所，食不果腹，饿死很多人，各种景象凄惨无比。

肃庆见此情形十分焦急和痛心，但他刚来不久，俸禄不多，也没有多余的积蓄，一筹莫展不知如何是好。一晚，有位老妇人晕倒在县衙门口，衣衫褴褛，奄奄一息。肃庆立马将她扶回家中，端来稀饭喂其服下。待老妇人缓过神来，连连作揖表示感谢。老妇人自称姓顾，一早出门为孙子寻找食物，不料饿晕在县衙门口。肃庆听后满面愁容两眼湿润，为百姓的困境担忧不已。

老妇人见此，对肃庆说道：“隆昌西面有一刘姓大财主，家大业大，如果他肯出手救灾，就可解当前的燃眉之急。只是此人生性吝啬，视钱财如生命，估计希望渺茫。”肃庆知道后，立马出发前往刘财主府邸求见刘财主，谁知刘财主推脱身体抱恙，不愿与之见面。

肃庆知道他是想让自己知难而退，可百姓还生活在水深火热之中，自己又怎能轻言放弃呢？于是，他在门外等了一天一夜，刘财主见他如此坚持，不得不出来与之见面。肃庆表明来意后，刘财主轻蔑地说：“凭什么让我拿出钱财来救助百姓？我的钱也是辛辛苦苦挣来的！”肃庆说道：“如今旱情严重，还请刘财主发发善心，救救百姓吧！”刘心里不悦，但也不好在知县面前太放肆，便说：“如果肃知县能在一日内帮我找到救我女儿的良药，我便答应你。”原来，刘财主有一独女，年方二八，长相甜美，谁知前几日春游回家之后一病不起，各路名医都束手无策，刘财主甚是担心。肃庆听后，心里直叫不好，这一趟怕是白来了。可还是赶往衙门，准备寻找良药。

在半路上，肃庆又偶遇了顾氏老妇人，将其遭遇一说，摇头叹息。老妇人听后笑道：“我有一家传秘方，专治各种疑难杂症，一炷香的时间刘女必醒，知县姑且一试。”肃庆心想，不知是真是假，可眼下情况紧急，也只好死马当活马医了。只见老妇人从包裹中掏出一个小小的纸包，里面是一粒粒不知由何物炼制而成的黑色小丸子，肃庆接过纸包谢过之后，速返刘府。刘财主见肃庆这么快就寻得良药，心存疑虑，但还是让肃庆一试。

肃庆把药给刘女服下后，一炷香的时间，刘女果然苏醒。刘财主大喜，便向肃庆说道：“知县大人，您心怀百姓，我代小女谢过您的救命之恩！”当场便捐助粮食三千斤，财物一万两。肃庆将粮食等运回衙门，张贴告示，于第二日亲自派粥。百姓渡过了难关，纷纷称颂他“纤尘不染，清如玉井之水；片牍靡留，朗媲秦台之镜”。

让

一、字形演变

金文　篆书　隶书　楷书　草书　行书

二、说文解字

《说文解字》:“让,相责让。从言,襄声。”

解释:让,相互责难。字形采用“言”作偏旁,采用“襄”作声旁。

三、字源解说

襄,既是声旁也是形旁,表示佐助、配合。让,金文是(言,许诺)和(襄,佐助)构成,表示许诺、佐助。篆文将金文字形中的“言”写成,将金文字形中的“襄”写成。

造字本义:动词,许诺退位,协助对方获得权位。后来,“让”的意思由原来责备别人变为克制自己,有谦让、退让之意,如李斯《谏逐客书》:“泰山不让土壤,故能成其大。”这或与“让”成为古代的一种礼节仪式有关。古人接待贵宾非常讲究礼数,有时要举手做与心平衡状的动作,以表示恭敬或欢迎,这种礼仪称为“让”。

四、成语及名言警句

(一) 常用成语

礼让为国　退让贤路　拱手让人　不让之责　推梨让枣　避让贤路　谦让未遑

推贤让能　急病让夷　廉泉让水　好让不争　泰山不让土壤,故能成其大

终身让路,不枉百步　耕者让畔,行者让路

(二) 名言警句

1. 能以礼让为国乎?何有?不能以礼让为国,如礼何?　——《论语·里仁》

2. 不让古人是谓有志,不让今人是谓无量。　——金缨《格言联璧·持躬》

3. 不知则问,不能则学,虽能必让,然后为德。　——《荀子·非十二子》

4. 一家兴仁,一国兴仁;一家兴让,一国兴让。　——《礼记·大学》

5. 宦学事师，非礼不亲；班朝、治军、莅官、行法，非礼威严不行；祷祠祭祀，供给鬼神，非礼不诚不庄。是以君子恭敬、撙节、退让以明礼。

——《礼记·曲礼》

五、廉政故事

张英：让他三尺又何妨

古语云："终身让路，不失尺寸。"张英信奉这八个字，并将其作为家训来教诲子孙。俗话说："吃亏是福。"情愿吃亏的人，最终吃不了亏；爱占便宜的人，最终占不了便宜。老子曰："夫惟不争，故天下莫能与之争。"孔子曰："君子无所争。"以吃亏是福、与人无争的态度为人处世，一切都会顺畅很多。

张英(1637—1708)，字敦复，江南桐城人。康熙六年(1667)中进士，不久选为庶吉士，历任翰林院编修、侍读学士、翰林院学士兼礼部侍郎、工部尚书等职，累官至文华殿大学士兼礼部尚书。雍正帝即位后，追赠太子太傅，入贤良祠。乾隆帝即位后，加赠太傅。据《清史稿》记载："(张)英性和易，不务表襮，有所荐举，终不使其人知。所居无赫赫名。在讲筵，民生利病，四方水旱，知无不言。圣祖尝语执政：'张英始终敬慎，有古大臣风。'"所谓"敬慎"，"敬"就是严肃庄重，"慎"就是慎独慎微。

张英对自己要求非常严格，他说古人有"四戒"：饭不嚼便咽，路不看便走，话不想便说，事不思便做。在此基础上，他又为自己增加了"四戒"：友不择便交，气不忍便动，财不审便取，衣不慎便脱。张英为人忠厚，一生从未结党营私或受到任何不良指控，康熙帝经常与其推心置腹地探讨国家大事。当翰林院负责人缺位时，康熙亲自提议由张英担任，认为"张英为人厚重，不干预外事，补授此缺十分合适"。张英于是升任内阁学士兼礼部侍郎一职。张英居官廉俭，从不行贿赂之事。他说："使我为州县官，决不用官银媚上官。安知用官银之祸不甚于上官之失欢也？""门下奔走之客，有损无益。"他对当时社会上的一些娱乐活动较为抵触，曾说："予性不爱观剧，在京师一席之费，动逾数十金，徒有应酬之劳，而无酣适之趣，不若以其费济困赈急，为人我利溥也。"张英是这么说的，也是这么做的。张英六十大寿时，他的夫人打算雇个戏班子唱一场"堂会"，并设宴款待前来贺寿的亲朋好友。张英坚决不同意，劝夫人放弃这一计划，而是用这笔钱做了一百件丝绵衣裤，施舍给穷人们。张英为人宽和礼让，信奉"终身让路，不失尺寸"的古语。

有一年，他在桐城的家人与邻居吴家在宅基地界的问题上发生了纠纷，互不相让，并将官司打到县衙。张家人修书一封送到京城，请张英定夺。张英收到书信后批诗一首寄回："一纸书来只为墙，让他三尺又何妨？长城万里今犹在，不见当年秦始皇。"张家人豁然开朗，退让了三尺。吴家人深受感动，也退让了三尺，于是形成了一个六尺宽的巷子。这就是"六尺巷"的故事。

晚年回乡后，张英从来不以"宰相"自居，遇到担柴人，便退立道旁，主动让路。为了让良好的家风代代相传，张英总结了一生为官处世的亲身经历和心得体悟，结合先贤的名言和事例，撰写了一部家训——《聪训斋语》，内容涉及一个人成长成才的各个方面，从饮食起居、读书养志、交游择友、兴趣涵养乃至为官立业，均提出了一系列标准。张英还总结道：“予之立训，更无多言，止有四语：读书者不贱，守田者不饥，积德者不倾，择交者不败。”正是在这种良好的家庭教育氛围里，张英的子孙人才辈出，使张家成为当地的名门望族。

在张英身后的百年里，他的儿子张廷玉、张廷璐，孙子张若霭，陆续为康熙、雍正、乾隆三朝所用，堪称“合家顶戴，满门朱紫”。尤其是次子张廷玉（1672—1755），为官勤谨廉俭，历任礼部尚书、户部尚书、吏部尚书、保和殿大学士（内阁首辅）、首席军机大臣等职，位极人臣，去世后配享太庙，是整个清朝唯一一个配享太庙的汉臣。

仁

一、字形演变

甲骨文　金文　篆书　隶书　楷书　行书　草书

二、说文解字

《说文解字》："仁，亲也。从人，从二。忎，古文仁从千心。𡰥，古文仁或从尸。"

解释：仁，亲爱。字形采用"人、二"会意。忎，古文写法的"仁"，字形采用"千、心"会意。𡰥，"仁"的古文异体字，字形采用"尸"作偏旁。

三、字源解说

"忎"是"仁"的异体字。人，既是声旁也是形旁，表示普天之下不同身份地位的生活者。仁，甲骨文是(人，他人)和(二，等同、相等，参见"均""齐")构成，表示人人相等，亦即等而视之，视人若已，将心比心，同情包容。金文将甲骨文字形中的"人"写成"尸"。

造字本义：动词，尊重人道，相信人性相通，视人若已，同情包容，尤指强势者对弱势者的厚道。

四、成语及名言警句

（一）常用成语

一视同仁　当仁不让　麻木不仁　仁至义尽　为富不仁　仁义道德　修仁行义

假仁假义　宅心仁厚　施仁布恩

（二）名言警句

1. 以德行仁者王。

——《孟子·公孙丑上》

2. 故文王行仁义而王天下。

——《韩非子·五蠹》

3. 夫仁者，己欲立而立人，己欲达而达人。能近取譬，可谓仁之方也已。

——《论语·雍也》

4. 温良者，仁之本也；敬慎者，仁之地也；宽裕者，仁之作也；孙接者，仁之能也；礼节者，仁之貌也。言谈者，仁之文也；歌乐者，仁之和也；分散者，仁之施也。儒皆兼此而有之，犹且不敢言仁也。其尊让有如此者。

——《礼记·儒行》

5. 何功伟在给父亲的信中写道，儿献身真理，早具决心，除慷慨就死外，绝无他途可循，为天地存正气，为个人全人格，成仁取义，此正其时。

——习近平总书记2022年3月1日在2022年春季学期中央党校(国家行政学院)中青年干部培训班开班式上的讲话，《求是》杂志2023年第13期

五、廉政故事

宋仁宗赵祯：千古第一仁君

中华历史上下5000年，能堪称“仁君”“明君”的皇帝寥寥无几。秦始皇一统六国，却被称为“暴君”。汉高祖刘邦建立大汉基业，却始终摆脱不了“飞鸟尽，良弓藏”斩杀大汉功臣的污点。实现大唐盛世“贞观之治”的唐太宗也不免留下玄武门之变的心结。而真正堪称明君仁君的，大宋朝第四位皇帝“宋仁宗赵祯”是也。

作为大宋朝的第四位皇帝，拥有至高无上的地位，掌握生杀予夺的权力。然而宋仁宗却不滥权，历史记载，宋仁宗在每年执行秋决的时候都审之又审，查了再查，生怕自己的一个疏忽，红笔之下造成一个无辜生命的结束。

有一次宋仁宗在御花园散步，因为自己口渴想喝水，然而随行的侍者却因为疏忽没有将水带来。按照以往的皇帝，肯定会大发雷霆，雷霆之怒下便是尸横遍野。然而宋仁宗的做法却让我们意想不到。宋仁宗不但没有责怪侍者，也没有叫侍者前去将水拿来，因为御花园离宫殿有一段很远的距离，宋仁宗担心侍者来回时间奔波辛苦，而是自己忍住干渴，一直回到宫殿才喝水。一个皇帝，一个掌握生杀大权的皇帝，凡事不以自己的方便为要，而是先考虑别人的感受和后果，替人着想，实为难得。

宋仁宗的“仁”不只是在万千生灵，不只是在身边的侍者，对于大宋朝的大臣和读书人更是宽容到了极点。对于大宋朝的国家大事和人事任免，宋仁宗都会采取朝廷公议的方式做出抉择，而并非一人专行。有史料记载，宋仁宗想提拔自己宠幸的张美人的伯父张尧佐为宣徽使，先同宰相们提议后，然后拿到朝堂上公议，结果提拔的方案刚一提出，御史包拯头一个站出来反对，说无论口碑和功劳，张尧佐都不可能如此提拔重用，这是“超拔”。

包拯反对时义愤填膺，态度十分激昂，讲话时唾沫四溅，溅了宋仁宗一脸，让他又羞又恼，然而，面对包拯的反对，作为皇帝的他也只好忍气吞声，放弃了这个提议。回到后宫，张美人兴冲冲前来询问，宋仁宗没好气地说：“你只知道要宣徽使，难道不知道包拯是御史！”他就是这样作

为皇帝不霸道，不盛气凌人，不倚权压人。

宋仁宗是一个“施仁政”的好皇帝，更是一个爱“才”的好领导。唐宋八大家当中有 6 位出自大宋朝的仁宗一朝。大文豪苏轼、苏洵、苏澈，三父子都是经过宋仁宗的提拔而“声名昭彰”“名扬千古”。而王安石、司马光、欧阳修、曾巩等人，这些文坛巨星也是经过宋仁宗的关爱，而成就了一世文坛霸业。富弼、韩琦、文彦博、范纯仁，这些传世名臣也是出自宋仁宗的爱才之手。

仁宗以他的仁慈给了很多人恩惠，让很多人对他感恩戴德，念念不忘。他的仁慈之名亦天下共知，老百姓视若神明，据邵伯翁《邵氏闻见录》记载，仁宗去世后，“京师罢市巷哭，数日不绝，虽乞丐者与小儿皆焚纸钱，哭于大内之前”。当宋朝将仁宗去世的消息送到辽国，据说“燕境之人无远近皆哭”，连曾为“宿敌”的辽道宗耶律洪基都握住使者的手禁不住放声大哭说：“四十二年不识兵革矣。”这是仁宗皇帝“千古第一仁君”之誉的最好注脚。

尚

一、字形演变

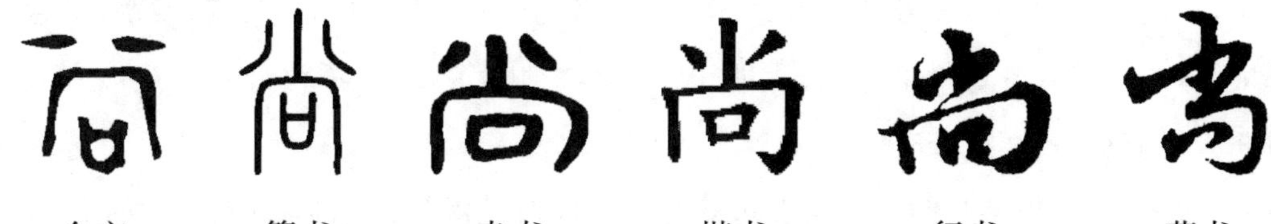

金文　篆书　隶书　楷书　行书　草书

二、说文解字

《说文解字》:“尚,曾也。庶几也。从八,向声。”

解释:尚,曾经。大约、差不多。字形采用“八”作偏旁,采用“向”作声旁。

三、字源解说

“尚”字本为象形字。金文由(八,分,打开)与(向,有朝阳窗户的房屋)组成,表示开天窗。

造字本义:动词,在屋顶装天窗,确保室内的采光效果。

有学者认为,“尚”字引申义为“超过”或“高出”,如《盐铁论·相刺》:“尚于唐虞。”也就是说:超过唐尧和虞舜。由“高出”义又可以引申为“崇高”“尊重”,如《荀子·成相》:“尧、舜尚贤身辞让。”意思是:尧和舜都是崇尚贤人而亲自辞让帝位。由“崇高”又可以引申为“加在上面”,如《诗经·齐风·著》:“尚之以琼华乎而!”“琼华”为美石之名;“乎而”为语气词,大意是:再加饰琼华实在美妙无比啊! 至于“尚”字的“尚且”“还”之义,是转成虚词后的用法。

四、成语及名言警句

(一)常用成语

高尚娴雅　礼尚往来　豪侠尚义　兼权尚计　疏财尚气　为时尚早　一息尚存

(二)名言警句

1. 虽才高于世,而无骄尚之情。——《后汉书·张衡传》

2. 君子不自大其事,不自尚其功。——《礼记·表记》

3. 愿赐问而自进兮,得尚君之玉音。——《文选·司马相如·长门赋》

4. 尚前良之遗风兮,恫后辰而无及。——张衡《思玄曲》

5. 臣以布衣之交尚不相欺，况大国乎？ ——《史记·廉颇蔺相如列传》

6. 重教尚学是中华民族世代传承的优良传统，是中华民族生生不息的内在动力。

——《扎实推动教育强国建设》，《求是》杂志 2023 年第 18 期

五、廉政故事

况钟：品性高尚，为官清廉

况钟，字伯律，号龙岗，又号如愚，江西靖安人，明代官员，曾三任苏州知府。况钟品性高尚，为官清廉，是一位受百姓尊敬的好官。《明史》记载："钟刚正廉洁，孜孜爱民，前后守苏者莫能及。"苏州人民更称他为"况青天"。

"两袖清风"可以说是况钟一生的真实写照。况钟曾三次任职苏州府，他在任时，协助巡抚悉心计划，多次下诏减轻苏州、松江地区的重赋，奏免赋税七十余万石。后来苏州济农仓积累的米粟达数十万石，这些粮食除用来赈济灾荒之外，还用来代缴民间杂赋和拖欠的租赋。况钟为政细心而且周密，他曾经设置记事簿，记录人民行为，方便褒奖和惩罚；设置通关勘合簿，严防进入和出逃的奸邪歹徒；设立纲运簿，防止粮食运输过程中运夫偷盗；设立馆夫簿，防止无理的需求。他清除豪强，扶植良善，兴利除害不遗余力，百姓将他奉若神明。宣德六年（1431），况钟继母去世，况钟奏请朝廷回家守孝。况钟走后，苏州官场沉渣泛起，当地百姓十分怀念况钟，希望他能早日返回苏州府，并为此作歌谣传唱："况太守，民父母。早归来，乐田叟。"

正统四年（1439），况钟治苏九年任满，按照惯例需赴北京考绩，走时"饯送者数百里不绝"，百姓们都希望他继续留任苏州。况钟深受感动，作诗与前来饯行的苏州百姓告别："清风两袖去朝天，不带江南一寸棉。惭愧士民相饯送，马前洒洒注如泉。"

况钟不仅自己为官清廉，而且重视廉洁家风建设，从严要求亲属子女。他在一首《又勉子侄诗》中告诫子孙："膏腴竟作儿孙累，珠玉还为妻女瑕。师俭古箴传肖者，取之不竭用无涯。"他还在家训中声明，子孙即使天资平庸，没有经世致用之才，也要坚守清白高尚的节操。

正统七年（1442），况钟病死任上，苏州七县百姓都奔赴哭奠，就连邻近的松、常、嘉、湖的百姓都络绎不绝地前来吊丧。第二年春天，况钟归柩之日，苏州居民倾城而出，河岸上排满了身着孝服的人，"民多垂泣送其柩归"。灵柩去后，苏州百姓为了纪念他，专门建立祠堂，岁岁奉祀。苏州沧浪亭内，一幅况钟的砖刻画像至今犹存，"法行民乐，任留秩迁，青天之誉，公无愧焉"的颂词仍清晰可见。

审

一、字形演变

金文　篆书　隶书　楷书　行书　草书

二、说文解字

《说文解字》："审，悉也。知审谛也。从宀、从釆。"

解释：宷，知悉。详知详察。字形采用"宀、釆"会义。"審"，篆文写法的"宷"字，采用"番"作声旁。

三、字源解说

"宷"是"審"的本字；"审"是"審"的简化字。釆，既是声旁也是形旁，是"番"的本字，表示古代西北少数民族。宷，金文由（宀，房间、密室）与（米，是"釆"误写，即"番"的本字，古代西域）组成，表示古代中原人将西域俘虏关押在密室。当"宷"的本义消失后，金文加"口"（问讯）另造"審"代替，明确"审讯"的含义。

《说文》："审，悉也。知审谛也。"可见"审"的本义为"审察""细究"，如贾谊《治安策》："莫如先审取舍。"大意是：不如先搞清楚该取什么该舍什么。要审察就应详尽细密，所以"审"字又可以引申为"周密"，如王充《论衡·问孔》："用意详审。"蔡邕《贞定直父碑》："其接友也，审辨真伪，明于知人。"由此又可以引申为"慎重"，如《淮南子·人间》："不如择趋而审行之。"意思是不如选择趋向而慎重地行动。审察要有结果，所以"审"字可以引申为"果真""确实"，如《汉书·王商传》："审有内乱杀人。"意思是果真有内乱杀人之事。

四、成语及名言警句

（一）常用成语

审己度人　审慎从事　审时度势　审思明辨　博学审问

量己审分　明法审令　熟思审处　赏罚分审　识明智审

（二）名言警句

1. 审，谓详观其道也。 ——《荀子·非相》

2. 闻而审，则为福矣。 ——《吕氏春秋·察传》

3. 故审堂下之阴，而知日月之行，阴阳之变。 ——《吕氏春秋·察今》

4. 直以不能内审诸己，外受流言，沉迷猖獗，以至于此。 ——丘迟《与陈伯之书》

5. 明法审数，立常备能，则治。 ——《管子·幼官》

6. 当局称迷，旁观必审。 ——《新唐书·儒学传·元行冲》

7. 先审其势，次察其情。 ——辛弃疾《美芹十论》

8. 习近平总书记强调："在强国建设、民族复兴新征程上，审计担负重要使命，要立足经济监督定位，聚焦主责主业，更好发挥审计在推进党的自我革命中的独特作用。"

——《人民日报》2023 年 9 月 15 日

五、廉政故事

徐有功：断案如神，审己度人

徐有功(640—702)，名宏敏，字有功，涟水人。他是武则天时期与酷吏斗争的一面旗帜，也是历史上罕见的一位以死守法执正的法官、清官。

武则天当政时，徐有功历任蒲州司法参军(地方司法官员)、左肃政台侍御史、司刑少卿(大理寺司法官员)等官职。当时，酷吏恣横，构陷无辜，严刑峻法，朝野震恐，莫敢正言。独徐有功犯颜护法，三次被罢官，但矢志不渝，前后共救了数十家人。有一次，博州刺史因罪被诛杀，牵涉到官吏颜余庆，武则天指令酷吏来俊臣审理此案，来俊臣给颜余庆定下了谋反的罪名。在朝廷上，来俊臣向武则天汇报时，侍御史魏元忠也认为应该判颜余庆死罪，武则天下旨批准。徐有功却坚持颜余庆不是"魁首"，不能诛杀。武则天大怒，斥问："何谓魁首？"徐有功说："魁者，大帅；首者，元谋。"后来，武则天免除了颜余庆的死罪。有一个叫韩纪孝的人，在徐敬业谋反时接受了伪官职。在朝廷审理徐敬业谋反案时，韩纪孝已经死了，但负责审理此案的顾仲琰却要求籍没韩纪孝的家产，武则天予以认可。徐有功抗辩说："人已经死了，就不应该再追究其罪，更不应该株连其他人。"后来因为这个案子获得宽恕的百姓有几十人。

为了打击邪恶势力，伸张正义，平反冤案，逐步革除酷刑逼供的弊端，徐有功冒死向武则天上疏，批评当时刑罚的严酷。他说，自皇上即位以来，使用法律十分森严。现时审理案件，全用酷刑，妄加判断。臣请按实查核，如查得冤案，请依法对审案人治罪，削职降职，以促其自觉。至于三司受表，理枉申冤，如不速加裁夺，致令案件拥塞，有理不为申雪的，也望批准前奏，降级削职。臣承蒙提拔，无法报答皇上，但愿以执行法纪来报答恩惠，决不姑容诡诈，决不畏惧强暴。即使因此而遭不测，也心甘情愿。如蒙允纳，即请下令执行，庶几不到旬时，也就可以革除弊端，使天下人民都能得到幸运了。

徐有功常常对人讲："身为大理，人命所关，决不能只顺圣旨去说谎话，以求自身的安逸。"他在历任狱官期间，曾多次为冤枉者请命，以致自己三次被判死罪。但他秉公执法，坚定不移，使酷吏日渐减少。

徐有功逝世后，朝廷下诏表彰他的功德：徐有功，节操忠贞，胸怀亮直，守古贤人的志业，实是一代贤良。他执法断案，千方百计为冤案平反，即使与汉朝于定国、张释之相比，也毫不逊色。

圣

一、字形演变

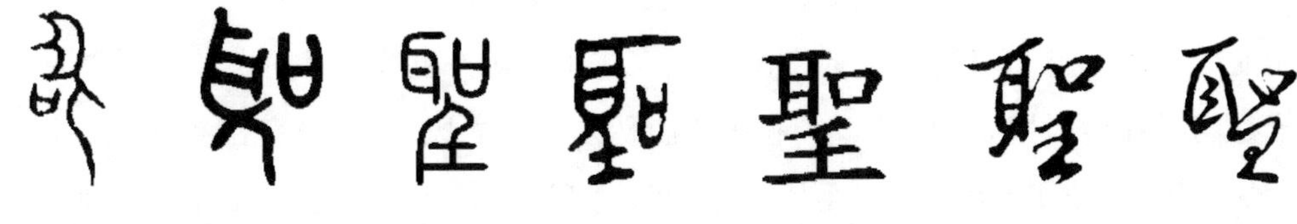

甲骨文　金文　篆书　隶书　楷书　行书　草书

二、说文解字

《说文解字》:“圣,通也。从耳,呈声。”

解释:聖,是通达者。字形采用“耳”作偏旁,采用“呈”作声旁。

三、字源解说

聖,甲骨文由(聑,“聽”的本字,聆听)与(人,智者)组成,表示善于聆听、善于包容与平衡的智者。金文承续甲骨文字形。上古先民认识到善于倾听不同声音者,必然内心宁静,对事物的发展变化有超凡的感知能力,能在复杂多变的自然环境中辨识不同的人和事,是大觉悟者,是得道的高人。“圣”的原意就是通达事理,具有最高智慧和道德的人。《论语·子罕》:“固天纵之将圣,又多能也。”

造字本义:名词,神奇完美的土地神。

“圣”又指聪明、才智超群、具有最高超技艺的人。《抱朴子·内篇·辨问》:“世人以人所尤长,众所不及者,便谓之圣。”如“诗圣”杜甫、“书圣”王羲之、“文圣”孔子、“武圣”关羽;历史上尊称皇帝为“圣上”,皇帝所说的话称为“圣旨”。

四、成语及名言警句

(一)常用成语

圣帝明王　圣经贤传　圣君贤相　圣神文武　圣主垂衣　古圣先贤

君圣臣贤　清圣浊贤　神圣工巧　至圣先师　至圣至明　佛口圣心

(二)名言警句

1. 事圣君者,有听从,无谏争。 ——《荀子》

2. 是故有天下七十一圣,其法皆不同。 ——《吕氏春秋·察今》

3. 而圣君治国累世而不见者,其所谓忠者不忠,而所谓贤者不贤也。

——《史记·屈原贾生列传》

4. 积善成德，而神明自得，圣心备焉。——《荀子·劝学》

5. 古之圣人，其出人也远矣。——韩愈《师说》

6. 维护国家安全和社会稳定，守护人民的幸福和安宁，是人民警察的神圣职责。

——《习近平回信勉励中国人民公安大学在读英烈子女》，《人民日报》2023年9月30日

五、廉政故事

孔子：至圣先师，万世师表

公元前551年9月28日，伟大的中国思想家孔子在山东曲阜出生。

孔子是当时社会最博学的人物之一，他开创私人讲学之风，将教育范围扩大到平民，是中国民办教育的始祖，提出了有教无类、经邦济世的教育观念，时至今日也毫不落伍。那么，孔子到底是个怎样的人呢？

首先，他是孝顺勤学的失怙少年。

孔子三岁时，父亲因病去世，母亲遭到父亲正房妻子施氏驱逐。被赶出家门的母子来到曲阜郊区，开始了艰难的生活。生活条件艰苦，但是孔子的母亲很重视教育，在母亲的教育下，孔子四岁时就已能认识许多汉字了。有天，母亲问孔子：教的字背会了吗？孔子说都记下了。母亲又说：那我明天考考你。晚上睡觉时，孔子问睡在身边的哥哥：母亲教的字你都记住了吗？哥哥说都记住了。孔子说自己练了很多遍，可是又没有把握，一定要再多练习几遍，不然母亲会伤心难过的。哥哥被孔子感动，但担心孔子起床练习太冷，就让孔子在自己胸口上练习。孔子在哥哥的胸口写起字来，并且每写一个字都会读出声来，直到写完最后一个字，才沉沉地睡去。

其次，他是为善知度的豁达智者。

春秋时，孔子出生的鲁国有法律规定，如果有人在他国将沦为奴隶的鲁国人赎回来，就可以到官府领取奖金。有次，孔子的学生子贡从他国赎回一个鲁国人，但并没有向国君索取金钱。孔子却对子贡说，这件事你做错了。圣人做事，是可以用来改变民风和世俗的，你认为赎人领赏是不廉洁的行为，可如果没有赏金的刺激，鲁国可能没有人再去赎回困境中的同胞了。

孔子的另一名学生子路，在被任命为蒲城的官长期间，为了预防水灾的发生，调集民工修缮各处沟渠。子路见大家工作辛苦，每天带的饭菜却很少，就用自己的薪水，为大家买饭食。孔子听说后，赶紧派人去制止，甚至将做食物的炊具也一并毁了。子路知道后非常生气，他想不通一向教他们仁义的老师，为何会反对自己行仁义之道，于是便跑去质问孔子。面对子路的疑惑与质问，孔子解释说，这种用自己的钱做善事的行为，是在障蔽鲁君的恩泽，凸显自己的德义。如果现在不赶紧停止的话，恐怕你很快就会被国君降罪了。果然，没过几天，官府就派人给孔子传话，说先生派弟子去救济民工，是不是要跟鲁君争夺百姓呀？孔子知道这时再做解释已经没必要了，只能带着弟子离开了鲁国。

最后，他还是有教无类的万世师表。

孔子的三千弟子，背景复杂、来源广泛，社会地位也不尽相同。但在孔子的思想里，始终贯

穿着“有教无类”的原则，孔子认为他们的身份没有贵贱之分，大家都是愿意学习的学生。孔子有个学生名叫冉雍，母亲去世后，父亲以偷盗为生。子弟们知道冉雍是小偷的儿子，都不同意孔子收下他，有意阻挠。但孔子并没有受弟子们的影响，而是收下了冉雍为徒。此后，子弟们总是怀疑冉雍偷盗。有次，大家一同郊游，路上看见一头小牛，有个学生说，祭祀山川神祇就需要这样毛色纯赤的牛。孔子故意惋惜地说，这头牛的血统不行。有学生问，血统不好有什么关系，又不需要他的父母来祭祀。这时孔子反问道说：那人呢？人的血统重要吗？出身卑微、行为不端的人，也可能有个行事光明、心地善良的儿子啊。

大家知道孔子是在说冉雍的事，都惭愧地低下了头。孔子没有因出身歧视冉雍，而是倾心培养，让大家接纳他。冉雍最终不负孔子所望，最终成了一名鲁国的官员。

孔子是我国古代伟大的思想家和教育家，他一生中的多数时间都是在传道、授业和解惑中度过的。孔子倡导的许多思想主张和道德原则，时至今日，仍是中国传统文化中最辉煌的宝藏。要想真正了解孔子，一个真实、鲜活的孔子，还非得读读《论语》不可，正所谓“夫子风采，溢于格言”。

实

一、字形演变

金文　篆书　隶书　楷书　行书　草书

二、说文解字

《说文解字》:“实,富也。从宀,从贯。贯,货贝也。”

解释:实,富裕。字形采用“宀”作偏旁,采用“贯”作声旁。贯,代表财货宝贝。

三、字源解说

實,金文由(宀,家)与(储物柜)和(贝,钱财)组成,表示家有宝贝。篆文承续金文字形。

造字本义:形容词,家境富裕,柜中藏贝。

依据小篆字形(从宀从贯),许慎将“实”的本义解作“富”。《说文解字》:“实,富也。从宀,从贯。贯,货贝也。”意思是说,实即富裕。字形采用“宀”作偏旁,采用“贯”作声旁。贯,代表财货宝贝。从构字要素来说,“实”侧重于物质上的殷实,突出的是必要的生活条件,如房屋、田产、货币等。

再如《商君书·去强》:“仓、府两实,国强。”大意是:粮仓和钱库都充实,那么国家就强盛。果子是饱满的,所以由“充实”又可以引申为“果实”“种子”,如鲍照《梅花落》:“念其霜中能作花,露中能作实。”由此又可以引申为“真实”“不虚”,如《汉书·司马迁传赞》:“不虚美,不隐恶,故谓之实录。”在这个义层上,实即诚。刘向《九叹》:“后听虚而黜实兮。”王充《论衡·问孔》:“世之儒生不能实道是非也。”意思是世上的儒生不能诚实地说出是与非。“实”字远引申义,就是作副词用,表示“的确”“确实”,如《史记·李斯列传》:“实无反心。”意思是确实没有反叛之心。《千字文》“策功茂实”之“实”,指的就是“名副其实”的意思,即名声或名义和实际相符。

四、成语及名言警句

(一)常用成语

实至名归　春华秋实　实事求是　华而不实　脚踏实地

货真价实　朴实无华　不切实际　真才实学　真情实感

（二）名言警句

1. 管子曰："仓廪实而知礼节。" ——贾谊《论积贮疏》

2. 兵之形，避实而击虚。 ——《孙子·虚实》

3. 夫图画，非母之实身也。 ——《论衡·乱龙》

4. 虚则知实之情。 ——《韩非子·主道》

5. 我们要坚持和平发展，坚定奉行互利共赢的开放战略，维护国际公平正义，践行真正的多边主义，推动落实全球发展倡议、全球安全倡议、全球文明倡议，推动构建人类命运共同体，同各国人民携手努力，应对各种全球性挑战，共创人类的美好未来！

——习近平在庆祝中华人民共和国成立74周年招待会上的讲话，《人民日报》2023年9月29日

五、廉政故事

刘德治学：实事求是

刘德（公元前170—公元前130）西汉宗室成员、大臣、藏书家，汉景帝刘启第二子，于公元前155年被封为河间国诸侯王。他倾毕生精力，搜求、整理秦劫火后的儒学典籍，为中华文化的传承和发展做出了彪炳史册的突出贡献，死后封谥号为"献"，史称"献王"。

刘德居于咸阳，修学好古，遇事实事求是。他喜好儒学，藏书甚多，衣着服饰和言谈举止都依仿儒生。汉承秦制，到汉武帝时，武帝依从大儒董仲舒"独尊儒术，罢黜百家"的政治主张，实行忠君爱民的孔孟之道。然而"三代之书"燔炀殆尽，读书之人也凤毛麟角，恢复儒术教育谈何容易。这时，河间王刘德应时而起，"于灰尽之余纂亡散篇卷，仅而复存"。

他的足迹踏遍鲁燕赵魏，寻寻觅觅为国求书。刘德不畏劳苦，身体力行，凡闻民间有善书者，则亲自前去收求出重金购之，并命人重抄一份留于百姓。对不愿出让者，则好言求之，从不采取强制手段，这在当时的统治者来说，是难以做到的。由此刘德贤名远扬，众多知识分子和百姓都不远千里，携先祖旧书前来奉献，刘德均给予重用和奖励。所得之书，有《诗》《左传》《周官》《礼记》等多达几十种。数量之多，充满楼阁，据载"其量可与汉朝"等。

为了整理古籍，刘德亲自组织并参与工程。他以名儒毛苌、贯长卿为博士，王定为史丞，又广招天下著名学士，对所得之书进行研究、整理。刘德整理古籍的态度极为严谨，对所得残缺不全、字异文非和不同版本者，必组织群儒研讨辨析、勘误订正、精心校理成册。

汉朝初年，"北平侯张益及长沙王太傅贾谊、京兆尹张敞、太中大夫刘公子等皆修写《春秋左氏传》"，贾谊将《左传》授予赵国人贯长卿，人称之为贯公，被刘德招为博士，将《左传》系统加工整理、校实解释，才成为今古名篇。

经过艰苦的校勘著作而整理出大批的正本书籍，对于当时书典十分匮乏的汉朝廷真是雪中

送炭。史载刘德多次车载《诗》《书》等古籍应诏入朝。汉武帝刘彻看到刘德带来这么多书籍献于朝廷，十分高兴，每次都要举行隆重的接书仪式，并在“三雍宫”召见，还询问有关儒学的30多个问题，刘德当场对答如流，论之有据。当时，各诸侯王和重臣们也有献书献策者，但多是一些杂家所论，没什么参考和收藏价值，唯刘德所献之书，才称得上真正的儒家经典，多是“精品”。因此，汉武帝对这位同父异母的哥哥十分器重，多次亲自把盏钦命赐酒，并赐金帛奖赏，一时之间刘德贤名传遍天下。

唐代经学家颜师古为《汉书》作注，指出“实事求是”的本意，是说刘德“务得事实，每求真是也”，意思是在每件事上不遗余力，全心投入，务必要从中寻求到“真理”。“实事求是”的精神品质，扎根于传统文化的血脉，感染并激励了无数仁人志士皓首穷经、以知促行，探究民富国强的道路。

是

一、字形演变

金文　　篆书　　隶书　　楷书　　行书　　草书

二、说文解字

《说文解字》:“是,直也。从日、正。凡是之属皆从是。”

解释:是,太阳直射。字形由“日、正”会义。所有与是相关的字,都采用“是”作偏旁。

三、字源解说

“是”是“昰”的异体字。止,既是声旁也是形旁,是“趾”的本字,表示脚趾。昰,金文由(日,太阳)加(又,即“手”的变形)加(止,即“趾”的本字,借代脚板)组成,表示太阳直射,时至夏至,人们手脚并用进入夏季农忙。

造字本义:动词,夏至,太阳当头,适宜农务。

夏至是夏历法则中的重要节令:夏至即入夏农忙的恰当起始日。从本义上看,时日恰当为“是”,相互抵制为“非”。

“是”的最早常用义应该是一个表“正确”义的形容词,表示对事物性质优劣的确认,例如今天说的“大是大非”“实事求是”“自以为是”中的“是”即用的这种意义。又如:“辞多类非而是,多类是而非。是非之经,不可不分,此圣人之所慎也。”(《吕氏春秋·察传》)再如:“实迷途其未远,觉今是而昨非。”(陶渊明《归去来兮辞》)以上两句中的“是”都与“非”字对立使用,表示“正确”的意思。

四、成语及名言警句

(一)常用成语

是非分明　是非之地　大是大非　口是心非　物是人非　颠倒是非

明辨是非　马首是瞻　唯才是举　唯利是图　莫衷一是

(二)名言警句

1. 因是因非,因非因是。　　——《庄子·齐物论》

2. 知迷途其未远，觉今是而昨非。 ——陶渊明《归去来兮辞》

3. 斯是陋室，惟吾德馨。 ——刘禹锡《陋室铭》

4. 呜呼！国是所归，往往如此矣。 ——黄道周《节寰袁公传》

5. 是己而非人，俗之同病。 ——刘开《问说》

6. “年轻干部必须牢记清廉是福、贪欲是祸的道理。”

——习近平总书记2022年3月1日在2022年春季学期中央党校（国家行政学院）中青年干部培训班开班式上的讲话，《求是》杂志2023年第13期

五、廉政故事

竺可桢：用一生诠释“求是”精神

在我国，说到气象工作，就不得不提到笃行“求是”精神的“气象学之父”——竺可桢。

20世纪初，在美国已拥有200余座气候监测所时，中国仅拥有香港与上海徐家汇的两座气候监测所，且均不受国人管理。更令人心惊的是，已有发动侵华战争之心的日本人正在深入而细致地研究着中国的气象、地理与水文信息，并从中获取战争情报。此时，拥有独立自主的气象观测与地理信息数据，是涉及军事、经济乃至于国家发展的头等大事。学成归国后的竺可桢对该现状忧心忡忡。1928年，在蔡元培的支持下，竺可桢在南京北极阁建立中央研究院气象研究所，并任所长。在他们的努力下，1930年元旦，气象研究所绘制完成东亚天气图，开始发布天气预报与台风预报，并将摄氏度规定为中国天气温度的标准单位。自此，中国人拥有了气象主权，并拉开主导中国气象事业的帷幕。此后的8年里，在竺可桢的主持下，分布在全国各地区的40多个气象站和100多个雨量测量站一个个建立，它们的出现为中国气象事业的起步打下坚实的基础。

物候与天气是竺可桢长期关注与研究的对象，自1921年回国，他的日记中总会留下每日对天气、物候的记录。积年累月，《物候学》一书于1963年出版，为我国农业发展中做出重要贡献。此外，扬名海内外的“竺可桢曲线”是其集中了毕生研究成果的《中国近五千年来气候变迁的初步研究》一文中提出的观点。该研究将中国千年以来的朝代更迭与气温变化结合起来，领先于西方学者的“格陵兰岛曲线”几十年。

这是竺可桢在缺乏高科技检测工具和设备的情况下，皓首穷经，奔波各图书馆、情报所、博物馆及工作室，查阅了“海量”古典史籍，并结合古今中外的多语种、多学科材料，用检查“物候”记录的方法来“揣测古气候的变迁”，对中国乃至全球的古气候史做了一次成功的探测。

竺可桢还参照对比了当年挪威的雪线高低变化，和丹麦格陵兰岛冰川研究成果，结论大体一致。竺可桢应用中华古史典籍所载物候材料研究与今天人们利用沉积岩芯、花粉研究、冰芯记录、树木年轮等多种精密的科学设施和研究方法相比，也毫不逊色。

作为中国现代气象科学的奠基人，竺可桢关于气候变化的一系列开创性思考与研究，为如今人们认识全球变暖进程这一世界性的重大科学问题，提供了重要参考与依据。他还是“可持续发展”的思想先行者，始终从科学视角，关注中国人口、资源和环境问题，提出了“退农还牧、退农还林”的主张，为解决我国北方的沙漠化扩张问题，指出我国应当“科学而合理”地“向沙漠进军”。

世界气象日的出现，其主要目的是让各国人民了解和支持世界气象组织的活动，唤起人们对气象工作的重视和热爱，推广气象学在航空、航海、水利、农业和人类其他活动方面的应用。在这一天，我们也会想起竺可桢，他所倡导的“求是”精神，也将带领一代又一代青年人在求学、立业的人生之路上走得更坚定。

示

一、字形演变

甲骨文　金文　篆书　隶书　楷书　行书　草书

二、说文解字

《说文解字》:“示,天垂象,见吉凶,所以示人也。从二。三垂,日月星也。观乎天文,以察时变。示,神事也。凡示之属皆从示。”

解释:示,上天垂示征象,向求告者显示吉凶。字形采用“二”(天)作偏旁,字形中的三垂笔,分别代表日、月、星辰。人观察宇宙天象,借以推测时世的变化。示,是神祇的事。所有与神相关的字,都采用“示”作偏旁。,这是古文写法的“示”。

三、字源解说

示,甲骨文是特殊指事字,一横指事符号代表“天”;一竖指事符号代表地上人间的世人向上天的祝祷求告。有的甲骨文把代表上苍的横指事符号写成两横,用上短下长代表朝上的方向,代表天宇。有的甲骨文由(向上天祝祷求告)加(水,血滴,借代牺牲祭品)组成,表示向天神奉献牺牲祭品,祈求天神显明奥秘,赐福人间。金文承续简体甲骨文字形。

造字本义:动词,以牺牲的血肉为祭品,向天神祝祷求告,祈求显明奥秘和降福。

关于“示”的释义,陈梦家在《殷墟卜辞综述》中认为:“卜辞的示字应是石主的形象。”“石主”是指立石代祖,取其魂灵,子孙祀之为“主”。姜亮夫先生在《汉字结构的基本精神》一文中说:“(示)大概是立这样一块石(或树木)为祖先灵魂讬居之所,子孙各输血其上(两侧之点形),则祖先灵魂即依凭之矣。”有学者据《淮南子·齐俗》所说:“有虞氏之祀,其社用土。殷人之祀,其社用石。”用石块作土地神的牌位,认定承袭于殷俗,把“示”释为供祭祀用的土地神牌位之形。文字学者通常把“示”释为祭祀台,引申为神示以及与拜祭有关的行为、事件。近年来的考古发现证明,“示”内隐祭祀先祖神灵与天文观测两重含义。

四、成语及名言警句

（一）常用成语

示贬于褒　不甘示弱　破琴示绝　枭首示众　以弱示强

（二）名言警句

1. 大宗伯之职，掌建邦之天神人鬼地示之礼。 ——《周礼·春官·大宗伯》

2. 于天示象，垂其范。 ——《太玄·度》

3. 夫乾确然，示人易矣；夫坤隤然，示人简矣。 ——《易·系辞下》

4. 国之利器不可以示人。 ——《老子》

5. 在主持起草党的十八大报告时，我就指示要强调“必须准备进行具有许多新的历史特点的伟大斗争”。回过头来看，正是有了这样的思想准备，这些年我们才能从容应对一系列风险考验。

——习近平总书记2022年3月1日在2022年春季学期中央党校（国家行政学院）中青年干部培训班开班式上的讲话，《求是》杂志2023年第13期

五、廉政故事

陆游：诗体家训示子孙

陆游，字务观，号放翁，今浙江绍兴人，是南宋著名的爱国诗人，一生写下了许多爱国诗篇。同时他还是一位很重视子女教育的人，在教育子女方面提出了很多至今仍然十分具有参考意义的观点和方法。通过对其家训的总结，可以看出他对子女寄予了诸多期望。

培养善德。陆游希望儿子能够督促自我、砥砺品行，成长为德行高尚、为乡人一致称道认可之人。如果能够做到这样，即便是远离庙堂之上、身处江湖之远，仅仅以一介躬耕平民的身份生活下去，也可以获得别人的称赞与认可。

过而能改。陆游告诫儿子必须做到见贤思齐，过而能改。所谓“闻义贵能徙，见贤思与齐”，让一个人说出自己的优点很容易，但想让他不犯错误却是很难，至于坦承过错诚心悔改，就更是难上加难。但人之可贵就在于能够勇于面对自己、正视自己。

不起贪欲。“若夫天性淡然，或学问已到者，固无待此也。”一个人的精神境界越高，对于物质的需求和关注就会越少。高尚的人更多地从他人、从整体的角度出发，一方面是因为他们天性不慕名利，另一方面也是因为他们所接受的后天教育学习已经完备，使他们塑造了健全的人格，让他们拥有更加宏观的眼界和思维。正因为站得高、看得远，所以更加能够懂得物质利益的渺小，所以能够消除贪欲，无欲而刚。

严于律己。“后生才锐者，最易坏事。”年轻时聪明伶俐、有才华的人往往反而容易沾染恶习，误入歧途，这是因为他们自恃天资，轻忽大意的缘故。因此陆游告诫儿子对于子女要勤于教诲，在子女选择朋友相处的问题上更是要严肃对待，严厉杜绝子女与轻浮浪荡纨绔之辈相交，以免久入鲍鱼之肆，臭而不自知，白白耗费了青春时光，徒然消磨了伟大志向，甚至沦为落魄放荡、泼皮无赖之徒。

宽以待人。在家训中陆游自述：“吾平生未尝害人，人之害吾者，或出忌嫉，或偶不相知，或以为利，其情多可谅，不必以为怨。”人生在世难免与他人产生利益纠葛，互相冲突几乎难以避免。在这种情形下，陆游能够坦然说出平生不曾害人已经足见其心胸与品行。

为官清正。在次子陆子龙赴任吉州司理参军之时，陆游特意写诗教导儿子要恪尽职守，尽心奉公为民；此外，更要注重名节，清正廉明，生活朴素。为官一任便要有鞠躬尽瘁，造福一方之觉悟，不可沉溺于权位名利，只知利用权势骄奢淫逸，鱼肉百姓。

心忧天下。大丈夫当以天下为己任。大丈夫立身于世间，总要有更高的理想与追求，如果仅仅围绕着个人利益打转，即使穷极一生汲汲营营地去追求，到头来也很难说有什么值得称道的成就。但如果能够从天下国家的角度出发，心怀为天地立心、为生民立命、为往圣继绝学、为万世开太平之念，即使是一介布衣也可以站到更宏观的高度去看待一切，其所作所为将被赋予完全不同的重大意义。

学习有方。学习也要讲求方法，不能迷信书本、按图索骥。“纸上得来终觉浅，绝知此事要躬行。”陆游通过这一句诗一针见血地指出何谓正确的学习：在研习书本知识的基础上，更应该注重社会实践，做到学以致用，明辨对错是非，在学习中检验知识的正确与否，并以此为指引，找寻到值得自己终生奉行的道。

誓

一、字形演变

金文　篆书　隶书　楷书　行书　草书

二、说文解字

《说文解字》:“誓,约束也。从言,折声。”

解释:誓,用以约束自己行为的发咒,似诺言。字形采用“言”作偏旁,采用“折”作声旁。

三、字源解说

氏,既是声旁也是形旁,与“氏”同源,表示伸手触地。誓,金文由(中,生)加(言,承诺)加(氏,即“氏”,抵)组成,表示为了庄严的承诺以生命为代价,伸手触地,向天地发咒。造字本义是告诫将士的言辞。除本义之外,誓的用法还有很多,比如,发誓,立誓。这是现代汉语最常用的用法。《字汇·言部》:“誓,约信也。”《正字通·言部》:“誓,以言语相邀约为信用誓礼。”誓辞;盟约。《左传·昭公四年》:“周武有孟津之誓。”接受爵命。《玉篇·言部》:“誓,命也。”《周礼·春官·典命》:“凡诸侯之适子,誓于天子,摄其君,则下其君之礼一等。”郑玄注:“誓犹命也。言誓者,明天子既命,以为之嗣,树子不易也。”凡诸侯的嫡长子被天子命为太子,代理他的国君(朝聘天子时),就比国君的礼仪降一等。告,告知。《仪礼·大射仪》:“司射西面誓之曰:公射大侯,大夫射参,士射干。”郑玄注:“誓犹告也。”司射面朝西告诉太史说:“国君射画有熊饰的射布;大夫射画有豹、麋饰的射布;士射画有犴饰的射布。”

四、成语及名言警句

(一) 常用成语

誓不罢休　誓不两立　誓日指天　誓死不渝

誓同生死　誓无二心　海誓山盟　信誓旦旦

（二）名言警句

1. 周武有孟津之誓。——《左传·昭公四年》

2. 终待说山盟海誓。——赵长卿《贺新郎》

3. 信誓旦旦，不思其反。——《诗·卫风·氓》

4. 不久当还归，誓天不相负。——《玉台新咏·古诗为焦仲卿妻作》

5. 在庆祝中国共产党成立100周年大会上，共青团员、少先队员代表响亮喊出“请党放心、强国有我”的青春誓言，这是新时代中国青少年应该有的样子，更是党的青年组织必须有的风貌。

——习近平在庆祝中国共产主义青年团成立100周年大会上的讲话，《人民日报》2022年5月11日

五、廉政故事

刘湘：日寇不退，誓不还乡

有这么一句话：“无川不成军。”这句话不仅体现了对出川将士英勇善战的钦佩和赞赏，更对川军在抗日战争中付出的重大牺牲和卓越贡献表示感谢。

川军，顾名思义是从川蜀之地走出来的军队，是四川军阀的部队。这支军队其实在抗战之前并不被所有人尊敬，反而是遭到鄙夷的，因为在抗战之前，川军经过了长达20多年的军阀混战，搞得老百姓民不聊生，最终才被“四川之王”刘湘统一。

起初，人们认为这支穿着草鞋，衣履单薄的“乞丐军”成不了什么大气候，甚至很快会被日军消灭殆尽，但川军凭借着一腔爱国热情和川蜀之地的父老乡亲的嘱托，在战场上奋勇向前，无惧牺牲，打出了淞沪保卫战、南京保卫战、藤县抗战、豫中会战等著名战役，给所有川娃子正名：保家卫国，抵抗侵略，守护国家主权和人民安全，我们无所畏惧。在“四川王”刘湘统一四川之后，人民终于有了一段难得的平静日子喘口气，谁知这时日军入侵我国东北部，用炮火打开了我国的大门。

久居川蜀，追求安逸是四川人一贯追求的生活方式，但1937年七七事变之后，作为川军统帅的刘湘忍不住了，爱国热情像一腔怒火在他胸口熊熊燃烧。1937年7月，他多次致电蒋介石，请求带领川军前往前线抗击日军，保卫祖国。之后，他又开始向全国各省发送电报，联合各省军政的一把手，迫切希望大家能够放下彼此的偏见和恩怨，团结起来一致对外。

1937年9月，刘湘带领川军出川抗日，但是，觊觎四川多年的蒋介石不顾民族安危，借机削弱川军的势力。蒋介石一道命令让川军四处分散在全国各地前线，这也是全国各地都能看到川

军身影的主要原因，不仅如此，蒋介石变本加厉，拖着武器装备迟迟不给发放。川军只能穿着草鞋在寒冬中与日军作战，武器弹药也逐渐消耗殆尽，只能扛起大砍刀与日军展开肉搏，前面倒下一批，后一批踩着战友的尸体继续冲锋，直到冲破敌人阵地。1937 年十月底，刘湘被委任为第七战区总司令奔赴前线，此时他已患有严重的胃病，但他依然坚持与自己的将士们并肩作战。

11 月 23 日，刘湘胃病终于复发，口吐鲜血倒在了战场上，之后被送往芜湖医院，醒来的第一刻还在关注战场战况如何。最终，1938 年 1 月 20 日，刘湘病逝，48 岁的他临终前留下一份遗嘱："抗战到底，至死不渝，即敌军一日不退出国境，川军则一日誓不还乡！"三十万川军，备受鼓舞，每日升旗之时，都会高声喊出此誓言，坚定抗战杀敌的必胜之心。

守

一、字形演变

甲骨文　金文　篆书　隶书　楷书　行书　草书

二、说文解字

《说文解字》:“守,守官也。从宀,从寸。寺府之事者。从寸。寸,法度也。”

解释:守,官吏的操行、节操。字形采用“宀、寸”会意。宀,表示官府的事。寸,表示法度。

三、字源解说

守,甲骨文由(六,即“庐”的本字,房屋)和(寸,手持器械)构成。

造字本义:持械护卫家园,御寇入侵。也有学者认为,一个大房子里有一“寸”,“寸”就是手,也是法度,意思是在大房子里按法度办事。古代衙门也是大房子,手代表人,这个人在衙门按法度办事,显然是一个官员。所以这个“守”是把守、防守的官员,后来命名为“太守”。

“守”字后又引申为“守候”之意,如《韩非子·五蠹》:“守株,冀复得兔。”也就是说:守候在树下,希望(冀)再得到一只兔子,这就是成语“守株待兔”。在“守身如玉”里表示守护,在“守节不移”里表示遵守。

阅读古籍,常遇到“守拙”一词。在古代,封建士大夫自诩清高而不外出做官,这就叫“守拙”,如陶渊明《归园田居》:“开荒南野际,守拙归园田。”

四、成语及名言警句

(一) 常用成语

守道安贫　守法奉公　守节不移　守口如瓶　守身如玉　守正不阿　守株待兔

攻守同盟　坚守不渝　监守自盗　墨守成规　安分守己

(二) 名言警句

1. 我无官守,我无言责也。　——《孟子·公孙丑下》

2. 官司之守,非君所及也。　——《左传·隐公五年》

3. 故治国无法则乱,守法而弗变则悖。　——《吕氏春秋·察今》

4. 我们把思想建设作为党的基础性建设,用新时代中国特色社会主义思想凝心铸魂,弘扬伟大建党精神,持续开展党内集中教育,使党员、干部补足精神之钙,坚守共产党人精神家园。

——习近平总书记 2023 年 1 月 9 日在二十届中央纪委二次全会上讲话,《求是》杂志 2023 年第 12 期

五、廉政故事

钱沣：躬守清贫，正色立朝的清官

钱沣，字东注，号南园，生于乾隆五年，云南昆明人。乾隆三十六年(1771)考中进士，四十六年(1781)升任都察院江南道监察御史。

钱沣一生主要活动于乾隆朝的中晚期。乾隆朝在表面繁荣的“盛世”背后，充满着浮华、奢靡，许多人权势和金钱的欲望膨胀，利欲熏心，贪官污吏迭出，腐败大案丛生。钱沣能够坚持操守，不为权势、金钱所诱惑，无私无畏，敢于与一切恶势力做斗争，这在当时的社会背景下，确实是难能可贵的，对后人也很有启示作用。

钱沣做监察御史，刚直不阿，不畏权势。当时乾隆帝宠臣和珅权倾一时，贪污受贿，无所不为。和珅的党羽国泰做了山东巡抚，竟敢贪污府库银两，被钱沣奏了一本。接受乾隆皇帝的委派后，钱沣在和珅、刘墉动身之前，第一个上路赶往山东。钱沣身穿便装，行至良乡，见一位官府仆从打扮的人，骑着一匹骏马，张狂地催促夫役加快马速，匆匆而过朝山东飞奔。钱沣断定此人是受和珅差遣给国泰送信的，企图让国泰有所准备，于是就记住了这个人的长相。过了一些时候，那个仆从打扮的人从山东方向回来了，与钱沣在路上相遇，钱沣命人将这个仆从抓住，果然从他身上搜出了一封国泰写的私人信件，信上“具言借款填库备查事，中多隐语”。钱沣立即将此事及信件报与乾隆皇帝知道。

乾隆四十七年(1782)四月八日，和珅、刘墉、钱沣以及随行司员都来到了山东省城济南府。和珅为了使国泰能蒙混过关，想方设法拉拢钱沣。他见钱沣的衣服破旧，拿出一套新衣请钱沣换上，钱沣知道其不怀好意，坚辞不受。和珅感觉到钱沣不图私利，因此不敢明目张胆地袒护国泰。

和珅、刘墉、钱沣首先稽查的是历城县库，“抽盘数十封，纹银无短”。于是和珅下令停止盘查，匆匆忙忙地回馆驿去了。面对这一情况，钱沣要求封库，以防被人做手脚。左都御史刘墉是一位正直的大臣，钱沣与他认真研究对策以找出历城县库银亏空的证据。第二天，在刘墉、钱沣的主张之下，把所有库银拆封彻底细查。当打开所有的银子封包，“则多系圆丝杂色银”，与国库所存银锭规格不同——原来各级国库库银，每锭重量、形状都有一定的规格，且银锭上都打有专用的标记，与市面流通的散碎银两有明显的区别。经过稽查认定：历城县“亏空银四万两，且有挪移掩饰之弊”。刘墉、钱沣追根寻源，讯问山东巡抚国泰，国泰对亏空及挪移掩饰供认不讳。此前国泰在得知朝廷派人稽查山东州县库银的消息后，立即将他变卖物品得到的四万两银子，填充到历城县库，以掩盖亏空的真相，终因银子成色、形状不一露了马脚。经过钱沣、刘墉严格认真稽查，查出山东全省共亏空库银二百多万两，其中被国泰勒索侵吞的达八万两之多。

根据山东巡抚国泰所犯的罪行，乾隆皇帝传旨令国泰在狱中自尽，涉及此案的其他贪官污吏，都被追究了刑事责任。钱沣挺身而出，弹劾封疆大吏，整个朝廷为之震动，使贪污腐败者一时震慑、收敛，使清廉、正派者振奋不已，特别是给言官(谏官)以莫大鼓舞，有的人甚至赞颂其为“鸣凤朝阳，柏府新声”。

钱沣为人清正、躬守清贫，是云南古代历史上的重要人物，被誉为“滇中第一完人”。

率

一、字形演变

甲骨文　　金文　　篆书　　隶书　　楷书　　行书　　草书

二、说文解字

《说文解字》:“率,捕鸟毕也。像丝网,上下其竿柄也。凡率之属皆从率。”

解释:率,捕鸟的网。,像丝织的网,上部的和下部的“十”,是捕鸟网的竿和手柄。所有与率相关的字,都采用“率”作偏旁。

三、字源解说

率,甲骨文是(水,河道)和(幺,丝线、绳索),像一根绳索拖行在河水中。金文承续甲骨文字形。篆文在水中的纤绳上下两端各加一个(十,即“又”的变形,表示抓握),强调双手抓纤拉船。

造字本义:动词,用纤绳在河岸拉船。

四、成语及名言警句

(一) 常用成语

率马以骥　率性任意　率由旧则　草率行事　草率收兵　正身率下　躬先表率

(二) 名言警句

1. 不愆不忘,率由旧章。 ——《诗·大雅·假乐》

2. 溥天之下,莫非王土。率土之滨,莫非王臣。 ——《诗·小雅·北山》

3. 周仁之谓信,率义之谓勇。 ——《左传·哀公十六年》

4. 将率不亲,士卒不使。 ——《春秋繁露·五行相胜》

5. 将率不能,则兵弱。 ——《荀子·富国》

6. 这次主题教育,中央和国家机关各部门要带好头、作表率,示范带动主题教育走深走实。

——习近平总书记在学习贯彻习近平新时代中国特色社会主义思想主题教育工作会议上的讲话,《求是》杂志2023年第9期

五、廉政故事

汉文帝率天下农耕以供粢盛

汉文帝刘恒（前203—前157），是西汉第五位皇帝（不含西汉前少帝、后少帝则为第三位），汉高祖刘邦第四子。即位之后，励精图治，兴修水利，厉行节俭朴素，废除肉刑，实现国家强盛，百姓小康，开启“文景之治”的发端。汉文帝谨慎对待诸侯国势力过大及匈奴入侵中原等问题。对待诸侯王，采用以德服人、以武平乱的态度。对待匈奴，采用和亲止战的方式，营造安定团结、休养生息的政治局面。

公元前167年，汉文帝刘恒下诏：“道民之路，在于务本。朕亲率天下农，十年于今，而野不加辟。岁一不登，民有饥色，是从事焉尚寡，而吏未加务也。吾诏书数下，岁劝民种树，而功未兴，是吏奉吾诏不勤，而劝民不明也。且吾农民甚苦，而吏莫之省，将何以劝焉？其赐农民今年租税之半。”这封诏书收录在班固所做的《汉书·文帝纪》中，内容便是表明百姓的出路，应该是以农为本，刘恒致力于劝导民众开垦荒地，多种树木，以此解决粮食不足的问题。此外，诏书中还提及了官吏办事不力，没能执行好劝民务农的政策。所以，免除了百姓当年一半的租税。

“孝悌，天下之大顺也；力田，为生之本也；三老，众民之师也；廉吏，民之表也。朕甚嘉此二三大夫之行。今万家之县，云无应令，岂实人情？是吏举贤之道未备也。其遣谒者劳赐三老、孝者帛，人五匹；悌者、力田二匹；廉吏二百石以上率百石者三匹。及问民所不便安，而以户口率置三老、孝、悌、力田常员，令各率其意以道民焉。”这一段主要在宣扬举孝廉的选官制度，同时，再次强调了耕田是生存之本，也对孝廉者做出了赏赐，并完善了这一制度的不足之处。二月的时候，刘恒再次下诏：“朕亲率天下农耕以供粢盛，皇后亲桑以奉祭服，其具礼仪。”

当初，秦朝的祝官中有秘祝，一旦出现了灾异，就把造成过失的责任从皇帝身上移到臣子身上。夏季，文帝下诏书说：“朕听说天之道，祸从怨而起，福由德而兴，百官的过失，都应该由朕一人负责。现在秘祝官员把过失的责任推给臣下，是彰显了朕的失德，朕很不赞成。应予废除！”于是，刘恒便下令废除了移过于下的秘祝官。刘恒的确是一位敢于承担的好皇帝，毕竟，古代的君王，大多会将过错推给臣子，像这样敢于自己承担的还是很少的。

六月，汉文帝刘恒再次下诏：“农，天下之本，务莫大焉。今勤身从事而有租税之赋，是为本末者毋以异，其于劝农之道未备。其除田之租税！”此诏中再次强调，农业是天下的根本所在，如果，从事农业生产的人还要承担租税，那么，就和经营工商业的人没区别了，这对劝奖农耕是极为不利的，所以，应该免除田地的租税。

汉文帝时期实施的政策，主要便是劝民耕田，约法以宽民，十余年间，使得国富民强，为日后汉武帝征讨匈奴奠定了坚实的物质基础。

愓

一、字形演变

金文　篆书　隶书　楷书　行书　草书

二、说文解字

《说文解字》:“愓,敬也。从心,昜声。愁,或从狄。”

解释:愓,警备。字形采用“心”作偏旁,采用“昜”作声旁。愁,这是“愓”的异体字,字形采用“狄”作声旁。

三、字源解说

昜,既是声旁也是形旁,表示将一个器皿中的液体注入另一个器皿。愓,金文由(昜,浇注金属熔液)加(心,谨慎)组成,表示小心浇注锡液。

造字本义就是“敬畏”或“担心”。

在古汉语中,用愓字所组成的复音词有很多,大都有“恐惧”之意,如“愓厉”是“危惧”的意思,“愓息”是“恐惧”貌,“愓愓”是“忧惧”的意思,今天也有了双音词“警愓”。

《说文》:“愓,敬也。”愓本义为恭敬。由恭敬引申为警愓、谨慎,又引申为畏惧、戒惧。《书·盘庚上》:“惟汝含德,不愓予一人。”《左传·襄公二十二年》:“无日不愓,岂敢忘职。”杜预注:“愓,惧也。”由畏惧引申为忧伤。“愓”在古代还有疾、急速之义。

四、成语及名言警句

(一)常用成语

怵愓恻隐　夕愓朝乾　夕愓若厉　怊怊愓愓

朝兢夕愓　魂惊魄愓　日乾夕愓　神竦心愓

(二)名言警句

1. 岂不使诸侯之心愓愓焉。　——《国语·楚语》

2. 无日不愓,岂敢忘职?　——《左传·襄公二十二年》

3. 君子终日乾乾,夕愓若厉。　——《易·乾》

4. 日夜惕厉，思自降损，居不求安，食不念饱。——《后汉书·马皇后纪》

5. 在建党百年之际，我们要居安思危，时刻警惕我们这个百年大党会不会变得老态龙钟、疲病缠身。要以伟大自我革命引领伟大社会革命，以伟大社会革命促进伟大自我革命，确保党在新时代坚持和发展中国特色社会主义的历史进程中始终成为坚强领导核心。

——习近平在党的十九届六中全会第二次全体会议上的重要讲话《以史为鉴、开创未来，埋头苦干、勇毅前行》，《人民日报》2022 年 1 月 2 日

五、廉政故事

昭昭前事，惕惕后人

王廷赞，字翼公，号用宾，清朝官吏。他出身低微，又曾历任知县等基层干部，深知下情，所以大部分时间为官谨慎，能循理守法，尽职尽责。据实而言，其在平反冤狱、振兴文教、兴修水制、剿匪安民、筹集军饷等方面，都留下了政绩，但最后却因贪污犯罪而不能保全自身。

乾隆十二年(1747)，王廷赞出任职掌出纳、文书的小吏，有时也协助上司审理案件。他敢于说话，心系群众，使得许多冤案都得以平反。当时兰州百姓对其十分尊敬，皆称“有冤案，找廷赞”。

七年后，王廷赞累迁武威、镇原、张掖等地知县，以振兴教育为己任，他竭力向上司申请，就地开设贡院。为了给读书人提供固定的学习场所，他还不惜踏破铁鞋，磨坏嘴皮，劝说知府冯祖悦修复甘泉书院。为了确保重建书院的经费能够到位，王廷赞几乎倾家荡产，将自己数年的俸禄都捐了出去，同时，王廷赞又多方搜购藏书，聘请名师讲学，让学子们增长见闻。

乾隆二十二年(1757)，福建巡抚黄秉中之子看上了王廷赞这个人，觉得他材优干济、四清六活，最难得的是能够立身持正，于是让他协理军需。这使得王廷赞的才能得以进一步施展。六年后，王廷赞代理平凉府盐茶厅同知，执掌地方治安。期间，他临难不顾，亲率衙役，趁夜出击，将近百名为患乡里的土匪和强盗一网打尽。

乾隆步入中年后，渐渐闻知王廷赞这个地方官的名声。于是委任他为宁夏知府、甘凉道及宁夏道道台。黄河冲积成宁夏平原，地形平坦，是主要的农业区，旧有惠农等灌渠，对发展农业生产曾起过很大作用，但由于年久失修，渠道严重淤塞。王廷赞上任伊始，即以发展生产为首务，奏请朝廷，要疏浚河道。他的建议得到采纳，朝廷批准拨发库银，并授命他负责整个工程。王廷赞从授命之日起，即心无旁骛、夙夜在公，他胼手胝足，事必躬亲。从水文地质勘测，到排水、清沙、挑淤及运石，处处亲自指点。经过两年多的努力，河渠工程于乾隆四十二年(1777)四月告竣。不久后，王廷赞因政绩卓著而被提升为甘肃布政使司布政使。

可惜，渐入晚年的他，越发感到官场的不公与黑暗，身边致力于弊绝风清的同道惨遭排挤，一些渎货无厌的官员反倒飞黄腾达，看到吏治积弊甚重，又苦于在明争暗斗中继续奔命的王廷赞，终于萌生贪意。他开始伙同勒尔谨、王亶望贪污，不仅吞没监粮，而且大肆盗取国库帑银。他们还以支付运输费的名目领取帑银，仅王廷赞在任两年便领运输费近三万两。不过，王廷赞

的事情，并没有很快事发，而是隐匿了数年之久。直到乾隆四十六年(1781)三月，才开始露出马脚。

起因是撒拉族人不满西北一地官方的压榨，率众起义，杀死领兵弹压的兰州知府杨士玑和河州协副将新柱，进逼兰州。接到奏折，乾隆大惊，急调连城、凉州、陕西等地援军前去围剿。然而，因为军饷问题，清军迟迟没有剿灭撒拉族人。时任甘肃布政使的王廷赞，主动向乾隆皇帝上奏。奏折说："在用兵之际，需用浩繁，臣情愿历年积存廉俸银四万两，缴贮肃藩库，以资兵饷。"岂料事与愿违，他这一招讨宠献媚不但没起到什么功效，反而暴露了自己。乾隆帝何等精明，反问道："王廷赞仅任甘肃藩司，何以家计充裕……其中情节总未能深悉。"当即传谕大学士阿桂和署理陕甘总督李侍尧，前往查办。至此，"捐监冒赈"的大案终于被撕开了一个缺口，再难掩盖。对此案要犯，乾隆帝严惩不贷。

昭昭前事，惕惕后人。为政以德，譬如北辰，不忘初心，方能坚持本心。

望

一、字形演变

甲骨文　金文　篆文　隶书　楷书　行书　草书

二、说文解字

《说文解字》:“望,出亡在外,望其还也。从亡,朢省声。”

解释:望,对外出流浪的亲人,期望他们返回家乡。字形采用“亡”作偏旁,用有所省略的“朢”作声旁。

三、字源解说

“望”是“朢”的异体字。朢,甲骨文由(臣,朝臣)加(壬,tǐng,即“廷”的本字,举行祭祀、朝拜的宫殿)组成,表示阴历十五之夜,朝臣在宫殿举行祭拜月亮仪式。

对“望”的释义还有多种说法。有学者认为,“望”字的本义应为“远望”,如《诗经·卫风·河广》:“谁谓宋远,跂予望之。”大意是:谁说宋地很远,踮起脚跟就能望见。《左传·庄公十年》:“吾视其辙乱,望其旗靡。”意思是我看到他们的车辙都乱了,远望他们的战旗也倒了。

由“远望”可以引申为“盼望”,如《孟子·滕文公下》:“民之望之,若大旱之望雨也。”意为:百姓盼望他犹如大旱之时期盼下雨。又可表示看望、问候。又可以引申为“名望”“声望”,如“德高望重”。

农历每月十五日,有时十六日或十七日,地球上看见圆形的月亮,这种月相叫望,这时的月亮叫望月。

四、成语及名言警句

(一) 常用成语

望尘莫及　望穿秋水　望而却步　望而生畏　望风而逃　望峰息心　望梅止渴

望其项背　望眼欲穿　望洋兴叹　望子成龙　观望不前　威望素着　一望无际

众望所归　德高望重　登高望远　喜出望外　不负众望

(二) 名言警句

1. 吾尝跂而望矣,不如登高之博见也。——《荀子·劝学》

2. 不畏浮云遮望眼，自缘身在最高层。——王安石《登飞来峰》

3. 先达德隆望尊，门人弟子填其室，未尝稍降辞色。——宋濂《送东阳马生序》

4. 王如知此，则无望民之多于邻国也。——《孟子·梁惠王上》

5. 党和人民把历史重担交给我们，是对我们的高度信任和殷切期望，我们要牢记党和人民的重托，不忘初心、牢记使命，为全面建设社会主义现代化国家、全面推进中华民族伟大复兴而团结奋斗。

——习近平总书记2023年10月23日在党的二十届一中全会上的讲话，《求是》杂志2023年第1期

五、廉政故事

明朝郭朴：任人唯贤为官清廉，德高望重美名永传

郭朴（1511—1593），字质夫，世称东野先生。据传，郭朴祖籍临漳县黑龙庙，入仕后，迁居安阳。明代嘉靖、隆庆年间，官至吏部尚书兼武英殿大学士。后任内阁，故乡人称其为“郭阁老”。

郭朴出生在安阳一个世代清廉的家庭中。他的祖父曾做过城藁知县。郭朴小时候，家中有薄田50亩，房屋10多间，生活还算温饱。但他的父亲轻财好施，所以有时家里也是衣食不足。郭朴天资聪颖，勤奋好学，他的文章曾受到当时大学者、同乡崔铣的赞誉。嘉靖十四年（1535），25岁的郭朴考中了进士。据说，他本来考中的是二甲第四名，但碰巧皇帝读到了他的论文，对他赞赏有加，极力称赞，命人将他列在一甲之后。

郭朴在朝曾两次担任吏部尚书，两次充任乡试主考官，一次参与主持公试。他在选用人才上，任人唯贤，重用有真才实学的人。郭朴家居两年余，于万历二十一年（1593）病逝，终年83岁。谥“文简”，葬韩陵山麓。著有《学约》《四思箴》《四畏箴》《九字图说》及万历九年所修《彰德府续志》。

郭阁老在大明王朝是一位举足轻重的历史人物，他与清官海瑞之间也有过一段故事。官场之上，宦海沉浮，免不了有人被政治激流断送了性命。当时有个年轻气盛的广东人叫海瑞，海瑞原是淳安县的一个知县，后来升任户部主事。谁知仕途险恶，海瑞栽了个大跟头，惹恼了皇上，危在旦夕。事情发生在明嘉靖四十四年（1565）冬天，年轻气盛的海瑞誓死要给皇上提意见，而且意见提得十分尖刻。世宗皇帝看过海瑞的奏章，厉声对殿前侍卫喝道：“这哪里是提意见，分明是对朕的恶意攻击，胆大狂徒，一派胡言，快与朕拿住此人，不要放走了他！”一个名叫黄锦的太监马上告诉皇帝：“皇上，听说海瑞上疏时，预先就买了一口棺材，并且和妻儿老小诀别，给家里所有的闲杂人等一一发了银两，让他们各自投亲靠友去了，这个海瑞决不会逃走的。”皇上当下传旨，将海瑞打入死牢大狱。御林军奉命去后，太监黄锦将海瑞的奏本捡起，放在御案之上，气急败坏的世宗皇帝又重读奏本，不知不觉心里有所触动，感到海瑞所说，亦有可取之处。世宗皇帝自言自语道：“这个海瑞还有点像商王朝那个叫比干的忠良，可朕并不是殷纣王啊。”转眼

间，冬去春来。明嘉靖四十五年，世宗皇帝已是花甲之年，便召郭朴晋见，问郭朴对此有什么良策。郭朴见世宗皇帝身体虚弱，劝皇上保重身体，暂时不宜出宫，有些事情暂缓处理为好。世宗又道："郭爱卿，你也知道那个海瑞给朕提的意见是多么尖刻！朕不爱护自己的身体，致使病痛缠身。如果朕像前几年精力充沛地在金殿之上执掌朝政，及时处理国家大事，何至于被那海瑞尖刻地指责呢？这个海瑞真是死有余辜。"提起海瑞，皇上就气不打一处来。郭朴奏道："海瑞这样做，实在愚笨，他做知县时就憨厚刚直，但是，海瑞的内心也是为了陛下好，其心尚可原谅，老臣乞请陛下开恩，饶恕海瑞，他一定会为陛下的江山社稷肝脑涂地。"世宗叹道："朕也不愿多杀这些敢于向联提意见的谏臣了。"郭朴退出后，太监躬身递上法司的奏折，奏称："海瑞实为对皇上讽刺讥笑，论罪当死。"世宗略略一瞧，便将奏折搁在一边，并不加批复。如果世宗随手加上批复，海瑞性命难保。海瑞不死，多亏了郭朴。

郭朴一贯秉公办事，唯才是举，知人善任。虽然手握重权，却从不滥用，虽然深受皇上宠爱，他从不恃宠专横。所以，明史称郭朴"为人长者"，意思是德高望重的人。

威

一、字形演变

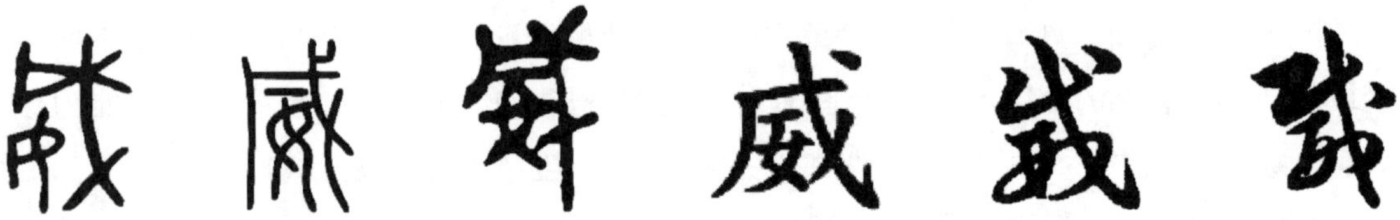

金文　　篆书　　隶书　　楷书　　行书　　草书

二、说文解字

《说文解字》:“威,姑也。从女,从戌。汉律曰:‘妇告威姑。’”

解释:威,丈夫的母亲,字形采用“女、戌”会义。汉朝的律法中曾提及“妇人告发丈夫的母亲”。

三、字源解说

威,金文=(戌,刑具)+(女,女子),表示对女子施刑。有的金文将“戌”简写成,是在女上增一斧钺形的兵器,像用兵器吓唬女人之形。

造字本义:威慑、威力。

许慎认为,这里的“女”字原本指母亲,“女、戌”会意,表示母亲对儿女的训斥教导以及惩罚。当社会发展到父权制后,“威”中之女则指称“姑”,即婆母,就是丈夫的母亲,威表示婆母对儿媳的威势。如汉乐府中的《孔雀东南飞》这首长诗,描写了焦仲卿的妻子不为婆母所容,在婆婆(姑)的威逼下,难以割舍夫妻之情,依依惜别被迫回到娘家,两人先后忧郁而死的悲剧。许慎生活在东汉时期,因此,《说文》的释义来自这一时期的现实生活。

有学者认为:“威”字取象于手无寸铁的女人,面对一把肆意杀戮的斧钺时,感到严重的威慑。因此,“威”的本义为“震慑”。《韩非子·诡使》曰:“威者,所以行令也。”因此可知,“威”可表示威力、威势之义,指使人敬畏的气魄或态度。又引申为凭借力量、威势时的行为,如《史记·高祖本纪》中“威加海内兮归故乡”,以及“威胁、威逼”等。《史记·刺客列传》中说:“秦地遍天下,威胁韩、魏、赵氏。”这里的“威”字已用作动词,表示使用和凭借威力。

四、成语及名言警句

(一) 常用成语

威德相济　威恩并行　威风凛凛　威迫利诱　威望素着　威武不屈

威武雄壮　威信扫地　威震三军　龙威虎震　作威作福　八面威风

（二）名言警句

1. 威天下不以兵革。 ——《孟子·公孙丑下》

2. 有而可畏谓之威。 ——《史记·平原君虞卿列传》

3. 严大国之威。 ——《史记·廉颇蔺相如列传》

4. 威震四海。 ——贾谊《过秦论》

5. 有的干部疏远群众、脱离群众，“跑上面多、跑基层少、与群众远”。有的形式主义、官僚主义严重，下去调研“坐着小车转一转，隔着玻璃看一看”，不了解民情民意。有的不愿和群众打交道，怕同群众接触惹事上身、怕跟群众交流脱不开身、怕为群众办事麻烦缠身。有的不会做群众工作，同群众搭不上话，坐不到一条板凳上去。有的霸气十足、颐指气使，对待群众态度恶劣、言语嚣张，等等。对这些问题，不能听之任之，必须严肃查处，否则就会损害党的威信和形象，侵蚀党的执政根基。

——习近平总书记2022年3月1日在2022年春季学期中央党校（国家行政学院）中青年干部培训班开班式上的讲话，《求是》杂志2023年第13期

五、廉政故事

袁继咸：廉能兼备，威武不屈

“富贵不能淫，贫贱不能移，威武不能屈”。古人向来讲究气节和意志，明末的袁继咸就是一个不为威武所屈的人，面对动荡的时局，面临生死的考验，他作铭文自勉“大官好做，大节难移”，因号袁山，他与文山（文天祥）、叠山（谢枋得）并称为“江右三山”。

袁继咸生在书香门第。横塘袁氏，诗书传家，重视教育，700多年间共出了14名进士。袁继咸自幼聪慧好学，胸怀大志，于明天启五年（1625）考取进士。入仕为官后，袁继咸不畏权贵，刚正不阿。崇祯七年（1634），总理户、工二部的内臣张彝宪进呈了一份“觐官投册”的奏章，规定要觐见皇帝的官员须先在内臣那里记录名册。袁继咸当时刚刚提学山西，尚未赴任。他认为此事不可：“士有廉耻，然后有风俗；有气节，然后有事功。今诸臣未觐天子之光，先拜内臣之座，士大夫尚得有廉耻乎？”他认为这样会使上自藩王、下到县令依次来请托，跪拜在宦官的座前，引诱天下人来干无耻之事。张彝宪大为恼火，就上书诬陷其贪赃枉法。山西巡按张孙振因为向袁继咸请托，袁继咸不答应，就上书诬蔑他收取贿赂，舞弊徇私，袁继咸因此被治罪。山西生员百余人追随入京，为之辩诬；朝野上下千余人联名为其申冤，轰动京城。山西巡抚吴甡为袁继咸辩护，称其廉洁奉公、精明强干，驳斥了张孙振的诬告。袁继咸又上书陈诉了张孙振向他请托的事实及其收受贿赂的几件事。崇祯皇帝下诏逮捕张孙振，判处他贬官充军，袁继咸恢复原职。

明清之际，袁继咸坚守大义，以身殉国。崇祯十五年（1642），袁继咸出任兵部右侍郎兼右佥都御史，驻节九江，总督江西、湖广、安庆、应天等处军务，处于抗击清军的最前线。兵败被俘后，

清廷对他礼遇甚优，引诱他出面招降江西各地抗清义师，并允诺仍授以总督之职。但袁继咸不为所动，断然拒绝。清廷设宴招待，他不饮不言。回到舟中，袁继咸欲自缢死国，因被人发现而没有成功。清军将袁继咸押解北京。路经南京时，袁继咸望着南京宫殿和明太祖的陵墓痛哭流泪。同时，他效仿江西老乡、南宋官吏、诗人谢枋得那样不吃不喝，想饿死以全节义，但最终还是没有成功。他喟然叹曰："天不欲余为叠山，敢不为文山哉？"并以此赋诗表明自己的情感和决心："衰年哀二老，一死酬至尊。从容文山节，谁招燕市魂。"拘押北京囚禁后，清廷仍不断以高官厚禄劝降袁继咸。袁继咸的一些门生已经入清为官，他们环绕而跪，痛哭劝降，均遭到袁继咸的严词拒绝。他仍旧戴明帽，着明服，并拒绝朝见清帝。在被囚禁期间，他一边读书，一边著作，写有《经观》《史观》两书，并仿文天祥《正气歌》作《正性吟》以明志，书写了一首义薄云天、警策后人的不朽史诗。清豫亲王多铎召见，他不揖不拜，正色道："为国重臣，深受厚恩，不事二姓。"清廷喝令其剃发易服，袁继咸说道："衣冠服饰乃祖先所赐，不可更改。倘若舍弃生平信仰，虽生何为？"清军将其押解入京，他在军中自铭曰："大官好作，大节难移。成仁取义，前训是依。文山、袁山，仰止庶几。"决心以文天祥为榜样，舍生取义，为国尽忠。清廷见劝降不得，于顺治三年(1646)六月，将其押赴菜市口行刑。袁继咸面无惧色，英勇就义。

袁继咸一生清正廉洁，勇于任事；一心为公，直言不畏；坚守大义，凛然不屈。清乾隆四十一年(1776)，清廷追谥袁继咸为"忠毅"。

为

一、字形演变

甲骨文　金文　篆书　隶书　楷书　行书　草书

二、说文解字

《说文解字》:“为,母猴也,其为禽好爪。爪,母猴象也;下腹为母猴形。王育曰:‘爪,象形也。’古文为,像两母猴相对形。”

解释:“为,猕猴。猕猴作为兽,喜欢用爪子。爪子,是猕猴的象征。字的下腹部是猕猴的形体。引用王育的话说,爪子,像猕猴之形,古文的为字,像两只猕猴相对的样子。”

三、字源解说

“為”是“爲”的异体字。爲,甲骨文由(又,抓、牵)加(象,大型力畜)组成,表示驯兽师手牵大象,驯化大象的野性,使大象为主人服役,劳作载重。金文将甲骨文字形中长鼻大口的“象”写成长鼻大耳的“象”。

造字本义:动词,人工引导驯服大象,使大象掌握超越自然本能的劳动技能,变成听命于主人的劳动力。

由大象鼻子灵活自如,可做手用,延伸出做。《论语·为政》:“见义不为,无勇也。”又延伸出治理义。《商君书·农战》:“善为国者,仓廪虽满,不偷于农。”(偷:怠惰,忽视。)由可做手用延伸为作为,当作,如“事在人为”“为人处世”等。由此延伸出认为,《谷梁传·宣公二年》:“孰为盾而忍弑其君者乎?”又引申出“因为”“为了”“被”等义,在句末表示感叹和反问。“为”是一个意义非常广泛的动词,其基本意义是“做”,在不同上下文中可表示多种具体的意义。

四、成语及名言警句

(一)常用成语

为国为民　为虎作伥　为民除害　为人师表　为所欲为　各为其主
好为人师　视为知己　叹为观止　鲜为人知　慈悲为怀　化敌为友
化整为零　狼狈为奸　舍己为人　见义勇为

（二）名言警句

1. 为善者，非善也，故善无以为也。——《管子·枢言》

2. 子曰："为政以德，譬如北辰，居其所而众星共之。"——《论语·为政》

3. 群臣为学，门子好辩，商贾外积，小民右仗者，可亡也。——《韩非子》

4. 所有共产党员都要增强党员意识，正确行使党员权利，自觉履行党员义务，严格遵守党的纪律，坚定维护党的形象，践行全心全意为人民服务的根本宗旨，始终保持同人民群众的血肉联系，涵养廉洁自律的道德修为，始终心有所畏、言有所戒、行有所止，不断锤炼意志力、坚忍力、自制力，永远做一个一心为公、一身正气、一尘不染的人。

——习近平总书记在党的十九届七中全会第二次全体会议上的讲话，《求是》杂志 2022 年第 23 期

五、廉政故事

老子：无为而治

老子是道家学派创始人和代表人物，老子的思想突出表现为"无为而治"。"无为"的观念，很容易造成一种误解，让一些人认为"无为"就是"无所作为"，其实"无为"绝对不是不解决问题，什么都不做，"无为而治"是不乱作为的作为。在礼崩乐坏的社会大变革中，老子无为而有为，探寻社会发展的道路。

老子处在中国社会大变革时期，社会动荡，战乱不断，各诸侯大都昏庸暴虐，为所欲为，为了争夺土地无休止地发动战争，同时又大肆搜刮民脂民膏，胡乱征收苛捐杂税，加重百姓的徭役负担，以满足自身的奢侈生活，弄得民不聊生。正是在这样一个大背景下，老子认为，国家之所以动荡，社会之所以混乱，百姓之所以贫苦，都是因为"有为"。老子把"有为"主要分为三个方面，就是"有欲""有争""有知"，认为这是产生祸乱的原因。

无为则无欲。统治者的有为之政，为所欲为地征战，肆意压迫百姓的妄为造成社会混乱让百姓苦不堪言，苛捐杂税造成社会贫困，百姓生活困难，不得民心的君主也就难以治理国家。《道德经》四十八章："无为而无不为，取天下常以无事；取其有事，不足以取天下。"是让统治者用清静无为的方式治理国家，以不骚扰人民作为治国之本，如果经常以苛捐杂役这样的事干扰民生，那就不配治理国家。老子不仅要求统治者无欲，也要求百姓无欲，百姓没有欲望，回归质朴自然的状态，社会和谐发展，这才是无为的意义。

无为则不争。"天之道，利而不害。人之道，为而不争。"老子认为社会动乱的原因是有争，君主争抢土地，强取豪夺，压榨百姓。而百姓为社会生存相争，造成社会不安。因此他认为只有不争才能使社会和谐。不推举有才能的人，百姓就不会相互竞争；不为贵重之物而珍视，百姓就不会想着去盗走它；统治者不把欲望显现在外表，就不会引起民众动乱。所以圣人治国的方法是去除内心的欲望，填满百姓的肚子，增强他们的体魄，就能让百姓一直没有巧智，没有欲望，这样他们就不会造反了。按照无为的方式去治理国家，没有不能管理的事。无为而治，天下莫能

与之争，没有能引起争乱的事自然就能够社会和谐。

无为则无知。老子认为统治者想要治理好国家，使百姓臣服的方法首先要在思想上控制他们。《道德经》说："人多伎巧，奇物滋起。"百姓心机巧妙，容易滋生邪物。工于心计，玩弄权谋影响社会和谐发展的同时也是对人生发展的极大伤害，破坏了人本性的质朴纯真。统治者如果用智巧的心思去治理天下，人民就会纷纷效仿，引发他们内在的钩心斗角、相互争斗，这就是社会动乱的根源。"常使民无知无欲，使夫知者不敢为也。"让百姓无知无欲才没有造反的心思。这里的无知并不是对百姓进行严格的思想控制，让他们什么都不知道，而是应该顺应自然无为的发展，不为世俗功利所污染，保持本性的质朴自然，百姓无知无求才是达到了无为而有为。

老子为避免战乱和统治百姓所提出的无为而治具有一定的时代局限性。在战乱纷争的年代老子的无为之论显然与各国争霸割据的需求格格不入，但其蕴含的遵循自然发展，顺应民意的思想至今仍有深刻意义。

伟

一、字形演变

篆书　隶书　楷书　行书　草书

二、说文解字

《说文解字》:“奇也。从人,韦声。”

解释:伟,特别高大的身材。“奇”谓奇异,超出一般。字形采用“人”作偏旁,采用“韦”作声旁。

三、字源解说

韋,既是声旁也是形旁,是“衛”的本字,表示士兵沿着城邑的四周巡逻守卫。偉,篆文由(人,士兵)和(韋,即“衛”的本字,卫城)构成,表示卫城士兵。

造字本义:名词,身材高大魁梧的卫城壮士。后引申出了不起的、令人崇敬之意,如“伟大的人物”等。

四、成语及名言警句

(一) 常用成语

丰功伟业　丰烈伟绩　高风伟节　宏伟壮观　魁梧奇伟

磊落奇伟　庙堂伟器　雄伟壮观　轩昂魁伟　衣冠甚伟

(二) 名言警句

1. 世之龃龉者,既不足以语之;磊落奇伟之人,又不能听焉。则信乎命之穷也!

——韩愈《与于襄阳书》

2. 没有伟大的愿望,就没有伟大的天才。

——巴尔扎克

3. 当前,世界之变、时代之变、历史之变正以前所未有的方式展开。中国正在以中国式现代化全面推进强国建设、民族复兴伟业。我们追求的不是中国独善其身的现代化,而是期待同广大发展中国家在内的各国一道,共同实现现代化。

——《建设开放包容、互联互通、共同发展的世界——在第三届“一带一路”国际合作高峰论坛开幕式上的主旨演讲》,《人民日报》2023 年 10 月 18 日

五、廉政故事

包拯:丰功伟绩

包拯(999—1062),北宋大臣。字希仁,庐州合肥(今属安徽)人。在北宋仁宗时期从政30余年。他自地方官吏的县、州、府及转运使,逐级晋入中央,先后担任谏议大夫、御史中丞、天章阁待制、龙图阁学士至枢密副使。这些官职大都同法律密切相关。同时,作为一位国家官吏如何履行这些公职,也不失为对其思想品德、操行和能力的严峻考验。包拯的美誉,正是在此过程中获得的。

包拯的幼少年时代,深受父母宠爱和教养。包拯长大后,也极为孝顺父母。与包拯同时代的欧阳修,曾经弹劾包拯"素少学问"。这里的"学问",主要不是指读书和文化水平,而是指不懂人情世故。欧阳修其实不是贬低包拯,而是认为包拯"少有孝行,闻于乡里;晚有直节,著在朝廷",应该给他以更合适、恰当的官职。青少年时代,他曾刻苦读书,所以在他29岁时,终于考中了进士甲科。按照宋朝规定,考取进士之后,便可以做官。包拯被派到建昌县(今江西水修)任职。但包拯认为父母亲年事已高,应该尽孝奉养双亲,因而请求回到安徽,在和州(今安徽和县)做官。但是,父母亲希望儿子在自己身边,包拯便决定辞职回家,在家孝敬父母多年,直到双亲去世,包拯守丧期满,仍不想离开故土.当时,这种封建孝道,受到家乡人的称道。

康定元年(1040),包拯又出知端州(今广东肇庆)。端州出产一种有名的砚台,叫端砚。端砚每年要向朝廷进贡。由于当地官吏和豪绅等层层加码克扣,端砚的产量虽多,却变成了百姓的沉重负担。包拯下令豪强官吏,不得贪污,只能按规定数量,向朝廷进贡。而他自己,直到离开端州,也不曾想要一方端砚。

或许由于包拯这种铁面无私的性格被大臣们赏识,所以朝廷于庆历三年(1043)将包拯调到首都开封。这是自从进京考试之后,包拯第二次来到京城。包拯被任命为监察御史。当时,监察御史虽然没有多大实权,但对包拯来讲,却十分重要。这是因为,从此包拯可以直接参与朝政,并且可以对于朝廷各个方面,尤其是用人等方面,提出看法和建议。实际上,包拯在任监察御史期间,确实对北宋的内政外交,提出过许多批评和改进办法,并且还曾出使契丹(辽国),出色地完成了任务。

庆历六年(1046)夏,包拯调任为三司户部判官。当时的三司是中央财政机构,户部掌管全国户口、两税等,户部判官协助三司使的工作。不久,包拯先后担任京东、陕西、河北转运使,负责一路(相当于省)的财政、监察等行政事务。在地方,包拯十分重视体察民情,要求朝廷让百姓休养生息而安居乐业。两年之后,包拯被召回开封,提升为户部副使。在此期间,他曾前往河北解决军粮问题,又曾到陕西解决运城(今属山西)盐业问题。在河北,他奏请用作养马的田地,还给地方和农民。在运城,他改革盐税法令,以便利于商贩经营盐业。

成语“丰功伟绩”语出《天章阁对策》:“睿谋神断;丰功伟绩;历选明辟;未之前闻。”即为皇祐元年(1049)前后其为应对辽与西夏外交关系而向仁宗皇帝提出的一些建议。

包拯以其政绩和品行为人爱戴,因而包拯去世的噩耗传出时,朝野震惊,全城尽悼,“京师吏民,莫不感伤;叹息之声,闻于衢路”。包拯在社会上享有盛誉,因而人们广泛传诵他的事迹,并加以理想化和艺术化,衍生出许多逸闻传说。南宋时有以包拯为主题的故事和戏曲,元杂剧中更有大量的包公戏如《陈州粜米》。包拯是以龙图阁直学士(后世讹为大学士)职名知开封府,包拯世称“包龙图”。小说《三侠五义》(评书界叫《龙图公案》)的流行,令包拯成为家喻户晓的传奇人物。

卫

一、字形演变

甲骨文　金文　篆书　隶书　楷书　行书　草书

二、说文解字

《说文解字》:“卫,宿卫也。从韦、帀,从行。行,列卫也。”

解释:卫,通宵值勤守护。字形采用“韋、帀、行”会义,行,表示列队巡逻守卫。

三、字源解说

“韋”是“圍”和“衛”的本字。韋,甲骨文由(囗,城邑)和(城邑“囗”东西两侧的“止”)构成。

造字本义:动词,围绕城邑巡逻守护。从“守护”之本义又可以引申为“卫士”或“卫兵”,如《左传·僖公二十四年》:“秦伯送卫于晋三千人。”意思是秦伯送了三千卫士到晋。另引申指边远的地方。卫也指古代九服之一,或五服之一,等等。又为周朝国名。

我们现在所说的“卫生”是个“医学名词”,可是《庄子·庚桑楚》中所说的“卫生”却与现在的意义不同。古代的“卫生”是指“养生”,所谓“卫生之经”就是“养生之道”。

四、成语及名言警句

(一) 常用成语

精卫填海　鲁卫之政　保家卫国　燕巢卫幕　放虎自卫　富比陶卫　官官相卫
公侯勋卫　首尾相卫

(二) 名言警句

1. 然侍卫之臣不懈于内。——诸葛亮《出师表》

2. 南荣曰:“殊愿闻卫生之经而已矣。”——《庄子·庚桑楚》

3. 备一夕之卫。——《左传·僖公三十二年》

4. 文公之入也无卫,故有吕、郤之难。——《左传》

5. 中国共产党坚持对人民解放军和其他人民武装力量的领导,加强人民解放军的建设,切实保证人民解放军履行新世纪新阶段军队历史使命,充分发挥人民解放军在巩固国防、保卫祖国和参加社会主义现代化建设中的作用。

——《中国共产党章程》

五、廉政故事

卫国戍边，九死不悔

2020年6月15日晚，在中印边境加勒万河谷地区，印军打破双方军长级会晤达成的共识，违背承诺，在加勒万河谷现地局势已经趋缓情况下，再次跨越实控线非法活动，蓄意发动挑衅攻击，甚至暴力攻击中方前往现地交涉的官兵，进而引发激烈肢体冲突，造成人员伤亡。

事发后，印度总理莫迪于6月20日说："他们(解放军)既没有闯入我国边境，也没有占领任何哨所。"这与印度外交部关于事件经过的说法相矛盾。6月24日，时任中国外交部发言人赵立坚就中印边境冲突发表声明后表示：上述声明旨在澄清事实，向世界人民说出真相。我们之所以发表这样的声明，是因为印度外交部，包括印度媒体，大量披露了不实的、虚假的信息。同日，国防部新闻局局长、国防部新闻发言人吴谦大校也重申事件经过说：中方官兵在现地交涉时，突然受到印方暴力攻击。这引发双方官兵激烈肢体冲突，造成人员伤亡。中国边防部队果断采取自卫措施，对印方暴力行径予以坚决回击，有效捍卫了国家主权和领土完整。

2021年7月18日，据《环球时报》报道，2020年6月15日晚，陈红军从指挥所匆匆跑回来，边跑边喊："所有人备勤，准备登车！""那段路，感觉车都快飞起来了！"中士何俊发现，陈红军从来没有这么着急过，"后来，道路不通，他就带头蹚河，不顾近5000米的海拔跑着往前冲。""保护团长！"中士陈伟听见一声高喊，只见陈红军带着两名盾牌手，迎着"石头雨""棍棒阵"冲上前去，用身体和盾牌隔开外军，掩护战友将团长救出。陈红军指挥部队向有利地形有序转移时，看到几名战士被对方围攻，毫不犹豫地转身，带领官兵再次冲锋，只留下一个高大的背影。在战斗最激烈时刻，上等兵杨旭东亲眼看到——面对外军人多势众、咄咄逼人的态势，陈红军一边冲锋一边大声喊："党员干部跟我顶在最前面，义务兵往后靠……"

平时甘苦与共，战时生死与共。那场战斗中，团长顶在最前面阻挡外军，营长救团长、战士救营长、班长救战士……我官兵上下同欲、生死相依，是以少胜多的关键所在。

在这过程中，摄像取证的肖思远也冲到前沿投入战斗。发现还有战友被围攻，肖思远再次冲向前去，拼死营救战友，用身体为战友遮挡石块、棍棒的攻击。战斗结束清理战场时，王钰在陈红军等人牺牲的现场看到，一名战士紧紧趴在营长身上，保持着护住营长的姿势。这名战士是陈祥榕——陈红军平时关爱最多的"娃娃兵"之一。

2021年2月19日，据央视军事报道：2020年6月，外军公然违背与我方达成的共识，悍然越线挑衅。在前去交涉和激烈斗争中，团长祁发宝身先士卒，身负重伤；营长陈红军、战士陈祥榕突入重围营救，奋力反击，英勇牺牲；战士肖思远，突围后义无反顾返回营救战友，战斗至生命最后一刻；战士王焯冉，在支援途中，拼力救助被冲散的战友脱险，自己却淹没在冰河之中。

2021年2月，中央军委授予祁发宝"卫国戍边英雄团长"荣誉称号，追授陈红军"卫国戍边英雄"荣誉称号，给陈祥榕、肖思远、王焯冉追记一等功。

清澈的爱，只为中国！卫国戍边，九死不悔！

贤

一、字形演变

甲骨文　金文　篆书　隶书　楷书　行书　草书

二、说文解字

《说文解字》:“贤,多才也。从貝,臤声。”

解释:贤,多才多能。字形采用“贝”作偏旁,采用“臤”作声旁。

三、字源解说

“臤”是“賢”的本字。臤,甲骨文为(臣,官吏)加上(又,抓持,把控),表示管理官吏。

造字本义:形容词,德才超群,善于管理人才与财政,富国强民。《说文》:“贤,多才也。”这里是指“有道德有才能”,并不是本义,而是引申义,如《荀子·王制》:“尚贤使能。”意思是崇尚和使用有道德有才能的人。又可以引申为“多”“胜过”,如《战国策·赵策四》:“老臣窃以为媪之爱燕后贤于长安君。”意思是我私下认为您(赵太后)爱您的女儿(燕后)胜过爱您的儿子长安君。有才能的人称“贤人”,所以旧时对他人的敬称往往冠以“贤”字,如贤弟、贤侄、贤妻等。“贤”字可作“艰”字的通假字,如《诗经·小雅·北山》:“我从事独贤。”唯独我从事的劳动竟如此艰苦。

四、成语及名言警句

(一)常用成语

贤才君子　贤良方正　贤母良妻　贤贤易色　妒贤嫉能　敬贤礼士　举贤任能
礼贤远佞　求贤若渴　群贤毕至　推贤举善　广开贤路　敬老尊贤　任人唯贤

(二)名言警句

1. 子曰:“见贤思齐焉,见不贤而内自省也。” ——《论语·里仁》

2. 故赏贤罚暴,举善之至者也;赏暴罚贤,举恶之至者也。 ——《韩非子·八经》

3. 惟治乱在庶官,官不及私昵,惟其能;爵罔及恶德,惟其贤。 ——《尚书·说命中》

4. 创新发展理念是方向,是钥匙,首要的是创新。“志士惜年,贤人惜日,圣人惜时。”寸金难买寸光阴,要抓住时机,瞄准世界科技前沿,全面提升自主创新能力,力争在基础科技领域做出大的创新、在关键核心领域取得大的突破。

——《回顾:五年来习近平的“两会金句”》,中国共产党新闻网 2018 年 3 月 1 日

五、廉政故事

道远知骥，世伪知贤

阎敬铭(1817—1892)，字丹初，号约庵，清末朝邑县(今陕西大荔县)人。道光二十五年(1845)，考中进士，选翰林院庶吉士，后任户部主事。历任郎中、山东盐运使、山东巡抚、湖北巡抚、户部尚书，光绪时出任东阁大学士、军机大臣等要职。

阎敬铭一生"质朴，以廉洁自矫厉"。任山西巡抚时，抵任之前，他对亲友说："宜多携褡裢布。"因为山西地方贫困，百姓生活艰苦，为了表示与百姓同甘共苦，因此阎敬铭特意嘱咐亲友多准备些褡裢布。这种布价格便宜，而且粗厚耐用。到达山西之后，阎敬铭首先以褡裢布做了一件袍褂穿在身上，其属下亦多仿效之。一次，有位属员依照阎敬铭所做袍褂式样用绸缎做了一件，阎敬铭看到之后，非常恼火，斥之曰："如今军情紧急，你们还如此奢侈阔气，肯定很有钱，可以捐出一些做军饷。"属员连连认错，遂亦改用褡裢布做了件袍褂。在阎敬铭的影响下，衙署上下无敢奢侈者。

他做官多年，一直穿一件布袍，不管周围人如何评论，他都毫不在乎，以至出门在外，人们竟不知他是一位朝廷大员。据清代文学家李伯元《南亭笔记》卷六记载："阎巡抚山东时，以俭约著。尝使其夫人纺绩于大堂之后，僚属诣谒者，惟闻暖阁旁机声轧轧而已。"他不仅穿着俭朴，所食饭菜也极其简单，平日食的是粗茶淡饭，即便是请客，他也毫不铺张。一次，新学政上任，阎敬铭设家宴招待，"所设皆草具，中一碟为干烧饼也，文介(阎敬铭谥号)擘而啖之，若有余味"。那位新学政大人却根本咽不下去，以致"终席不下一箸，而勉强吃下半碗白饭"。事后，这位学政大人对外人说："此岂是请客，直祭鬼耳！"

光绪三年(公元1877)，山西、直隶、山东、陕西发生特大旱灾，先后持续四年之久。关中同州朝邑一带赤地千里，民不聊生，村中十室九空，特别是沙苑地区，更是路断人绝。阎敬铭在京知道后，急奏慈禧太后，让自己回陕西详细调查。他回到朝邑，看到的是残垣断壁，饿殍遍野，卖儿卖女的有，人食人的有，忧心如焚。他快马加鞭速报朝廷拨款调粮救济，并同地方官员、乡绅筹粮搭粥棚，放舍饭赈济灾民。他觉得这只能救得了"急"，解决不了长远的防旱备荒。反复思考，终于理出一个头绪——修仓储粮，逢灾救民。他四处考察选址，最后选定朝邑县城西南寨子的高坡上，这里地势高峻，地表平坦，南眺华山，东望中条山，通风向阳，即使黄河再涨，淹了朝邑县城，水也漫不上来。且处全县中心，各村镇缴运粮食也极为方便。这便是当时全国唯一的一座民间粮仓——"丰图义仓"，可储粮1000万斤。光绪二十六年(1900)，关中大旱，全年无雨，延续两年，朝邑尤甚。据《丰图义仓志》记载："回忆辛丑赈灾，全活无算，无不归功于斯仓。"民国十八年，是关中人至今提起仍心惊胆战的"年馑"。夏秋冬连旱，麦谷无收，草木为食，树无完皮。丰图义仓开仓放粮，黄河西岸村镇遍布粥棚，救济饥民难民无以数计。慈禧太后题写仓名："天下第一仓。"

光绪十八年二月初九(1892年3月7日)，阎敬铭病逝于山西寄寓。朝廷追赠他太子少保，谥"文介"。阎敬铭一生为官清廉耿介，薄视富贵，精校财赋，剔除中饱，节用务实，将之前混乱的财政整理得井井有条，是历史上有名的理财专家，誉有"救时宰相"之称。

习

一、字形演变

甲骨文　篆书　隶书　楷书　行书　草书

二、说文解字

《说文解字》:“习，数飞也。从羽，从白。凡习之属皆从习。”

解释:习，幼鸟一次次尝试起飞。字形采用“羽、白”会义。所有与习相关的字，都采用“习”作偏旁。

三、字源解说

羽，既是声旁也是形旁，表示鸟毛，借代翅膀。習，甲骨文为(羽，借代翅膀)加上(圆圈，像鸟窝)，表示幼鸟在鸟窝里振翅。有的甲骨文将圆圈状的鸟巢写成“日”。金文将甲骨文字形中的“日”写成“曰”。篆文将金文字形中的“羽”写成，将金文字形中的“曰”写成“白”。

造字本义:动词，幼鸟在鸟巢上振动翅膀演练飞行。古人称理论知识的训练为“学”，称生活实践的体验为“习”。汉语中常“习俗”并称，词义偏指“俗”，“习”指个体后天养成的行为一贯性偏好;“俗”指群体在一定历史、地理、社会环境中形成的行为一贯性偏好，即“俗”是大众化、历史化的“习”。

四、成语及名言警句

(一) 常用成语

安于所习　安其所习　安常习故　百里异习　避嚣习静　不习地土

不习水土　蹈常习故　蹈故习常　耳习目染　风俗习惯　风成化习

(二) 名言警句

1. 读书是学习，使用也是学习，而且是更重要的学习。 ——毛泽东

2. 活着就要学习,学习不是为了活着。

——培根

3. 学而时习之,不亦说乎?

——《论语·学而》

4. 认真学习马克思列宁主义、毛泽东思想、邓小平理论、“三个代表”重要思想、科学发展观、习近平新时代中国特色社会主义思想,学习党的路线、方针、政策和决议,学习党的基本知识和党的历史,学习科学、文化、法律和业务知识,努力提高为人民服务的本领。

——《中国共产党章程》

五、廉政故事

耳习目染,三代清廉

吴永善,男,汉族,1940年12月16日出生,今年82岁高龄,湖南宜章人,湖南衡阳医学院校毕业,宜章县第二人民医院内科医生,从医60年,医德高尚,作风正派,廉洁自律,人如其名,永远善良,在宜章南半县小有名气,擅长肾炎、儿科常见病中医治疗,危重病人的救治方面享有盛誉。多年来对病人耐心、细心、有责任、不欺不诈,医术高明,治好了无数病人,却是清廉一生。老一辈的街坊邻居无不竖起大拇指称赞吴老是一名德高望重的好医生。在20世纪90年代初,电子通信刚兴起,吴永善已是快到退休年龄还在担任医院内科住院部主任一职,孜孜不倦带领着一大批年轻骨干医生为周边广大患者解除病痛,为了能让病人在第一时间联系到自己,不耽误病情,他斥“巨资”,花了近3个月工资安装了医院内第一部电话机(那个年代初装费用将近2000元),这样极大方便了患者能第一时间联系到自己,做到危重病人随叫随到。许多被他治好的患者出于感恩之心送来土特产或是红包,吴老总是婉言谢绝,对于确实推辞不掉的红包或是土特产,吴老直接将红包帮患者交了医疗费,贤惠的妻子将送来的土特产做好饭菜招待病人。生活中他常常教导孩子:收了一个红包,就会失去一份民心,你就埋下一个“祸根”。多年来的行医经历,他拒收过无数病人递给他的红包。他心知,收一次就有下一次,收下的是红包,给不了病人和家属的安心,反而助长不正之风,泯灭的是医者仁心,丧失的是医护责任。一定要坚持以德立家、以俭持家、以廉促家。

吴永善高尚的品质源于有一个富有爱心的父亲。其父亲吴富喜,早年参加革命斗争,跟随彭德怀南征北战,打土豪,分田地给穷苦农民,是全国劳动模范,也是一六镇坪家塘吴家村令人敬佩的老党员。吴富喜曾经独自抚养5位村里的孤寡老人,谁家有争吵,谁家子女不孝顺老人,父亲就上谁家做思想工作,村里人都非常敬畏他。对自己耳聋的妻子更是相敬如宾,相濡以沫,每日三餐饭菜盛好端到妻子手中。

受长辈的影响,吴永善的子女也是非常孝顺、敬业、清廉和正直。大儿子吴杰俊,湖南郴州粮油机械有限公司总工程师,高级工程师,工作34年,荣获首届全国粮食行业技能拔尖人才称号,先后荣获湖南省粮食局科技技术进步一等奖,湖南省科技进步三等奖,中国粮油协会科技二等奖，郴州市第二届青年科技奖，2017 年郴州市科技创新杰出人才奖，2019 年郴州好人，获得国家专利 90 多项，其中发明专利 9 项，适用新型 54 项。在国家级行业杂志上发表论文两篇。荣获如此多的荣誉，但他非常低调、勤俭节约、作风清正，日常出差在外开展技术指导和推广时，都是乘坐公交车，从不接受别人的红包和礼金。

良好的家风是幸福的源泉，吴永善的五个孙子也受长辈的影响，个个乖巧可爱、勤奋读书、孝顺老人，每年春节都要聚在一起拍一张全家福，儿媳妇都说这是祖辈们的积德，才有现在的幸福生活。廉洁在心，全家齐心，在这个幸福的大家庭，夫妻相敬如宾，孩子活泼可爱、阳光向上，老人健康长寿、作风正派，全家人相处和睦、其乐融融。对于这个家庭而言，平凡、朴实、正义、孝顺、温暖、爱岗、敬业、廉洁是对他们最好的“形容”。

先

一、字形演变

甲骨文　金文　篆书　隶书　楷书　行书　草书

二、说文解字

《说文解字》:“先,前进也。从儿,从之。凡先之属皆从先。”

解释:先,前进。字形采用“儿、之”会义。所有与先相关的字,都采用“先”作偏旁。

三、字源解说

“先”是“兟”的本字。千,既是声旁也是形旁,是“迁”的本字,表示移动。先,甲骨文由出(之,即“趾”,借代腿脚)和(人,是“千”的省略,亦即“迁”的省略,移动)构成。造字本义:抢在他人之前到达。“先”字由此次序在前的初文义可以产生如下诸方面的直接引申义与间接引申义:其一,表示时间在前的意思,例如:“先甲三日,后甲三日。”(《易·蛊》)其二,表示尊崇,重视,例如:“乱为四方新辟,作周恭先。”(《书·洛诰》)

四、成语及名言警句

(一) 常用成语

安国之道　先戒为宝　笨鸟先飞　秕者先行　兵贵先声　并驱争先　不为福先

(二) 名言警句

1. 受恩深处宜先退,得意浓时便可休。
——《清平山堂话本》

2. 先天下之忧而忧,后天下之乐而乐。
——《岳阳楼记》

3. 故天将降大任于斯人也,必先苦其心志,劳其筋骨,饿其体肤,空乏其身,行拂乱其所为,所以动心忍性,曾益其所不能。
——《孟子·告子下》

4. 为了这一事业,无数先辈筚路蓝缕、披荆斩棘,进行了艰苦卓绝的奋斗,我们心中永远铭记着他们的奉献和牺牲。我们要埋头苦干、担当作为,以更加强烈的历史主动精神推进马克思主义中国化时代化,不断谱写新时代中国特色社会主义新篇章,奋力实现中华民族伟大复兴的中国梦。

——《在二十届中央政治局常委同中外记者见面时的讲话》(2022 年 10 月 15 日),《求是》杂志 2022 年第 22 期

五、廉政故事

庄子：不为福先，不为祸始

庄子（约公元前369—约公元前286），名周，战国时期宋国蒙（主流说法为今河南商丘东北）人。战国中期思想家、哲学家、文学家，道家学派代表人物，与老子并称“老庄”。庄子因崇尚自由而不应楚威王之聘，仅担任过宋国地方的漆园吏，史称“漆园傲吏”，被誉为地方官吏之楷模。他最早提出的“内圣外王”思想对儒家影响深远。他洞悉易理，指出“《易》以道阴阳”，其“三籁”思想与《易经》三才之道相合。其文想象丰富奇特，语言运用自如，灵活多变，能把微妙难言的哲理写得引人入胜，被称为“文学的哲学，哲学的文学”。其作品收录于《庄子》一书，代表作有《逍遥游》《齐物论》《养生主》等。

《庄子·刻意》以篇首两字作为篇名，“刻意”的意思就是磨砺自己的心志。本篇内容是讨论修养的，不同的人有不同的修养要求，只有“虚无恬淡”才合于“天德”，因而也才是修养的最高境界。借圣人之道来表明“不为福先，不为祸始”——不做幸福的先导，也不为祸患的起始，外有所感而后内有所应，有所逼迫而后有所行动，不得已而后兴起。抛却智巧与事故，遵循自然的常规。

全文较短，大体分成三个部分，第一部分至“圣人之德也”，分析了六种不同的修养态度，唯有第六种才值得称道，“淡然无极”才是“天地之道”“圣人之德”。第二部分至“此养神之道也”，讨论修养的方法，中心就是“无为”。余下为第三部分，提出“贵精”的主张，所谓“贵精”即不丧“纯”“素”，这样的人就可叫作“真人”。

庄子思想对中国后世哲学、艺术、宗教都产生了深远的影响，《庄子》一书所蕴含的深刻思想内容和高超文学水平都给后世的思想家和文学家以深刻、巨大的影响。后人在思想、文学风格、文章体制、写作技巧上受《庄子》影响的，可以开出很长的名单，即以第一流作家而论，就有阮籍、陶渊明、李白、苏轼、辛弃疾、曹雪芹等，由此可见其影响之大。后世道教继承道家学说，经魏晋南北朝的演变，老庄学派取代黄老学派成为道家思想的主流。对于庄子在中国文学史和思想史上的重要贡献，封建帝王尤为重视，庄子其人被神化，奉为神灵。唐玄宗天宝元年（742）二月封“南华真人”，后人即称之为“南华真人”，被道教隐宗妙真道奉为开宗祖师，视其为太乙救苦天尊的化身。

襄

一、字形演变

   襄  

金文　篆书　隶书　楷书　行书　草书

二、说文解字

《说文解字》:“襄,汉令:解衣耕谓之襄。从衣。”

解释:襄,汉代的律令说:妇人脱下漂亮的外套,协助男人耕种叫作“襄”。字形采用“衣”作偏旁。

三、字源解说

“襄”是“攘”的本字。襄,甲骨文由(皿,盛器)加上(人,农夫)构成,表示农夫头顶着装有谷物种子的盛器,边走边播种,几点指事符号表示将盛器中的种子撒向庄稼地。简体甲骨文省去表示播种的几点指事符号。“囊”字的本文是“口袋”,如《诗经·大雅·公刘》:“乃裹糇粮,于橐于囊。”“糇粮”就是干粮。大意是:包扎好干粮,把大大小小的口袋全装满。口袋能装东西,这就可以由“口袋”义引申为“囊括”义,如《文选·贾谊·过秦论》:“有席卷天下,苞(包)举宇内,囊括四海之意,并吞八荒之心。”用口袋盛也可以称“囊”,如《宋书·沈攸之传》中所说的“囊米”,是用口袋盛米的意思。

四、成语及名言警句

(一)常用成语

怀山襄陵　宋襄之仁　云起龙襄　襄样节度　磬襄入海　襄野迷途　襄王云雨
襄王暮雨　襄阳片石　失道襄野　共襄盛举

(二)名言警句

1. 即从巴峡穿巫峡,便下襄阳向洛阳。　——杜甫《闻官军收河南河北》

2. 襄阳城郭春风起,汉水东流去不还。　——陈羽《襄阳过孟浩然故居》

3. 借问襄阳老,江山空蔡州。　——王维《哭孟浩然》

4. 70年前,在新中国的曙光喷薄而出之际,中国共产党顺应大势、团结各方,开启了协商建国、共创伟业的新纪元。70年后的今天,在同心共筑中国梦、携手奋进新时代的新长征路上,中国共产党将不忘初心、牢记使命,继续团结带领全国各族人民,加强大团结大联合,同心同德、共襄盛举。

——《在中央政协工作会议暨庆祝中国人民政治协商会议成立70周年大会上的讲话》(2022年3月15日),《求是》杂志2022年第6期

五、廉政故事

宋襄之仁

宋襄公，子姓，宋氏，名兹甫，是春秋时期宋国国君宋桓公的次子，为宋桓公的正室宋桓夫人(卫昭伯和宣姜之女)所出，因此，兹甫是嫡子。周襄王二年(公元前651)春，宋桓公去世，太子兹甫即位，是为宋襄公。宋襄公封庶兄目夷为相，主管军政大权，辅佐自己处理朝政。还没等宋桓公下葬，齐桓公就约各路诸侯王在葵丘相会结盟，于是宋襄公前去相会在葵丘之会上，宋襄公接受了盟约。其主要内容是：不准把水祸引向别国；不准因别国灾荒而不卖给粮食；不准更换太子；不准以妾代妻；不准让妇女参与国家大事。葵丘之会上，宋襄公接受了齐桓公委托他照顾齐国太子昭(后来的齐孝公)的嘱托，答应将来对太子昭予以照应。

周襄王十三年(公元前639)春，宋襄公在鹿地首次会合诸侯，齐国、楚国国君相聚在一起，襄公以盟主之位自居，引起齐君和楚王的不满，宋襄公又自作主张，没有经过齐国、楚国的同意就约定当年的秋天再次在盂地会合诸侯。宋襄公的哥哥公子目夷劝他说，宋是小国，小国要争当霸主会招来灾祸的，但襄公不听。在到盂地前，公子目夷又劝他要带上军队，以防有变，楚国人是不讲信用的。宋襄公说："是我自己提出来不带军队的，与楚人已约好，怎能不守信用呢?"于是，宋襄公不带军队赴会。到了约定之日，楚、陈、蔡、许、曹、郑等六国之君都来了，楚国早埋伏好了军队。宋襄公和楚成王因为争当诸侯霸主而发生争议，楚成王突然命人抓住了宋襄公，把他带回楚国囚禁起来，想借以攻取宋国，直到同年冬季，诸侯在薄地会见时，在鲁僖公的调停下，襄公才被释放。

周襄王十四年(公元前638)初冬，宋襄公领兵攻打郑国，郑国向楚国求救。楚国派大将成得臣率兵向宋国国都发起攻击。宋襄公担心国内有失，只好从郑国撤退，双方的军队在泓水(古河流名，故道约在今河南省柘城县西北)相遇。楚军开始渡泓水河，向宋军冲杀过来。目夷说："楚兵多，我军少，趁他们渡河之机消灭他们。"宋襄公说，"我们号称仁义之师，怎么能趁人家渡河攻打呢?"楚军过了河，开始在岸边布阵，目夷说："可以进攻了。"宋襄公说："等他们列好阵地。"等楚军布好军阵，楚兵一冲而上，大败宋军，宋襄公也被楚兵射伤了大腿。宋军吃了败仗，损失惨重，都埋怨宋襄公不听公子目夷的意见，宋襄公却教训道："一个有仁德之心的君子，作战时不攻击已经受伤的敌人，同时也不攻打头发已经斑白的老年人。尤其是古人每当作战时，并不靠关塞险阻取胜，寡人的宋国虽然就要灭亡了，仍然不忍心去攻打没有布好阵的敌人。"子鱼却说："打仗是以胜利为目的，还说什么君子之道！真的按襄公你说的做，就去当奴隶算了，何必还打仗呢?"后以宋襄之仁形容对敌人讲仁慈的可笑行为。

宋襄公是历史上颇富争议的一个人物，赞美者认为他仁义有信，具有贵族精神；批评者认为他虚伪残暴，是假道学的典型。宋襄公虽然被后人列为春秋五霸之一，但实际上他并没有真正得到过诸侯霸主的地位。泓水惨败贻笑千年，但是他的仁义道德还是值得赞颂的。司马迁："襄公之时，修行仁义，欲为盟主。其大夫正考父美之，故追道契、汤、高宗，殷所以兴，作《商颂》。襄公既败于泓，而君子或以为多，伤中国阙礼义，曬之也，宋襄之有礼让也。"

享

一、字形演变

甲骨文　金文　篆书　隶书　楷书　行书　草书

二、说文解字

《说文解字》:“亯,献也。从高省,曰像进孰物形。”《孝经》曰:“祭则鬼亯之。”凡亯之属皆从亯。亯,篆文亯。

解释:亯,献祭。字形采用有所省略的“高”作偏旁,字形下部的“曰”,像是进献的熟肉等食物的形状。《孝经》:“后人献祭,鬼神欣享。”所有与亯相关的字,都采用“亯”作偏旁。亯,这是篆文写法的“亯”字。

三、字源解说

“享”是“亯”的异体字;而“亨”是“享”的异体字。向,既是声旁也是形旁,篆文字形像通风采光的朝阳窗口,借代世人居住的阳宅;倒写的“向”表示先祖灵魂居住的阴宅,借代先祖之灵。亯,甲骨文为(亭,可遮风挡雨的简易建筑)和(口,平台、祭台)构成,表示筑有亭子的祭台。

造字本义:建在国都祭祀先王的祖庙。古人称用手直接抓吃粗食为“饭”;称有吃有喝的正餐为“食”;称山珍海味的高级享用为“餐”;称神灵祖先受用祭祀供品的满足为“享”。

吴大澂《古籀补》认为“亯”字:“像宗庙形。”(转引自《金文诂林》)此为“祖庙说”之来源,此种看法认为“亯”字是个独体象形字,像祖庙中之大室,上像屋宇,下像地基。

以《说文解字》为代表的传统看法认为,“亯”字是个合体会意字,其上部为神主之位,其下部为烹煮食物的炊具,“享”(亯)字乃是“烹”字的初文。

四、成语及名言警句

(一)常用成语

敝帚自享　寿享期颐　享帚自珍　坐享其功

（二）名言警句

1. 人生的真谛在于享受淳朴的生活，尤其是家庭生活的欢乐和社会诸关系的和睦。

——林语堂

2. 生活在活动和享受两方面具有的价值越少，对生命的依恋就越强烈。 ——康德

3. 对于天性简朴者而言，享受比辛苦和痛苦更不自在；对于天性淡泊者而言，荣誉也同样不自在。 ——巴特勒

4. 舒适的享受一旦成为习惯，便使人几乎完全感受不到乐趣，而变成了人的真正的需要。

——卢梭

5. 我们党要团结带领人民有效应对重大挑战、抵御重大风险、克服重大阻力、解决重大矛盾，必须进行具有许多新的历史特点的伟大斗争，任何贪图享受、消极懈怠、回避矛盾的思想和行为都是错误的。

——《新时代中国共产党的历史使命》(2022 年 9 月 30 日)，《求是》杂志 2022 年第 19 期

五、廉政故事

敝帚自珍

苏轼(1037—1101)，字子瞻，又字和仲，号铁冠道人、东坡居士，世称苏东坡、苏仙；眉州眉山(今属四川省眉山市)人，祖籍河北栾城，北宋著名文学家、书法家、画家，著名的唐宋八大家之一，是家喻户晓的大文豪。嘉祐二年(1057)，苏轼进士及第，宋神宗时曾在凤翔、杭州等地任职。

元丰三年(1080)，苏轼因"乌台诗案"受诬陷被贬黄州任团练副使。宋哲宗即位后，他曾任翰林学士、侍读学士、礼部尚书等职，并出任杭州、颍州、扬州、定州等地知府。

苏东坡曾做过宋哲宗的侍读。他在给皇帝的奏章中讲述皇帝成功治理天下必须注意的六件事，其中很重要的一件是：讲节俭，简约朴素，不伤民财。正因为如此，有一次宋神宗要大办元宵节，购买"浙灯"4000 盏。苏东坡反对这样铺张浪费、劳民伤财。再三思虑后，他舀水磨墨，大胆写了《谏买浙灯状》。苏轼说话写文章喜欢尖锐雄辩、锋芒毕露，在官场上得罪了不少人，所以一家人都怕苏轼奏章惹祸。一天，平日里沉默寡言、委婉谦和的苏辙，回到家中大声叫着大哥苏轼，家里人都被他的反常行为吓了一跳。苏辙正要答话，苏轼大声问："皇上降罪了吗？是罢官，还是下狱？我都准备好了。看你这样子，莫非要杀头？"苏辙说："哥！皇上下诏——罢买花灯。"苏轼愣了："当真？"苏辙道："真的！听宫里传出的话，说皇上读《谏买浙灯状》，读得忘了吃饭，读罢热泪盈眶，说'朕一心变法，乃为民富国强。如今，民未富，国未强，朕竟让百姓雪上加霜，是朕失德了'！饭未吃完，立马下诏，罢买花灯！"苏轼仰天大叫："朝廷之事，尚有希望！"苏辙跟过去说："皇上不但下诏罢买花灯，还下诏，今后宫中一切事务皆须简约，不得靡费。"

苏轼从 21 岁中进士开始，前后共做了 40 年的官，既有做高官的得意之时，也有多次被贬的

不幸遭遇。但不管居庙堂之高，还是处江湖之远，他总是注意节俭自律，过俭朴的生活，常常精打细算过日子，极力反对奢侈。他认为奢侈腐化、大吃大喝不仅有害风气也有害身体。在给一位友人的信中，他写道："口体之欲，何穷之有？每加节约，亦是惜福延寿之道。"意思是说，人的欲望是无穷尽的，注意节约，对身体和事业都有好处。

1080 年，因"乌台诗案"，苏轼被降职贬官来到黄州任团练副使，一家人的吃用只靠他微薄的收入来维持。由于薪俸减少了许多，他穷得过不了日子，后来在朋友的帮助下弄到一块地自己耕种起来。为不乱花一文钱，他还实行计划开支：先把所有的钱计算出来，然后平均分成 12 份，每月用一份，每份中又平均分成 30 小份，每天只用一小份。钱全部分好后，按份挂在房梁上，每天清晨取下一包，作为全天的生活开支。拿到一小份钱后，他还要仔细权衡，能不买的东西坚决不买，只准剩余，不准超支。随身的物品用到很旧也不舍得丢弃。这样积攒下来的钱，苏轼把它们存在一个竹筒里，用来招待客人，以备意外之需。

苏轼还提倡蔬食养生的理论，并身体力行。他在各地做官，都常去挖野菜吃。他在《送乔仝寄贺君》一诗中写道"狂吟醉舞知无益，粟饭藜羹问养神"，以自己的经验劝别人不要醉生梦死，而要粗茶淡饭养生。他还在《菜羹赋》中写道："东坡先生卜居南山之下，服食器用，称家之有无。水陆之味，贫不能致，煮蔓菁、芦菔、苦荠而食之。其法不用醯酱，而有自然之味。盖易具而可常享。"这段真实生活记录，表达了他甘于粗菜淡饭、以俭养德的思想。

向

一、字形演变

甲骨文　金文　篆书　隶书　楷书　行书　草书

二、说文解字

《说文解字》:“向,北出牖也。从宀,从口。”《诗》曰:“塞向墐户。”

解释:向,朝北开的窗子。字形采用“宀、口”会义。《诗经》有诗句唱道:“塞住朝北的窗子,用泥糊住透风的门缝。”

三、字源解说

向,甲骨文为(冂,屋顶由两斜面组成的房屋)和(口,开口,窗口)构成,表示房壁上的开口。“向”为名词,表示方位;“嚮”为动词,表示朝着某个方位。《汉字简化方案》用“向”合并“鄉”和“嚮”。

造字本义:“朝北的窗户。”《诗经·豳风·七月》:“塞向墐户。”也就是说,把朝北的窗子塞好,把门缝涂好,准备过寒冬了。从这个本义又引申为“方向”或“朝向”的意思,如《史记·项羽本纪》:“沛公北向坐,张良西向侍。”后又引申为“从前”之义。

四、成语及名言警句

(一)常用成语

拔刀相向　抱雪向火　背公向私　背故向新　勃谿相向

不知去向　东奔西向　反戈相向　废国向己

(二)名言警句

1. 教书和写东西是势不两立的,或者死心塌地地教书,或者发狂变死地写东西,一个人走不了方向不同的两条路。 ——鲁迅

2. 只要再多走一小步,仿佛是向同一方向迈的一小步,真理便会变成错误。 ——列宁

3. 理想是指路明灯。没有理想，就没有坚定的方向；没有方向，就没有生活。

——列夫·托尔斯泰

4. 我们要坚持目标导向、行动导向，咬定青山不放松，一张蓝图绘到底。中方愿同各方深化“一带一路”合作伙伴关系，推动共建“一带一路”进入高质量发展的新阶段，为实现世界各国的现代化做出不懈努力。

——《建设开放包容、互联互通、共同发展的世界——在第三届“一带一路”国际合作高峰论坛开幕式上的主旨演讲》，《人民日报》2023 年 10 月 18 日

五、廉政故事

斐然向风

贾谊（公元前 200—公元前 168），汉族，洛阳（今河南省洛阳市）人，西汉初年著名政论家、文学家，世称贾生。汉高祖七年（公元前 200），贾谊出生于洛阳，少有才名，师从荀况学生张苍。汉高后五年（前 183），贾谊即以能诵诗书善文闻名于当地，河南郡守吴公将其招致门下，对他非常器重。在贾谊辅佐下，吴公治理河南郡，成绩卓著，社会安定，时评天下第一。汉文帝登基，听闻河南郡治理有方，擢升河南郡守为廷尉，吴公因势举荐贾谊。汉文帝征召贾谊，委以博士之职，当时贾谊 21 岁，在所聘博士中年纪最轻。出任博士期间，每逢皇帝出题让讨论时，贾谊每每有精辟见解，应答如流，获得同侪的一致赞许，汉文帝非常欣赏，破格提拔，一年之内便升任为太中大夫。

贾谊初任太中大夫，就开始为汉文帝出策。汉文帝元年，贾谊提议进行礼制改革，上《论定制度兴礼乐疏》，以儒学与五行学说设计了一整套汉代礼仪制度，主张“改正朔、易服色、制法度、兴礼乐”，以进一步代替秦制。由于当时文帝刚即位，认为条件还不成熟，因此没有采纳贾谊的建议。

文帝二年（公元前 178），针对当时“背本趋末”（弃农经商）、“淫侈之风，日日以长”的现象，贾谊上《论积贮疏》，提出重农抑商的经济政策，主张发展农业生产，加强粮食贮备，预防饥荒。汉文帝采纳了他的建议，下令鼓励农业生产。政治上，贾谊提出遣送列侯离开京城到自己封地的措施。鉴于贾谊的突出才能和优异表现，文帝想提拔贾谊担任公卿之职。绛侯周勃、灌婴、东阳侯、冯敬等人都嫉妒贾谊，进言诽谤贾谊“年少初学，专欲擅权，纷乱诸事”。汉文帝亦逐渐疏远贾谊，不再采纳他的意见。

谪居长沙三年后，汉文帝想念贾谊，征召入京，于未央宫祭神的宣室接见贾谊。文帝因对鬼神之事有所感触，就向贾谊询问鬼神的原本。贾谊详细讲述其中的道理，一直谈到深夜，汉文帝

听得不觉移坐到席的前端。谈论完了，汉文帝说："我很久没看到贾生了，自以为超过他了，今天看来，还比不上他啊。"

贾谊认为秦亡在于"仁义不施"，要使汉朝长治久安，必须施仁义、行仁政。同时，贾谊的仁义观带有强烈的民本主义的色彩。贾谊从秦的强大与灭亡中，看到了民在国家治乱兴衰中所起的至关重要的作用。以这种民本主义思想为基础，贾谊认为施仁义、行仁政，其主要内容就是爱民，"故夫民者，弗爱则弗附"，只有与民以福，与民以财，才能得到人民的拥护。以"爱民"为主要内容的施仁义、行仁政的思想是贾谊政治思想的基本内容，这就是我们所熟知的《过秦论》。成语斐然向风即语出《过秦论下》："天下之士，斐然向风。"意思是："天下有文采的贤士，闻风前往，愿为之用。"后以斐然向风形容人们景仰对方的德政或良好的风尚。

孝

一、字形演变

金文　篆书　隶书　楷书　行书　草书

二、说文解字

《说文解字》:“孝,善事父母者。从老省,从子。子承老也。”

解释:孝,善于侍奉父母。字形采用省略了“匕”的“老”和“子”会义。这个字形是表示“子承老”。

三、字源解说

老,既是声旁也是形旁,表示年长。孝,甲骨文为(是“老”的省略,长发的长者)和(子,后代)构成,字形像老人在上、小子在下,表示儿孙搀扶老人。金文、将甲骨文字形中的明确为“老”。篆文承续金文字形。

造字本意:对老人“孝顺”。在中国传统文化中,不仅有“孝”,还有“孝道”。所谓“孝道”,实际上是孔孟之道“儒学”的治学内动力。要想熟读《五经》《四书》,“孝”是方向也是基础,没有它,《四书》《五经》读得就会有偏差,没有家庭的“孝”,就没有国家的“忠”,“孝”是基础,“忠”是目标。这正如李大钊在《由经济上解释中国近代变动的原因》一文中所言:“君臣关系的‘忠’,完全是父子关系的‘孝’的放大体。”

四、成语及名言警句

(一)常用成语

不孝之子　慈孙孝子　父严子孝　披麻戴孝　求忠出孝　入孝出弟

(二)名言警句

1. 弟子入则孝,出则悌。 ——《论语·学而》

2. 首孝弟,次谨信。 ——李毓秀《弟子规》

3. 孝于亲则子孝，钦于人则众钦。——林逋《省心录》

4. 要大力弘扬孝亲敬老传统美德，落实好老年优待政策，维护好老年人合法权益，发挥好老年人积极作用，让老年人共享改革发展成果、安享幸福晚年。

——《贯彻落实积极应对人口老龄化国家战略让老年人共享改革发展成果安享幸福晚年——在重阳节来临之际向全国老年人致以节日祝福》，《人民日报》2021年10月14日

五、廉政故事

求忠出孝

韦彪（？—89），字孟达，扶风平陵（今陕西省咸阳市）人。东汉时期大臣，西汉丞相韦贤玄孙，东海太守韦弘曾孙，大司马韦赏的孙子。韦彪见识广博，成为儒学宗师。其举孝廉出身，授郎中，因病免官。永平六年（公元63），其授谒者，累迁魏郡太守。汉章帝继位后，韦彪历任左中郎将、长乐卫尉、奉车都尉、鸿胪卿，并多次提出治国良策，大多都得到采纳。永元元年（公元89），韦彪去世。

韦彪十分孝顺，父母去世，伤心地守丧三年，不出草棚子的门。服丧期满，瘦得都变了样子，治疗了好几年才好。韦彪喜欢学问，见识广博，被称为儒学宗师。建武末年，韦彪被推举为孝廉，官拜郎中，后因病免官，又回乡教授学生。韦彪安贫乐道，淡泊功名，三辅地区的儒士无不敬仰他。

汉明帝刘庄听到韦彪的名气后，于永平六年（公元63），召见并任命他为谒者，赐给他车马衣服，多次升迁后任魏郡太守。汉章帝刘炟继位，韦彪因病免官。受召担任左中郎将、长乐卫尉，多次提出治政建议，常以宽厚为宗旨。等到上书请求告老回乡时，汉章帝任命他为奉车都尉，官阶为中二千石，受赏赐受宠幸，如同皇帝的亲戚一样。

建初七年（公元82），汉章帝巡视西部，任用韦彪暂以太常职位跟随，多次受到召见，询问他有关三辅的旧事，以及礼仪风俗。韦彪乘机建议说："此次西上巡视旧都，应追记汉高祖、汉宣帝时的功臣，嘉奖褒扬他们祖上的功劳，记载他们的子孙世系。"汉章帝采纳了他的建议。当时议论政事的人有很多说各州郡封国推荐的人都不是依据功勋门第，所以太守不努力尽忠职守而政事渐渐荒疏，过错在于州郡。汉章帝命令把此事交朝廷大臣们商议。韦彪呈上建议说："皇上的诏书，替百姓担忧，施恩选举，力求得到真正的人才。国家把选拔贤才作为紧要任务，贤才应以孝顺的行为为最重要。孔子说：'伺候父母亲孝顺的人可以把这种孝顺转变成对国君的忠诚，因此寻找忠臣一定要到有孝子的人家。'大多人才能和品行少有能兼备的，因此孟公绰可以胜任赵、魏的家臣，却不能让他做滕、薛小国的大夫。忠孝的人，心地厚道；老练的官吏，心地刻薄。三代的官吏能正直地处事的原因，就在于有能使他们得到磨炼的办法。选拔官吏应当以才能品

行为要素，不能单纯以功勋门第论。但选官吏最主要的，在于选太守。太守贤明，那么选举就能选拔到合适人才了。”汉章帝接受了他的意见。

元和二年(公元85)春天，汉章帝到东方巡视，以韦彪为代理司徒跟随前往。回朝后，韦彪因病请求退休，汉章帝派小黄门、太医慰问他的病情，赐给他食物。韦彪最终病情加重。章和二年(公元88)夏天，汉章帝派谒者赐给他诏书说：“韦彪以将相的后裔，修身谨行，出自州里，在朝多年。身染重病，接连上书请求退职。君年事已高，不能再加委任，怕官事烦琐，对身体更有损害。交上大鸿胪官印吧。派太子舍人去中臧府，接受赏钱二十万。”永元元年(公元89)，韦彪去世，汉和帝刘肇下诏书给尚书：“前任大鸿胪韦彪，做官时没有过失，正想继续任用，突然去世。赐钱二十万，布一百匹，谷物三千斛。”

韦彪清廉节俭，喜欢施舍，把俸禄与赏赐品分给同宗族的人，最终家中也没有节余的钱财。

协

一、字形演变

金文　篆书　隶书　楷书　行书　草书

二、说文解字

《说文解字》:"协,众之同和也。从劦,从十。叶,古文协从曰十。叶,或从口。"

解释:协,众人同声应和,一齐发力。字形采用"劦、十"会义。叶,这是古文写法的"协"字,字形采用"曰、十"会义。叶,这是古文"叶"的异体字,采用"口、十"会义。

三、字源解说

协,甲骨文字形或从"口"或从"力",表示一齐呼喊或一齐发力。甲骨文是指事字,是"叶"的本字,而"叶"是"谐"的本字。在"口"(劳动号子)上加一竖指事符号,表示众人劳动时一齐喊号子,以达到力量的集中爆发。有的甲骨文综合字形"叶"和"劦",强调统一号子与众人发力的关系。

造字本义:动词,众人喊着劳动号子,以一致的节奏使劲。

如《三国志・蜀书・诸葛亮传》:"与豫州协规同力。"意思是和刘备共同合作。由这个本义又可以引申为"和洽",如《左传・僖公二十四年》:"君臣不协。"这是说君臣之间不够和洽。

《说文》在"协"字下还说:"叶,古文协,从十从口。"可见"叶"字是"协"字的古文,所以"叶"亦可读 xié,有"和洽"义,如王充《论衡・齐世》:"叶合万国。"意思是与万邦和洽。由该义又可以引申为"共同"义。

请注意,与"协"同义的"叶"字在古代从不当作"树叶"的"叶"用,一般是用作"叶韵""叶句"等。

四、成语及名言警句

(一) 常用成语

协力同心　凤协鸾和　辑志协力　君子协定　齐心协力　同心协德　同心协济

（二）名言警句

1. 协和万邦。

——《书·尧典》

2. 声律相协而八音生。

——《太玄·数》

3. 纪农协功。

——《国语·周语》

4. 党必须集中精力领导经济建设，组织、协调各方面的力量，同心协力，围绕经济建设开展工作，促进经济社会全面发展。

——《中国共产党章程》

五、廉政故事

兄弟协心，其利断金

一个活泼外向，一个成熟内敛；一个慧眼如炬，一个心思缜密。6 年时间里，袁斌和冉波并肩作战、摸爬滚打，感情胜过亲兄弟。他们性格互补、刚柔并济，被万州公安局周家坝派出所称为视频侦查战线上的"兄弟组合"。

"百日行动"期间，"兄弟组合"在短短 60 天内，协助民警破案 15 起，为人民群众找回物品 22 件，寻回走失人员 7 人，收到群众锦旗 5 面。他们就是周家坝派出所的辅警袁斌和冉波。

"注意，目标出现！"7 月底的一天午夜，蚊蛾肆意飞舞，夏日灼浪仍未退却，已经埋伏在加油站附近草丛边近 4 个小时的袁斌，终于等到对讲机里的呼声。那是十几公里外冉波的声音，此时他正守在派出所指挥室，屏气凝神地盯着屏幕上 4 名男女的一举一动。手机随后响起，嫌疑人的视频截图陆续从后方传至一线。不经意的眼神扫过，袁斌迅速锁定嫌疑人现场特征。"冲！"数分钟后，抓捕小组组长一声令下，袁斌和民警动如闪电，将一出租房内 4 名吸贩毒人员全部抓获。

一个帷幄帐中，一个决胜千里，这是"兄弟组合"搭档破案的经典之作。类似的合作，在他们 6 年的派出所生涯里屡见不鲜，先后协助破获戚某销售假药案、黄某敲诈勒索案等多个大案要案，被多家中央级媒体宣传报道。精确追溯、破解难题没有秘诀，袁斌和冉波说，除了火眼金睛的"慧眼"，奔走不休的"铁脚板"，关键是要有一颗一心为民的"热心肠"。

周家坝辖区一位 80 多岁的老太太，因患有阿尔茨海默病，多次在半夜从家里出走。每每遇到老人家人的报警求助，袁斌和冉波总会在第一时间通过监控寻找，为其提供帮助。"当遇到困难时，幸好有你们。"提起派出所的"兄弟组合"，老太太的儿女赞不绝口。视频侦查工作很苦，眼药水、方便面是工作必备，连续熬更守夜是工作常态。但"拼"的奋斗姿态，更是"兄弟组合"对待工作一如既往的选择。

36 岁的袁斌和 40 岁的冉波，参加公安工作前，一个是电信售后工程师，一个是从事编程的"码农"。2017 年，一场特殊的因缘际会，兄弟俩同时加入公安辅警，成为周家坝派出所的一员。"不管什么岗位、什么身份，干就要干好，干出成绩！"回想起刚到派出所后那段时日，兄弟俩憋着一口气，不甘心只扮演打酱油、跑龙套的角色："要和民警一起破大案、抓坏人！"

2017年底，一起聚众斗殴案因嫌疑人蒙着面无法确认身份，且无其他有效线索，案件一度陷入困境。得知情况的兄弟俩主动请缨，从受害人指认的一个“快手号”入手，接连刷了两天两夜的短视频，硬是从海量关联数据中找出嫌疑人的一个“绰号”，进而协助民警攻破案件。这起案件的破获也让大家见识到这对兄弟俩身上的巨大潜能，“兄弟组合”的大名不胫而走。

如今，经过多年磨合，两人早已是视频侦查岗位中最默契的老搭档，强烈的“化学反应”让他们对工作越发得心应手。两人时常对旁人笑谈：“我跟他每天在一起的时间比陪家人的时间长多了。”他们每天到派出所第一件事，就是看看案件方面有没有需要协助调查的地方。一路走来，转眼已是第七年，“兄弟组合”在派出所都留下了浓墨重彩的一笔，他们的派出所生涯还将继续书写。

兄弟俩说：“既然选择了辅警这份职业，就选择了忠诚与担当。在守护正义的路上，我们无怨无悔！”

谢

一、字形演变

篆书　　隶书　　楷书　　行书　　草书

二、说文解字

《说文解字》:“谢,辞去也。从言,射声。”

解释:谢,辞职离去。字形采用“言”作偏旁,采用“射”作声旁。

三、字源解说

射,既是声旁也是形旁,疑为篆文对“职”的误写,表示责任、任务。谢,古鉩字形为(职,责任)和(言,陈述)构成,表示述职。谢字包含言字、身字和寸字,謝字又是言字和射字组成,言是指人的言语,这里还有指人的行语;身是指人的动作,躬身行礼;寸是指行礼的分寸,礼分两种:言语之礼,和身行之礼。

谢音通卸,阻止和防御,是指某官僚受命于城门,阻止外来者入侵,这叫防御(yù)。卸载,指把肩上担着的担子,从肩上拿下来。

射字是身字和寸字的组合。射,有发射的物,身就是代表发射的物体,寸代表矮小,发射的物器是小形的。寸字篆书像一只手,手心里面有一点,手握一点,手指一屈,指上面的一节指骨就是一寸长。寸喻短小,如寸步难行。寸字在汉字里面的组合,多数代表掌握法度,掌握分寸。

四、成语及名言警句

(一) 常用成语

杯水之谢　闭门谢客　尺波电谢　杜门谢客　负荆谢罪　敬谢不敏

老成凋谢　泥首谢罪　千恩万谢　秦楼谢馆　人事代谢　荏苒代谢

(二) 名言警句

1. 春晚不知桃李谢,岁寒非避雪霜深。　——张咏《竹》

2. 正用此时身得谢,十分寿酒不须辞。　——陆游《致仕后即事十五首·其三》

3. 蜜蜂从花中啜蜜,离开时营营地道谢。浮夸的蝴蝶却相信花是应该向他道谢的。

——泰戈尔

4. 感谢命运，感谢人民，感谢思想，感谢一切我要感谢的人。——鲁迅

五、廉政故事

谢公扶病

谢安(320—385)，字安石，陈郡阳夏(今河南省太康县)人。东晋时期政治家、名士，太常谢裒第三子、镇西将军谢尚堂弟。

谢安出身陈郡谢氏。自少以清谈知名，屡辞辟命，隐居会稽郡山阴县之东山，与王羲之、许询等游山玩水，并教育谢家子弟。后谢氏家族于朝中之人尽数逝去，他才东山再起，历任征西大将军司马、吴兴太守、侍中、吏部尚书、中护军等职。简文帝逝后，谢安与王坦之挫败桓温篡位意图。桓温死后，更与王彪之等共同辅政。在淝水之战中，谢安作为东晋一方的总指挥，以 8 万兵力打败了号称百万的前秦军队，使晋室得以存续。战后因功名太盛而被孝武帝猜忌，被迫前往广陵避祸。太元十年(385)，谢安病逝，享年 66 岁。获赠太傅、庐陵郡公，谥号"文靖"。

谢安 4 岁时，名士桓彝见到他，大为赞赏，说："这孩子风采神态清秀明达，将来不会比王东海(即东晋初年的名士王承)差。"他在童年时，便神态沉着，思维敏捷，风度条畅，工于行书。

谢安少年时，得到名士王濛及宰相王导的器重，已在上层社会中享有较高的声誉。然而谢安并不想凭借出身、名望去猎取高官厚禄。朝廷最初征召谢安入司徒府，授任他佐著作郎之职，都被谢安以有病为借口推辞了。后来，拒绝应召的谢安干脆隐居到会稽郡的东山，与王羲之、许询、支道林等名士、名僧频繁交游，出门便捕鱼打猎，回屋就吟诗作文，就是不愿当官。当时的扬州刺史庾冰仰慕谢安的名声，几次三番地命郡县官吏督促逼迫，谢安不得已，勉强赴召。仅隔一个多月，他又辞职回到了会稽。后来，朝廷又征召他为尚书郎、琅琊王友，谢安一概推辞。吏部尚书范汪举荐谢安为吏部郎，也被他写信拒绝。有关官员上疏认为谢安被朝廷征召，历年不应，应该禁锢终身，谢安便放浪于东部的名胜之地。谢安曾到临安山，坐在石洞里，面对深谷，悠然叹道："此般情致与伯夷有何区别！"又曾与名士孙绰等人泛舟大海，风起浪涌，众人十分惊恐，谢安却吟啸自若。船夫因为谢安高兴，照旧驾船漫游。风浪转大，谢安慢慢说："如此大风我们将如何返回呢?"船夫听从吩咐立即驾船返航。众人无不钦佩谢安宽宏镇定的气度。

谢安高卧东山隐居至 40 余岁，不愿出仕。后来朝廷一再催促，让他出山做官。因为东晋王朝依靠世家大族，失去大族的支持，统治便岌岌可危，而谢氏是当时著名大族。谢安这时才答应出山，担任大将军桓温的司马。碰巧的是，谢安去拜见桓温时，有人送给桓温草药，其中有远志一味。桓温见物起意，问谢安说："这种药又被称为小草，为什么有两种称呼呢?"谢安还没来得及回答，坐在一旁的另一位名士郝隆应声答道："这有什么难的。在山中叫远志，出山就叫小草。"谢安听了郝隆的话，知道郝隆在讥讽自己高卧东山，素而远志，但出山却只当一个小小的司马，不由得脸上露出惭愧之色。后来以"小草远志"指隐居与出仕，或以小草谦指自己居官低微。

后来，孝武帝之弟会稽王司马道子专权，而奸诈谄佞小人乘机煽风点火捏造罪名陷害忠良，谢安被迫出京镇守广陵之步丘，建筑新城避祸。孝武帝在西池为谢安设筵饯行，并敬酒赋诗。

谢安虽受朝廷嘱托，但隐居东山的志趣始终未消失，每每露于形色。及至出镇新城，携带全家前往，制造泛海的船只和装备，打算等到天下大体安定后，从水道回东山。高雅的志愿还未实现，就遭重病缠身。后因以“谢公扶病”谓不能隐居，未遂素志。

晋简文帝逝世后，谢安与王坦之挫败权臣桓温篡位的意图。桓温死后，他便与王彪之等共同辅政。他性情娴雅温和，处事公允明断，不专权树私，不居功自傲，有宰相气度。他治国以儒、道互补，作为高门士族，能顾全大局，以谢氏家族利益服从于晋室利益。淝水之战中，谢安坐镇后方，派子弟谢玄等率领 8 万兵力打败了号称百万的前秦军队，为东晋赢得数十年的和平。

王献之对其评价道：“故太傅臣安少振玄风，道誉泮溢。弱冠遐栖，则契齐箕皓；应运释褐，而王猷允塞。及至载宣威灵，强猾消殄。功勋既融，投韨高让。且服事先帝，眷隆布衣。陛下践阼，阳秋尚富，尽心竭智以辅圣明。考其潜跃始终，事情缱绻，实大晋之俊辅，义笃于曩臣矣。”

新

一、字形演变

甲骨文　金文　篆书　隶书　楷书　行书　草书

二、说文解字

《说文解字》:“新,取木也。从斤,新声。”

解释:新,劈柴,将木头劈成散材。字形采用“斤”作偏旁,“亲”是声旁。

三、字源解说

“新”是“薪”的本字。原来由“辛”“斤”两偏旁组成。“辛”表声;“斤”是斧子。辛,甲骨文由(像刀斧的锋刃)加上(木,原木)组成,表示加刃于木,即用刀斧劈柴。有的甲骨文将“木”形省略成半个“木”的字形“中”,表示“不完整的木”,即一小段木头。当“辛”的“劈柴”动词本义消失后,甲骨文再加“斤”(斧子)另造“新”代替,强调用刀斧劈开原木。有的甲骨文将“辛”字中的“木”简化成“中”。原木的表皮通常灰暗而多褶皱,而劈开后木心所呈现的,却白皙而平滑,并且富于清新宜人的自然气息,因此“新”从“劈柴”的动词本义引申出“开辟性的、前所未有的”形容词含义。金文将甲骨文字形中的“辛”写成,将甲骨文字形中的“斤”写成。篆文将金文字形中的“辛”写成“亲”,将金文字形中的“斤”写成。马王堆汉墓帛书《十大经》:“百姓斩木艾(刈)新而各取富焉。”本义是动词,用锋利的刀斧将原木劈成两半,备作柴薪。

“新”字的本义就是“柴火”,可是后来因为被借为“新旧”之“新”用了,所以当“柴火”讲时就加上个“草字头”作为义符,变成了上形下声的形声字“薪”了,如《礼记·月令》:“收秩薪柴。”在《南史·陶渊明传》中有“助汝薪水之劳”的话,这里的“薪水”是指“打柴挑水”,这就是“薪水”的本义。“薪”与“水”是生活的必需品,所以到了后世,“薪水”就引申为“俸禄”,今天指“工资”。

四、成语及名言警句

（一）常用成语

拔新领异　白头如新　白头如新，倾盖如故　白首如新

背故向新　避俗趋新　标新取异

（二）名言警句

1. 思远而忘近，背故而向新。 ——王符《潜夫论》

2. 新沐者必弹冠，新浴者必振衣，安能以身之察察，受物之汶汶者乎？

——屈原《楚辞·渔父》

3. 温故而知新，可以为师矣。 ——孔子《论语·为政》

4. 要着力推进党的创新理论体系化学理化。推进理论的体系化学理化，是理论创新的内在要求和重要途径。

——《开辟马克思主义中国化时代化新境界》，《人民日报》2023年10月16日

五、廉政故事

新沐弹冠

屈原是中国历史上一位伟大的爱国诗人，中国浪漫主义文学的奠基人，"楚辞"的创立者和代表作家，开辟了"香草美人"的传统，被誉为"楚辞之祖"，楚国有名的辞赋家宋玉、唐勒、景差都受到屈原的影响。他为人清廉、志虑忠纯，最终以身殉国，成了高尚的代名词。

屈原名平，与楚国的王族同姓。他曾担任楚怀王的左徒，见闻广博，记忆力很强，通晓治理国家的道理，熟习外交应对辞令。对内与怀王谋划商议国事，发号施令；对外接待宾客，应酬诸侯。怀王很信任他。但屈原之才被上官大夫所嫉妒。怀王让屈原制订法令，屈原起草尚未定稿，上官大夫见了想要更改它，屈原不同意，他就在怀王面前谗毁屈原说："众所周知，大王叫屈原制订法令。但是，每一项法令发出，屈原就夸耀自己的功劳说：除了我，没有人能做的。"怀王很生气，从而就疏远了屈原。

屈原痛心怀王被谗言和谄媚之辞蒙蔽了聪明才智，让邪恶的小人危害公正的人，所以忧愁苦闷，写下了《离骚》。屈原被罢免后，秦国准备攻打齐国，齐国和楚国结成合纵联盟互相亲善。秦惠王派张仪离间齐楚，并谎以六百里的土地相赠换取和平。楚怀王起了贪心，信任了张仪，和齐国绝交，然后派使者到秦国接受土地。但是张仪抵赖说："我和楚王约定的只是六里，没有听说过六百里。"怀王发怒，大规模出动军队去讨伐秦国。秦国发兵反击，在丹水和淅水一带大破楚军，楚国伤亡了8万人，并且大将屈匄被俘，汉中一带陷入秦国之手。

后来，怀王的长子顷襄王即位，任用他的弟弟子兰为令尹。楚国人都抱怨子兰，因为他劝怀

王入秦而最终未能回来。屈原也为此怨恨子兰，虽然流放在外，仍然眷恋着楚国，心里挂念着怀王，念念不忘返回朝廷。他希望国君总有一天醒悟，世俗总有一天改变。令尹子兰得知屈原怨恨他，非常愤怒，让上官大夫在顷襄王面前说屈原的坏话。顷襄王发怒，放逐了屈原。

屈原到了江滨，披散头发，在水泽边一面走一面吟咏着，脸色憔悴，身体干瘦。渔父看见他，便问道："您不是三闾大夫吗？为什么来到这儿？"屈原说："整个世界都是混浊的，只有我一人清白；众人都沉醉，只有我一人清醒。因此被放逐。"渔父说："圣人，不受外界事物的束缚，而能够随着世俗变化。整个世界都混浊，为什么不随大流而且推波助澜呢？众人都沉醉，为什么不吃点酒糟，喝点薄酒？为什么要怀抱美玉一般的品质，却使自己被放逐呢？"屈原说："我听说，刚洗过头的一定要弹去帽上的灰沙，刚洗过澡的一定要抖掉衣上的尘土。谁能让自己清白的身躯，蒙受外物的污染呢？宁可投入长流的大江而葬身于江鱼的腹中，又哪能使自己高洁的品质，去蒙受世俗的尘垢呢？"于是他写了《怀沙赋》，抱着石头，自投汨罗江而死。

屈原死了以后，楚国一天天削弱，几十年后，终于被秦国灭掉。屈原的正直、廉洁被世人所赞颂，后以新沐弹冠比喻人要洁身自好。

心

一、字形演变

甲骨文　金文　篆书　隶书　楷书　行书　草书

二、说文解字

《说文解字》："心，人心，土藏，在身之中。象形。博士说以为火藏。凡心之属皆从心。"

解释：心，人的心脏，是属于土性的脏器，藏在身躯的中央位置。字形像泵血器官的形状。也有博学之士说，心是属火的脏器。所有与心相关的字，都采用"心"作偏旁。

三、字源解说

心，甲骨文是象形字，字形像包形的内脏器官。

造字本义：心脏。又可以引申为"心思"或"心意"，如《诗经·小雅·巧言》："他人有心，予忖度之。"古人认为心脏是在人的胸部的中间，所以又可以引申为中心、中央之义，如李白所说的："流水折江心。"(《送麴十少府》)这个"折江心"就是弯曲于江流之中央。"心眼"一词，一般是指心底、内心，如《老残游记》第十四回："昨日我看见老哥，我从心眼里喜欢出来。"这个词我们现在还在用，如说某某人心眼好。可是古代的"心眼"一词往往是指"见识"，或"眼力"，如"心眼高妙"就是指很有见识。

四、成语及名言警句

(一) 常用成语

安安心心　安心乐业　安心乐意　安心定志　安心恬荡　安心立命　安心落意
暗室亏心　暗室欺心　暗室私心　熬心费力　白发丹心　白水盟心　白水鉴心

(二) 名言警句

1. 路遥知马力，日久见人心。——王昌龄《寄欢州》

2. 智者嘴在心里，愚者心在嘴里。——谚语

3. 不怕百事不利，就怕灰心丧气。——谚语

4. 中国共产党是中国工人阶级的先锋队，同时是中国人民和中华民族的先锋队，是中国特色社会主义事业的领导核心，代表中国先进生产力的发展要求，代表中国先进文化的前进方向，代表中国最广大人民的根本利益。党的最高理想和最终目标是实现共产主义。

——《中国共产党章程》

五、廉政故事

万众一心

朱儁(？—195)，字公伟。会稽郡上虞县(今浙江绍兴上虞区)人，东汉末年名将。朱儁出身寒门，赡养母亲，以好义轻财闻名，受乡里敬重，后被太守徐珪举为孝廉，任兰陵令，颇有治绩。光和七年(184)，黄巾起义爆发，朱儁以右中郎将、持节平定三郡之地，以功进封西乡侯，迁镇贼中郎将，又率军讨平黄巾，“威声满天下”。

黄巾起义爆发后，朝中公卿都推荐朱儁，说他有才略。于是，朝廷任命他为右中郎将，持节，与皇甫嵩共同出征。朱儁先与黄巾军波才部作战，失败。皇甫嵩退守长社(今河南省长葛县东北)。波才率大兵包围城。当时，城中兵少，众寡悬殊，军中震恐。皇甫嵩安慰部下，并打算使用火计。天遂人愿，当晚大风骤起。皇甫嵩命令将士扎好火把登上城墙，先派精锐潜出围外，纵火大呼，然后城上点燃火把，与之呼应。皇甫嵩借此声势，鸣鼓冲出。黄巾义军缺乏战斗经验，惊慌散乱，被迫后撤。这时，曹操也奉命赶来，于是皇甫嵩、曹操、朱儁合兵，乘胜追击。黄巾义军顽强抵抗，被斩杀数万人。接着，皇甫嵩又和朱儁一起乘胜镇压汝南、陈国地区的黄巾军，并追击波才、进攻彭脱，连连取胜，平定了三郡之地。皇甫嵩上表朝廷，推功于朱儁，朱儁被封为西乡侯，迁镇贼中郎将。当时南阳郡黄巾首领张曼成起兵，自称“神上使”，拥众数万，杀郡守褚贡，屯驻宛城(今河南南阳)百余日。继任太守秦颉击斩张曼成。黄巾余兵又举赵弘为帅，人越来越多，达到十几万人。朱儁兵少不敌，于是解散城围，扎下营垒，筑造土山，面对城内，鸣鼓呐喊，摆出进攻城西南的态势。黄巾军全都赶赴应敌。朱儁却自率精兵五千，进攻东北，将士鼓勇，登城而入，韩忠退守小城，惊惧非常，请求投降。朱儁的司马张超及徐璆、秦颉皆欲听之。朱儁不同意，他说：“出兵有形同而实异的地方。当初在秦末的时候，人民没有稳定的君主，所以以赏附来劝降。现在海内一统，只有黄巾造反，纳降他们不能使人向善，讨伐他们足以惩恶。现在如果接受他们的投降，那就滋长他们造反的意念，给他们有利就进战，不利就乞降的想法，这是纵敌长寇的策略，不是良计。”说完，下令急攻，但一连数日，都未能攻克。朱儁登上土山，了望黄巾营垒，然后对张超说道：“我知道了！贼人的外围坚固，内营逼急，求降不得，想出也出来不得，所以他们殊死战斗。万众一心，尚且不可当，何况是十万呢！强攻的害处太大了。不如把包围撤除，集合部队进城。韩忠看见包围已经解除了，一定会自己出来，等他们出来，兵心就散了，这是易于攻破的方法啊。”于是下令解围。韩忠见围解，果然引军出战，朱儁乘势进击，大破其军，追击十余里，斩杀一万余人。韩忠等人只好投降。秦颉杀死韩忠，黄巾余众不能自安，又以孙夏为帅，还驻宛城。朱儁进攻，孙夏败走，朱儁纵兵击杀上万人。黄巾因此四散流离。中平二年(185)春天，朝廷任命朱儁为右车骑将军。朱儁率兵回京，被任命为光禄大夫，增加食邑五千户，改封钱塘侯，加位特进，后来因为母亲丧离职。服毕起家，任将作大匠，转任少府、太仆。

李贽曾评价他：呜呼，皇甫义真之不死于辈卓之手者，幸也；若朱儁者，不赴陶谦等倡议之招，而赴傕、汜，卒为汜所留，而死于郭汜之手。噫，何以异哉！

信

一、字形演变

金文　　篆书　　隶书　　楷书　　行书

二、说文解字

《说文解字》:“信,诚也。从人,从言。”

解释:信,诚实不欺。字形采用“人、言”会义,是会义字。

三、字源解说

“信”是“訫”的异体字。心,既是声旁也是形旁,表示内心、真情。信,金文由(言,说话)加上(心,内心真情)组成,表示说真心话(是“心”的竖写)。金文异体字用“千”(数量巨大)代替“心”,表示用千言万语保证自己所说话语的真实可靠。有的金文异体字“们”用“人”代替“千”,用“口”代替“言”。篆文综合两款金文字形,将金文字形中的“人”写成,将金文字形中的“言”写成。

造字本义:动词,许诺,发誓。“信”字是战国时代使用频率极高的一个字,地域差别很大,六国文字各有特点。信本义为诚实,不欺。

四、成语及名言警句

(一)常用成语

善男信女　信口开河　半信半疑　深信不疑　将信将疑　疑信参半　去食存信

言而有信　难以置信　言信行果　风信年华　尾生之信　威信扫地　鱼书雁信

(二)名言警句

1. 言不信者,行不果。 ——《墨子·修身》

2. 人而无信,不知其可也。大车无輗,小车无軏,其何以行之哉? ——孔子

3. 信犹五行之土,无定位,无成名,而水金木无不待是以生者。 ——朱熹

4. 要加强科研学风作风建设，坚持科学监督与诚信教育相结合，纵深推进科研作风学风治理，引导科技人员摒弃浮夸、祛除浮躁，坐住坐稳“冷板凳”。

——《加强基础研究实现高水平科技自立自强》，《求是》杂志 2023 年第 15 期

五、廉政故事

信不由衷

春秋时期，简称春秋，指公元前 770 年到公元前 476 年，是属于东周的一个时期。春秋时代周王势力减弱，诸侯群雄纷争，齐桓公、晋文公、宋襄公、秦穆公、楚庄王相继称霸，史称春秋五霸。但在五霸前还有一位国君因大大衰减了周天子的地位而在春秋时期十分出名。

郑庄公（公元前 757—公元前 701），姬姓，郑氏，名寤生，周代郑国第三位国君，春秋初期政治家。郑武公二十七年（公元前 744），郑武公病逝，太子寤生继承君位。郑庄公二十二年（公元前 722），郑庄公平定胞弟叔段的叛乱，消弭了国家内患。之后十余年间，郑国与宋国、卫国等国之间互有征伐。郑庄公三十七年（公元前 707），周桓王率军攻打郑国，郑庄公领兵与之战于繻葛，成功自保的同时使周天子威信扫地，史称“繻葛之战”。郑庄公四十三年（公元前 701）五月七日，郑庄公去世，享年 57 岁，谥号为“庄”，故史称“郑庄公”。在执政期间，政治上，郑庄公攘外安内，使得郑国出现了比较稳定的局面；经济上，郑庄公重农兴商，积极发展商品经济，不断增强国家的经济实力；外交上，郑庄公借助外力清除了郑国前进道路上的障碍，最终使郑国称“小霸”于诸侯。

自春秋起始的东周，从平王东迁立国，就天下大乱，礼崩乐坏，连姬姓的宗室诸侯也不再忠心辅佐。天子和诸侯的信用，要用交换人质来作保证，成为笑谈。郑庄公不循礼法开了先例，王纲已堕。而后，周王室与执政大臣郑伯发生信任危机，郑国是西周末至战国初重要诸侯国之一，郑桓公曾经是周朝朝廷的司徒，郑武公也在周平王时出任卿士。郑庄公继承父亲为郑国国君时，也承袭了父亲在朝廷的卿士职位。后来，周平王宠信虢公忌父，有意擢升虢公、分享郑庄公的权力。郑庄公派遣郑卿祭足率领郑军在四月收割了东周王畿内温地的麦，又于当年秋天再率领郑军收割了东周王畿内成周的禾，周郑关系因此进一步恶化。周郑互相怀恨，关系急遽恶化。日渐衰微的周王室为了防止郑庄公独揽朝政，就想分政给另一个姬姓国国君虢公，以保持政权的平衡。然而，郑庄公不买周平王的账，对周平王准备采取的这一举措怨恨不已。为了达成妥协，作为天子的周平王和作为诸侯国国君的郑庄公，居然采用了进入春秋时代以后各诸侯国间普遍采用的一种外交手段，即交换质子。于是周王、郑国交换人质证明互信：周平王的儿子狐在郑国做人质，郑庄公的儿子忽在周王室做人质。而这一手段并没有奏效。

周平王死后，周王室准备让虢公掌政。四月，郑国的祭足率军队收割了温邑的麦子。秋季，又收割了成周的稻谷。周和郑互相仇恨。

左丘明讲到，信用不发自心中，盟约抵押也没用。开诚布公互相谅解地行事，用礼教约束，即使没有抵押，谁能离间他们呢？假如有真诚的信用，山涧溪流中的浮萍，蕨类水藻这样的菜，装在竹筐铁锅一类的器物里，用低洼处沟渠中的水，都可以供奉鬼神，献给王公为食，何况君子缔结两国的盟约，按礼去做，又哪里用得着人质啊？《国风》中有《采蘩》《采蘋》，《大雅》中有《行苇》《泂酌》诗，都是昭示忠信的。

羞

一、字形演变

甲骨文　金文　篆书　隶书　楷书　行书　草书

二、说文解字

《说文解字》:“羞,进献也。从羊,羊,所进也;从丑,丑亦声。”

解释:羞,进献。字形采用“羊”作偏旁,羊,所进献的贡品;字形也用“丑”作偏旁,“丑”同时也是声旁。

三、字源解说

羞,甲骨文为(羊,头上长角、温顺吉祥的食草动物)加上(又,抓),像一个人手持羊头的样子。羊的性情温顺平和,象征吉祥,常用于祭祀和招待贵宾。由于“羞”所进献敬奉的是可以食用的熟食,所以,造字本义是“美味佳肴”的名词意思,古代把应时珍美新物献给国君,称“俶献”。羞膳(味美的食物)、羞味(美味)、羞服(饮食和衣服)、羞炰(烤熟的肉食)、羞鼎(盛有食物的鼎)等词语中的“羞”都是美味食品的意思,这种意义的“羞”后世又增加了“食”旁以帮助表意,这就是今天通用的“馐”字。

由于“进献敬奉”含有谦恭礼敬的意思,便可以引申出“谦恭惭愧”的形容词意思。形容词义的“羞”又可活用作动词,还可以带宾语,有“使难为情”的意思,例如,今天所说的“羞人”“你别羞我”等。

四、成语及名言警句

(一)常用成语

羞愧满面　羞愧难当　羞羞答答　含羞忍耻　恼羞成怒

知羞识廉　闭月羞花　囊中羞涩　含垢包羞

(二)名言警句

1. 可荐于鬼神,可羞于王公。　——《左传》

2. 燕与羞,俶献无常数。　——《仪礼》

3. 无羞恶之心,非人也。　——《孟子·公孙丑》

4. 吾羞,不忍为之下。——《史记·廉颇蔺相如列传》

5. 杀身无益,适足增羞。——汉·李陵《答苏武书》

6. 要不断深化理论研究阐释,重点研究阐释我们党提出的新理念新论断中原理性理论成果,把握相互的内在联系,教育引导全党全国更好学习把握新时代中国特色社会主义思想的理论体系。

——《开辟马克思主义中国化时代化新境界》,《人民日报》2023年10月16日

五、廉政故事

知羞识廉

在革命战争年代,彭老总在一次党支部生活会上说:“我彭德怀参加共产党,党给我唯一的‘特权’,就是带头吃苦。”他是这样说的,也是这样做的,而且身体力行,率先垂范,终生无悔。

1940年4月,朱老总根据中央决定返回延安,八路军前线总部只留下彭总和左权副参谋长,彭总肩上的担子更重了。夏季的一天,彭总翻山越岭到黄山洞水腰兵工厂视察,总务科的同志知道彭总胃不好,不让他吃小米,就做了些面条,还炒了鸡蛋、豆腐、土豆、白菜,凑成四个菜。彭总问:“工人吃的和我们一样吗?”程明升厂长回答:“差不多。”彭总二话没说,背起手就出门了。他来到工人吃饭的地方一看,是小米饭炒白菜,回来问程厂长:“这是谁让做的?”程厂长说:“您有胃病,为您做面条是经伙食委员会研究决定的。”彭总的表情更加严肃起来:“我有胃病你们知道,难道工人中就没有得胃病的吗? 你们知道吗? 给我打小米饭来,不吃面条。”程厂长知道犟不过彭总,只好把面条给了伤病员。

彭总结束朝鲜战争回国后,一直住在中南海永福堂,房间颇为拥挤,因为地方不大,有时人来多了还坐不下。后来,组织上在北海后面给他找了一座房子,那楼房间又多又漂亮,环境也很幽静。一天,彭总在警卫参谋景希珍的劝说下也去看了房子,他一回来小景就问他房子怎么样,什么时候搬家,彭总摆摆手说:“不行,楼房是很漂亮,咱们住不了那么高级的房子,让外宾住比较合适,我们住在这里就可以了。”听彭总这么一讲,小景心凉了半截,继续劝说彭总搬家,他说:“首长,我看还是搬好,有个好环境,对工作也有利嘛。再说,您的身体也不太好……”没等他说完,彭总就把他批评了一通:“你这个人呀,光想自己住好房子,为什么不想想老百姓呢? 咱们国家解放好几年了,有些地方连吃饭的问题还解决不了,我搬进那么高级的楼房里,能睡得着觉吗?”彭总见小景有些不高兴,马上换了口气说:“小景,工作的时候要挑重担,要多做工作;生活上要少为自己打算,住房要住少的,这就叫吃苦在先,享乐在后。你想想看,我是国家领导人之一,如果我的住房太特殊了,别人就会向我看齐。群众要骂娘的。你们看,北京市的居民住的是什么房子,一个小院里挤着好几户人家。我们需要的是努力工作,发展国民经济,不断改善人民的生活,希望不久的将来,把广大群众、普通干部的住房解决好。”

“为政以德,譬如北辰,居其所而众星共之。”彭总知羞识廉、与群众同甘共苦的作风为我们树立了典范。自律是一种风格,一种情操,一种修养。我们每一个共产党员都应向老一辈无产阶级革命家学习,常修为政之德,常思贪欲之害,常怀律己之心,始终与群众同甘共苦,永葆共产党人和人民公仆的本色。

严

一、字形演变

金文　篆书　隶书　楷书　行书　草书

二、说文解字

《说文解字》："严，教命急也。"

解释：严，教训、命令，督促紧急。

三、字源解说

岩，既是声旁也是形旁，表示坚硬、难以改变。嚴，金文由（的变形，即"岩"的变形，坚硬不变）加上（帚，体罚用的竹丝、竹鞭）和（又，抓持）以及（口，训诉）组成，表示为苛硬的标准而体罚训斥。有的金文将"岩"写成。有的金文将"岩"写成。篆文将金文字形中的"岩"写成，并将金文字形中的写成，强调肉体（月）体罚（殳，持械打击）的含义，"帚"形消失。

造字本义：动词，体罚、训斥，用苛刻的硬标准要求。

嚴，口字代表说话，一个口代表说者，一个口代表听者。厂（廠）字是代表敞开的意思；敢（gǎn）字是丁字、耳字和攵（pū）字组成；丁字在耳字上面，丁字解释为塞子，就是把耳朵给塞住的意思，耳朵被塞住了，外面的声音就听不见了。

四、成语及名言警句

（一）常用成语

壁垒森严　冰雪严寒　不恶而严　词严义密　词严义正　辞严气正　刁斗森严
风仪严峻　父严子孝　公正严明　戒备森严　谨重严毅　峻法严刑　宽严得体
门禁森严　森严壁垒　赏罚严明

（二）名言警句

1. 故罚薄不为慈，诛严不为戾，称俗而行也。　　——《韩非子·五蠹》

2. 一生傲岸苦不谐，恩疏媒劳志多乖。严陵高揖汉天子，何必长剑拄颐事玉阶。

——李白《答王十二寒夜独酌有怀》

3. 严以律己，宽以字人。

——汪琬《送张牖如之任南宁序》

4. 严禁上级主管部门干预下级机构设置和编制配备，严禁突击提拔干部，严肃财经纪律，坚决防止国有资产流失。要加强监督和执纪问责，严肃查处机构改革工作中的违纪违规问题，严肃追究相关人员责任。

——《深化党和国家机构改革推进国家治理体系和治理能力现代化》(2023 年 7 月 15 日)，《求是》杂志 2023 年第 14 期

五、廉政故事

严气正性

孔融，字文举，鲁国人，孔子二十世孙。七世祖孔霸，为汉元帝师，官至侍中。父亲孔宙，太山都尉。孔融小时候就有特异的才能。10 岁，跟父亲至京师，当时河南尹李膺自守简慢严整，不随便接见士大夫及宾客，告诉门者，不是当代名人及世代有交谊之家都不得告知。孔融想看看李膺是怎样一个人，有意去李膺家敲门，对门者说："我是李君通家子弟。"守门的人告诉李膺，李膺请孔融相见，问道："高明祖父曾经与我有交情吗？"孔融说："是的。先人孔子与您先人李老君同德同义，又为师友关系。那么，我孔融与您为累世通家。"在座的人，无不为之赞叹。太中大夫陈炜后到，在座的人把这告诉了陈炜。陈炜说："噢，人小的时候聪明，长大了未必有大用。"孔融接着他的话说："照您这么说，莫非您小时也挺聪明的吗？"李膺大笑说："你将来一定会大有出息的。"

东汉建安元年(196)，袁谭攻击了北海，自春至夏，战士仅仅剩下几百人，流矢像雨一样射来，城内已经短兵相接。孔融凭几读书，谈笑自若。晚上城陷，逃奔山东，妻子被袁谭所掳。到了献帝以许昌为都，征召孔融为将作大匠，升少府。每朝会皇上访问诏对，孔融常引正定议，公卿大夫都不过挂个名而已。当时的舆论大都想恢复肉刑。孔融建议说："古时候的人浑厚朴实，善恶不别，官吏正直，刑法清明，政治没有错误。老百姓有罪，都是自己的责任。末世衰微，风气教化坏乱，政治搅乱了风俗，国家的法律害了人民。所以说君主失为君主的道，老百姓就涣散不服，而想用古时候的刑法残废他们的肢体，这不是除恶长善的办法。"

之后几年饥荒战争频繁，曹操上表认为应禁酒，使粮食用来补充兵用。孔融多次上书与其据理力争，言辞傲慢大多有侮辱之意。孔融看到曹操奸雄诡诈，已渐渐显露，越发不能忍受，所以说话偏激，常常触犯了曹操。他又曾经上奏认为应当遵照古时京师的体制，千里以内，不得封建诸侯。曹操听他谈论的越来越广，更加害怕他，然而，因为孔融名重天下，表面上装着容忍，暗

中却嫉妒他正确的议论，怕阻抗自己的大业。山阳人郗虑揣摩曹操的心事，以蔑视国法为由奏免孔融。曹操积满了一肚子的猜疑忌妒，加上郗虑的诬陷，于是指使丞相军谋祭酒路粹编织罪名诬陷。孔融终在建安十三年(208)因触怒丞相曹操而被杀。

《后汉书》中评论孔融：从前谏大夫郑昌有句话说："山有猛兽，藜藿也没有人敢采。"所以孔父正色立朝，没有人过而致难于其君，晏平仲在朝中，田成子不敢弑齐君而盗其国。至于孔文举的高洁志行与坦率情怀，它完全可以鼓动义气而抵触奸雄之心。所以曹操在世，不敢篡汉，代汉而兴的却是曹丕。严气正性，不过倾覆摧折而已。难道可以委曲求全以贪生吗？严严整整、明光洁白，孔融的品质可与白玉秋霜相比啊！

扬

一、字形演变

金文　篆书　隶书　楷书　行书　草书

二、说文解字

《说文解字》:“扬,飞举也。从手,昜声。”

解释:扬,高举使之飘荡。字形采用“手”作偏旁,采用“昜”作声旁。

三、字源解说

昜,既是声旁也是形旁,是“陽”的本字,表示阳光照耀。揚,金文由(“昜”的简写,“昜”是“陽”的本字,阳光照耀)加上(丮,是“执”的本字,持举),表示高举在日光下,即公开、高调地展示。简体金文省去“止”。有的简体金文将“昜”省略成“日”。篆文将金文字形中的“丮”写成“手”,将金文字形中的“昜”写成。

造字本义:动词,高举物品,得意展示,高调彰显。

四、成语及名言警句

(一) 常用成语

跋扈飞扬　蔽美扬恶　播土扬尘　簸土扬沙　簸扬糠秕　阐扬光大

畅叫扬疾　丑事外扬　臭名远扬　出丑扬疾　挫骨扬灰　蹈厉发扬

东扬西荡　东海扬尘　斗志昂扬　斗捎箕扬　顿挫抑扬　遏恶扬善

(二) 名言警句

1. 扬文欲其明。 ——柳宗元《柳河东集》

2. 有民魂是值得宝贵的,惟有他发扬起来,中国才有真进步。 ——鲁迅

3. 云雾会兮日冥晦,飘风起兮扬尘埃。 ——楚辞《九思》

4. 维护国家安全和社会稳定,守护人民的幸福和安宁,是人民警察的神圣职责。你们的父辈勇于担当作为,甘于牺牲奉献,他们的精神永远值得铭记和发扬。

——《以英雄的父辈为榜样矢志不渝做党和人民的忠诚卫士》,《人民日报》2023年9月30日

五、廉政故事

王珪：激浊扬清

王珪，字叔玠。性情沉静恬淡，为人正直，安于所遇，与人交往不苟且附和。当时太宗任命他为谏议大夫。建成为皇太子，授予王珪中舍人的官职，不久升迁任中允，礼遇很优厚。太子与秦王有隔阂，皇帝责备王珪不能辅助教导，把他流放嶲州。李建成被杀后，太宗召见他担任谏议大夫。李世民曾经说："正直的君主能够驾驭奸邪的臣子，不可以达到天下大治；正直的臣子侍奉奸邪的君主，也不可以达到天下大治。只有君臣同心同德，那么国家就会安定。我虽不是贤明之君，但幸而有各大臣常加规劝及纠正我的过失，但愿这样可以使天下太平吧。"王珪进言说："古时天子有谏诤之臣七人，都因谏言不被采用，而相继死亡。现在陛下发扬你的美德，采纳像我们这样的草野之人的意见，我愿竭尽愚钝之力，效力辅佐陛下。"王珪推诚尽忠，进荐善言，太宗更加信任他。

一天，王珪晋见，看见有一美人在皇上身边侍候。太宗指着她说："庐江王不行道义，杀了她的丈夫而纳她为妾，怎么会不灭亡呢?"王珪离开座位回答说："陛下认为庐江王做得对还是不对呢?"皇上说："杀了人却纳那人之妻，竟然还问我是对还是错，为什么呢?"王珪回答说："我听说齐桓公到郭国，问老百姓：'郭公为什么灭亡?'老百姓回答说：'因为他能分清什么是善什么是恶。'齐桓公说：'如像你们这么说，他就是一个明君了，可为什么会到了灭亡的地步呢?'老百姓说：'不是这样的，郭君知道是好的意见却不采纳，知道是错的事情却不停止做，所以灭亡。'如今陛下知道庐江王灭亡的原因，他的美姬还在你的身边，我看陛下认为这样做是对的。知道那是错的事情(但还要继续做)，这就是所谓知道不对的却不停止去做啊。"太宗十分欣赏他说的话。

太宗派太常少卿祖孝孙用乐律教授宫中的乐人，因这些乐人的技能没有长进，孝孙多次被皇上责怪。王珪与温彦博共同进言说："孝孙是恭谨之士，陛下让他来教女乐，又责备他，国人岂不认为皇上太轻视士人了吗?"太宗十分愤怒地说："你们这些人都是我心腹之臣，竟然附顺下人欺瞒我，替人游说说情吗?"温彦博惧怕，谢罪，但王珪不谢罪，他说："我本来侍奉前皇太子，罪当受死，陛下您怜惜我的性命，任用我，让我担任重要的职务，并要求我忠诚效力。现在陛下因私心而怀疑我，这是陛下对不起我，我没有辜负陛下。"皇上默不作声，感到惭愧，于是就不再追究了。第二天，皇帝告诉房玄龄说："过去武王不任用伯夷、叔齐，宣王杀杜伯，自古帝王纳谏本来就很难。我夙兴夜寐同前代的圣人差不多，昨天责备王珪等人，痛心自悔，你们不要因为这个而不进谏言了!"

当时，王珪与玄龄等一同辅佐朝政。太宗对王珪说："你给我评评玄龄等人的才干，并且说说，你与这些人相比谁更贤能?"王珪回答："勤恳奉公为国，朝中事情没有不关心处理的，我不如玄龄；文才武略，将相之才兼备，我不如李靖；上奏详尽明了，思虑恰当，我不如温彦博；治理繁重事务，事事必办妥，我不如戴胄；把谏诤作为自己的职责，以国君不及尧舜为耻辱，我不如魏徵。至于激浊扬清、疾恨邪恶喜好善美，我和他们相比有一点点长处。"太宗称好。王珪激浊扬清，能够尽自己的本职，实为典范。

仰

一、字形演变

篆书　隶书　楷书　行书　草书

二、说文解字

《说文解字》:“仰,举也。从人,从卬。”

解释:仰,举头向上看。字形采用“人、卬”会义。

三、字源解说

“卬”是“仰”的本字。卬,金文由(头朝下俯视的人)加上(头朝上的仰视人),表示高者与矮者相见,高者低头,矮者仰头。有的篆文将头朝下俯视的人写成“匕”,为对比“仰视”的“俯视”形象消失。当“卬”作为单纯字件后,篆文再加“人”另造“仰”代替,表示一个较矮的人抬头向上望着一个较高的人。

造字本义:动词,位低者抬头看位高者。

四、成语及名言警句

(一) 常用成语

沉浮俯仰　垂拱仰成　俯仰一世　俯仰之间　俯仰于人　俯仰唯唯　俯仰异观
俯仰无愧　俯仰由人　俯仰随俗　高山仰止　久仰山斗　鳞集仰流

(二) 名言警句

1. 抬头仰望星空,而不是脚下　——霍金

2. 我们都生活在阴沟里,但仍有人仰望星空。　——王尔德

3. 一个民族有一群仰望星空的人,他们才有希望。　——黑格尔

4. 仰之弥高,钻之弥坚。　——《论语·子罕》

5. 希望受到表彰的同志珍惜荣誉、再接再厉,用坚定的信仰、信念、信心影响更多的人。各级党委和政府要关心、关怀、关爱英雄模范,推动全社会敬仰英雄、学习英雄,用实际行动为实现“两个一百年”奋斗目标、实现中华民族伟大复兴的中国梦贡献力量。

——习近平总书记在出席庆祝中华人民共和国成立70周年系列活动时的讲话,《求是》杂志2020年第19期

五、廉政故事

仰之弥高

颜回是孔子最得意的弟子，极富学问。《论语·雍也》说他“一箪食，一瓢饮，在陋巷，人不堪其忧，回也不改其乐”。为人谦逊好学，“不迁怒，不贰过”。孔子称赞他“贤哉，回也”，“回也，其心三月不违仁”（《雍也》）。不幸早死。

颜回素以德行著称，严格按照孔子关于“仁”“礼”的要求，“敏于事而慎于言”，故孔子常称赞颜回具有君子四德，即强于行义，弱于受谏，怵于待禄，慎于治身。他终生所向往的就是出现一个“君臣一心，上下和睦，丰衣足食，老少康健，四方咸服，天下安宁”的无战争、无饥饿的理想社会。

颜回“年十三，入孔子之门”时，孔子聚徒讲学已达13年之久，其声望远播于各诸侯国，其弟子子路、孟懿子、南宫敬叔等在鲁国已小有名气。颜回刚入孔门时，在弟子中年龄最小，性格又内向，沉默寡言，才智较少外露，有人便觉得他有些愚。有一次颜回随子路去洙水洗澡，见五色鸟在河中戏水，便问子路是什么鸟。子路回答说：这叫荧荧鸟。过了些日子，颜回与子路又去泗水洗澡，又在河中碰见五色鸟，颜回再次问子路：您认得这鸟吗？子路又答曰：这是同同鸟。颜回反问：为什么一种鸟有两个名字呢？子路说：就像我们这里出产的鲁绢一样，用清水漂洗就是帛，用颜色染就是皂，一种鸟两个名字不是很自然吗？

颜回聪敏过人，虚心好学，使他较早地体认到孔子学说的精深博大，他对孔子的尊敬已超出一般弟子的尊师之情。他以尊崇千古圣哲之情尊崇孔子，其亲若父与子。《论语·子罕》曰：“颜渊喟然叹曰：‘仰之弥高，钻之弥坚。瞻之在前，忽焉在后。夫子循循然善诱人，博我以文，约我以礼，欲罢不能。既竭吾才，如有所立卓尔。虽欲从之，末由也已。’”其大意是：颜回曾感叹地说：老师的道，越抬头看，越觉得它高明，越用力钻研，越觉得它深奥。看着它似乎在前面，等我们向前面寻找时，它又忽然出现在后面。老师的道虽然这样高深和不易捉摸，可是老师善于有步骤地诱导我们，用各种文献知识来丰富我们，提高我们，又用一定的礼来约束我们，使我们想停止学习都不可能。我已经用尽我的才力，似乎已能够独立工作。要想再向前迈一步，又不知怎样着手了。所以在少正卯与孔子争夺弟子时，使“孔子之门三盈三虚”，唯有颜回未离孔门半步，因而后人评价说：“颜渊独知孔子圣也。”

颜回的一生，大多为追随孔子奔走于六国，归鲁后亦未入仕，而是穷居陋巷。他生活于天下大乱、礼崩乐坏的社会，儒家的仁义之志、王者之政常被斥为愚儒、讥为矫饰，“世以混浊莫能用”（《史记·儒林列传》）的社会环境中，但丝毫不愿改其志。

仪

一、字形演变

金文　　篆书　　隶书　　楷书　　行书　　草书

二、说文解字

《说文解字》:“仪,度也。从人,义声。”

解释:仪,法度。字形采用“人”作偏旁,采用“義”作声旁。

三、字源解说

“義(义)”是“儀(仪)”的本字。義,甲骨文为(羊,祥,吉兆)加上(我,武器,借代战争),表示吉兆之战。“儀”,是会意兼形声字。“儀”的本字是“義”。甲骨文、金文的“義”字,上部是一个“羊”字(吉祥之兆),下部是一个“我”字(借指战争),表示这是“吉祥之战”。当“義”的“儀式”本义消失后,小篆在“義”旁加“人”而成从“人”,从“義”的形声字。汉字简化后写成“仪”。

从甲骨文的创意可见上部的“羊”,是那种头上长有弯曲大角的羊,是常常为了优先交配和捍卫领头而拼命抵角相斗的大公羊;当“人”有了“优先交配权、统领指挥军队”的权力,这就充分显示了“儀”的非凡,不仅是仪式上的,更可看作权力的象征。由此也延伸指仪仗,如古时,帝王出巡时用的旗、伞、扇、兵器等;又如国家迎接来宾时动用的士兵和武器等,也指游行、示威等时举着的标语牌之类的东西。

四、成语及名言警句

(一) 常用成语

不腆之仪　地主之仪　繁礼多仪　凤仪兽舞　凤凰来仪　凤皇来仪　风仪严峻
汉官威仪　鸿渐之仪　九十其仪　礼仪之邦　令仪令色　母仪之德　缛礼烦仪
堂堂仪表　婉婉有仪　威仪不类　威仪不肃　威仪孔时　心仪已久

(二) 名言警句

1. 将仪式于文考,以教孝于诸侯。　　　——苏辙《皇太后答书》

2. 士得位，当霖雨苍生；不幸老死萤窗，亦当仪式州里。

——《三元里人民抗英斗争史料·南海县志·梁廷栋传》

3. 上者，下之仪也。 ——《荀子》

4. 人而无仪，不死何为。 ——《诗经·鄘风》

5. 注重发挥好德治的作用，推动礼仪之邦、优秀传统文化和法治社会建设相辅相成。

——《把乡村振兴战略作为新时代"三农"工作总抓手》，《人民日报》2019年6月2日

五、廉政故事

公仪退食

公仪休是鲁国的博士，由于才学优异做了鲁国国相。他遵奉法度，按原则行事，丝毫不改变规制，因此百官的品行自然端正。他命令为官者不许和百姓争夺利益，做大官的不许占小便宜。

子明拜访老师公仪休，见老师不在便坐下读书。公仪休一进房见子明已在房中，问："子明，你已经来了好久了吧？"子明忙起身向老师行礼，回答道："老师，我刚来一会儿，您吃过饭了吧？""嗯，刚吃过。"公仪休回味似的，"鲤鱼的味道实在是鲜美呀！我已经很久没吃鱼了，今天买了一条，一顿就吃光了。"子明点点头，应道："是的，鱼的确好吃。"公仪休哈哈大笑："只要天天有鱼吃，我也就心满意足了。"这时，有人高喊："有一位管家求见！"公仪休道："子明，烦你去看一下，是谁来了？"子明出门去看，过了一会儿领手提两条大鲤鱼的管家进门。管家满脸堆笑："大人，我家主人说，您为国为民日夜操劳，真是太辛苦了！特叫小人送两条活鲤鱼，给大人补补身子。"公仪休推辞着："谢谢你家大人的盛情，可这鱼我不能收哇！你不知道，现在我一闻到鱼的腥味就要呕吐。请你务必转告你家大人。"

子明不解地望了望公仪休，管家无可奈何地摇了摇头，提着鲤鱼离开。子明奇怪地问："老师，您不是很喜欢吃鱼的吗？现在有人送鱼来，您却不接受，这是为什么呢？"公仪休语重心长地说："正因为我喜欢吃鱼，所以才不能收人家的鱼。你想，如果我收了人家的鱼，那就要照人家的意思办事，这样就难免要违犯国家的法纪。如果我犯了法，成了罪人，还能吃得上鱼吗？现在想吃鱼就自己去买，不是一直有鱼吃吗？"子明恍然大悟："老师，您说得对，今后我一定照着您的样子去做。"

目睹了老师"拒收鲤鱼"的行为，子明的心中有了一个标准，像老师这样做，像老师这样想，就是子明将来做人、为官的准则。公仪休用最简单又最有力的行为诠释了"为师"的方法。他是这样说的，更是这样做的。

公仪休嗜鱼的故事，讲的是很实在的小道理：受贿就要丢官，丢官以后，人家当然不会再送贿赂给你，你自己却又因为失去了俸禄，什么爱好也都无法实现了，因此，受贿是不合算的。公

仪休是出身鲁国的博士，鲁国的博士或当为儒生，公仪休在这里所讲的道理，却又不同于儒家的那些从高起点出发的大道理。不过。这里讲的小道理，却很实在，人人能算这笔账。如今那些被关在监狱里的贪官们，原来都是有地位的官吏，他们原先的薪金本是可以享受不错的生活，如今要想自由地享受其本来应得的薪金，还能够吗？

公仪休担任鲁相以后，规定鲁国一切做官的人，不得经营产业、与民争利。他认为做官的人，是在大的方面已经得到利益了，民众力农、务工、做生意，是取得一些小利，受大者不得再取小，因此，做官的人是不能兼做生意的。

义

一、字形演变

甲骨文　金文　篆书　隶书　楷书　行书　草书

二、说文解字

《说文解字》:“义,己之威仪也。从我、羊。羛,《墨翟书》义从弗。魏郡有羛阳乡,读若锜。今属邺,本内黄北二十里。”

解释:义,我军威武的出征仪式。字形采用“我、羊”会义。羛,《墨翟书》上“義”字采用“弗”作偏旁。魏郡有个地方叫“羛阳乡”,其“羛”字读作“锜”,该地现属邺县,本来在内黄县北边二十里的地方。

三、字源解说

“義”是“儀”的本字。義,甲骨文为(羊,即“祥”的本字,祭祀占卜显示的吉兆)加上(我,有利齿的戌,威猛战具),表示吉兆之战。

造字本义:名词,出征前的隆重仪式,祭祀占卜,预测战争凶吉;如果神灵显示吉兆,则表明战争是仁道、公正的,神灵护佑的仁道之战。古籍常“意义”并称,表示人类在各种事物寄托的精神观念价值;“意”,指个人的心思、想法,强调的是个体性和主观性;“义”,原指扬善惩恶的天意,后引申为公认的道德、真理、文字内涵,强调的是普遍性和客观性;“意义”,指个人愿望与世间公理的结合统一。

四、成语及名言警句

(一) 常用成语

保守主义　薄情无义　悲观主义　背义忘恩　背信弃义　本位主义　本本主义

避嫌守义　不义之财　不仁不义　成仁取义　槌仁提义　春秋之义

(二) 名言警句

1. 多行不义必自毙。 ——《左传》

2. 爱国主义就是千百年来巩固起来的对自己祖国的一种最深厚的感情。 ——列宁

3. 君子喻于义，小人喻于利。——孔子

4. 习近平文化思想是一个不断展开的、开放式的思想体系，必将随着实践深入不断丰富发展。要深刻领悟“两个确立”的决定性意义，增强“四个意识”、坚定“四个自信”、做到“两个维护”，持续加强对习近平文化思想的学习、研究、阐释，并自觉贯彻落实到宣传思想文化工作各方面和全过程。

——《坚定文化自信秉持开放包容坚持守正创新为全面建设社会主义现代化国家全面推进中华民族伟大复兴提供坚强思想保证强大精神力量有利文化条件》，《人民日报》2023 年 10 月 9 日

五、廉政故事

深明大义

“两弹元勋”邓稼先，当年作为总指挥，每次核试验，都要带头钻到巷道里去取样，甚至还要跑到沙漠里查找爆炸后的原子弹碎片。由于当时的防护条件很差，天长日久，超剂量的核辐射使他身患重病。1986 年，邓稼先因全身核辐射造成大面积溶血性出血，被迫住进北京的一家医院。

住院期间，他的好友杨振宁来探望时，曾问他：“研究原子弹国家究竟给了你多少奖金？”邓稼先答复：“原子弹 10 元，氢弹 10 元。”当年原子弹爆炸胜利，国家给的奖金是 1 万元，加上单位拿出的十几万元，最终按 10 元、5 元、3 元三个档次，分别发给当时从事研制的科研人员。邓稼先拿的是 10 元。这点奖金，如今看来，确实是可怜兮兮，不值一提。但重要的是，获奖者的着眼点不在这里，而是“志存高远”。邓稼先的感人事迹和精神境界，为此做出了鲜亮注脚。

为了研制“两弹一星”，邓稼先 35 岁隐姓埋名，离开繁华的都市，走进大漠深处。这一走，就是 28 年！ 28 年看不见家乡的花开花落，看不见长安街的车水马龙，听不到妻儿的欢声笑语。多少个日日夜夜，他住在干打垒里，面前永久是如血的夕阳、如豆的灯光，是无边无际的荒漠、绵延起伏的雪山。当时，科研条件也很差，没有高性能计算机，没有现代化车间，只能用古老的算盘计算试验数据。邓稼先绝不是为了奖金之类的个人名利，而是要用满腔热血造出原子弹，浇铸共和国强盛的根基。

曾经有一位战友问他：“稼先，你说再过几十年，人们还记得我们这些人的名字吗？”邓稼先微微一笑，说：“记得或者不记得都不重要。重要的是，我们为国家做了我们应当做的事。”他想的，绝不是奖金之类的个人名利，而是为了深爱的祖国和人民，自己该做的事做到了没有？ 他是这样说的，更为此践行了一生。在生命的最终时刻，他抖动着嘴唇，断断续续说出几个字：“我……为了……这件事……死了，值得！”他死而无憾，走得安稳。

奖金之类个人名利的动力，到底有限。只有大爱、大勇、大才智以及深明大义、无私奉献的精神力气，才能成就邓稼先这样的堪称民族脊梁的英雄豪杰。

毅

一、字形演变

金文　篆书　隶书　楷书　行书　草书

二、说文解字

《说文解字》:“毅,妄怒也。一曰有决也。从殳,豙声。”

解释:毅,狂怒。一种说法认为“毅”是有决断力。字形采用“殳”作偏旁,采用“豙”作声旁。

三、字源解说

毅,金文由(辛,尖刀,比喻箭猪身上的箭刺)加上(豕,野猪)和(殳,搏杀),表示捕杀箭猪。篆文承续金文字形。

造字本义:动词,勇敢无畏,捕杀浑身箭刺的箭猪。毅,左右结构,右边“殳”为手持兵器击打之意,左边(立最后一笔和豕第一笔重叠)则是一只毛发直立被惹怒了的猪(豕为猪的象形字)。猪虽然很蠢笨,惹急了也会因发怒而鬃毛直立,死死对抗,怎么打它都坚持不退缩,有毅力。

毅,引申为果断、坚决之意。毅组词如“毅力”“刚毅”。殳(shū),手持兵器击打之意,“殳”作为构字偏旁,常用在合体字的右边表示某种动作,如毅、殴、毁、役。

四、成语及名言警句

(一) 常用成语

沉毅寡言　聪明英毅　刚毅木讷　弘毅宽厚　谨重严毅

毅然决然　柳毅传书　致果为毅　刚毅不屈　乐毅见猜

(二) 名言警句

1. 世人缺乏的是毅力,而非力气。 ——雨果

2. 只有毅力才能使我们成功。而毅力是来源于毫不动摇,坚决采取为达到成功而需要的手段。 ——车尔尼雪夫斯基

3. 伟大的毅力只为伟大的目的而产生。 ——斯大林

4. 顽强的毅力可以征服世界上任何一座高峰。——狄更斯

5. 英雄的人民军队，在党领导的22年武装革命斗争中，以无往不胜的英雄气概、坚韧不拔的革命毅力、灵活机动的战略战术、英勇顽强的战斗作风，克服了各种难以想象的艰难困苦，打败了国内外异常凶恶的敌人，夺取了土地革命战争、抗日战争、解放战争的伟大胜利，推翻了压在中国人民头上的三座大山，以鲜血和生命为建立人民当家作主的新中国奠定了牢固根基，彻底扭转了中华民族近代以来落后挨打的被动局面。

——《在庆祝中国人民解放军建军90周年大会上的讲话》(2022年7月31日)，《求是》杂志2022年第15期

五、廉政故事

毅然决然

杨震(59—124)，字伯起，东汉弘农华阴人。他出身名门，八世祖杨喜，在汉高祖时因诛杀项羽有功，被封为“赤泉侯”。高祖杨敞，汉昭帝时为丞相，因功被封安平侯。

杨震公正廉洁，不谋私利。他任荆州刺史时发现王密才华出众，便向朝廷举荐王密为昌邑县令。后来他调任东莱太守，途经王密任县令的昌邑(今山东金乡县境)时，王密亲赴郊外迎接恩师。晚上，王密前去拜会杨震，两人聊得非常高兴，不知不觉已是深夜。王密准备起身告辞，突然从怀中捧出黄金，放在桌上，说道：“恩师难得光临，我准备了一点小礼，以报栽培之恩。”杨震说：“以前正因为我了解你的真才实学，所以才举你为孝廉，希望你做一个廉洁奉公的好官。可你这样做，岂不是违背我的初衷和对你的厚望。你对我最好的回报是为国效力，而不是送给我个人什么东西。”可是王密还坚持说：“三更半夜，不会有人知道的，请收下吧！”杨震立刻变得非常严肃，毅然决然地说：“你这是什么话，天知，地知，我知，你知！你怎么可以说，没有人知道呢？没有别人在，难道你我的良心就不在了吗？”王密顿时满脸通红，赶紧像贼一样溜走了，消失在沉沉的夜幕中。杨震为官，从不谋取私利。在任涿郡(今河北省涿县)太守期间，从不吃请受贿，也不因私事求人、请人、托人，请客送礼。他的子孙们与平民百姓一样，蔬食步行，生活十分简朴。亲朋好友劝他为子孙后代置办些产业，杨震坚决不肯，他说：“让后世人都称他们为‘清白吏’子孙，这样的遗产，难道不丰厚吗！”

杨震为官唯才是举，选贤任能。汉安帝元初四年(117)，杨震被调人朝廷担任太仆之职，后来升调为太常。杨震在任太常之前，博士选举大多名不副实。杨震任太常后，唯才是举，他所选用的陈留、杨伦等，都是通晓经书、学识过人的名士，能将所从事的本门学业弘扬光大，儒生们对此称赞不已。

杨震为官疾恶如仇，敢于直谏。永宁元年，他代替刘恺任司徒职务。第二年，邓太后逝世后，朝廷中皇帝身边的内宠开始横行。汉安帝的乳母王圣，因从小侍奉安帝辛勤周到有功，深受

安帝信任尊重。王圣便仗此地位骄横放纵，连她的女儿伯荣也经常出入禁宫。于是，杨震就上书劝谏安帝以历史为镜鉴，按照帝王应该遵循的规则办事，得人心，安天下。对于杨震的忠谏，昏庸的安帝我行我素，不予理睬。杨震前后所上奏章婉转诚恳，切中时弊，安帝对此一点也听不进去，而且产生了厌烦不满情绪，樊丰等人更是侧目而视，恨之入骨，但都因杨震是当时名儒，名声很大而不敢加害于他。

适逢延光三年(124)春天，安帝东行巡游泰山，樊丰等人乘皇帝在外巡游之机，竞相修建宅第。杨震属下椽吏高舒召来大匠官署的令史查问，得到樊丰等人伪造假诏书等罪行证据，于是杨震便准备好奏章，等安帝巡游回京后上奏此事。樊丰等人获悉这个消息后非常害怕，当时恰好发生太白犯昴的自然星象变化，太史官奏说此星变逆行，昭示人臣有悖逆犯上行为。樊丰等人乘机将此星象变化归罪到杨震身上，安帝于是下诏遣送杨震回归故里。

一年以后，汉顺帝即位，樊丰、周广等人都被处死，杨震的门生虞放、陈翼等人上书顺帝要求重新调查处理杨震冤案。当时朝廷上下都交口称赞杨震的正直忠烈，于是，顺帝就下诏给杨震平反，以很高的礼仪改葬杨震于华阴潼亭。改葬这天，远近百姓络绎不绝都来参加葬礼，以纪念这位清正廉洁、正直无私、疾恶如仇、敢于直谏的好太尉。

益

一、字形演变

甲骨文　金文　篆书　隶书　楷书　行书　草书

二、说文解字

《说文解字》:“益,饶也。从水皿。皿,益之意也。”

解释:益,富饶有盈余。字形采用“水、皿”会义,“皿”表示水从器皿上满出来。

三、字源解说

“益”是“溢”的本字。益,甲骨文为(皿,盛器)加上(水,液体),表示液体从盛器的开口处溢出。金文将甲骨文字形中四点的“水”简写成三点的。篆文将甲骨文字形中的写成横写的“水”,强调“水横溢”。

造字本义:动词,盛器水满而溢出。当“益”的“横溢”本义消失后,篆文再加“水”另造“溢”代替。

四、成语及名言警句

(一) 常用成语

大有裨益　多多益善　广师求益　集思广益　进退损益

精益求精　救焚益薪　开卷有益　老当益壮

(二) 名言警句

1. 穷且益坚,不坠青云之志。 ——王勃

2. 不学无术,在任何时候,对任何人,都无所帮助,也不会带来利益。 ——马克思

3. 益者三友,损者三友。友直、友谅、友多闻,益矣。友便辟、友善柔、友便佞,损矣。

——《论语·季氏篇》

4. 要本着互惠互利的原则同周边国家开展合作,编织更加紧密的共同利益网络,把双方利益融合提升到更高水平,让周边国家得益于我国发展,使我国也从周边国家共同发展中获得裨益和助力。

——《邻望邻好共同发展》,《人民日报》2016 年 5 月 5 日

五、廉政故事

斟酌损益

诸葛亮(181—234),字孔明,号卧龙,琅琊阳都(今山东省临沂市沂南县)人,三国时期蜀汉丞相,中国古代杰出的政治家、军事家、发明家、文学家。

建安六年(201),刘备为曹操所败,投奔荆州刘表,同时积极联络当地的豪杰。当时,刘备依附于刘表,屯兵于新野(位于今河南南阳)。后来司马徽与刘备会面时,表示:"那些儒生都是见识浅陋的人,岂会了解当世的事务局势?能了解当世的事务局势才是俊杰。此时只有卧龙(诸葛亮)、凤雏(庞统)。"建安十二年(207),诸葛亮又受徐庶推荐,刘备希望徐庶引亮来见,但徐庶却建议:"这人可以去见,不可以令他屈就到此。将军宜屈尊以相访。"刘备便亲自前往拜访,去了多次才见到诸葛亮。与诸葛亮相见后,刘备便叫其他人避开,向他询问道:"现今汉室衰败,奸臣假借皇帝之命,皇上失去大权。我没有衡量自己的德行与能力,想伸张大义重振天下,但自己的智慧谋略不够,所以时常失败,直至今日。不过我志向仍未平抑,先生有没有计谋可以帮助我?"

诸葛亮遂向他陈说了三分天下之计。诸葛亮分析道:"自董卓擅政以来,各地豪杰并起,占据多个州郡的数不胜数。……一旦天下形势发生了变化,就派一员上将率领荆州的军队直指中原一带,将军您亲自率领益州的军队从秦川出击,老百姓谁敢不用竹篮盛着饭食,用壶装着酒来欢迎将军您呢?如果真能这样做,那么称霸的事业就可以成功,汉室天下就可以复兴了。"这就是后世所传颂的草庐对(又称隆中对)。

诸葛亮的神机妙算一直广为传颂,但一代名臣的佳话并不止于此。章武元年(221)七月,刘备为夺回荆州,亲率大军伐吴。章武二年(222)刘备兵败夷陵(今湖北宜昌);八月,刘备撤退至永安。诸葛亮大叹:"可惜法正故去,否则必能阻止陛下东征之举。"至章武三年(223)二月,刘备病重,召诸葛亮到永安,与李严一起托付后事,刘备对诸葛亮说:"你的才能是曹丕的十倍,必定能够安顿国家,终可成就大事。如果嗣子(刘禅)可以辅助,便辅助他;如果他没有才干,你可以自行取度。"诸葛亮涕泣地说:"臣必定竭尽股肱的力量,报效忠贞的节气,直到死为止。"刘备又要刘禅视诸葛亮为父。延至四月,刘备逝世,刘禅继位,封诸葛亮为武乡侯,开设官府办公。不久,再领益州牧,政事上的大小事务,刘禅都依赖于诸葛亮,由诸葛亮决定。本来南中地区因刘备逝世而乘机叛乱,诸葛亮因国家刚逝去君主,先不发兵,而派邓芝及陈震赴东吴修好。

身为丞相,诸葛亮深知:"屋漏在下,止之在上,上漏不止,下不可居也。"他不仅带头廉政,树起一面旗帜,同时还把廉政作为一项重要的政治、法律建设来抓,对蜀汉政治、经济、军事、文化的方方面面,都产生了重大影响。诸葛亮时期的廉政建设,首先表现在对蜀汉宫城规模和惠陵规模的严格控制上。

在诸葛亮执政时期,年轻的后主,常欲采择以充后宫。当时负责宫中事务的董允以为古者天子后妃之数不过十二,今嫔嫱已具,不宜增益,终执不听。后主皇妃之数是一个复杂问题,涉及皇宫规模建制等诸多问题,非董允所能决定。但在诸葛亮的劝说下,后主放弃了这种想法。当时,"及备殂没,嗣子幼弱,事无巨细,亮皆专之""政事无巨细,咸决于亮"。诸葛亮在蜀汉上层创造了一个廉政奉公的政治氛围,蜀国官员以诸葛亮为榜样,为官节俭,力戒奢华。

勇

一、字形演变

金文　篆书　隶书　楷书　行书　草书

二、说文解字

《说文解字》:“勇,气也。从力,甬声。㦷,勇或从戈用。恿,古文勇从心。”

解释:勇,使人充满力量的志气。字形采用“力”作偏旁,采用“甬”作声旁。㦷,这是“勇”的异体字,采用“戈、用”会义。“恿”,这是古文写法的“勇”,采用“心”作偏旁。

三、字源解说

用,既是声旁也是形旁,表示使、操作。勇,金文由(用,使,操作)加上(戈,武器),表示英武之士,敢打敢拼,无所畏惧。有的金文由(甬,“用”的误写)加上(力),表示农业时代在家庭里起关键作用的大力壮丁,敢作敢当。篆文字形有的从“心”,强调胆大无惧;有的从“力”,强调力大敢为;有的从“戈”,强调英武无敌。

造字本义:形容词,力大胆大,敢作敢当,无所畏惧。

四、成语及名言警句

(一)常用成语

贲育之勇　兵勇将猛　慈故能勇　大仁大勇　大勇若怯　大智大勇

好勇斗狠　急流勇退　兼人之勇　见义勇为　将勇兵强

(二)名言警句

1. 匹夫见辱,拔剑而起,挺身而斗,此不足为勇也。　　——苏轼

2. 勇敢是一种基于自尊的意识而发展成的能力。　　——拿破仑

3. 君子道者三,我无能焉,仁者不忧,知者不惑,勇者不惧。　　——《论语·宪问》

4. 近年来,上海合作组织日益发展壮大,既迎来难得的发展机遇,也面临前所未有的风险挑战。印度诗人泰戈尔说:“信念鞭策着人们,勇敢面对未知的前途。”我们要肩负起时代赋予的重任,牢记初心使命,坚持团结协作,为维护世界和平与发展注入更多确定性和正能量。

——《牢记初心使命坚持团结协作实现更大发展——在上海合作组织成员国元首理事会第二十三次会议上的讲话》,《人民日报》2023年7月5日

五、廉政故事

有勇知方

仲由(公元前542—公元前480),字仲由,又字季路,鲁国卞人。“孔门十哲”之一、“二十四孝”之一,“孔门七十二贤”之一,受儒家祭祀。仲由出身微贱,家境贫寒,事亲至孝。他自己饮水食野菜,而为了父母到百里之外去背米,以尽其炊。当他长大而渐渐富裕后,父母已经去世,他曾经感伤道:“悲伤啊!父母在世时无以为养,去世时又无以为礼。”他生性豪爽粗犷,为人耿直,有勇力才艺。仲由经常批评孔子,孔子也常批评他。他喜欢听闻自己的过错,闻过则喜,能虚心接受。孔子对他评价很高,仲由做过鲁国的季氏宰,深受季氏的信任;跟随孔子周游到卫国,又在卫国大夫孔悝的手下做邑宰,与民兴修水利。三年后,孔子过其境内,对他的治理称赞个不停。他被列为孔门“四科十哲”之一。

《论语·先进》记述道仲由、曾皙、冉有、公西华四个人陪孔子坐着。孔子说:“我年龄比你们大一些,不要因为我年长而不敢说。你们平时总说:‘没有人了解我呀!’假如有人了解你们,那你们要怎样去做呢?”仲由赶忙回答:“千乘之国,摄乎大国之间,加之以师旅,因之以饥馑,由也为之,比及三年,可使有勇,且知方也。”意思是“一个拥有千辆兵车的国家,夹在大国中间,常常受到别的国家侵犯,加上国内又闹饥荒,让我去治理,只要三年,就可以使人们勇敢善战,而且懂得礼仪”。

尽管仲由的“有勇知方”看似是大话,但孔子确实认可过这样的说法:“千乘之国,可使治其赋也。”可见仲由的政治才能十分优异。小邾国(今山东枣庄市区)一名叫射的人,带领句绎(今山东邹城市东南)的人来投奔鲁国,专门指名叫仲由代表鲁国出来定盟约,而其他人一概不信。用冉有的话说就是,“千乘之国不相信盟誓,而相信你说的话”。可是仲由坚辞不干,原因是不能鼓励射干背叛国家这种不义之事。

孔子带着徒弟们推行儒家仁义的过程中,虽然碰壁无数,但也向当时的诸侯们输送出一批儒家的人才。仲由便被卫国的权臣孔悝看中,做了他手下的官员。前后三年,仲由取得不少政绩,深得孔子称赞。据地方县志记载,仲由治蒲三年,成绩卓著,他亲自带领民众开挖沟渠,以利农耕。孔子听说这位弟子政绩斐然后,专门从外地赶来查看仲由的政绩。刚进入蒲邑(今河南长垣)境内,孔子就称赞说:“善哉由也!”走进城内看了一圈,孔子又说了一句:“善哉由也!”走进衙门后,孔子第三次说了一句:“善哉由也。”这时,跟着孔子的颜回有点纳闷,就问:“夫子尚未见到仲由就三次称赞其善,不亦逾乎?”孔子回答说,入其境见沟渠深治,田地整齐,庄稼茂盛,说明仲由恭正以信,故民众尽力;入其邑,房屋完好,商贾繁荣,树木葱茏,说明仲由忠信以宽,故民不偷懒;至其庭,满院清净,诸下用命,说明仲由明察善断,故其政不扰。

最后,孔子说,看来仲由的仁政取得了斐然的成果,所以就没有必要再去见仲由了,于是就带着颜回满意地回去了。后来,蒲邑被称为“三善之地”。

仲由曾问政于孔子。孔子回答说:“身先士卒,表先垂范,始终如一,永不倦怠。”这句话成为仲由为政的格言。在卫国当蒲大夫时,仲由组织兴修水利,他体恤民工劳动艰苦,下令“给人一箪饭,一壶水”。他之所以这样做,就是因为他主张“仁义的人,与天下人共同拥有,共同利益”。孔子认为,正是因为仲由做到了这些,才使得“民尽力”“民不偷”“民不扰”,而国家富强,这显然是对仲由政绩的极高评价。

咏

一、字形演变

金文　篆书　隶书　楷书　行书　草书

二、说文解字

《说文解字》:“咏,歌也。从言,永声。咏,咏或从口。”

解释:咏,歌吟。字形采用“言”作偏旁,采用“永”作声旁。“咏”,有的“诔”采用“口”作偏旁,写作“咏”。

三、字源解说

永,既是声旁也是形旁,表示水长流。形声字。从言,永声,永兼表意。造字本义:咏唱。裘锡圭在《文字学概要》中说:“如果对文字所指的事或物有不同的着眼点,所选择的形旁就会不一样。”“咏”“诔”音义皆同,或从“口”,或从“言”,仅是表达“咏唱”一事的着眼点不同,为一字异体。《说文》:“诔,歌也。”徐灏注笺:“诔之言永也,长声而歌之。”“诔”意为歌唱、曼声长吟。《国语·周语下》:“诗以道之,歌以咏之。”许慎谓“永、咏古今字”,很有道理。“永”字有水势长流义,在“诔”中既表音又表义。《书·舜典》:“歌永言。”

四、成语及名言警句

(一)常用成语

才高咏絮　嘲风咏月　桑间之咏　颂德咏功　涂歌里咏
行吟坐咏　一吟一咏　吟花咏柳　吟风咏月　咏月嘲花
咏桑寓柳　咏雪之才　密咏恬吟　谢家咏雪　何逊咏梅

(二)名言警句

1. 浴乎沂,风乎舞雩,咏而归。　——《论语·先进》

2. 咏叹中雅,转运中律。啴缓舒绎,曲折不失节。　——王褒《四子讲德论》

3. 搏拊琴瑟以咏。　——《虞书》

4. 不有佳咏,何伸雅怀。　——李白《春夜宴从弟桃花园序》

五、廉政故事

颂德咏功

舜，姓姚，传说目有双瞳而取名“重华”，号有虞氏，故称虞舜。舜年轻时居住在平阳（今临汾），是一位凿井而饮、耕田而食的勤劳的部落首领。

舜在很小的时候母亲就去世了。舜的继母不断地折磨舜，特别是她生了儿子象以后，对舜更是百般虐待。有一次，继母叫舜和象去种黄豆，她让舜种阳光不足的北坡，让象种土沃光足的南坡。她还把好豆种给了象，把不好的豆种子给了舜。舜和象各自种下了豆种。

勤劳的舜起早贪黑，不辞劳苦，整天在地里耕耘，浇水、锄草、捉虫，样样精心。早晨还没等太阳升起，舜已出现在田间了；晚上太阳早已落山，他还没有放下手中的工作。象由于母亲的娇生惯养而懒惰成性，挑不动水、举不起锄，怎能吃得一番辛苦而在田间耕耘呢？于是北坡与南坡的豆苗出现了截然不同的长势：舜耕种的北坡上的豆棵，枝叶繁茂，绿茵茵；象耕种的南坡则野草丛生，几乎看不见豆苗。

尧来到历山一带微服私访，在山坡前，看见一个青年人赶着一头黄牛和一头黑牛在犁地。奇怪的是那人手里并没有拿鞭子，而是在犁辕上挂一个小簸箕，隔一会儿敲几下，吆喝一声。帝尧看着，心里很纳闷，犁地敲簸箕，这是什么意思呢？到了午饭时，青年人让牛吃了一会儿青草，又把随身携带的用麻布包着的几个秫面馍用手捧着喂牛，而自己仅喝半陶罐野菜汤。

这时，有一位白发长者挑着柴从对面山上下来，那青年人看见后，便放下手中的活儿，接过老人的担子，一直挑到山坡下面。等那老人过来，帝尧拱手问道：“老人家，这小伙子是您的儿子吗？”老人说：“不是，他是我们这里的小首领叫舜，家就住在附近，我是他的百姓。”帝尧接着问：“他是首领还肯替你挑柴吗？”老人说：“他就是这样，见谁有困难就帮助谁，别看他身为首领，却从不让别人替他干活儿。你不见他自己正在犁地吗？”帝尧看到这些心中感慨不已，便走上前去问舜：“耕夫都是让牛在地头吃些草，再给牛饮些水就行了，你怎么把干粮给牛吃？更奇怪的是耕夫都是用鞭打牛，你为何只敲簸箕不打牛？”舜拱手以揖答道：“牛为人耕田出力流汗已经很辛苦了，自己吃着饱饭而给牛饮水，再用鞭打，实在是于心不忍！还不如自己俭省一些，让牛吃个饱，好卖力拉犁。”尧一听，觉得舜不仅勤劳节俭，还有善心有智慧，对牛尚且如此，对百姓就更有爱心了，真是个奇才，如果当了国君，一定很会用人。

尧便与舜在田间交谈起来。他们谈了一些治理天下的问题，舜的谈论明事理、晓大义，非一般人之见。尧又走访了方圆百里，百姓都夸舜是一个贤良之才。于是尧先让舜在朝中做虞官，试舜三年后，便让舜代其行天子之政。

舜接位后，仍然是勤劳俭朴，跟老百姓一样劳动，受到大家的信任。由于舜在长期的艰苦劳动中积累了丰富的经验，国计民生、防敌御侮，无不处理得井井有条，成为百姓称颂的好首领。

帝舜统治期间，推崇节俭，以德治天下，举才惩恶，慧眼寻得“克俭于家，克勤于邦”的禹作为传人，将帝位禅让于禹，不断建立和健全国家制度，形成太平盛世。舜也被后世的儒家奉为先贤，颂德咏功。

友

一、字形演变

甲骨文 金文 篆书 隶书 楷书 行书 草书

二、说文解字

《说文解字》:"友,同志为友。从二又。相交友也。"

解释:友,志趣相投叫作"友"。字形采用两个"又"会义,像两人交手相握,彼此友好。

三、字源解说

又,既是声旁也是形旁,表示抓握。友,甲骨文由(又,抓握)和(又,抓握)组成,表示握手结交。金文承续甲骨文字形。有的金文加"曰"(说),强调相互协商、鼓励。篆文基本承续甲骨文字形。

造字本义:动词,两人结交,协力互助。

友,志趣相投叫作"友"。字形采用两个"又"会义,像两人交手相握,彼此友好。"友"的甲骨文是两只相同方向的手,表示的是志同道合,互相帮忙,本义就是互助合作,后来引申为朋友。"朋"和"友"在古代是有区别的,"同门曰朋,同志曰友"(《礼记》)。"同门"是指在同一个老师门下学习的人,所以古时的"朋"就是我们现在所说的同学;"同志"是指志趣相投的人,所以"友"才是我们现在所说的朋友。

四、成语及名言警句

(一)常用成语

岁寒三友 以文会友 良师益友 狐朋狗友 玉昆金友 求亲告友 竹马之友

兄友弟恭 胜友如云 玉友金昆 季友伯兄 友风子雨 金兰之友 霞友云朋

(二)名言警句

1. 益者三友,损者三友。友直、友谅、友多闻,益矣;友便辟、友善柔、友便佞,损矣。

——《论语·季氏篇》

2. 肝胆相照，斯为腹心之友；意气不孚，谓之口头之交。

——《幼学琼林·卷二·朋友宾主》

3. 故非我而当者，吾师也；是我而当者，吾友也；谄谀我者，吾贼也。　　——《荀子·修身》

4. 因此，重新思考中国传统文化中有关德行的重要资源，可以使我们更好地反思当下、走向未来：孝亲敬长的思想可以让我们的周围变得更加温馨，仁者爱人的观念可以让我们的社会变得更加友善，美美与共的理念可以让我们的世界变得更加和谐。

——《中国纪检监察报》2019 年 9 月 3 日

五、廉政故事

管鲍之交

管仲和鲍叔牙都是春秋时齐国人，两人少年时就是好朋友。

鲍叔牙很赏识管仲的才学，也很了解他的所作所为。两人曾经一同做买卖，他们在分利的时候，管仲总要多得一些，鲍叔牙知道管仲家里贫困，从来不因他多得了钱而说他贪心。

管仲曾替鲍叔牙办过几件事，可是事情没办好，反而弄得更糟糕，鲍叔牙也并不认为管仲无能，因为他知道事情总有不顺利的时候。

管仲曾三次当官，三次都被罢了官，鲍叔牙并不认为他没有才干，因为知道他是没遇到赏识他的人。管仲曾经三次参加作战，每次都逃跑了，鲍叔牙也不认为他胆小怕死，因为鲍叔牙知道他家有老人要供养。所以管仲感慨地说："生我的是父母，知我的是鲍叔牙啊。"

管仲和鲍叔牙后来分开了，管仲做了齐襄公的弟弟公子纠的老师，鲍叔牙做了齐襄公另一个弟弟公子小白的老师。齐襄公荒淫无道，把自己的兄弟都赶到了国外。

不久，齐国发生内乱，齐襄公被杀。公子纠和公子小白得知消息后，都急忙往国内赶，想抢先得到君位。管仲一面派人护送公子纠回国，一面亲自带人去拦截公子小白。他们在半路上遇到了公子小白的车队，管仲劝公子小白和鲍叔牙退回去，他俩不肯，管仲就取出箭向小白射去，公子小白大叫一声，向后倒去。管仲以为公子小白已被射死，就返回去，护送着公子纠不慌不忙地向齐国进发。谁知公子小白并没有死，管仲那一箭正巧射中了他的衣带钩，他怕再挨一箭，急中生智，假装被射中倒下。看见管仲走了，他才命令抄小路加速前进，公子小白最终抢先赶回国都，当上了国君，公子小白就是齐桓公。

齐桓公即位后，立即派兵讨伐公子纠，公子纠被杀死，管仲也被捉住。齐桓要把管仲处以极刑，鲍叔牙却对桓公说："管仲各方面都比我强，应该请他来当宰相才是！治理国家，只有管夷吾才行。我有五个方面不如夷吾。宽惠爱民，我不如他；治国不失权柄，我不如他；忠信以交诸侯，我不如他；制定礼仪可以示范于四方，我不如他；披甲击鼓，立于军门，使百姓勇气倍增，我不如他。"

桓公听了鲍叔牙的话，便请管仲回来当宰相。在管仲的辅佐下，齐国迅速强大起来。在长期交往中，管仲和鲍叔牙结下了深厚情谊。

常言道："人生得一知己足矣。"人的一生可能会有很多朋友，但是真正的知己却可遇不可求。而管仲和鲍叔牙就堪称知己。

"管鲍之交"这个典故告诉人们：管鲍之间的深情厚谊不是凭空练就的，而是建立在两人长期相互了解、相互信任、相互坦诚和相互谅解的基础之上的。

正是由于鲍叔牙的无私大度以及彼此的信任、相知、理解、感恩以及默默的付出，才浇灌出了一朵最馨香而持久的友谊之花，并造就了一段令人津津乐道的千古美谈。

"生我者父母，知我者鲍叔也。"这句话既包含着管仲对鲍叔牙的感激之情，也洋溢着对真挚友情的礼赞。

约

一、字形演变

金文　篆文　隶书　楷书　行书　草书

二、说文解字

《说文解字》:“约,缠束也。从糸,勺声。”

解释:约,缠绕捆缚。字形采用“糸”作偏旁,采用“勺”作声旁。

三、字源解说

约,金文是由(糸,系、束)和(刀,即“勺”的变形,食具,代表进食)组成,表示束缚进食行为。篆文将金文字形中的“糸”写成,将金文字形中的“刀”写成“勺”。

造字本义:动词,限制进食,省吃俭用。

约,形声,字从糸,从勺,勺亦声。“约”作为名词的时候,“糸”表示“缠束”“绑定”;“勺”意为“专取一物”“专注于一点”;“糸”与“勺”联合起来表示“专门对一件物品进行绑定”。字本意是专物转绑,后来引申为专门就一件事给出不可改变的承诺。“约”曾经还作为动词,捆绑的意思,在文言文中会有所体现,比如在《仪礼·既夕礼》中出现了“约绥约辔”。

到近代,“约”字出现了更多灵活的用法,可以代表拘束(约束)、请(约人)、节俭(节约)、大概(大约)等。

四、成语及名言警句

(一) 常用成语

约法三章　不约而同　厉行节约　百年之约　博文约礼　隐约其辞　守约施搏

鞭约近里　词约指明　桑间之约　言约旨远　违信背约　约定俗成　居穷守约

(二) 名言警句

1. 博观而约取,厚积而薄发,吾告子止于此矣。　——苏轼《稼说送张琥》

2. 言近而指远者，善言也；守约而施博者，善道也。

——《孟子》

3. 党组织和党员必须牢固树立政治意识、大局意识、核心意识、看齐意识，自觉遵守党章，严格执行和维护党的纪律，自觉接受党的纪律约束，模范遵守国家法律法规。

——《中国共产党纪律处分条例》

五、廉政故事

周师锐：约法三章建花厅，两袖清风拒珍宝

周师锐(1184—1231)，字仲祺，号仪父。年少即工词赋，常有佳作，为当时学者所赞许。宋宁宗嘉定元年(1208)五月，赴京城参加皇帝亲自主持的殿试，登武举进士第一名，被敕为武状元。

“十年寒窗无人闻，一朝成名天下知。”周师锐是玉山一带第一个高中状元的名人，当时京城皇榜一出，喜报飞传到老家玉山临泽。周氏族人闻讯大喜，急忙商议迎接皇榜(圣旨)的事，决定把皇榜迎奉到周氏宗祠里。皇榜进村后，朝拜观瞻的人蜂拥而至，周氏宗祠因为场地狭小，显得捉襟见肘。族人见状，不由得议论纷纷：“师锐是玉山周氏大族的第一个状元，大家何不出资建造一个状元花厅，用于供奉皇榜，让乡人有专门的地方观瞻，岂不光宗耀祖?”为慎重起见，族人派出周师锐的堂弟等人专程到京城请示周师锐。不料，周师锐断然拒绝，认为这样做“大动干戈太张扬，大兴土木劳民伤财”。于是，建造状元花厅的事就被搁置了。

第二年，由当时的东阳县衙出资，在县城建成了状元坊。消息传来，乡绅与族长坐不住了。他们请周师锐家人一起赶赴京城，在京滞留数天，极力劝说周师锐建设状元花厅。起初，周师锐还是不同意建造。在家人苦口婆心的劝说之下，他无奈同意，但要求约法三章：一是建筑木料全在他家山上砍伐，并负责雇人搬运到建造现场；二是他自己向同僚借来两个月的俸禄，捐助建设花厅；三是厅名不能叫状元花厅，而叫周氏花厅。花厅建成后，族人估算了一番，周师锐出的资费约占总费用的六成。虽然周师锐曾约法三章，但村民还是习惯称这个厅为“状元花厅”。

元朝建文年间，杨震龙起兵造反，在临泽一带建立“大兴国”，状元花厅毁于战火。现存的状元花厅是明代由李姓族人在原址上重建的，从而为当地留下这宝贵的人文历史遗迹。

据史料记载，周师锐曾任英德知府数载。周师锐在调离英德时，当地有个外号叫“风和尚”的地方官吏，送来当地的奇珍异石。周师锐问：“这是什么东西?”这个官吏说：“这是奇石珍宝，有官员调离时我们都以此珍宝相赠。以前还有官员特地登门拿取，故意对当地官吏横加指责，如不给他们，回去后就会向上级官员汇报，所以我们没人敢拒绝他们。”周师锐却说：“我绝不会在当官时，顺便收受地方上送的东西。”他严词拒绝了“风和尚”送的珍宝。

周师锐为官清廉的故事在老一辈人中口口相传。周师锐娶夫人王氏。一次，王氏的母亲到

临泽来探亲，与亲家母聊天时说了一件事。之前，女儿王氏从广东英德回家省亲，母亲发现女儿的首饰少了几件，不由得问起了原委。原来广东英德大旱，出现了粮荒和灾情。周师锐随即上报朝廷求赈，并开设两个施粥棚，用来救济灾民。奈何灾民太多，周师锐便用自己的俸禄又开设了一个施粥棚。时隔不久，上级在核查库银时查出了一个案子，一个管库银的小吏偷用库银几十两，被判发配充军。周师锐得知这个陈姓小吏上有老下有小，挪用库银是为了抚养嫂嫂的三个孩子及自己的四个孩子，就对陈姓小吏说："你就放心去服刑吧，你的家小由我照应。"

回家后，周师锐把这件事告诉王氏，王氏不敢多说什么，却面露难色。殊不知，此前，周师锐捐资设施粥棚、资助落难之人开支就不小了，已经没有余钱资助小吏家人。为了不让周师锐食言，王氏只能偷偷变卖了五六件陪嫁的首饰，帮助陈姓小吏的家人渡过难关。王氏母亲方才知道，女婿虽然当了大官，但两袖清风，乐善好施，日子并不好过。这事一传十，十传百，玉山人无不对周师锐竖起大拇指。

乐

一、字形演变

甲骨文　金文　篆书　隶书　楷书　行书　草书

二、说文解字

《说文解字》:“乐，五声八音总名。”

解释:乐，五声八音的总称。

三、字源解说

乐，甲骨文由(丝，丝弦)和(木，架子，琴枕)构成，表示木枕上系着丝弦的琴具。

造字本义:边弹边唱，和着琴声的节奏或说或唱。

部分学者研究认为，“乐”字原由“木”加“丝”(丝弦)构成;后又加“白”(一说是大拇指形，表示用拇指弹拨琴弦;一说是拨弦器)。乐是发自内心的情感之声，人的各种幽微深邃的情思，可能说不出也写不出，却可以通过乐表现出来，而好的音乐也能引起人情感的共鸣。因此，乐在古代生活中有重要的作用:乐属君子六艺之一，治国则讲究礼乐刑政。《礼记》中说:“乐者乐也。”乐又有了快乐的含义。我们今天可能会难以理解乐有这么大的功效，或许这是因为对古人来说，乐的意义远不止于音乐舞蹈。那个时代文字和书籍并未普及到普通百姓，除了音乐舞蹈，几乎少有其他能轻松有力地引起情感共鸣，将人心凝聚在一起的媒介了。

四、成语和名人名言

(一) 常用成语

乐不可极　乐不可言　乐不可支　乐不思蜀

乐昌分镜　乐成人美　乐此不倦　乐道安贫

(二) 名人名言

1. 生于忧患，死于安乐。　　——《孟子》

2. 乐不可极，极乐成哀;欲不可纵，纵欲成灾。　　——《贞观政要》

3. 一苦一乐相磨炼，练极而成福者，其福始久。 ——《菜根谭》

4. 清正廉洁做表率，重点是教育引导广大党员干部保持为民务实清廉的政治本色，正确处理公私、义利、是非、情法、亲清、俭奢、苦乐、得失的关系，自觉同特权思想和特权现象做斗争，坚决预防和反对腐败，清清白白为官、干干净净做事、老老实实做人。

——习近平总书记在“不忘初心、牢记使命”主题教育工作会议上的讲话，《求是》杂志 2019 年第 13 期

五、廉政故事

音乐家麦新:清廉的革命者

麦新，原名孙默心，1914 年 12 月生于上海，是无产阶级革命音乐的先行者之一。

1935 年，麦新投身革命。1936 年，麦新成为吕骥、冼星海等革命音乐家的学生和战友，开始了音乐创作活动，并在与孟波一起编辑、出版的救亡歌曲集《大众歌声》中，第一次使用了“麦新”这个名字。1937 年“七七”卢沟桥事变，全面抗战爆发，麦新怀着民族义愤，创作了著名的抗战歌曲《大刀进行曲》，鼓舞抗日将士冲锋陷阵，激励爱国者奔向抗战沙场，成为振奋民族精神、争取民族解放的号角。

1946 年 2 月下旬，麦新随中共阜新地委到达哲里木盟，被分配到开鲁县，任县委宣传部部长兼城关区委书记。麦新严格遵守“三大纪律八项注意”，时刻不忘群众利益。游击队来到白音花村时，正赶上老百姓包饺子准备过小年，他们纷纷请战士们到自己家吃饺子。麦新立即集合队伍说:“老百姓一年辛辛苦苦，过年才吃上一顿饺子。我们是人民的子弟兵，应该让乡亲们过个好年，这饺子我们无论如何也不能吃啊!”于是部队在村外自己动手做了高粱米饭。

麦新艰苦朴素，毫不利己，专门利人。他常教育身边工作的同志，“不要在物质面前动摇，因为物质容易诱导人的思想变坏。尤其是我们老干部更要注意，新干部要看老干部的样子。当领导干部的绝不能近水楼台先得月”。到开鲁一年多的时间里，他没领过一件新衣服;茶缸掉了把儿，就用铁丝拴着用;他有一个针线包和一个皮顶针，衣服坏了动手就补。在春耕生产中，他下地帮助没有牲畜的农户拉犁杖种地，以实际行动践行自己的人生目标。他在日记中写道:一定要为人民群众做一条“牛”“好牛”“模范牛”“忠实牛”，这就是我的奋斗目标! 这就是我的人生观!

1947 年 6 月 6 日，麦新参加完县委会议返回五区途中遭土匪袭击，不幸牺牲，年仅 33 岁，为人民大众的解放流尽了最后一滴血。开鲁县政府将五区命名为“麦新区”、万发永村改为“麦新村”，纪念这位战火中永生的音乐家、群众运动的先锋战士。

允

一、字形演变

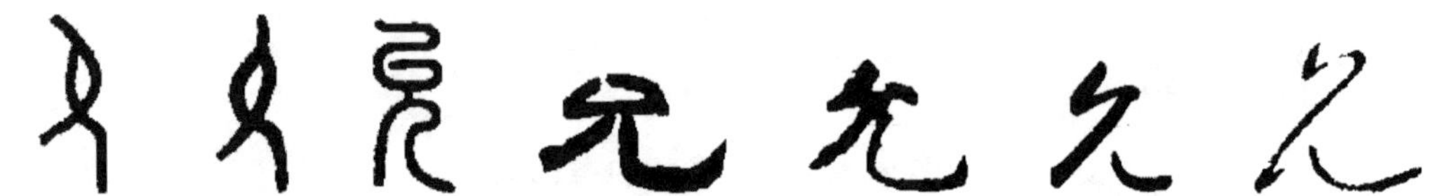

二、说文解字

《说文解字》:“允,信也。从儿㠯声。”

解释:允,诚信,字形采用“儿”作偏旁,采用“㠯”作声旁。

三、字源解说

允,甲骨文在“人”的头部位置加一圆点指事符号●,表示与头部动作有关。

造字本义:动词,点头、许可。

部分学者研究认为,甲骨文的“允”字,是一个“从人从厶”的会意字:“厶”的构形源自捕猎野兽动物的绳套,这里表示用绳套系在人的脖子上,牵着而行的意思。本义为俯首帖耳,否则立刻会被吊起来绞死。由此,凸显出“允”的本义为诚信或保证。篆文的“允”,字形像一头戴高冠的人点头表示相信的样子,以此表示是位“说话算数的人”。“允”字包涵信任与诚实的含义,与西方的契约精神是一样的。人与人之间如果失去了“允”,女人就不知道这个男人是否值得依靠,皇帝不知道这个臣子是否堪当大任,国与国之间如果失去了“允”,就会怀疑定下的盟誓是否值得信任……失去了“允”,世界是不是另一番景象?

四、成语和名人名言

(一)常用成语

允文允武　允执厥中　允执其中　慨然允诺　持论公允　慨然应允

(二)名人名言

1. 人心惟危,道心惟微,惟精惟一,允执厥中。 ——《尚书》

2. 允恭克让,光被四表,格于上下。 ——《尚书》

3. 威克厥爱,允济;爱克厥威,允罔功。 ——《尚书》

4. 要防止和克服地方和部门保护主义、本位主义,决不允许“上有政策、下有对策”,决不允许有令不行、有禁不止,决不允许在贯彻执行中央决策部署上打折扣、做选择、搞变通。

——习近平在十八届中央纪委二次全会上发表重要讲话(新华网,2013年1月22日)

五、廉政故事

苻坚：爱克厥威，允罔功

苻坚(338—385)，字永固，小字文玉，略阳临渭氐人，苻雄次子，十六国时期著名政治家、改革家，前秦第三位国君。

淝水之战是383年东晋和前秦之间发生在淝水(安徽省寿县)的一场战争。东晋仅以8万兵力大胜80多万前秦军。淝水之战以后，已经统一北方的前秦顷刻瓦解，中国北方又陷入分崩离析的混战之中。其实，战败的前秦王苻坚，并非一位怯懦无能的君王，他给中国北方带来20多年的和平岁月，使得五胡乱华以来的北方再度恢复生机。

史学家范文澜曾说："苻坚在皇帝群中是个优秀的皇帝。他最信任的辅佐王猛，在将相群中也是第一流的将相。"

苻坚所处时代正是中国最黑暗的五胡十六国时代，是中国历史上第一次大动乱时代，这个时代是汉人的地狱，当时整个北方战火连绵不绝，百姓死伤惨重，汉人甚至被当成两脚羊吃掉。大分裂的300年间，汉人被屠杀十之八九。苻坚的出现，为这个黑暗的乱世投入一束光亮，相比较其他残忍嗜杀的胡人皇帝，苻坚是当时北方民族中极其少见的"文明人"。史书记载，苻坚从小就对汉文化非常感兴趣，深受儒家文化的影响，博学多才，有经世安邦的才能。

对于汉族来说，尤其苻坚主张各民族平等、民族团结、民族包容、共同发展的民族政策，对汉民族是非常有利的。苻坚大胆任用汉人王猛、权翼等为重臣，轻徭薄赋、崇儒重道、修订典律、设立学校、劝课农桑、与民休息，前秦走上了一条富国强兵之路。短短数年，中原地区就恢复了生气，国力蒸蒸日上。用10年时间，苻坚先后攻灭了前燕、仇池、前凉、代国。从偏居关中一隅，到消灭北方的各个割据势力，苻坚完成了中国北方的统一。这一年，苻坚38岁。

辩证法告诉我们，事物往往都具有对立统一的两个方面，每个人都有自己的长处与短处。苻坚不愧为一个伟大的君王，但苻坚为人过分宽厚仁义，他笃信儒家德治的观念，不断追求自我道德的完善，把仁义礼智信渗透到"仁义德治"的治国理念中。甚至对自己的敌人，不论是投降者还是战败者，都免罪封官。

苻坚有两员重要的降将，一个是羌人姚苌，一个是鲜卑人慕容垂。谋士王猛早就看出这二人有异心，曾多次劝苻坚除掉以绝后患，苻坚不但不听，还给两人安排担任重要官职。慕容垂曾经谋反，苻坚将他追回以后，不仅没有责罚他，还继续对他委以重任。后来苻坚在淝水之战中大败，姚苌和慕容垂很快就背叛前秦，一个建立了后秦，一个建立了后燕。

公元367年10月，前秦境内爆发了一次声势浩大的叛乱，被称之为"五公之乱"。发动叛乱的不是别人，正是苻坚的宗族兄弟们。苻柳、苻双内心的野心不断膨胀，他们联络苻廋、苻武，意图谋反。这四公加上苻幼，五人均是前秦宗室，五公一起举兵，意图夹攻长安。苻坚开始想到都是本家人，要与五公妥协，但五公强硬不答应，苻坚这才派兵平叛。这场叛乱持续了一年多，在王猛、邓羌、张蚝、吕光等人的努力下取得胜利。

然而，以宽仁著名的苻坚也只是杀了叛乱的元凶，并未扑杀他们的党羽亲信和家属。苻坚的仁慈加快了前秦宗室叛乱的脚步。公元378年，苻坚的堂兄弟苻重反叛，被吕光平定，而苻坚竟然于两年后再次任命苻重为镇北大将军。不久，苻重的兄弟苻洛不满封赏而反叛，苻重也在蓟城响应。苻坚再次写信苦口婆心地劝降，允诺“以幽州永为世封地”，苻洛依然不答应。

叛乱平定后，除了死于叛乱的苻重，叛乱的首恶苻洛竟然只是充军，他手下大将兰殊竟然继续做将军。小人畏威不畏德，苻坚对这些人的一味宽纵不仅没有换来他们的忠心，反而，在淝水之战以后这些人群起而反叛。苻坚历来信奉“用人不疑，疑人不用”的儒家信条，这种不加怀疑的用人方法也为他的失败埋下隐患，他重用投降的东晋大将朱序，但朱序在淝水之战中临阵倒戈，令前秦军队措手不及。

公元383年，淝水之战前秦战败之后，丁零、翟斌、慕容垂、慕容泓、慕容冲、姚苌等各族枭雄趁机先后起兵反秦。公元385年，苻坚率军平叛姚苌，兵败被俘。姚苌将苻坚绞死于新平佛寺（今彬县南静光寺），享年48岁。

司马光曾指出，对有功的人不奖赏，对有罪的人不诛杀，即令是尧、舜在位，国家也不能治理，何况其他君王？前秦国君苻坚，每次生擒叛徒都加以赦免，鼓励他的臣属去试一试叛变，勇于冒险，以求侥幸成功。即令力量消失，被生擒活捉，仍然不必担心会死，则大乱怎么能够平息！《尚书·胤征》上说：“威克厥爱，允济。爱克厥威，允罔功。”（“严明克制姑息，事情成功。姑息克制严明，事情不能成功。”）而今，苻坚却违背这些教训，怎么能够不亡！

真

一、字形演变

篆书　　隶书　　楷书　　行书　　草书

二、说文解字

《说文解字》:"真,仙人变形而登天也。从匕,从目,从乚,八所乘载也。"

解释:真:长生不死的人变形升天。字形采用"匕、目、乚、八"会义,"八"表示仙人升天所乘坐的东西。

三、字源解说

真,甲骨文[illegible]由[illegible](人,巫师)和[illegible](鼎,祭祀神器)构成,表示用神鼎祭祀占卜的巫师。

造字本义:名词,占卜如验的贞人,贞卜高人。

"真"的构型和本义尚无定论。有一种说法认为"真"是由"贞"衍化而来的,"贞"本是为王室占卜军国大事,能与上天沟通的不凡之人,被称为"贞"人。此意与"真人"(半仙之类巫师)有着深刻的内在联系。"贞""真"古本同音,于是借了"贞"作为"真"。"真"的基本义是本质、本性,引申为真实,真实的事物都是实实在在的。因此,引申为实在、的确,具有加强肯定的作用,又引申为清楚、明白的意思。"真"也指真书,即楷书。道家称存养本性或修真得道的人为真人。"真"也指人或事物的原样、本样。

四、成语和名人名言

(一) 常用成语

真才实学　真刀真枪　真独简贵　真金不镀　真金烈火　真龙活现　真龙天子

真命天子　真凭实据　真枪实弹　真情实感　真情实意　真伪莫辨　真相毕露

(二) 名人名言

1. 假作真时真亦假,无为有处有还无。　——曹雪芹

2. 不识庐山真面目,只缘身在此山中。　——苏轼

3. 守真志满，逐物意移。 ——《菜根谭》

4. 以真挚的人民情怀滋养初心，时刻不忘我们党来自人民、根植人民，人民群众的支持和拥护是我们胜利前进的不竭力量源泉。

——习近平总书记在“不忘初心、牢记使命”主题教育工作会议上的讲话，《求是》杂志 2019 年第 13 期

五、廉政故事

于敏中：真才实学的汉臣首领

和珅是清代乾隆朝殿阁大学士，军机大臣，最终损公肥私，蜕变成了贪官。于敏中，曾与和珅同朝为官（军机处），但对和珅极为反感，他的行事与待人风格也与和珅截然相反。于敏中完全是凭自己的真才实学，用实干精神与机智勤奋，办理了许多国家与皇上所布置的难事与实事，从而赢得乾隆皇帝的信任与重用，成为乾隆一朝执政最长久的汉臣首领。

于敏中之所以有真才实学，办事又能得心应手，是与他从小接受良好的家教，以及自己刻苦读书分不开的。他出生于江苏金坛的一个望族之家。其曾祖父、祖父，还有过继的叔父，都是进士，父亲曾参与编辑《康熙字典》《佩文韵府》等书。在这种家庭中成长，于敏中享受到了很好的家庭教育，再加上他天资聪明，5 岁就开启了学习之旅，其母亲督学甚严，经常在书房窗下屏息静听小敏中的读书声。由于自身的努力与严格的家教，于敏中年少时声名显赫，10 岁就能通读与评点《五经》，年仅 15 岁应江宁乡试就中了举人。乾隆二年（1737），于敏中参加丁巳恩科会试，不仅中了进士，而且被钦点为第一名，当时他只有 23 岁，继得了最年轻的举人之后，又当上了最年轻的状元。

于敏中不仅文武知识兼备，还能熟练掌握汉、满、蒙、梵多种语言文字。如此扎实的基础，让年轻的于敏中入仕后底气十足，做起事来得心应手，令皇上与同人对他刮目相看。

进入朝廷后，于敏中起先是在翰林院做秘书工作 7 年，由于他文思敏捷、知识面广博，且书法也清秀洒脱，所以深得乾隆赏识，将他调入懋勤殿（皇帝读书、批阅奏本及鉴赏书画之处），升迁为侍讲，负责掌读讲经史，撰著朝事，这让于敏中有直接面对皇上的机会。乾隆曾问于敏中何为“治国要务策”？于敏中认为“治国要务莫过于兴学得人，人才得即政事理”。乾隆帝点头称善，并先后命其去山东、浙江当学政。到基层工作后，于敏中为朝廷选拔人才，建修学宫，革除积弊，受到了士林的赞誉。

因政绩好、学问高，于敏中奉旨回京到上书房（皇子皇孙上学读书的地方）工作，负责教习皇子皇孙，督课教学。他严谨善教，深得皇帝宠爱，被晋升为内阁学士，后又升迁为兵部侍郎、军机大臣，从此直接参与机务朝事，成为皇上的近臣。

办事认真踏实的于敏中，还天生具有超强的记忆力。乾隆帝平时作文赋诗，常常是即兴而

为，事先并无草稿。这就让负责记录皇上言行的臣子们，往往措手不及。遇到这种状况，于敏中的超强绝技都能救场，每次在皇帝吟诵之后，于敏中便默记于心，然后再恭恭敬敬誊抄出来，其结果都是一字不差。

除此之外，于敏中为朝廷与皇上办理事务时，非常认真踏实。领导《四库全书》的编纂工作，就是一个很好的例子。乾隆下诏开四库全书馆，并命于敏中为《四库全书》正总裁，主持其事后，于敏中在办理其他军政职事的同时，还十分重视《四库全书》的编纂工作，并做了大量的工作。

在《四库全书》纂修之初，担当正总裁的于敏中，曾四次随乾隆前往承德避暑山庄。这期间正是《四库全书》紧锣密鼓编撰之时，于敏中就采取书信遥控的方式，向总纂官们密授机宜。他三次过问某种古书的分类问题，将修书之初先定体例事宜，于无形中传达给四库馆臣。他又事无巨细，在信中狠抓错字、讹字，甚至对校勘所用笔的颜色都十分上心。

于敏中办事讲求效率，督导馆员因时制宜、粗略并举，尤其强调修书要得法，对大部头著作采取化繁为简的策略。为防遭遇乾隆朝盛行的“文字狱”，在遇到违碍之书时，他密授要坚决销毁；但对于违碍问题不严重的书籍，如《容台集》，他认为只需删去有碍者数条，其余可以留存。于敏中同时也强调，不可由纂修官私下处理，必须奏他定夺，其谨慎小心程度可见一斑。于敏中写给总纂官的信札共有 56 通，约 15000 字，但都是商讨纂修《四库全书》的事宜，并未涉及一字私事。当朝廷在全国范围搜访征集图书时，于敏中还亲自进献珍本图书 17 种，这次领导《四库全书》的编纂工作，应该是他一生中对中国文学最大的贡献之一。

于敏中的真才实学，踏实认真的办事态度，深得乾隆皇帝的信任与重用，皇上升迁于敏中为协办大学士兼户部尚书，加太子太保后又晋升他为文华殿大学士兼户部尚书、首席军机大臣。

至此，无论是在朝廷，还是巡幸在外（曾四次跟随乾隆下江南），于敏中都是那位在御前形影不离、最显眼的人物。甚至朝中的许多重要决策，乾隆就是采纳他的意见做出的，于敏中俨然成为朝野尽知的京中第一权臣。

乾隆四十一年（1778），于敏中又因平定大小金川之乱有功，被乾隆帝下诏嘉奖，赏戴双眼花翎，赐穿黄马褂，画像挂于紫光阁。在乾隆朝，于敏中是汉臣中执政时间最长者。乾隆四十三年十二月初八（1780），于敏中因病逝世，享年 66 岁，乾隆帝下诏优赐后事，并入祀贤良祠。

于敏中凭自己的真才实学，用实干精神与机智勤奋，办理了许多国家与皇上所布置的难事与实事，从而赢得乾隆皇帝的信任与重用，成为乾隆一朝执政最长久的汉臣首领。

斟

一、字形演变

篆书　隶书　楷书　行书　草书

二、说文解字

《说文解字》:“斟,勺也。从斗,甚声。”

解释:斟,用勺子舀取,字形采用“斗”作偏旁,采用“甚”作声旁。

三、字源解说

隶化后楷书斟将篆文字形中的甚写成甚,将篆文字形中的斗写成斗。段玉裁注:“勺,《玉篇》《广韵》作酌。按:许以盛酒行觞为酌,则水浆不曰酌。枓曰勺,用枓挹注亦曰勺。……勺之斟之多少在己,故凡处分曰斟勺,今多用斟酌。”所以古籍常“斟酌”并用,“斟”表示用酒斗等较大的盛酒器皿直接倒酒,动作粗重,往往倾倒过量,导致酒杯满溢,例如斟泻、斟茶。李白《悲歌行》:“主人有酒且莫斟,听我一曲悲来吟。”“酌”表示用酒勺添酒,动作轻细优雅,添加酒量精确恰当;“斟酌”偏指“酌”,比喻仔细掂量权衡,精确落实。如《颜氏家训·省事》:“斟量功伐。”

“斟酌”又可以表示反复考虑以后决定取舍,如《国语·周语上》:“耆艾修之,而后王斟酌焉。”斟酌损益表示仔细考虑,反复商讨,以决定增减、兴革,诸葛亮在《出师表》中表明:“至于斟酌损益,进尽忠言,则攸之、祎、允之任也。”陶潜在《移居》中写道:“过门更相呼,有酒斟酌之。”

斟在古代做名词还可以表示汤汁、羹汁,如西汉司马迁《史记·张仪列传》:“厨人进斟,因反斗以击代王,杀之。”

四、成语及名言警句

(一)常用成语

字斟句酌　浅斟低唱　酌古斟今　斟酌损益

(二)名言警句

1. 孔子穷乎陈蔡之间,藜羹不斟,七日不尝粒。 ——《吕氏春秋》

2. 主人有酒且莫斟,听我一曲悲来吟。 ——李白《悲歌行》

3. 至于斟酌损益，进尽忠言，则攸之、祎、允之任也。——诸葛亮《出师表》

4. 要弘扬“一丝不苟、字斟句酌、作风严谨”的辞海精神，孜孜以求，精益求精，潜心研究，打造内涵深厚的传世精品。

——中共中央政治局委员、上海市委书记韩正在《大辞海》出版暨《辞海》出版 80 周年座谈会上的讲话，《人民日报》2016 年 12 月 30 日

五、廉政故事

杯酒端为庶民斟

王十朋（1112—1171），字龟龄，号梅溪，南宋人，祖籍琅琊（今山东省临沂市）。十朋少时颖悟强记，七岁入塾，十四岁先后在鹿岩乡塾、金溪邑馆、乐清县学读书，学通经史，诗文名闻远近。少时有忧世拯民之志，十七岁“感时伤怀”，悲叹徽、钦二帝被掳，宋室被迫南迁。十九岁时写出“北斗城池增王气，东瓯山水发清辉”的名句。其才华震动浙南的诗坛。

三十三岁时，王十朋在家乡创办梅溪书院授徒，次年入太学。由于当时南宋政治腐败，奸臣秦桧专权，科场黑暗，屡试不第。绍兴二十五年（1155），秦桧病死。绍兴二十七年（1157），46 岁的王十朋以“揽权”中兴为对，被宋高宗亲擢为进士第一（状元）。后因论力主抗战，并荐用老将张浚、刘锜遭主和派排斥离京归里。隆兴元年（1163），张浚北伐失利，主和派非议纷起。王十朋上疏称恢复大业不能以一败而动摇，未被采纳。出知饶、湖等州，救灾除弊，颇有政绩。

乾道四年（1169），王十朋到泉州任职。这年冬十月，王十朋召集所属七个县的知县到州衙聚饮议事，其间他即席作首七绝：九重天子爱民深，令尹宜怀恻隐心。今日黄堂一杯酒，使君端为庶民斟。诗罢，他代表泉州百姓向各县知县敬酒，要求大家做一个有恻隐之心的好官。王十朋的衙署前有一座戒石亭，里面立着戒石一方，上面刻着“尔俸尔禄，民膏民脂。下民易虐，上苍难欺”16 个字。亭子因年久失修倒塌，王十朋上任后修葺一新，并作修亭诗警己戒人。

王十朋提倡仁廉勤政，身体力行。对犯错误的僚属，在严肃批评之后，他还要反复劝导，使之能够改过自新。老百姓当中发生一般性的争执，他都是温和地晓之以理，尽量息事宁人；办案时很少用鞭扑等刑具，也不随便抓人关人。

王十朋体恤民情，关心民瘼。泉州沿海产盐，绍兴三十二年（1162），知州徐吉以官钱置办盐场专卖营利，禁止民间私贩，盐民利益受损。王十朋一上任，立即停止官营专卖，允许盐民出售食盐，增加收益；又节约各种不必要的公费开支，以平衡地方财政。乾道五年闰五月二十六日，飓风大作，泉州境内受灾。灾后，王十朋亲自察访民情，协助灾民修葺破屋。他平时还经常下乡劝导农民勤于耕作；农民缴纳租粟时，则让他们自己用斗量着入库；非有重要事务不派遣佐吏到县，以避免增加烦扰。

乾道五年冬，王十朋卸任。第二年春离开泉州时，泉州的士子平民、男女老幼挤满道路，流

泪百般挽留。有人仿效先前饶州百姓挽留王十朋的做法，把他必经之地的桥梁拆断（后来当地百姓重新修复，以王十朋之号“梅溪”为桥名），王十朋只好绕道离去。大家攀留不住，就越境把他送到仙游县枫亭驿。

王十朋任秘书省校书郎时，力排和议，并抨击三衙兵权过重，谏罢杨存中兵权，奏请起用张浚。孝宗诏百官陈事务，他上《应诏陈弊事》札子，指出百官“尽其官不履其职”，同时指出皇帝有任贤、纳谏、赏罚三大职事，并未做好。隆兴元年任侍御史时弹劾当朝宰相史浩及其党羽史正志、林安宅，并使之罢职，震动朝野，人称颂王十朋郎为真御史。王十朋守饶州期间，身为饶州人的宰相洪适，回乡拜访王十朋，竟提出以故学宫地扩建私宅后花园，王十朋毅然拒绝。《宋史·本传》记载说：“丞相洪适请故学基益其圃，十朋曰：‘先圣所居，十朋何敢予人？’”此事后来朝野皆知，传为佳话。王十朋一生清廉，夫人贾氏，品德高尚，忍贫好施，常以清白相勉。辞官归故里时，家有饥寒之号却不叹穷。夫人死在泉州任所，因路远无钱将灵柩及时运回家乡。他在《乞祠不允》诗里述云：“臣家素贫贱，仰禄救啼饥。”“况臣糟糠妻，盖棺将及期。旅榇犹未还，儿女昼夜悲。”结果灵柩在泉州停放了二年。

王十朋为官，始终“布施朝廷恩惠，抚恤百姓的苦痛”，百姓才会真心爱戴他，以至于用拆断离任所经桥梁的做法攀留。实践证明，民生连着民心、民心凝聚民力、民力成就事业。只有群众利益得到最好的保障，社会才能和谐稳定，才能焕发勃勃生机。广大党员干部在群众路线教育实践活动中，既要放下身段，虚心向群众学习；又要与群众心连心，凝聚起群众的力量，共同实现伟大的梦想。

箴

一、字形演变

篆书　　隶书　　楷书　　行书　　草书

二、说文解字

《说文解字》:“箴,缀衣箴也。从竹,咸声。”

解释:箴,缝衣的竹针,字形采用“竹”作偏旁,“咸”是声旁。

三、字源解说

咸,既是声旁也是形旁,是“缄”的省略,表示系扎、封口。箴,篆文由(竹)和(咸,“缄”的省略,系扎、封口)组成,表示系扎、封口的竹具。

造字本义:动词,用竹签穿孔并用绳线缝合。汉隶“箴”字先是所从之“竹”或讹为“艹”。隶化后楷书又将篆文字形中的写成,将篆文字形中的写成。作名词,古籍多以“鍼”(针)代替“箴”。

箴是形声字,形旁从“竹”,声符是“咸”。“箴”与“咸”上古音均在侵部,由于语音演变“箴”的读音与“咸”相距甚远。从竹,说明与竹有关系,它是竹制的针。人类在石器时代,缝衣的工具是用竹或骨制作的,用竹制作的缝衣工具就叫作“箴”。例在《礼记·内则》中记载:“右佩箴管线纩。”

《汉书·艺文志》:“医经者,原人血脉经络骨髓阴阳表里,以起百病之本,死生之分,而用度箴石汤火所施,调百药齐和之所宜。”里面的“箴”就是中医用来刺入一定穴位以达到医疗效果的针形器械。后来,人类发明了冶炼金属的技术,就不再使用竹针(箴)了,而改用金属针具,箴字就让位给后造字鍼、针。所以说“箴”和“鍼”是一组古今字,“箴”是古字,“鍼”是今字。

箴不但可以缝衣,还可以治病,不过那时治病的“针”是用石头磨制的,名叫“箴石”。这样,“箴”就有了新的功能和含义了。后来“箴”的“治病”义被扩展了,引申为规劝、批评(治心里的病)。因此古代有些贤明的国王,广开言路,命百官指出他的缺点,称为“箴王阙”。古代有一种文体,就像南朝梁刘勰的《文心雕龙·铭箴》所说的:“夏商二箴,余句颇存。”专门规劝、告诫读者的这种文体就叫作“箴言”。

四、成语及名言警句

（一）常用成语

攻过箴阙　金人之箴　切磨箴规　箴规磨切

（二）名言警句

1. 衣裳破绽，纫箴请补缀。

——《礼记》

2. 然有少意，欲鲁直以己意微箴之。

——苏轼《与鲁直》

3. 当官之法，唯有三事：曰清、曰慎、曰勤。知此三者，可以保禄位，可以远耻辱，可以得上之知，可以得下之援。

——吕本中《官箴》

4. 习近平总书记在解决“两不愁三保障”突出问题座谈会上的讲话中引用宋朝吕本中在《官箴》中的名言：“处事不以聪明为先，而以尽心为急。”旨在强调，在脱贫攻坚中，领导干部应强化政治责任，切实履职尽责，抓好工作落实，对责任不落实、政策不落实、工作不落实影响任务完成的要进行问责。

——《人民日报》2019年10月8日

5. 明嘉靖年间，句容知县徐九思勤勉为政，清廉节俭。他自律“不嗜肉，惟啖菜，佐脱粟”，他在县署前的石屏上，刻画了一棵青菜，居中题词：“为吾赤子，不可一日令有此色；为民父母，不可一日不知此味。”两旁一副对联“方丈石墙为户屏，一丝画菜为官箴”。以此自勉，亦体现出其为官之道。

——《中国纪检监察报》2022年9月30日

五、廉政故事

官箴碑背后的故事

《文心雕龙》中定义“箴”这个文体：“箴者，所以攻疾防患，喻针石也。”箴言的作用在于警醒世人。世人需要警示，而为官者更需警示，既要自警自励自省，还需以各种方式和载体警示，古人制作官箴碑为戒，不失为一种好办法。

西安碑林创建于1087年，经历历代，藏有著名碑刻1000多块，其中有块著名的官箴碑。在历史上有名的廉政碑刻中，《官箴碑》地位独特，意义隽永。这块官箴碑上刻着这样一段36字著名箴言：“吏不畏吾严而畏吾廉，民不服吾能而服吾公，公则民不敢慢，廉则吏不敢欺，公生明，廉生威。”精辟地指出了为官之道，唯公正与廉洁而已，体现了对如何为官的深刻见解和先进的廉洁思想。

古往今来，综观不少官员，在其任上为人处世各方面显得要求极其严厉，但是在其有心的下属看来，如果这上官有“爱好”便一定有空可钻，如其爱钱者、爱文玩者、爱排场者种种，只要能投其所好，所谓的“严”最终会变为论人兑汤的“选择式执法”“官字两张口”式的行事，“有心”的下属知道投其所“好”，必有所“报”。而老百姓也在观察官员，俗话说“不会做官也会猜情”，老百姓的眼睛是雪亮的，官员行事偏颇背后，必有隐情！在老百姓眼中，公正才是所希望的官员的最高价值，而能力有高有低，办事或快或缓，对老百姓反倒不是最关键的事情。所以对官员来说，公正执中无偏私，则见事必然通透，不会被外在东西蒙蔽双眼，偏听偏信。而能守住清廉甘愿寂寞，下属则无可指摘利用之处，也就是说无“把柄”“话柄”可供人攻击，则自然能树立官的威严。

箴言的作用在于警醒世人，因此它必须予人一种刺痛感，恰如针灸，不经一番刺痛，则难收到全身通畅的效果。以论述为官之道为核心的官箴，在中国拥有悠久的历史，远可上溯至西周，至明清两朝已蔚为大观。这36字著名官箴，短小精悍而意蕴深远，故历经数百年流行不衰。这段箴言，现在已难以明确指认其作者是谁，据考据可知，在文本定型的过程中，明朝的曹端与年富两人贡献较为明显。

曹端，明朝初期的一位理学家，曾在山西霍州担任“学正”一职。明朝在府设教授、州设学正，“掌教诲所属生员”，官阶并不高。曹端对于学正这份工作尽心尽力，使霍州的百姓对他久久不能忘怀。历史记载，曹端执教霍州，“诸生服从其教，郡人皆化之，耻争讼”。后来，曹端因为丁忧回故乡渑池守孝，霍州学子仍来问学。守孝期满，曹端又被补蒲州学正，在任期届满后，蒲州、霍州两地的百姓争着请求曹端到本州来，由于霍州的请求先蒲州一步上达朝廷，朝廷遂派赴霍州任职。

据曹端年谱记载，永乐二十二年(1424)，曹端在霍州的学生高晟被授任西安府同知，他上任前特意去蒲州拜访了自己的老师，请教其为官之道。曹端回答道：“其公廉乎！古人云，吏不畏吾严而畏吾廉，民不服吾能而服吾公，公则民不敢慢，廉则民不敢欺。”“古人云”这三个字提示我们这段官箴并非曹端的创造，但究系哪位古人所云，就难以追踪了。曹端引用古人的这段官箴，与36字官箴相比，除了没有最后六个字外，只有一字之差，体现了他的“公廉”思想。

“公生明，廉生威”这画龙点睛的六个字，是后来一位叫年富的官员加上去的。年富与明代名臣于谦同朝为官，性格刚正，常常会得罪权势，于谦屡屡为之辩白。景泰元年(1450)，年富升任都察院左副都御史。都察院是明朝的监察机构，设左右都御史、左右副都御史、左右佥都御史，都御史一职地位关键，是“职专纠劾百司，辩明冤枉，提督各道”。年富奉旨到大同整理军务，却遭到宵小诬告，称他“专执蠹政”，举报他到任大同之日，就与大同总兵官、定襄伯郭登“并坐佥押公文”，违反规矩。定襄伯是伯爵，年富与之并坐是全然未将郭登放在眼中的表现。于谦特意为年富辩白，奏折中写道，既然“都御史为风纪之官，与侯伯无相统属，既系钦命提督，当居总兵之左，岂有不许并坐之理”。年富在大同虽遇重重障碍，但兴利除弊、惩治贪官的功绩不小，这也奠定了他在历史上的清誉。

天顺二年(1458)，年富任山东巡抚，当地土豪劣绅因他的到来而暗自收敛。年富在山东任内还做了一件事，就是在衙署一隅立下了一方石碑，石碑上刻写了上述完整的36字箴言，为中国廉洁文化添写了浓重的一笔。这36字箴言后被山东官员转任后传于浙江，又被其后人传于陕西，复刻后列入西安碑林之中。

直

一、字形演变

甲骨文　金文　篆书　隶书　楷书　行书　草书

二、说文解字

《说文解字》:“直,正见也。从乚,从十,从目。㮛,古文直。”

解释:直,正视。字形采用“乚、十、目”会义。㮛,是古文写法的“直”字。

三、字源解说

“直”是“值”的本字。十,既是声旁也是形旁,是金文、篆文对甲骨文字形中表示聚焦视线的竖线指事符号的误写。直,甲骨文是指事字,字形在眼睛上方加一竖线指事符号,表示目光聚焦视线,向正前方看。金文误将甲骨文字形中的短竖线写成“十”,并加一曲笔,表示去曲求正。

造字本义:动词,正视,面对面不回避。

四、成语及名言警句

(一) 常用成语

直入云霄　直上青云　直抒己见　直抒胸臆　直言不讳　刚直不阿　理直气壮
心直口快　正直无私　单刀直入　奋起直追　扶摇直上　长驱直入　清廉正直

(二) 名言警句

1. 魏之武卒,不可以直秦之锐士。 ——《汉书·刑法志》

2. 直道而行。 ——司马光《训俭示康》

3. 正直为正,正曲为直。 ——《左传·襄公七年》

4. 蓬生麻中,不扶而直。 ——《荀子·劝学》

5. 屈平正道直行,竭忠尽智,以事其君。 ——《史记·屈原贾生列传》

6. 我们要弘扬大运会宗旨，以团结的姿态应对全球性挑战。62 年前，国际大体联创始人施莱默先生就说过，“大运会是友谊的盛会”。这一著名的大运会宣言和“友谊、博爱、公平、坚毅、正直、协作、奋发”的大运会宗旨，为世界大学生体育运动提供了精神启示，也为应对当今世界之变、时代之变、历史之变提供了有益借鉴。

——习近平在成都第三十一届世界大学生夏季运动会开幕式欢迎宴会上的致辞

五、廉政故事

褚遂良：正直节俭的清官

褚遂良，字登善，杭州钱塘人。据明朝《西湖游览志》记载，褚遂良故居在忠清里北“褚家堂”。忠清里后来又叫作忠清巷，位于现在的下城区新华路南段。褚遂良博学多才，是初唐四大书法家之一。他为人刚正，数十年在朝为官，始终以大局为重，向君王直言进谏，成为继魏徵之后又一位深得唐太宗信任的肱股之臣。

担任顾命大臣后，褚遂良依旧保持着以国家安危为重的行事作风。当唐高宗想要废黜王皇后，立太宗的才人武则天为皇后时，褚遂良不顾个人安危，带头坚持反对，甚至将代表身份的朝笏置于殿阶，摘下官帽叩头流血，直言进谏。即使因此被一再贬官，他仍坚持原则至死不悔。

唐太宗晚年国力强盛，萌发了向四邻扩张的野心，褚遂良以政治家的胆识，直言不讳地谏阻唐太宗“务以睦邻为首要”，要他正确处理与邻国及少数民族的关系。太宗意欲亲征辽东，褚遂良鉴于前朝隋亡的历史教训，劝谏“不可渡海远征，以防不测”。但太宗不听，仍一意孤行，以失败告终。褚遂良抓住惨痛教训，多次上书告诫太宗：“国家者譬诸身，两京等于心腹，四境方乎手足，他方绝域若在身外。”太宗深感后悔。

褚遂良反对铺张浪费，讲究节俭治国，并以此屡次影响太宗。有一年，唐太宗欲登泰山封禅，对这种远行扰民、劳民伤财的举动，褚历来反对，当劝阻不成只好陪伴出行时，他就善于抓住时机劝勉。当出行到洛阳时，有人报告“有星孛于太微，犯郎位”。褚立即抓住契机，利用这次彗星出现的天文现象，告诫太宗说：“陛下拨乱反正，功超前列，将告成东岳，天下幸甚。而行至洛阳，彗星辄见，此或有所未允合者也。且汉武优柔数年，始行岱礼，臣愚伏愿详择。”唐太宗深感其话有理，就下诏放弃封禅。

褚遂良素以正直闻名，在他担任谏议大夫兼起居事时，他以对历史高度负责的优秀品质，对皇帝的言行都做如实记录。有次太宗试探性问他：“朕有不善，卿必记之耶？”他回答得十分干脆：“守道不如守官，臣职当载笔，君举必记。”体现他秉公正直、远见卓识的品德。649 年，当太宗病危之际，召褚遂良及长孙无忌同受顾命，匡扶幼主，“必须尽诚辅佐，永保宗社”。同时又对太子说：“无忌、遂良在，国家之事，汝无忧矣！”褚遂良处世行事均以国家安危为重，从不顾及个人富贵进退。他不看皇帝眼色行事，独立的人格，全以社稷为重的良德被世人称道，即使后来被一再贬官直至爱州(今越南边境),但仍不后悔。褚遂良死后46年,才得到平反。

历史是公正的,在去世多年以后,褚遂良被平反,画像放入凌烟阁中,与大唐开国功臣并列。在历代百姓心中,褚遂良忠于国家大义、廉洁刚直的品德更是值得永远铭记。其故居所在忠清巷的"忠"字,就是后人为纪念他而命名。

在如今的下城区窑瓶巷,也有一面介绍褚遂良生平和书法作品的文化墙。花岗岩墙面中间为9块"褚体书民风,学习大智慧"的主题碑刻。用褚遂良的字体,书写中华优秀传统文化中富含哲学思想、人文精神、道德理念等方面的古典诗文,供世人探寻现实意义,亦是聊表敬意。

而褚遂良与杭州的渊源还不仅于此。晚唐时期,褚遂良的第9代孙褚载,将扬州的先进丝绸技术带到杭州,为杭州丝绸业的发展做出巨大贡献。此后,杭州的丝绸业者就奉褚遂良和褚载为行业鼻祖。以此足可见杭城人民对于褚遂良的推崇与敬仰。

执

一、字形演变

甲骨文　　金文　　篆书　　隶书　　楷书　　行书　　草书

二、说文解字

《说文解字》:“执,捕罪人也。从丮,从幸,幸亦声。”

解释:执,抓捕罪人。字形采用“丮、幸”会义,同时“幸”也作为声旁。

三、字源解说

“執”是“摯”的本字。執,甲骨文由(幸,拷手的枷锁)加(丮,伸出双手的人)组成,表示一个人的双手被锁在木枷里。金文将甲骨文字形中的木枷“幸”写成。

造字本义:动词,用木枷锁住嫌犯双手,正式逮捕拘押。“执”由拘捕义引申为持、拿,又引申为掌握、掌管、主持、控制、施行、坚持、固执等义。由“捉拿”又可以引申为“握”,如《荀子·哀公》:“上车执辔(pèi)。”意思是上车握住牲口缰绳。所谓“执牢狱者”就是主管牢狱的官,“执政”就是掌握政权的人,如《旧唐书·黄巢传》:“大诟执政。”意思是(黄巢)大骂掌权的人。

“执”又由“持、拿”引申为持、拿的东西,即凭单,如“回执”“收执”。甲骨文像人(或朝左,或朝右)双手戴刑具之形,或连头颈一起使用刑具束缚。文例有“执羌”(逮住了羌族的人)、“执寇”(逮住了强盗)、“执兕”(逮住了犀牛)等。金文字形渐趋讹断或有加繁。文例有“折首执讯”,指在战斗中斩掉敌人的首级,逮住敌人做俘虏。小篆成左“卒”、右“丮”;隶楷文字由小篆演变而来,写作“執”。现代汉字简化时,“執”据草书简作“执”。

四、成语及名言警句

(一) 常用成语

执法不阿　执法不公　执法犯法　执干戚舞　执经叩问　执柯作伐

执迷不悟　执意不从　各执己见　各执一词　固执不通　秉要执本

(二) 名言警句

1. 御史执法,举不如仪者。　　——《汉书·叔孙通传》

2. 乐乐兮其执道不殆也。——《荀子·儒效》

3. 请诵其所闻，而吾子自执也。——《礼记·乐记》

4. 执古可以御今，证今可以知古。——《云笈七签》

5. 坚持制度上会贯通，把制度建设要求体现到全面从严治党全过程、各方面、各层级，以党章为根本，以民主集中制为核心，不断完善党内法规制度体系，增强党内法规权威性和执行力，用制度促进全面从严治党体系贯通、联动，真正实现制度治党、依规治党。

——习近平总书记2023年1月9日在二十届中央纪委二次全会上的讲话，《求是》杂志2023年第12期

五、廉政故事

张飚：秉公执法，维护正义

一圈淡绿色的墙裙、一台老式洗衣机、一排铁钉做成的简易钥匙挂钩……走进张飚在石河子的家，60多平方米的空间摆着几件老式家具，电风扇、缝纫机是许多家庭早都停用的款式，有一间卧室还是水泥地面，客厅的几块地板砖已经开裂。客厅的墙上悬挂着三幅张飚领奖时的照片，侧面是“精气神”三个书法大字，简单格局与陈设默默展示着张飚的内心世界。

他心里总装着当事人，肩上扛着沉甸甸的责任，不服输、不退缩、不妥协，无论是面对工作还是生活，他都用自己的担当在坚持。

张飚的父亲张世英在家中排行老大，中华人民共和国成立之前，在陕西农村老家曾被国民党军队抓了壮丁，不久逃出国民党队伍，到了西安，在一家印刷厂当学徒。在印刷厂里，张世英接触到了共产党的地下工作者，并逐渐被他们吸引，最终成为这支队伍里的一员，开始从事我党地下工作。

后来由于特务出卖，一直单线联系的上级被敌人抓捕，张世英与组织失去了联系，党员的身份也无法得到证明。1949年，已经参军一年的张世英随王震将军的部队入疆，并在军队第二次入党。

1950年，在戈壁荒滩上，王震将军号召：要靠我们自己的力量，建起一座新城。张世英和千千万万第一代兵团人一起，用青春和热血谱写出亘古荒原变绿洲的创业之歌。

除了两次入党的故事，张飚几乎从未听父亲张世英提起他那些挥洒热血的光辉过往。父亲去世后，张飚在整理他的遗物时发现了一个破旧得掉皮的钱包，打开钱包，里面珍藏着父亲从军时获得的一小枚军功章。

张飚回忆：“父亲很少提及他以前的工作和荣誉，只是从我参加工作后，一再叮嘱我要‘老老实实做事，清清白白做人’。”在父亲的影响下，“老实做事、清白做人”成为张一生的立身准则。

1980年，张飚进入检察机关，先后从事过法纪、办公室、批捕、起诉、反贪、渎职、控申等工作，并在石河子市检察院监所检察科任职10年。监所检察工作是刑事诉讼的末端，被人们称为法律监督的“最后一公里”。张飚的岗位职责，是对在押人员的刑罚执行进行监督，保障国家法

律的统一正确实施。“对涉案人来说，一个细微的差错就可能改变一个人、一个家族以至几代人的命运，要对他们负责，让每个案子都明明白白。”张飚心想。为了把这项工作做好，他开始一门心思学习法律知识。

“父亲平时再忙，每天也要抽出时间看书，案头除了案卷，就是法律书籍。他常说，想干好工作就必须脚踏实地，还要不断学习。”在张飚的女儿张璐看来，“任何一件事，父亲都能办得让人放心。”

2007 年 7 月，张飚在审查新入监服刑人员的案件材料时，发现名叫谭某某的服刑人员的执行通知书和判决书的刑期不一致。他报告领导后，向审判案件的广东省某县法院发函提出纠正意见。很快，法院回复重新计算刑期的法律文书。但这一次，刑期计算仍有 3 个月的误差。随后，张飚再次向该县法院发出纠正意见函，法院再次进行了更正并又一次重新下达裁定，纠正了判决错误。

在一次监区巡查中，张飚发现并依法受理服刑人员张高平不服判决、坚称无罪的申诉后，针对案件诸多疑点，严格履行法律监督职责，在 5 年多时间里坚持不懈依法开展查证工作，5 次跨省转递申诉材料、提供证据线索反映案件疑点，最终在新疆、浙江两地公检法机关共同努力下，促成张高平冤案平反昭雪，张高平、张辉叔侄被改判无罪。

退休后，张飚一直在学习习近平总书记全面依法治国新理念新思想新战略，也对检察工作有了更深的理解：“对于我们来说，这是一份工作，可对于当事人而言，受影响的就是一辈子，也是一个家庭的未来，所以我们要谨慎再谨慎，用好手中的权力，维护人民群众的合法权益，推进全面依法治国。”

止

一、字形演变

甲骨文　金文　篆书　隶书　楷书　行书　草书

二、说文解字

《说文解字》:“止,下基也。像草木出有址,故以止为足。凡止之属皆从止。”

解释:止,事物的底基。像草木长出地面有根茎的基址一样,所以古人用“止”表示“足”。所有与止相关的字,都采用“止”作偏旁。

三、字源解说

“止”是“趾”的本字。止,甲骨文是象形字,字形像一幅脚掌剪影,像脚趾头张开的脚掌形状,以三趾代五趾。有的甲骨文简化为线描。金文变形较大,淡化脚掌形象,突出三趾叉开的形状。

造字本义:名词,张开脚趾的脚掌,站立并支撑身体或支撑身体行走的器官。

徐灏《段注笺》:“凡从止之字,其义皆为足趾,许以为象草木出有址殆非也。”据阮元《积古斋钟鼎彝器款识》:“父丁自有足迹,文作止正象足趾之形。”后来左脚写成“止”,右脚写成“少”。“止”当作“停止”讲以后又造了一个“趾”,表示人的足趾其中的“足”表示人的下肢器官,“止”既表达意义,又表示声音。因人的移动或行动又引申出一些有关的意义:居住止息;停止,平息;中断,阻止;留住,停留;等等。后又有名词“容止、礼貌”意,如《诗经·鄘风·相鼠》:“人而无止不死何俟。”进而虚化为相当于现代汉语的“只、仅”作副词使用;又可作句末语气助词,表示确定的语气,无实义。《诗经·小雅·车辇(同“辖”)》:“高山仰止,景行行止。”

四、成语及名言警句

(一)常用成语

止于至善　令行禁止　举止不凡　举止言谈　望梅止渴　心如止水　学无止境

饮鸩止渴　高山仰止　景行行止　戛然而止　惊叹不止　浅尝辄止　适可而止

叹为观止　欲言又止

（二）名言警句

1. 树欲静而风不止，子欲养而亲不待也。 ——《韩诗外传》

2. 高山仰止，景行行止。 ——《诗·小雅》

3. 不塞不流，不止不行。 ——韩愈《原道》

4. 改造自己，总比禁止别人来得难。 ——鲁迅

5. 大家想想，如果党中央发出的号令没人听，做不到令行禁止，那还谈什么维护党中央权威和集中统一领导！

——习近平总书记 2019 年 7 月 9 日在中央和国家机关党的建设工作会议上的讲话，《求是》杂志 2019 年第 21 期

五、廉政故事

叶知州：生命不息，工作不止

清朝光绪二十四年(1898)邳州灾荒严重，在这场救灾中累死了清代官场中一位少有的清官，这就是值得邳州人永远怀念的邳州知州叶大庄。

叶大庄(1844—1898)，字临恭，号损轩，侯官县阳岐乡（今福州郊区盖山镇下岐村）人，是一位来自八闽大地书香世家的才子，从小受儒家忠君爱民思想熏陶，立志为国为民办实事。同治十年(1873)中举，援例授内阁中书，改靖江（今江苏靖江）知县。光绪八年(1882)入张之洞幕府，办理洋务和军务。当时江南防务松弛，长江流域为英国势力范围，日军欲行偷袭。如果两个帝国主义在中国打起来，势必给中国人民带来极大灾难。叶大庄果断撤除“大蕺山灯塔”，使日本帝国主义企图暴露。迫使日军向英国保证“不侵犯长江”，江南始获安全。光绪十年，因为其父亲病故，请假在家，适逢中法马江海战，他协力办团练，抗击法帝国主义侵略。

光绪二十三年(1897)，叶大庄出任邳州知州。当年邳州大雨，平地积水尺余，庄稼颗粒无收，饿殍遍野，人民纷纷外出逃难，乞讨谋生。叶大庄向朝廷奏明灾情，争取钱粮赈济百姓，并在州内广筹资金，购买麦粮，亲自运送灾户，及时赈济。叶大庄尤其对受灾严重的邳南沿河六社（今邳州南部、睢宁北部、豫宿东北、新沂西南）十分关注，亲赴现场，调查了解灾情，亲送钱粮到户，极力使受灾者有食，逃亡者回归，馁者得食。邳州黄河以南的十三营，邳州、睢宁长期争执不休，有利益争夺，遇困难就推诿，叶大庄主动承担十三营的救灾事物，一视同仁，“冬抚贫户，春办工赈”。

叶大庄在救灾中深深爱上邳州这块热土，特别是对猫儿窝独有所钟。光绪二十四年二月十九日（公历 1898 年 3 月 22 日）。叶大庄身体有病，想到灾民急需生活、生产物资，他亲自解运赈济物资于猫儿窝，途中遇雨，狂风大作，船将倾覆，他镇静如常，劝慰大家说：“为着救民，就是死

了，也死得其所。”并口占一诗：“晓雨春流利似泷，献花不借儿女窗。招魂我在猫窝里，门对长河入大江。”为了急速把救灾物资送到百姓手中，他不惧风浪，拼搏一整天，幸而脱险，晚上来到猫儿窝，在驻军周防营的土屋养病两天两夜，写下在大运河风浪中的《猫儿窝口占》，并书：“二月十九日渡运河，风浪大作，自念无生理；晚抵猫儿窝，借周防营土室，病卧两夜。”他拖着沉重的病体，回到邳州（今邳城镇）官邸，由于积劳成疾，数日后就溘然长逝。老百姓说：人家都是去当官的，叶知州是来为我们老百姓拼命的。

叶大庄在邳州仅仅几个月，实际上只干了一件事，就是救灾。但他是在认认真真、夜以继日、全力以赴、真抓实干地救助老百姓。绝不是吹牛作秀地欺世盗名，更不是故作姿态地蒙混上级，也不是装腔作势地哄骗百姓。就是这短短的几个月，应该使他成为2000多年封建社会最后一颗耀眼的明星。可是，行将灭亡的清政府根本无暇表彰叶大庄这个小小的知州。窦鸿年是邳北人，对叶大庄事迹不太清楚，当他1923年修《邳志补》时，没有将叶大庄载入，后来就很少有人了解这位在邳南六社十三营为老百姓累死的知州了。

这位百年前在几千里外为百姓疾苦献出生命的知州，虽归葬故里，但魂留邳州。他生命不息，工作不止，被邳州百姓永远怀念。

至

一、字形演变

甲骨文　金文　篆书　隶书　楷书　行书　草书

二、说文解字

《说文解字》:“至,鸟飞从高下至地也。从一,一犹地也。象形。不,上去;而至,下来也。凡至之属皆从至。,古文至。”

解释:至,鸟从高处飞落到地面。字形用“一”作偏旁,“一”好像地面,字形像鸟从高处飞落到地面。“不”,是鸟飞向高处;而“至”,则是鸟从高处飞下来。所有与至相关的字,都采用“至”作偏旁。,这是古文写法的“至”。

三、字源解说

至,甲骨文是指事字,字形在倒写的“交”(叉腿而立)下面加一横表示地板或床铺的指事符号一,表示与站立相反的姿态,即倒地而卧。对远古狩猎时代整日奔波的男子来说,回到家中就意味着可以安全躺下、放松休息。金文承续甲骨文字形。

造字本义:回到家里,躺下休息。

“至”由本义引申为到、到达的意思,例如:“至,到也。”(《字林》)“至,到也。”(《广韵》)由到达的意思可以引申为来到的意思,故《玉篇》将其解释为“至,来也”。由于矢落到地面或到达目标,便不能再继续运行,因此“至”便可以引申出“极”“最”等形容事物的尽善尽美,犹言最好、最高、最大等表终极程度的意义,例如:“至人无己。”(《庄子·逍遥游》)至于像“至友”(感情最深厚的朋友)、“至情”(极其真实的思想感情)、“至理”(极深刻正确的道理)、“至德”(最高尚伟大的德性)等用法更是俯拾皆是。由“极”“最”等意思还可以引申出“终极界限”的意思,例如“冬至”“夏至”的“至”。另外,“至”还可引申出表示“乃,乃至,以至,至于,甚至于”等意思的连词用法。

四、成语及名言警句

（一）常用成语

至公无私　至高无上　至关重要　至理名言　至亲骨肉　至死不悟　至死不渝

诚至金开　纷至沓来　福至心灵　实至名归　感人至深　如获至宝　刎颈至交

一片至诚　接踵而至

（二）名言警句

1. 故不积跬步，无以至千里。——《荀子·劝学》

2. 至人无己，神人无功。——《庄子·逍遥游》

3. 唯天下至诚，为能尽其性。——《中庸》

4. 罪至重而罚至轻，庸人不知恶矣。——《荀子·正论》

5. 我们要以黄大年同志为榜样，学习他心有大我、至诚报国的爱国情怀。

——2017 年 5 月 25 日习近平总书记对黄大年同志先进事迹做出重要指示，《人民日报》2017 年 5 月 26 日

五、廉政故事

张伯行："天下清官之至"

张伯行（1651—1725），字孝先，号恕斋，晚年号敬庵，河南仪封（今兰考）人。在近 40 年的宦海生涯中，张伯行政绩斐然，清正廉明，刚直不阿，被康熙誉为"天下第一清官"。

康熙四十二年（1703），张伯行出任山东济宁道（治所在今山东济宁）。行前因未以厚礼馈赠选司官员，近两个月不得引见，最后还是康熙皇帝降旨吏部，才得以引见。当时正闹灾荒，老百姓流离塞道。张伯行赴任途中即从家里装载了一些钱粮和棉衣，沿途救济灾民。到任后，他按照朝廷"分道治赈"——自行赈灾的旨意，立即开仓赈济灾民。事后，他的上司认为他擅自动用官仓，将其弹劾。张伯行说："赈灾是朝廷的旨意。再者，是粮仓里的粮食重要，还是人命重要啊！"真铮铮之言。

康熙四十五年（1706），康熙帝南巡路过济宁，对张伯行的治绩很满意，赐他"布泽安流"榜，并调任江苏按察使。按当时惯例，新任官员要向总督、巡抚馈赠礼物，约合四千两银子。张伯行却说："我为官，决不收百姓一文钱，所以无银馈送。"任上，他力革弊端，爱惜人才，仅两个月，"廉惠之声已深入民隐"。这也多少冒犯了总督和巡抚。第二年，康熙帝南巡来到苏州，他对侍从大臣们说："朕闻张伯行居官甚清，最不易得。"升张伯行为福建巡抚，还赞其为"江南第一清官"，赐"廉惠宜猷"榜。

康熙五十年（1711）秋，江苏乡试出现大肆舞弊，发榜时，苏州数百名举子一气之下将贡院门口匾额上的"贡院"二字改成"卖完"，还把财神庙里的财神塑像，抬到了学宫里，以讽刺考官受贿科场，形成学潮。张伯行立即将此事奏报康熙帝。康熙帝极为重视，立即指派朝廷重臣前往江苏，会同张伯行及噶礼一起审理此案。会审中，牵扯出噶礼从中受贿索银 50 万两。主审官开始推诿，想放过噶礼，将此案草草了结。张伯行异常愤慨，上疏弹劾噶礼："臣不敢顾念身家。虽言出祸随，亦所不惜。况逢圣明在上，督臣虽甚残险，未必能加害无辜，亦何惮而不言？"听到风吹

草动、内心不安的噶礼密购张伯行的疏稿，阅罢不禁恼羞成怒，七拼八凑地捏造了七条罪状，上疏皇帝，指责张伯行逞讦诬陷。于是，康熙皇帝先后两次派重臣审理巡抚、总督互参事件，但是，两次的审理都偏袒噶礼：两人被一并解职。扬州百姓闻讯，个个义愤填膺。大批百姓成群结队、扶老携幼，带着水果、蔬菜，从四乡来到抚衙慰问张伯行。张伯行感动得热泪盈眶，站在高凳子上，四方作揖致谢，谢绝所送果蔬。

康熙帝明察秋毫，最后降旨：张伯行恢复原任，噶礼革职。江苏士民闻此，欢声雷动，家家门前贴上了书有“天子圣明，还我天下第一清官”的红幅。而福建全省士民，闻此，“皆奔号呼吁”。

雍正元年(1723)，雍正帝用张伯行为礼部尚书，赐他“礼乐名臣”榜。雍正三年(1725)，张伯行病逝，赠太子太保，赐谥号“清恪”。光绪初，诏谕从祀文庙。清世以名臣从祀孔子庙，只有汤斌、陆陇其、张伯行三人，可谓荣名非浅。

挚

一、字形演变

甲骨文　　篆书　　隶书　　楷书　　行书　　草书

二、说文解字

《说文解字》:"挚,握持也。从手,从执。"

解释:挚,握持。字形采用"手、执"会义。

三、字源解说

"執"是"挚"的本字。執,甲骨文表示用木枷锁住罪犯双手。当"執"的"拘押嫌犯"本义消失后,甲骨文再加"又"另造"挚"代替。篆文改为上下结构。

造字本义:动词,抓捕并押送罪犯。

"執"是"挚"的本字,会意兼形声字,从手,从执,执也兼表声。孙海波《甲骨文编》:"挚,像罪人被执以手抑之之形。"可见甲骨文中的"挚"像用手捉住戴铐的犯人。战国文字改为下手形上执声,小篆、楷书承袭战文,如今简化为"挚"。《说文》:"挚,握持也。"本义为握持,攫取。宋玉《高唐赋》:"股战胁息,安敢妄挚。"又意为至,到。《书·西伯戡黎》:"大命不挚,今王其如台?"孔传:"挚,至也。"由此引申指极至,顶点。

四、成语及名言警句

(一)常用成语

挚仲辞翰　挚而有别　语挚情长　挚情挚爱　挚若绊陌　挚诚相待　潮鸣电挚

(二)名言警句

1. 挚友如异体同心。　——亚里士多德

2. 时间是真理的挚友。　——科尔顿

3. 友谊建立在同志中,巩固在真挚上,发展在批评里,断送在奉承中。　——列宁

4. 万山磅礴必有主峰,龙衮九章但挚一领。　——韩愈

5. 我们始终铭记他们为中国革命、建设、改革事业做出的宝贵贡献和对中国共产党、中国人民的真挚友谊。

——习近平复信国际友人家属,《人民日报》2021 年 9 月 18 日

五、廉政故事

方敬:崇文兴教、涵育乡风

方敬,1931 年出生于上海,祖籍江苏省连云港市赣榆区宋庄镇任庄村,上海科学院院士,中共党员。中华人民共和国成立前,参与党内在上海的地下工作,1950 年入党。中华人民共和国成立后,曾为上海成人教育学院院长、上海华东师范大学教授、华东师范大学教育研究所副所长、第六届全国道德模范、中国好人、“现代乡贤”。

1948 年,考入上海华东模范中学的方敬因买不起午餐,喝水充饥,这一幕被他的老师胡景清看到了。老师说:“陪我吃饭吧,我自己闷得慌。”这一陪就吃了 3 年,师爱之根深深扎在了方敬的心底里。方敬深受老师影响,立志也要做胡景清老师这样的人。

1978 年春,正在上海教书的方敬回到赣榆宋庄乡,家乡的贫困落后给他留下深刻印象:宋庄仅有两间瓦房,多数人家用的都是芦苇编的席子。方敬老家任庄村更是几十年没出过大学生。20 世纪 80 年代初,农村教育事业薄弱,方敬出资 3 万元成立奖学基金会,3 万元在当时不是小数目。1991 年退休后,他回到家乡连云港市赣榆区宋庄镇任庄村教书育人、捐资助学,以设立“景清奖学金”等多种形式资助贫困学生,20 余年倾尽 200 余万元积蓄。

2011 年,方敬罹患癌症,家人把他接回上海治疗,劝他留在上海休养。但是他总是惦记着家乡的学生,身体稍有恢复,就回到他的“景清书苑”和孩子们在一起。方敬回到家乡的这 26 年,原来连高中生都很少见的小渔村先后走出 140 余名大学生。

2017 年 11 月,方敬荣获第六届全国道德模范称号,排在 58 名全国道德模范的第一位,成为连云港有史以来首位获此殊荣的道德先进典型。2017 年 11 月 17 日,全国精神文明建设表彰大会在北京召开,方敬作为全国道德模范参加会议,并受到了习近平总书记的亲切会见。方敬 2018 年 10 月因病去世,将遗体捐献给徐州医科大学。

对家乡,方敬有着深沉而又复杂的情感。“我爱这里的恬静景致,又清楚这里的落后贫瘠。”“我是一名共产党员,总要为社会做些好事。”方敬的谆谆教导、语挚情长,让人们改变“上学不如上船,读书不如赚钱”的观念。与此同时,他还免费为乡村教师、学生等开设书法培训班,致力打造文化小镇、艺术小镇,镇里先后走出全国书协会员 12 名。他言传身教,倡导移风易俗,引领乡风文明,宋庄镇成为有名的省级文明镇。方敬的事迹和精神像火种在赣榆区蔓延,党员干部以方敬为榜样,纷纷学方敬、敬乡贤、做表率,尊师重教在当地蔚然成风。